21 世纪特殊教育创新教材

主编单位
华东师范大学学前与特殊教育学院
南京特殊教育职业技术学院
华中师范大学教育科学学院
陕西师范大学教育学院
总主编：方俊明
副主编：杜晓新　雷江华　周念丽

学术委员会
主　任：方俊明
副主任：杨广学　孟万金
委　员：方俊明　杨广学　孟万金　邓　猛　杜晓新　赵　微
　　　　刘春玲

编辑委员会
主　任：方俊明
副主任：丁　勇　汪海萍　邓　猛　赵　微
委　员：方俊明　张　婷　赵汤琪　雷江华　邓　猛　朱宗顺
　　　　杜晓新　任颂羔　蒋建荣　胡世红　贺荟中　刘春玲
　　　　赵　微　周念丽　李闻戈　苏雪云　张　旭　李　芳
　　　　李　丹　孙　霞　杨广学　王　辉　王和平

21 世纪特殊教育创新教材·理论与基础系列

主编：杜晓新　　　　　审稿人：杨广学　孟万金

- 特殊教育的哲学基础(华东师范大学：方俊明)
- 特殊教育的医学基础(南京特殊教育职业技术学院：张婷、赵汤琪)
- 融合教育导论(华中师范大学：雷江华)
- 特殊教育学(第二版)(雷江华、方俊明)
- 特殊儿童心理学(第二版)(方俊明、雷江华)
- 特殊教育史(浙江师范大学：朱宗顺)
- 特殊教育研究方法(第二版)(华东师范大学：杜晓新、宋永宁)
- 特殊教育发展模式(纽约市教育局：任颂羔)

21 世纪特殊教育创新教材·发展与教育系列

主编：雷江华　　　　　审稿人：邓　猛　刘春玲

- 视觉障碍儿童的发展与教育(华中师范大学：邓猛)
- 听觉障碍儿童的发展与教育(华东师范大学：贺荟中)
- 智力障碍儿童的发展与教育(华东师范大学：刘春玲)
- 学习困难儿童的发展与教育(陕西师范大学：赵微)
- 自闭症谱系障碍儿童的发展与教育(华东师范大学：周念丽)
- 情绪与行为障碍儿童的发展与教育(广东外语艺术职业学院：李闻戈)
- 超常儿童的发展与教育(第二版)(华东师范大学：苏雪云；北京联合大学：张旭)

21 世纪特殊教育创新教材·康复与训练系列

主编：周念丽　　　　　审稿人：方俊明　赵　微

- 特殊儿童应用行为分析(天津体育学院：李芳；武汉麟洁健康咨询中心：李丹)
- 特殊儿童的游戏治疗(华东师范大学：周念丽)
- 特殊儿童的美术治疗(南京特殊教育职业技术学院：孙霞)
- 特殊儿童的音乐治疗(南京特殊教育职业技术学院：胡世红)
- 特殊儿童的心理治疗(华东师范大学：杨广学)
- 特殊教育的辅具与康复(南京特殊教育职业技术学院：蒋建荣、王辉)
- 特殊儿童的感觉统合训练(华东师范大学：王和平)

"十二五"普通高等教育本科国家级规划教材

21世纪特殊教育创新教材·理论与基础系列

特殊教育学

（第二版）

主　编：雷江华　　方俊明
副主编：李　伦　　汪斯斯

图书在版编目(CIP)数据

特殊教育学／雷江华，方俊明主编．—2版．—北京：北京大学出版社，2016.2
（21世纪特殊教育创新教材·理论与基础系列）
ISBN 978-7-301-26752-3

Ⅰ．①特… Ⅱ．①雷…②方… Ⅲ．①特殊教育－高等学校－教材 Ⅳ．①G76

中国版本图书馆CIP数据核字（2016）第009880号

书　　　　名	特殊教育学（第二版） TESHU JIAOYUXUE
著作责任者	雷江华　方俊明　主编
丛 书 策 划	周雁翎
丛 书 主 持	李淑方
责 任 编 辑	于　娜
标 准 书 号	ISBN 978-7-301-26752-3
出 版 发 行	北京大学出版社
地　　　　址	北京市海淀区成府路205号　100871
网　　　　址	http://www.pup.cn　新浪微博：@北京大学出版社
电 子 信 箱	zyl@pup.pku.edu.cn
电　　　　话	邮购部 62752015　发行部 62750672　编辑部 62767857
印 刷 者	河北滦县鑫华书刊印刷厂
经 销 者	新华书店 787毫米×1092毫米　16开本　18.5印张　420千字 2011年5月第1版 2016年2月第2版　2023年4月第8次印刷
定　　　　价	55.00元

未经许可，不得以任何方式复制或抄袭本书之部分或全部内容。
版权所有，侵权必究
举报电话：010-62752024　电子信箱：fd@pup.pku.edu.cn
图书如有印装质量问题，请与出版部联系，电话：010-62756370

顾明远序

去年国家颁布的《国家中长期教育改革和发展规划纲要》专门辟一章特殊教育，提出："全社会要关心支持特殊教育。"这里指的特殊教育主要是指："促进残疾人全面发展、帮助残疾人更好地融入社会。"当然，广义的特殊教育还包括超常儿童与问题儿童的教育。但毕竟残疾人是社会的弱势群体中的弱势人群，他们更需要全社会的关爱。

发展特殊教育（这里专指残疾人教育），首先要对特殊教育有一个认识。所谓特殊教育的特殊，是指这部分受教育者在生理上或者心理上有某种缺陷，阻碍着他的发展。特殊教育就是要帮助他排除阻碍他发展的障碍，使他得到与普通人一样的发展。残疾人并非所有智能都丧失，只是丧失一部分器官的功能。通过教育我们可以帮助他弥补缺陷，或者使他的损伤的器官功能得到部分的恢复，或者培养其他器官的功能来弥补某种器官功能的不足。因此，特殊教育的目的与普通教育的目的是一样的，就是要促进儿童身心健康的发展，只是他们需要更多的爱护和帮助。

至于超常儿童教育则又是另一种特殊教育。超常儿童更应该在普通教育中发现和培养，不能简单地过早地确定哪个儿童是超常的。不能完全相信智力测验。这方面我没有什么经验，只是想说，现在许多家长都认为自己的孩子是天才，从小就超常地培养，结果弄巧成拙，拔苗助长，反而害了孩子。

在特殊教育中倒是要重视自闭症儿童。我国特殊教育更多的是关注伤残儿童，不大关心自闭症儿童。其实他们非常需要采取特殊的方法来矫正自闭症，否则他们长大以后很难融入社会。自闭症不是完全可以治愈的。但早期的鉴别和干预对他们日后的发展很有帮助。国外很关注这些儿童，也有许多经验，值得我们借鉴。

我在改革开放以后就特别感到特殊教育的重要。早在1979年我担任北京师范大学教育系主任时就筹办了我国第一个特殊教育专业，举办了第一次特殊教育国际会议。但是我个人的专业不是特殊教育，因此只能说是一位门外的倡导者，却不是专家，说不出什么道理来。

方俊明教授是改革开放后早期的心理学家，后来专门从事特殊教育二十多年，对特殊教育有深入的研究。在我国大力提倡发展特殊教育之今天，组织五十多位专家编纂这部"21世纪特殊教育创新教材"丛书，真是恰逢其时，是灌溉特殊教育的及时雨，值得高兴。方俊明教授要我为丛书写几句话，是为序。

中国教育学会理事长
北京师范大学副校长
2011年4月5日于北京求是书屋

沈晓明序

由于专业背景的关系，我长期以来对特殊教育高度关注。在担任上海市教委主任和分管教育卫生的副市长后，我积极倡导"医教结合"，希望通过多学科、多部门精诚合作，全面提升特殊教育的教育教学水平与康复水平。在各方的共同努力下，上海的特殊教育在近年来取得了长足的发展。特殊教育的办学条件不断优化，特殊教育对象的分层不断细化，特殊教育的覆盖面不断扩大，有特殊需要儿童的入学率达到上海历史上的最高水平，特殊教育发展的各项指标均位于全国特殊教育前列。本市中长期教育改革和发展规划纲要，更是把特殊教育列为一项重点任务，提出要让有特殊需要的学生在理解和关爱中成长。

上海特殊教育的成绩来自于各界人士的关心支持，更来自于教育界的辛勤付出。"21世纪特殊教育创新教材"便是华东师范大学领衔，联合四所大学，共同献给中国特殊教育界的一份丰厚的精神礼物。该丛书全篇近600万字，凝聚中国特殊教育界老中青50多名专家三年多的心血，体现出作者们潜心研究、通力合作的精神与建设和谐社会的责任感。丛书22本从理论与基础、发展与教育、康复与训练三个系列，全方位、多层次地展现了信息化时代特殊教育发展的理念、基本原理和操作方法。本套丛书选题新颖、结构严谨，拓展了特殊教育的研究范畴，从多学科的角度更新特殊教育的研究范式，让人读后受益良多。

发展特殊教育事业是党和政府坚持以人为本、弘扬人道主义精神和保障人权的重要举措，是促进残障人士全面发展和实现"平等、参与、共享"目标的有效途径。《国家中长期教育改革和发展规划纲要》明确提出，要关心和支持特殊教育,要完善特殊教育体系,要健全特殊教育保障机制。我相信,随着我国经济的发展,教育投入的增加,我国特殊教育的专业队伍会越来越壮大,科研水平会不断地提高,特殊教育的明天将更加灿烂。

沈晓明

上海交通大学医学院教授、博士生导师

世界卫生组织新生儿保健合作中心主任

上海市副市长

2011年3月

丛 书 总 序

特殊教育是面向残疾人和其他有特殊教育需要人群的教育,是国民教育体系的重要组成部分。特殊教育的发展,关系到实现教育公平和保障残疾人受教育的权利。改革和发展我国的特殊教育是全面建设小康社会、促进社会稳定与和谐的一项急迫任务,需要全社会的关心与支持并不断提升学科水平。

半个多世纪以来,由于教育民主思想的渗透以及国际社会的关注,特殊教育已成为世界上发展最快的教育领域之一,它在一定程度上也综合反映出一个国家或地区的政治、经济、文化和国民素质的综合水平,成为衡量社会文明进步程度的重要标志。改革开放30多年以来,在党和政府的关心下,我国的特殊教育也得到了前所未有的大发展,进入了我国历史上最好的发展时期。在"医教结合"基础上发展起来的早期教育、随班就读和融合教育正在推广和深化,特殊职业教育和高等教育也有较快的发展,这些都标志着我国特殊教育的发展进入了一个全球化、信息化的时代。

但是,作为一个发展中国家,由于起点低、人口多、各地区发展不均衡,我国特殊教育的整体发展水平与世界上特殊教育比较发达的国家和地区相比,还有一定的差距,存在一些亟待解决的主要问题。例如:如何从狭义的仅以盲、聋、弱智等残疾儿童为主要服务对象的特殊教育逐步转向包括各种行为问题儿童和超常儿童在内的广义的特殊教育;如何通过强有力的特教专项立法来保障特殊儿童接受义务教育的权利,进一步明确各级政府、儿童家长和教育机构的责任,使经费投入、鉴定评估等得到专项法律法规的约束;如何加强对"随班就读"的支持,使融合教育的理念能被普通教育接受并得到充分体现;如何加强对特教师资和相关的专业人员的培养和训练;如何通过跨学科的合作加强相关的基础研究和应用研究,较快地改变目前研究力量薄弱、学科发展和专业人员整体发展水平偏低的状况。

为了迎接当代特殊教育发展的挑战和尽快缩短与发达国家的差距,三年前,我们在北京大学出版社出版意向的鼓舞下,成立了"21世纪特殊教育创新教材"的丛书编辑委员会和学术委员会,集中了国内特殊教育界具有一定教学、科研能力的高级职称或具有本专业博士学位的专业人员50多人共同编写了这套丛书,以期联系我国实际,全面地介绍和深入地探讨当代特殊教育的发展理念、基本原理和操作方法。丛书分为三个系列,共22本,其中有个人完成的专著,还有多人完成的编著,共约600万字。

理论与基础系列。

本系列着重探讨特殊教育的理论与基础。讨论特殊教育的存在和思维的关系,特殊教育的学科性质和任务,特殊教育学与医学、心理学、教育学、教学论等相邻学科的密切关系,力求反映出现代思维方法、相邻学科的发展水平以及融合教育的思想对现代特教发展的影响。本系列特别注重从历史、现实和研究方法的演变等不同角度来探讨当代特殊教育的特点和发展趋势。本系列由以下8种组成：

《特殊教育的哲学基础》《特殊教育的医学基础》《融合教育导论》《特殊教育学》《特殊儿童心理学》《特殊教育史》《特殊教育研究方法》《特殊教育发展模式》。

发展与教育系列。

本系列从广义上的特殊教育对象出发，密切联系日常学前教育、学校教育、家庭教育、职业教育和高等教育的实际，对不同类型特殊儿童的发展与教育问题进行了分册论述。着重阐述不同类型儿童的概念、人口比率、身心特征、鉴定评估、课程设置、教育与教学方法等方面的问题。本系列由以下7种组成：

《视觉障碍儿童的发展与教育》《听觉障碍儿童的发展与教育》《智力障碍儿童的发展与教育》《学习困难儿童的发展与教育》《自闭症谱系障碍儿童的发展与教育》《情绪与行为障碍儿童的发展与教育》《超常儿童的发展与教育》。

康复与训练系列。

本系列旨在体现"医教结合"的原则，结合中外的各类特殊儿童，尤其是有比较严重的身心发展障碍儿童的治疗、康复和训练的实际案例，系统地介绍了当代对特殊教育中早期鉴别、干预、康复、咨询、治疗、训练教育的原理和方法。本系列偏重于实际操作和应用，由以下7种组成：

《特殊儿童应用行为分析》《特殊儿童的游戏治疗》《特殊儿童的美术治疗》《特殊儿童的音乐治疗》《特殊儿童的心理治疗》《特殊教育的辅具与康复》《特殊儿童的感觉统合训练》。

"21世纪特殊教育创新教材"是目前国内学术界有关特殊教育问题覆盖面最广、内容较丰富、整体功能较强的一套专业丛书。在特殊教育的理论和实践方面，本套丛书比较全面和深刻地反映出了近几十年来特殊教育和相关学科的成果。一方面大量参考了国外和港台地区有关当代特殊教育发展的研究资料；另一方面总结了我国近几十年来，尤其是建立了特殊教育专业硕士、博士点之后的一些交叉学科的实证研究成果，涉及5000多种中英文的参考文献。本套丛书力求贯彻理论和实际相结合的精神，在反映国际上有关特殊教育的前沿研究的同时，也密切结合了我国社会文化的历史和现实，将特殊教育的基本理论、基础理论、儿童发展和实际的教育、教学、咨询、干预、治疗和康复等融为一体，为建立一个具有前瞻性、符合科学发展观、具有中国历史文化特色的特殊教育的学科体系奠定基础。本套丛书在全面介绍和深入探讨当代特殊教育的原理和方法的同时，力求阐明如下几个主要学术观点：

1. 人是生物遗传和"文化遗传"两者结合的产物。生物遗传只是使人变成了生命活体和奠定了形成自我意识的生物基础；"文化遗传"才可能使人真正成为社会的人、高尚的人、成为"万物之灵"，而教育便是实现"文化遗传"的必由之路。特殊教育作为一个联系社会学科和自然学科、理论学科和应用学科的"桥梁学科"，应该集中地反映教育在人的种系发展和个体发展中所发挥的巨大作用。

2. 当代特殊教育的发展是全球化、信息化教育观念的体现，它有力地展现了人类社会发展过程中物质文明与精神文明之间发展的同步性。马克思主义很早就提出了两种生产力的概念，即生活物资的生产和人自身的繁衍。伴随生产力的提高和社会的发展，人类应该有更多的精力和能力来关注自身的繁衍和一系列发展问题，这些问题一方面是通过基因工程来防治和减少疾病,实行科学的优生优育,另一方面是通过优化家庭教育、学校教育和社会教育的环境,来最大限度地增加教育在发挥个体潜能和维护社会安定团结与文明进步等方面的整体功能。

3. 人类由于科学技术的发展、生产能力的提高,已经开始逐步地摆脱了对单纯性、缓慢性的生物进化的依赖,摆脱了因生活必需的物质产品的匮乏和人口繁衍的无度性所造成"弱肉强食"型的生存竞争。人类应该开始积极主动地在物质实体、生命活体、社会成员的大系统中调整自己的位置,更加注重作为一个平等的社会成员在促进人类的科学、民主和进步过程中所应该承担的责任和义务。

4. 特殊教育的发展,尤其是融合教育思想的形成和传播,对整个教育理念、价值观念、教育内容、学习方法和教师教育等问题,提出了全面的挑战。迎接这一挑战的方法只能是充分体现时代精神,在科学发展观的指导下开展深度的教育改革。当代特殊教育的重心不再是消极地过分地局限于单纯的对生理缺陷的补偿,而是在一定补偿的基础上,积极地努力发展有特殊需要儿童的潜能。无论是特殊教育还是普通教育都应该强调培养受教育者积极乐观的人生态度和做人的责任,使其为促进人类社会的进步最大限度地发挥自身的潜能。

5. 当代特殊教育的发展,对未来的教师和教育管理者、相关的专业人员的学识、能力和人格提出了更高的要求。未来的教师和教育管理者、相关的专业人员不仅要做到在教学相长中不断地更新自己的知识,还要具备从事普通教育和特殊教育的能力,具备新时代的人格魅力,从勤奋、好学、与人为善和热爱学生的行为中,自然地展示出对人类未来的美好憧憬和追求。

6. 从历史上来看,东西方之间思维方式和文化底蕴方面的差异,导致对残疾人的态度和特殊教育的理念是大不相同的。西方文化更注重逻辑、理性和实证,从对特殊人群的漠视、抛弃到专项立法和依法治教,从提倡融合教育到专业人才的培养,从支持系统的建立到相关学科的研究,思路是清晰的,但执行是缺乏弹性的,综合效果也不十分理想,过度地依赖法律底线甚至给某些缺乏自制力和公益心的人提供了法律庇护下的利己方便。东方哲学特别重视人的内心感受、人与自然和人与人之间的协调,以及社会的平衡与稳定,但由于封建社会落后的生产力水平和封建专制,特殊教育长期停留在"同情""施舍""恩赐""点缀""粉饰太平"的水平,缺乏强有力的稳定的实际支持系统。因此,如何通过中西合璧,结合本国的实际来发展我国的特殊教育,是一个需要深入研究的问题。

7. 当代特殊教育的发展是高科技和远古人文精神的有机结合。与普通教育相比,特殊教育只有200多年的历史,但近半个世纪以来,世界特殊教育发展的广度和深度都令人吃惊。教育理念不断更新,从"关心"到"权益",从"隔离"到"融合",从"障碍补偿"到"潜能开发",从"早期干预""个别化教育"到终身教育及计算机网络教学的推广,等等,这些都充分地体现了对人本身的尊重、对个体差异的认同、对多元文化的欣赏。

本套丛书力求帮助特殊教育工作者和广大特殊儿童的家长:① 进一步认识特殊教育的本质,勇于承担自己应该承担的责任,完成特殊教育从慈善关爱型向义务权益型转化;② 进一步明确特殊教育和普通教育的目标,促进整个国民教育从精英教育向公民教育转化;③ 进一步尊重差异,发展个性,促进特殊教育从隔离教育向融合教育转型;④ 逐步实现特殊教育的专项立法,进一步促进特殊教育从号召型向依法治教的模式转变;⑤ 加强专业人员的培养,进一步促进特殊教育从低水平向高质量的转变;⑥加强科学研究,进一步促进特殊教育学科水平的提高。

我们希望本套丛书的出版能对落实我国中长期的教育发展规划起到积极的作用,增加人们对当代特殊教育发展状况的了解,使人们能清醒地认识到我国特殊教育发展所取得的成就、存在的差距、解决的途径和努力的方向,促进中国特殊教育的学科建设和人才培养。在教育价值上进一步体现对人的尊重、对自然的尊重;在教育目标上立足于公民教育;在教育模式上体现出对多元文化和个体差异的认同;在教育方法上本着实事求是的精神实行因材施教,充分地发挥受教育者的潜能,发展受教育者的才智与个性;在教育功能上进一步体现我国社会制度本身的优越性,促进人类的科学与民主、文明与进步。

在本套丛书编写的三年时间里,四个主编单位分别在上海、南京、武汉组织了三次有关特殊教育发展的国际论坛,使我们有机会了解世界特殊教育最新的学科发展状况。在北京大学出版社和主编单位的资助下,丛书编委会分别于2008年2月和2009年3月在南京和上海召开了两次编写工作会议,集体讨论了丛书编写的意图和大纲。为了保证丛书的质量,上海市特殊教育资源中心和华东师范大学特殊教育研究所为本套丛书的编辑出版提供了帮助。

本套丛书的三个系列之间既有内在的联系,又有相对的独立性。不同系列的著作可作为特殊教育和相关专业的教材,也可供不同层次、不同专业水平和专业需要的教育工作者以及关心特殊儿童的家长等读者阅读和参考。尽管到目前为止,"21世纪特殊教育创新教材"可能是国内学术界有关特殊教育问题研究的内容丰富、整体功能强、在特殊教育的理论和实践方面覆盖面最广的一套丛书,但由于学科发展起点较低,编写时间仓促,作者水平有限,不尽如人意之处甚多,寄望更年轻的学者能有机会在本套丛书今后的修订中对之逐步改进和完善。

本套丛书从策划到正式出版,始终得到北京大学出版社教育出版中心主任周雁翎和责任编辑李淑方、华东师范大学学前教育学院党委书记兼上海特殊教育发展资源中心主任汪海萍、南京特殊教育职业技术学院院长丁勇、华中师范大学教育科学学院院长邓猛、陕西师范大学教育科学学院副院长赵微等主编单位领导和参加编写全体同仁的关心和支持,在此由衷地表示感谢。

最后,特别感谢丛书付印之前,中国教育学会理事长、北京师范大学副校长顾明远教授和上海市副市长、上海交通大学医学院教授沈晓明在百忙中为丛书写序,对如何突出残疾人的教育,如何进行"医教结合",如何贯彻《国家中长期教育改革和发展规划纲要》等问题提出了指导性的意见,给我们极大的鼓励和鞭策。

"21世纪特殊教育创新教材"

编写委员会

(方俊明执笔)

2011年3月12日

第二版修订说明

《特殊教育学》一书自 2011 年 5 月出版以来,承蒙读者的关心与支持,销量颇为可观,2014 年本书荣获"'十二五'普通高等教育本科国家级规划教材",这对编者是莫大的鼓励。为回馈读者,北京大学出版社多次提议让编者对书稿进行修订完善,因编者忙于杂事,拖至今日才完成了修订任务。修订的主要内容体现在各章中增加了近年来最新的研究成果,更新了一些统计数据和文件资料,调整和修改了原书中的部分文字内容等。第二版书稿的修订工作主要由方俊明、雷江华、兰继军、甘昭良、赵斌、翟孟、汪斯斯、魏燕荣、陈影、罗司典、刘礼兰、潘娇娇、王艳、李静陨、刘文丽等人完成。尽管编者对书稿进行了全面的梳理,但仍可能"挂一漏万"。希望读者能一如既往地支持我们,及时反馈相关信息,以便我们在以后的修订完善过程中能更好地呈现更理想的文本。衷心感谢大家!

编者
2015 年 12 月

第一版前言

特殊教育学是特殊教育专业的最核心的主干课程。因此，伴随我国特殊教育的发展，特殊教育专业的建立，曾陆续出版了不同版本的"特殊教育学"、"特殊教育概论"、"特殊教育导论"等教材。其中，使用范围较广的是：① 由朴永馨主编，1993年华夏出版社出版的《特殊教育概论》；② 由叶立群总主编，朴永馨主编，1995年福建教育出版社出版的《特殊教育学》；③ 由汤盛钦主编，1998年上海教育出版社出版的《特殊教育概论》；④ 由方俊明编著，1998年陕西人民教育出版社出版的《当代特殊教育导论》；⑤ 由顾定倩主编，2001年辽宁师范大学出版社出版的全国高等教育自学考试教材《特殊教育导论》；⑥ 由刘全礼著，2003年教育科学出版社出版的《特殊教育导论》；⑦ 由方俊明主编，2005年人民教育出版社出版的普通高等教育"十五"国家级规划教材《特殊教育学》等。上述教材都从不同的角度介绍世界特殊教育的发展历程以及当代特殊教育发展的一系列理论和应用等方面的问题，对促进特殊教育的学科建设和不同层次的专业人员的培训曾经和正在发挥着巨大的作用，也为我们编写这本教材奠定了坚实的基础。

感谢"21世纪特殊教育创新教材"编委会的信任，让我们华中师范大学组织人员重新编写本书，并对本书的编写提出如下三方面的希望。

一是希望本书能与本套丛书的三大系列保持体例的一致性，体现特殊教育的理论性、应用性、知识性和操作性。

二是希望能突破已出版的特殊教育学教材仅限于从特教视角出发谈特教的构思模式，更多地从特殊教育与普通教育的关系，有特殊需要儿童与普通儿童的关系的角度来讨论特殊教育的学科基础、学科要素、组织形式和教育教学目标的制定和实施，为日后深入施行融合教育奠定基础。

三是希望在借鉴和吸收国外特殊教育发展经验的基础上，更多地从评介转向结合中国教育改革和特殊教育发展中存在的实际问题来讨论特殊教育的原理和方法，努力探索适合中国的历史文化背景和国家综合发展水平的特殊教育的发展道路。

为了避免本书与丛书其他著作讨论内容的重复和顾此失彼，编写组成员一方面总结教授原有特殊教育学教材的经验，提出了新编这本教材的基本思路并在第一次召开的编写工作会议中与同行专家进行讨论，形成改编计划和书稿的编写大纲；另一方面在一年多的编写过程中不断地交换意见，进行调整和修改。通过多次的讨论，编写组的成员一致认为，特殊教育学作为教育学的二级学科，其理论体系的构建，不但需要教育学学科体系的指导，而且需要特殊教育实践成果的充实，以体现理论与实践相结合的学科特色。正是基于这种想法，我们决定试图根据教育学的学科特点来编写特殊教育学的教材，本书共分为如下五编：

第1编包括两章,主要介绍特殊教育学的学科要素、理论基础,概括为"学科论";

第2编包括四章,主要阐述特殊教育人员、学生、课程以及要素之间的关系,概括为"要素论";

第3编包括三章,主要探讨特殊教育体制、学校、班级,概括为"组织论";

第4编包括三章,主要论述特殊教育教学方法、管理方法、评估方法,概括为"方法论";

第5编包括两章,主要分析特殊教育的目标、个别化计划,概括为"目标论"[①]。

本书由雷江华、方俊明设计编写思路与写作提纲,最后统一定稿,提交系列主编和丛书总主编审查。本书的各章节编写人员的具体分工如下:第1章、第2章由方俊明、雷江华完成,第3章由曹彩红、王海燕、赵斌完成,第4章由甘昭良完成,第5章由兰继军完成,第6章由雷江华、李伦完成,第7章由汪斯斯、雷江华、李伦完成,第8章由兰岚、兰继军完成,第9章由王颖、兰继军完成,第10章、第11章由刘颂完成,第12章由汪斯斯、雷江华、李伦完成,第13章由翟孟完成,第14章由汪斯斯、雷江华、李伦完成。

本书从拟订提纲到成文定稿的过程中,得到了各界同仁的大力支持,丛书系列主编杜晓新教授和总主编方俊明教授曾审阅并提出了一些明确的修改意见。在出版的过程中得到了北京大学出版社周雁翎老师、李淑方老师的友情帮助,在此表示由衷的感谢!

本书在编写过程中参考了大量著作、报刊的研究成果,并尽量做到引用规范,这样既便于读者进一步学习参考,又表示对文献作者的感谢,但难免挂一漏万,在此对未列入注释和参考文献的作者,表示诚挚的歉意。

最后,由于时间仓促,涉及的撰稿者较多,编写风格在大体保持一致的情况下尽量让编写者体现出个人的写作风格,虽数易其稿,但仍难免有疏漏与欠妥之处,敬请各位同仁不吝赐教为感!

编者

2009年6月25日

---

① 这里总结为"目标论"主要是基于提出的特殊教育目标主要通过个别化计划(个别化教育计划、个别化家庭服务计划、个别化转衔服务计划)来实现的,正体现了杜威将教育目的过程化的思想。个别化计划源于美国,同时得到了法律的有效保障,因此第14章更多地介绍美国个别化计划的制订、执行、评估等情况,以供国内同行参考。

目 录

顾明远序 ··· (1)
沈晓明序 ··· (1)
丛书总序 ··· (1)
第二版修订说明 ··· (1)
第一版前言 ·· (1)

第1编 特殊教育学学科论

第1章 特殊教育学的学科要素 ·· (1)
第1节 特殊教育学的研究对象 ··· (1)
一、特殊教育现象与特殊教育本质的关系 ··· (1)
二、特殊教育规律与特殊教育现象的关系 ··· (2)
三、特殊教育原则与特殊教育规律的关系 ··· (2)
四、特殊教育问题与特殊教育现象的关系 ··· (3)
五、特殊教育学的研究对象 ·· (5)
第2节 特殊教育学的学科性质 ··· (6)
一、特殊教育学与教育学、心理学的关系 ··· (6)
二、作为独立形态的特殊教育学之性质 ··· (6)
第3节 特殊教育学的学科体系 ··· (7)
一、教材体系 ·· (7)
二、著作体系 ·· (8)
第4节 特殊教育学的研究方法 ··· (9)
一、一般方法 ·· (9)
二、特殊方法 ·· (9)
第5节 特殊教育学的历史发展 ··· (10)
一、萌芽起步阶段 ·· (10)
二、发展深化阶段 ·· (11)

第2章 特殊教育学的理论基础 ·· (14)
第1节 生物学基础 ·· (15)
一、生物学的基本观点 ·· (15)
二、生物学在特殊教育中的应用 ·· (15)
第2节 发展生态学基础 ·· (16)
一、发展生态学的基本观点 ··· (16)
二、发展生态学在特殊教育中的应用 ··· (18)
第3节 心理学基础 ·· (19)
一、心理学的基本观点 ·· (19)

1

二、心理学在特殊教育中的应用 ……………………………………………… (21)
第4节　教育学基础 ……………………………………………………………… (23)
　　一、教育学的基本观点 ………………………………………………………… (23)
　　二、教育学在特殊教育中的应用 ……………………………………………… (23)

第2编　特殊教育要素论

第3章　特殊教育的专业人员 …………………………………………………… (26)
第1节　教师 ……………………………………………………………………… (26)
　　一、特殊教育教师的含义 ……………………………………………………… (26)
　　二、特殊教育教师的作用 ……………………………………………………… (27)
　　三、特殊教育教师的条件 ……………………………………………………… (28)
　　四、特殊教育教师的现状 ……………………………………………………… (32)
　　五、特殊教育教师的培训 ……………………………………………………… (34)
第2节　家长 ……………………………………………………………………… (36)
　　一、家长的作用 ………………………………………………………………… (36)
　　二、家长的需求 ………………………………………………………………… (38)
　　三、家长参与特殊教育的现状及问题 ………………………………………… (40)
　　四、家长培训模式 ……………………………………………………………… (41)
第3节　其他教育人员 …………………………………………………………… (43)
　　一、行政人员 …………………………………………………………………… (43)
　　二、康复人员 …………………………………………………………………… (44)
　　三、社会工作者 ………………………………………………………………… (44)
　　四、心理学家 …………………………………………………………………… (46)
　　五、营养师 ……………………………………………………………………… (46)
　　六、特殊教育科研人员 ………………………………………………………… (46)

第4章　特殊教育的对象 ………………………………………………………… (49)
第1节　生理发展异常学生 ……………………………………………………… (50)
　　一、听觉障碍学生 ……………………………………………………………… (50)
　　二、视觉障碍学生 ……………………………………………………………… (53)
　　三、肢体障碍学生 ……………………………………………………………… (56)
第2节　智力发展异常学生 ……………………………………………………… (58)
　　一、智力发展落后学生 ………………………………………………………… (58)
　　二、智力发展超常学生 ………………………………………………………… (60)
第3节　语言发展异常学生 ……………………………………………………… (61)
　　一、语言发展异常的含义 ……………………………………………………… (61)
　　二、语言发展异常的分类 ……………………………………………………… (61)
　　三、语言发展异常出现的原因 ………………………………………………… (61)
　　四、语言发展异常的出现率 …………………………………………………… (61)
　　五、语言发展异常学生的特征 ………………………………………………… (62)
第4节　广泛性发育障碍学生 …………………………………………………… (63)
　　一、广泛性发育障碍的含义 …………………………………………………… (63)
　　二、广泛性发育障碍的分类 …………………………………………………… (64)

  三、广泛性发育障碍出现的原因 ……………………………………………… (65)
  四、广泛性发育障碍的出现率 ……………………………………………… (66)
  五、广泛性发育障碍的发病年龄 …………………………………………… (67)
  六、广泛性发育障碍学生的特征 …………………………………………… (67)
第5章　特殊教育课程 ………………………………………………………………… (70)
 第1节　课程体系 ……………………………………………………………… (70)
  一、课程的概念 ……………………………………………………………… (70)
  二、新时期特殊教育的课程体系 …………………………………………… (71)
 第2节　课程内容 ……………………………………………………………… (75)
  一、课程内容取向与课程内容选择的依据 ………………………………… (75)
  二、课程设置 ………………………………………………………………… (76)
  三、特殊教育课程内容的创新 ……………………………………………… (80)
 第3节　课程实施 ……………………………………………………………… (82)
  一、特殊教育传统课程实施中存在的问题 ………………………………… (82)
  二、特殊学校新课程实施的措施 …………………………………………… (84)
 第4节　课程评价 ……………………………………………………………… (87)
  一、传统课程评价存在的问题 ……………………………………………… (87)
  二、特殊教育学校课程评价改革思路 ……………………………………… (87)
  三、成长记录袋在特殊儿童课程评价中的应用 …………………………… (88)
第6章　特殊教育要素的关系 ………………………………………………………… (101)
 第1节　单向受动关系 ………………………………………………………… (101)
  一、基本模式图 ……………………………………………………………… (101)
  二、取得成效的条件 ………………………………………………………… (102)
 第2节　双向互动关系 ………………………………………………………… (104)
  一、基本模式图 ……………………………………………………………… (104)
  二、取得成效的条件 ………………………………………………………… (104)
 第3节　矛盾运动关系 ………………………………………………………… (105)
  一、基本矛盾 ………………………………………………………………… (105)
  二、主要矛盾及其表现形式 ………………………………………………… (106)
  三、矛盾的主要方面 ………………………………………………………… (108)
  四、解决矛盾的方法是深化特殊教育教学改革 …………………………… (110)

第3编　特殊教育组织论

第7章　宏观组织：特殊教育体制 …………………………………………………… (111)
 第1节　特殊教育体制概述 …………………………………………………… (111)
  一、特殊教育体制的含义 …………………………………………………… (111)
  二、我国特殊教育体制的沿革 ……………………………………………… (112)
 第2节　特殊学校教育体制 …………………………………………………… (117)
  一、特殊学校教育体制概述 ………………………………………………… (117)
  二、各类特殊学校教育体制 ………………………………………………… (121)
  三、我国特殊学校教育体制改革 …………………………………………… (122)
 第3节　特殊教育管理体制 …………………………………………………… (125)

一、特殊教育管理体制概述 …………………………………………………… (125)
　　二、特殊教育行政体制改革 …………………………………………………… (125)
　　三、特殊学校管理体制改革 …………………………………………………… (127)
第8章　中观组织：特殊教育学校 …………………………………………………… (130)
　第1节　专门学校 …………………………………………………………………… (130)
　　一、特殊教育专门学校的历史溯源和宗旨 ………………………………… (130)
　　二、专门学校中的特殊教育 ………………………………………………… (131)
　　三、专门学校所面临的质疑和挑战 ………………………………………… (135)
　　四、专门学校的前景 ………………………………………………………… (137)
　第2节　混合学校 …………………………………………………………………… (138)
　　一、混合学校的宗旨 ………………………………………………………… (138)
　　二、混合学校中的特殊教育 ………………………………………………… (139)
　　三、混合学校存在的问题 …………………………………………………… (141)
　　四、混合学校的前景 ………………………………………………………… (144)
　第3节　融合学校 …………………………………………………………………… (144)
　　一、融合教育的理念 ………………………………………………………… (144)
　　二、融合学校中的融合教育 ………………………………………………… (145)
　　三、融合的困难和融合学校的可持续发展 ………………………………… (149)
　　四、在我国发展融合学校的措施 …………………………………………… (150)
第9章　微观组织：特殊教育班级 …………………………………………………… (154)
　第1节　班级概述 …………………………………………………………………… (154)
　　一、班级的概念 ……………………………………………………………… (154)
　　二、班级的组成 ……………………………………………………………… (154)
　　三、班级规模 ………………………………………………………………… (159)
　第2节　班级形式 …………………………………………………………………… (160)
　　一、同质按类编班 …………………………………………………………… (160)
　　二、异质编班 ………………………………………………………………… (161)
　　三、弹性编班制 ……………………………………………………………… (161)
　　四、特殊学生在普通班级的随班就读 ……………………………………… (161)
　　五、其他形式 ………………………………………………………………… (162)
　第3节　班级运行过程 ……………………………………………………………… (163)
　　一、班级组建阶段：入学教育 ……………………………………………… (163)
　　二、班级发展阶段：以人为本 ……………………………………………… (163)
　　三、班集体的形成阶段 ……………………………………………………… (166)
　　四、班级异常行为处理 ……………………………………………………… (166)
　　五、班级评估 ………………………………………………………………… (168)

第4编　特殊教育方法论

第10章　特殊教育的教学方法 ……………………………………………………… (170)
　第1节　工作分析法 ………………………………………………………………… (170)
　　一、概述 ……………………………………………………………………… (170)
　　二、工作分析法的实施 ……………………………………………………… (171)

三、评析 …………………………………………………………………… (174)
　第 2 节　直接教学法 ……………………………………………………………… (175)
　　　一、概述 …………………………………………………………………… (175)
　　　二、直接教学法的实施 …………………………………………………… (176)
　　　三、评析 …………………………………………………………………… (179)
　第 3 节　概念教学法 ……………………………………………………………… (180)
　　　一、概述 …………………………………………………………………… (180)
　　　二、概念教学法的实施 …………………………………………………… (181)
　　　三、评析 …………………………………………………………………… (184)
　第 4 节　学习策略教学法 ………………………………………………………… (185)
　　　一、概述 …………………………………………………………………… (185)
　　　二、学习策略教学法的实施 ……………………………………………… (186)
　　　三、评析 …………………………………………………………………… (190)

第 11 章　特殊教育的评估方法 ……………………………………………………… (193)
　第 1 节　标准化测验评估 ………………………………………………………… (193)
　　　一、标准化测验评估概述 ………………………………………………… (193)
　　　二、标准化测验评估的实施 ……………………………………………… (195)
　　　三、评析 …………………………………………………………………… (197)
　第 2 节　动态评估 ………………………………………………………………… (198)
　　　一、动态评估概述 ………………………………………………………… (198)
　　　二、动态评估的实施 ……………………………………………………… (200)
　　　三、评析 …………………………………………………………………… (204)
　第 3 节　课程本位评估 …………………………………………………………… (205)
　　　一、课程本位评估概述 …………………………………………………… (205)
　　　二、课程本位评估的实施 ………………………………………………… (207)
　　　三、评析 …………………………………………………………………… (208)
　第 4 节　功能性评估 ……………………………………………………………… (209)
　　　一、功能性评估概述 ……………………………………………………… (209)
　　　二、功能性评估的实施 …………………………………………………… (210)
　　　三、评析 …………………………………………………………………… (213)
　第 5 节　生态评估 ………………………………………………………………… (214)
　　　一、生态评估概述 ………………………………………………………… (214)
　　　二、生态评估的设计与实施 ……………………………………………… (215)
　　　三、评析 …………………………………………………………………… (218)

第 12 章　特殊教育管理方法 ………………………………………………………… (221)
　第 1 节　特殊教育管理方法概述 ………………………………………………… (221)
　　　一、含义 …………………………………………………………………… (221)
　　　二、特点 …………………………………………………………………… (222)
　　　三、方法论基础 …………………………………………………………… (222)
　第 2 节　特殊教育行政方法 ……………………………………………………… (224)
　　　一、法治方法 ……………………………………………………………… (224)

  二、组织调度方法 ……………………………………………………………… (225)
  三、经济方法 …………………………………………………………………… (225)
  四、激励方法 …………………………………………………………………… (226)
 第3节 特殊学校管理方法 ……………………………………………………… (227)
  一、行政管理方法 ……………………………………………………………… (227)
  二、思想教育方法 ……………………………………………………………… (228)
  三、经济管理方法 ……………………………………………………………… (228)
  四、法治方法 …………………………………………………………………… (229)
  五、咨询参与方法 ……………………………………………………………… (231)
  六、数理统计方法 ……………………………………………………………… (231)

第5编 特殊教育目标论

第13章 特殊教育目标 …………………………………………………………… (233)
 第1节 特殊教育目标体系 ……………………………………………………… (233)
  一、教育目的 …………………………………………………………………… (233)
  二、培养目标 …………………………………………………………………… (234)
  三、课程目标 …………………………………………………………………… (235)
 第2节 特殊教育的一般目标 …………………………………………………… (236)
  一、教育目的中的一般目标 …………………………………………………… (236)
  二、培养目标中的一般目标 …………………………………………………… (236)
  三、课程目标中的一般目标 …………………………………………………… (237)
 第3节 特殊教育的特殊目标 …………………………………………………… (238)
  一、教育目的中的特殊目标 …………………………………………………… (238)
  二、培养目标中的特殊目标 …………………………………………………… (239)
  三、课程目标中的特殊目标 …………………………………………………… (240)

第14章 个别化计划 ……………………………………………………………… (244)
 第1节 个别化教育计划 ………………………………………………………… (244)
  一、个别化教育计划的提出和发展 …………………………………………… (244)
  二、个别化教育计划的制订过程 ……………………………………………… (245)
  三、个别化教育计划面临的挑战 ……………………………………………… (252)
 第2节 个别化家庭服务计划 …………………………………………………… (254)
  一、个别化家庭服务计划概述 ………………………………………………… (254)
  二、个别化家庭服务计划的实施 ……………………………………………… (254)
  三、个别化家庭服务计划面临的挑战 ………………………………………… (257)
 第3节 个别化转衔服务计划 …………………………………………………… (259)
  一、转衔的定义及演变历程 …………………………………………………… (259)
  二、个别化转衔服务计划的组成框架 ………………………………………… (260)
  三、个别化转衔服务计划的实施步骤 ………………………………………… (260)
  四、个别化转衔服务计划的实施现状 ………………………………………… (263)

参考文献 ……………………………………………………………………………… (265)

第1编 特殊教育学学科论

第1章 特殊教育学的学科要素

1. 通过对相关特殊教育概念的辨析了解特殊教育学的研究对象。
2. 通过探讨特殊教育学与相关学科的关系了解特殊教育学的学科性质。
3. 掌握特殊教育学的学科体系与教材体系。
4. 了解特殊教育学的研究方法。
5. 掌握特殊教育从实践活动到学科体系建立的基本过程。

特殊教育学,作为一门独立学科,它必须回答以下五个问题:(1)研究对象是什么?(2)学科性质是什么?(3)有何独特之学科体系?(4)有何方法论体系?(5)学科发展演进历程如何?下面我们通过探讨特殊教育学学科对象论、学科性质论、学科体系论、学科方法论、学科发展论试图回答上述问题。

第1节 特殊教育学的研究对象

特殊教育学的研究对象是特殊教育现象,探讨特殊教育现象与特殊教育本质、特殊教育规律与特殊教育现象、特殊教育原则与特殊教育规律、特殊教育问题与特殊教育现象之间的关系可以帮助我们准确地理解特殊教育学的内涵。

一、特殊教育现象与特殊教育本质的关系

特殊教育现象是特殊教育本质的外在表现,反映的是特殊教育的外部联系,是特殊教育比较零散、表面、多变的方面。特殊教育本质决定特殊教育现象,特殊教育现象依赖特殊教育本质,因此两者是统一的。但是,两者之间又存在着差别,表现在:首先,特殊教育本质是相对稳定的,而特殊教育现象则是变动的;其次,特殊教育本质是内在的,只有通过思维才能把握,而特殊教育现象是外显的,通过感官就能感知;第三,特殊教育本质是同类特殊教育现象中的一般的、共同的东西,特殊教育现象只是特殊教育本质某一方面的具体表现;第四,特殊教育现象比特殊教育本质丰富,特殊教育本质比特殊教育现象深刻。

特殊教育现象与特殊教育本质的辩证统一关系,诱发了现实生活中特殊教育现象与特殊教育本质既有统一的一面,也有对立的一面。和本质相一致的现象是真相,和本质不一样的现

象是"假象"。正如"现象和本质矛盾的最突出表现就是假象"[①]一样,特殊教育假象就是特殊教育现象和特殊教育本质矛盾的最突出表现。特殊教育假象也是特殊教育现象,是特殊教育本质"在特定条件下的一种反面表现,是由本质派生出来的自身的对立物"[②]。可见,特殊教育假象是反映特殊教育本质否定性方面的一种现象。列宁说:"假象的东西是本质的一个规定,本质的一个方面,本质的一个环节",只不过"假象＝本质的否定的本性。"[③]特殊教育假象的存在表明了特殊教育的复杂性,也给人们认识特殊教育带来了很多困难。因此,我们在认识特殊教育的过程中,既要透过特殊教育现象看本质,又要不被特殊教育假象所迷惑。

与特殊教育假象相对的特殊教育真相也是反映特殊教育本质的一种现象。它是特殊教育本质的肯定的本性,即是对特殊教育本质的真实反映。在现实生活中,特殊教育真相直接地、正面地反映特殊教育本质,表现出与特殊教育本质相吻合的现象。由此可见,特殊教育现象包括特殊教育真相和特殊教育假象。

正是由于特殊教育现象和特殊教育本质之间存在着对立和差别,所以本质和现象不会直接符合,这就决定了进行科学研究的必要性。马克思说:"如果事物的表现形式和事物的本质会合而为一,一切科学就成为多余的了。"[④]

二、特殊教育规律与特殊教育现象的关系

特殊教育规律是特殊教育内部的、必然的、本质的联系。特殊教育现象是特殊教育规律的外部表现。因此要把握特殊教育规律就必须了解特殊教育的组成要素,明确特殊教育现象的范畴。列宁认为:"规律就是关系……本质的关系或本质之间的关系。"[⑤]特殊教育规律是特殊教育现象中具有逻辑关系的诸要素之间的关系。特殊教育规律具有层次性、重复性、可验证性。特殊教育规律包括内部规律和外部规律。内部规律是要使特殊教育遵循特殊儿童身心发展的规律,并为特殊儿童的身心发展服务。该规律要求处理好教育与特殊儿童身心发展之间的关系,以及特殊儿童身体发展与心理发展之间的关系。外部规律是要使特殊教育遵循社会发展的规律,并为社会的发展服务。该规律要求处理好教育与特殊儿童所生活的社会的关系,包括特殊教育与政治的关系、特殊教育与经济的关系、特殊教育与文化的关系、特殊教育与科技的关系等。因此,特殊教育学研究特殊教育现象是为了揭示特殊教育规律。

三、特殊教育原则与特殊教育规律的关系

特殊教育原则就是特殊教育过程中要遵循的基本要求。它是根据一定的特殊教育目的,遵循特殊教育规律而制订的指导特殊教育工作的基本要求。包含三个方面的含义:首先,特殊教育原则从属于特殊教育目的,是为实现特殊教育目的服务的;其次,特殊教育原则的确定有赖于人们对特殊教育规律的认识;再次,特殊教育原则对特殊教育内容、特殊教育方法等起指导作用。

特殊教育原则是特殊教育实践经验的概括和总结,它是人们主观制订的,反映了特殊教育过程的客观规律。可见,特殊教育规律是客观的,特殊教育原则是主观的,特殊教育原则

[①] 章士嵘,卢婉清,等.认识论辞典[M].长春:吉林人民出版社,1984:101.
[②] 章士嵘,卢婉清,等.认识论辞典[M].长春:吉林人民出版社,1984:101.
[③] 许征帆.马克思主义辞典[M].长春:吉林大学出版社,1987:1146.
[④] 章士嵘,卢婉清,等.认识论辞典[M].长春:吉林人民出版社,1984:101-102.
[⑤] 张济正.学校管理学导论[M].上海:华东师范大学出版社,1990:87-88.

是特殊教育规律的主观反映。

四、特殊教育问题与特殊教育现象的关系

对于特殊教育问题的认识,应该从其上位概念"问题"开始。《汉语大词典》对"问题"有四种释义:① 要求回答或解释的题目。② 需要研究讨论并加以解决的矛盾、疑难。③ 关键;重要之点。④ 事故或意外。[①] 显然,对特殊教育问题的释义应选第二种,即特殊教育问题是特殊教育领域需要研究讨论并加以解决的矛盾与疑难。因为"事物的本质是由事物本身所包含的特殊矛盾构成的"[②]。毛泽东同志曾经说:"任何运动形式,其内部都包含着本身特殊的矛盾。这种特殊的矛盾,就构成一事物区别于他事物的特殊的本质。"[③]所以,研究特殊教育问题可以探讨特殊教育本质,揭示特殊教育规律。据此,有人认为,特殊教育学就是研究特殊教育问题,揭示特殊教育规律的科学。

既然研究特殊教育问题和特殊教育现象都可以探讨特殊教育的本质,揭示特殊教育的规律,因此,就有必要澄清一个问题:究竟是研究特殊教育现象才能全面探讨特殊教育的本质,揭示特殊教育的规律?还是研究特殊教育问题才能全面探讨特殊教育的本质,揭示特殊教育的规律?或者是需要研究特殊教育现象和特殊教育问题才能全面探讨特殊教育的本质,揭示特殊教育的规律?

要回答这一问题,需要对特殊教育现象与特殊教育问题的逻辑关系进行一番必要的探讨。如果特殊教育现象真包含特殊教育问题,那么研究特殊教育现象就能更全面地揭示特殊教育规律;如果特殊教育问题真包含特殊教育现象,那么研究特殊教育问题就能更全面地揭示特殊教育规律了;如果特殊教育现象与特殊教育问题是相容关系中的交叉关系或者是不相容的关系,那么只有同时研究特殊教育现象和特殊教育问题,才能全面揭示特殊教育规律了。可见,我们要明晰特殊教育学的研究对象,需要从逻辑学的角度对特殊教育现象与特殊教育问题的关系进行必要的探讨。

根据逻辑学的基本知识,概念之间的关系"首先可以区分为相容关系和不相容关系"[④]。而"相容关系又可分为同一关系、真包含关系、真包含于关系和交叉关系"[⑤];不相容关系"可进一步分为矛盾关系和反对关系两种"[⑥]。那么,特殊教育现象与特殊教育问题之间是什么关系呢?既然特殊教育现象是特殊教育本质的外在表现形式,特殊教育现象就是针对特殊教育本质的外部表现形式中具有最广涵盖面的概念范畴。因此,特殊教育现象与特殊教育问题之间既不可能是不相容关系,也不可能是相容关系中的交叉关系,只可能是相容关系中的其他三种关系。显然,两者之间不可能是同一关系。因为现象是本质的外在表现形式,彼此之间就是"一对哲学范畴"[⑦],如果特殊教育问题等同于特殊教育现象,那么本质与问题就应是一对哲学的范畴。这种假设只有在现象与本质不是一对哲学范畴的基础上才有成立的可能,否则无法成立。据此可以推断,特殊教育现象不等同于特殊教育问题,特殊教育问题与特殊教育本质之间也不是一对哲学范畴。因此,特殊教育现象与特殊教育问题之间只可

---

① 罗竹风.汉语大词典:第12卷[M].北京:汉语大词典出版社,1993:35.
② 章士嵘,卢婉清,等.认识论辞典[M].长春:吉林人民出版社,1984:101.
③ 章士嵘,卢婉清,等.认识论辞典[M].长春:吉林人民出版社,1984:101.
④ 刘文君.普通逻辑学[M].武汉:华中师范大学出版社,1992:21.
⑤ 刘文君.普通逻辑学[M].武汉:华中师范大学出版社,1992:22.
⑥ 刘文君.普通逻辑学[M].武汉:华中师范大学出版社,1992:22.
⑦ 章士嵘,卢婉清,等.认识论辞典[M].长春:吉林人民出版社,1984:101.

能是包含关系,并且是特殊教育现象真包含特殊教育问题。

如果特殊教育现象中包含着特殊教育问题,那么特殊教育现象与特殊教育问题之间的具体关系是怎样的呢?鉴于特殊教育现象包括特殊教育假象和特殊教育真相,因此可以将特殊教育现象与特殊教育问题之间的关系分解为两个关系:特殊教育假象与特殊教育问题的关系,特殊教育真相与特殊教育问题的关系。

首先,特殊教育假象与特殊教育问题的关系。特殊教育假象是特殊教育问题的充分条件,而不是充要条件,即特殊教育假象是特殊教育问题,特殊教育问题未必是特殊教育假象。因为假象往往与"本质相悖谬"[1],"从否定方面来表现事物的本质"[2],而特殊教育问题是研究特殊教育矛盾和疑难的,本质与假象的不一致就出现了特殊教育的矛盾和疑难,即特殊教育问题。

其次,特殊教育真相与特殊教育问题的关系。很多人认为,特殊教育真相中并没有特殊教育问题。笔者认为,特殊教育真相中有特殊教育问题,但不是所有特殊教育真相都是特殊教育问题。例如,教师作为教育者按照特殊教育本质的要求在遵循特殊教育规律的基础上培养学生,但是其在实践中运用的特殊教育方法出现不妥时,就会出现教育问题。即教师遵循了特殊教育规律,领会了特殊教育的本质,但他不一定能把特殊儿童培养好。如果用日常生活中的事例来说明的话,就是我们平常所说的,好人并不一定能办成好事。为什么会出现这一结果呢?原因在于好人还必须要用自己的脑子来想出好的方法。因此,我们可以把特殊教育真相分为"问题域"和"非问题域"。"问题域"就是特殊教育真相中存在的特殊教育问题领域;"非问题域"就是特殊教育真相中存在的不属于特殊教育问题的现象领域。既然特殊教育真相中包括"问题域"与"非问题域",那么特殊教育真相中的"非问题域"有无必要进行研究呢?这些"非问题域"的特殊教育真相也需要予以研究,以便更好地认识特殊教育的本质。例如,很多成功的特殊教育经验的推广,就是对特殊教育真相中的"非问题域"进行研究的结果。如果一门学科只研究问题,就可能出现"头痛医头,脚痛医脚"的局面,研究者就会处于一种被动状态,跟着问题转,缺乏应有的主动性。

可见,特殊教育现象中包括特殊教育问题,研究特殊教育问题也可以探讨特殊教育本质,但不能全面地、科学地认识特殊教育本质,揭示特殊教育规律。只有研究特殊教育现象才能全面地、科学地认识特殊教育本质,揭示特殊教育规律。因此,特殊教育现象是我们认识和研究特殊教育的出发点,但认识和研究"又不能停留在表面现象上,而必须通过现象抓住本质"[3]。

特殊教育现象与特殊教育问题的关系可以用图解(见图1-1)表示为:

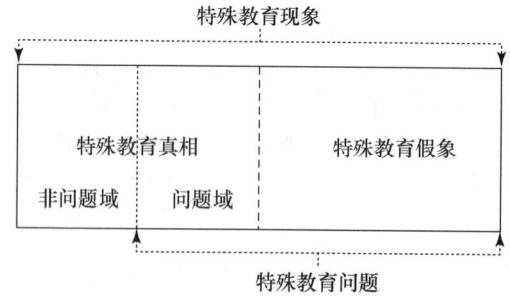

图1-1 特殊教育现象与特殊教育问题关系图

---

① 许征帆.马克思主义辞典[M].长春:吉林大学出版社,1987:1146.
② 许征帆.马克思主义辞典[M].长春:吉林大学出版社,1987:1146.
③ 章士嵘,卢婉清,等.认识论辞典[M].长春:吉林人民出版社,1984:101.

从对特殊教育现象与特殊教育问题逻辑关系的研究中,可以发现,特殊教育学的研究对象应为特殊教育现象。相反,如果将特殊教育学的研究对象定位于"特殊教育问题"则明显缩小了特殊教育学研究对象的范围。这不但不利于我们探讨特殊教育本质,全面揭示特殊教育规律,而且不利于我们认识特殊教育的全貌,只不过特殊教育问题应是特殊教育研究中的重点对象,即通过研究特殊教育问题,发现解决特殊教育问题的途径与方法,以提高特殊教育质量。

五、特殊教育学的研究对象

朴永馨教授提出:"特殊教育学是研究特殊教育现象及其规律、原则和方法的科学;一般以学前和学龄特殊儿童的教育为研究重点。"[①]根据上文对特殊教育现象与特殊教育规律之间关系的探讨,将特殊教育学的研究对象定位为"研究特殊教育现象及其规律、原则和方法"尚值得商榷。如果笼统地提"研究特殊教育现象及其规律",显然模糊了特殊教育现象与特殊教育规律之间存在研究对象与研究目的之间的界线,规律是隐藏在现象背后的本质联系,是人们力图认识的对象。确切地说,揭示特殊教育活动的客观规律是特殊教育研究的目的和永无止息的任务,而人们在研究过程中得出的有关客观规律的认识(即科学规律或规律性认识才是特殊教育研究的对象之一)。之所以将特殊教育学研究的对象界定为"特殊教育现象",而不是"特殊教育现象及其规律、原则和方法",是为了把特殊教育学的研究对象和研究目的区分开来。

为了凸显研究特殊教育问题的重要性,是否可将特殊教育学的研究对象表述为"特殊教育现象和特殊教育问题"呢?如果这样表述,就容易使人产生误解,认为特殊教育现象与特殊教育问题之间的关系是不相容的关系或者是相容关系中的交叉关系。笔者认为,如果为了强调特殊教育学研究"特殊教育问题"的重要性,最好这样来表述:特殊教育学是研究特殊教育现象,重点研究特殊教育问题,揭示特殊教育规律的科学。

因此,特殊教育学的研究对象是特殊教育现象,目的是揭示特殊教育规律。特殊教育学是研究特殊教育现象,揭示特殊教育规律的科学。从特殊教育学作为教育学的分支学科来看,特殊教育现象是指发生在特殊儿童(如听觉障碍儿童、视觉障碍儿童、弱智儿童、学习困难儿童、自闭症儿童等)教育场域中的各种现象,足以构成特殊教育学的独特研究领域。然而,20世纪90年代,融合教育的兴起意欲打破特殊教育与普通教育的界限,进而拓宽了特殊教育学的研究领域,即将其研究范围延伸到了普通教育领域,特殊教育现象既而变成了受不同教育领域(包括特殊教育与普通教育)研究人员普遍关注与研究的对象,特殊教育现象已成为了一种普遍的教育现象,渗透到教育领域的各个方面,推动着特殊教育与普通教育的改革。尽管特殊教育学的研究场域因特殊儿童安置形式的变化(从特殊学校安置延伸到普通学校随班就读)而拓宽了研究的范围,但是这种变化仍是一种特殊教育现象,是特殊儿童安置在普通学校的特殊班或普通班中接受教育所带来的一种新的、独特的特殊教育现象,更需要加强研究。

---

① 朴永馨.特殊教育学[M].福州:福建教育出版社,1995:4.

第2节 特殊教育学的学科性质

特殊教育学究竟是一门什么性质的学科?要回答这个问题,首先要回答两个问题:特殊教育学与教育学、心理学关系如何?特殊教育学作为独立形态的学科具有什么样的特点?

一、特殊教育学与教育学、心理学的关系

"特殊教育学(special pedagogy)是教育学体系中的一个分支学科"[①]。北京师范大学、华东师范大学、华中师范大学、西南师范大学(现为西南大学)等高等师范院校将特殊教育专业设置在教育学学科下以及华东师范大学的特殊教育学作为教育学的二级学科成为上海市的重点学科,这些都说明了特殊教育学作为教育学分支学科的地位。

特殊教育学要更好地为特殊儿童的身心发展服务就必须遵循儿童身心发展的一般规律,特别是心理发展的规律,从而做到因材施教,提高教育质量。因此,特殊教育学需要以心理学作为其理论基础,综观已出版的特殊教育学著作,它们皆是在各类特殊儿童的教育部分阐述特殊儿童的心理发展特点的基础上来探讨特殊儿童的教育教学,具有很强的针对性。

二、作为独立形态的特殊教育学之性质

作为一门独立的学科,特殊教育学是"一门应用学科"[②]。其不但要将自己的理论应用于实践,而且要解决特殊教育实践领域的具体问题,如聋童的语言教学问题等。特殊教育实践工作者对此有极其深刻的体会,他们迫切需要特殊教育学承担起应用性的功能,解决具体的问题。然而,有学者指出,"特殊教育的实用主义也在渐渐影响着特殊教育学作为一门学科的独立性和科学性,而且使得某些实践显得盲目和随意"[③]。

显然,特殊教育学作为应用性很强的学科,其应用性不能仅仅停留在操作层面,更要奠定牢固的理论根基,否则特殊教育学可能沦落为"特殊教育技艺学"。20世纪80年代,有学者认为,特殊教育学是"没有自己专业的理论,指导特殊教育的理论是从其他学科借来的,如医学、心理学、教育学、社会学等的学科理论是特殊教育经常引用的。近代的脑科学研究和计算机科学的研究也被特殊教育充分引用"[④]。但作为一门学科,若没有自己的理论,不但难以长期生存下去,而且会导致实践的盲目性,故有必要"建构特殊教育理论"。

"综观特殊教育整个历史发展,各个国家和学者的理论基础有两个组成部分:一个是与普通教育相同的哲学世界观和方法论,这是人们认识特殊教育和进行特殊教育活动的总的理论基础;另一个是与普通教育不全相同的,在其哲学思想指导下的相关学科的具体理论,如有关心理学、医学、社会学等方面的理论以及特殊教育本身的理论。"[⑤]可见,特殊

---

① 朴永馨.特殊教育学[M].福州:福建教育出版社,1995:4.
② 陈云英.建构特殊教育理论[J].中国特殊教育,2003(1):1.
③ 陈云英.建构特殊教育理论[J].中国特殊教育,2003(1):2.
④ 陈云英.建构特殊教育理论[J].中国特殊教育,2003(1):1.
⑤ 朴永馨.特殊教育学[M].福州:福建教育出版社,1995:61.

教育学有自己的理论基础,"马克思主义指导下的缺陷补偿理论是中国特殊教育理论的内容之一"①。

20世纪"80年代起(中国)在译文、译著中介绍了不少俄、美等国家的特殊教育方面的理论。中国的特殊教育工作者在实践中也在探索有中国特色、指导中国特殊教育的理论。有的研究者提出了中国的特殊教育有与中国普通教育相同(马克思主义哲学和一般教育理论)的理论基础,又有区别于普通教育、指导残疾儿童特殊教育的马克思主义理论基础;有与外国特殊教育理论的共性,又有体现中国特色(哲学、认识方法、国情、传统文化等)的个性。并用此理论基础研究中国特殊教育的目标、体系、课程、教材等。在这个问题上还有主张人道主义是理论基础的观点和认为国外某些理论是中国特殊教育的理论基础、中国自己没有理论基础等观点。"②

方俊明先生指出:"两百多年来,各国特殊教育发展的经验证明:除了遵循一般的教育的原理之外,发展特殊教育要特别强调如下三个教育原则:一是协同教育原则;另一个是早期干预和早期教育的原则;三是缺陷与补偿教育的原则。上述教育原则也是特殊教育的基本原理。"③

总之,特殊教育学是教育学的一门分支学科,其应用性很强,其理论体系正处于建构和完善之中。特殊教育学作为一门独立学科,其体现的应用性与理论性将为学科的建设和发展带来广阔的发展空间。

第3节 特殊教育学的学科体系

特殊教育学作为一门独立的学科,应有其自身的学科体系,包括教材体系和著作体系。

一、教材体系

(一)作为一门学科的特殊教育学的教材体系

目前我国高校使用的特殊教育学教材,其体系一般由两部分组成:第一部分阐述特殊教育的一般认识;第二部分阐述各级各类特殊教育。有的教材体系由三部分组成,除包括了前面两部分外,还包括特殊教育的组织和管理,如朴永馨主编的《特殊教育学》。特殊教育的一般认识主要阐述特殊教育的对象与分类;特殊教育的产生与发展;特殊教育的体系与模式;特殊教育的理论基础等。各级各类特殊教育主要阐述智力落后儿童、听觉障碍儿童、视觉障碍儿童、学习困难儿童、言语和语言障碍儿童、肢体残疾儿童、情绪和行为问题儿童等的心理与教育问题。特殊教育的组织和管理主要阐述特殊教育机构的领导和管理,特殊教育评价等。这些教材体系考虑到了施教者和受教者的认识逻辑,但对特殊教育理论自身的逻辑考虑尚不够深入。

(二)作为一个学科群的特殊教育学的教材体系

作为一个学科群的特殊教育学的教材体系,主要是指根据专业培养目标的需要与依据人才培养的规格而构建的专业教材体系。专业教材体系一般由基础学科、专业基础学科和

---

① 朴永馨.特殊教育学[M].福州:福建教育出版社,1995:66.
② 朴永馨.二十世纪中国特殊教育研究回顾[J].特殊教育研究,2000(2):6.
③ 方俊明.视障教育理论初探[J].中国特殊教育,2001(1):11.

专业学科三个层次组成。特殊教育专业的基础学科一般包括社会学、教育学、心理学、语言学、医学、教育史、管理学、哲学等学科。特殊教育专业基础学科包括特殊教育学、特殊儿童心理学、特殊儿童语言学、特殊儿童病理学、特殊教育史、特殊教育管理学、特殊教育哲学、特殊教育社会学等学科。特殊教育专业的专业学科从不同的特殊教育对象出发，分别有智力落后儿童教育学、听觉障碍儿童教育学、视觉障碍儿童教育学、学习困难儿童教育学等；从教育的层次看，包括学前特殊教育学、初等特殊教育学、中等特殊教育学、高等特殊教育学；从教育对象的年龄看，有特殊儿童教育学、特殊青少年教育学和特殊成人教育学；从特殊教育的内容看，有特殊儿童心理健康教育、特殊儿童德育、特殊儿童智育、特殊儿童劳动教育、特殊儿童体育。

二、著作体系

（一）作为一门学科的特殊教育学的著作体系

作为一门学科的特殊教育学的著作体系，有着严密的逻辑范畴的理论体系。它是通过著作者的认识逻辑而展开的。我们要构建特殊教育学的著作体系，就应找到能揭示特殊教育现象的基本范畴及其逻辑关系。我们可以借鉴相关学科的研究成果，并在此基础上形成特殊教育学的著作体系。如有的学者运用历史与逻辑统一原则纵向分析了教育现象，指出教育现象的形态依次为教育活动、教育事业与教育思想（观念）。[①] 据此，我们也可以将特殊教育的形态依次划分为特殊教育活动、特殊教育事业与特殊教育思想（观念）；或借鉴教育管理学将教育管理现象分为活动、体制、机制、观念等，将特殊教育现象分为特殊教育活动、特殊教育体制、特殊教育机制、特殊教育观念等四个范畴。

（二）作为一个学科群的特殊教育学的著作体系

作为一个学科群的特殊教育学的著作体系，被称为特殊教育学的著作层次体系。所谓著作层次体系是指由严密的学科范畴所组成的体系。学科范畴是指一门学科在其产生和发展过程中，标志着这门学科由低级到高级的发展，从而区分这门学科不同层次发展水平的那些范畴。[②] 如在西方学者布雷津卡把教育理论分为"教育科学、教育哲学及实践教育学（原称'教育行为学'）"[③]。我国教育学学者陈桂生在"三分法"的基础上尝试把教育学的理论划分为教育技术理论、教育科学、教育价值理论、教育规范理论四个不同层次。[④] 借此逻辑范畴，可将特殊教育学学科看成是由特殊教育技术理论、特殊教育科学理论、特殊教育价值理论、特殊教育规范理论四个不同层次的学科范畴所组成的。

---

① 孙绵涛,康翠萍.论教育管理学的研究对象[J].中小学管理,1997(11)：4.
② 孙绵涛.论教育管理学的学科体系[J].高等教育研究,1999(1)：67.
③ 陈桂生."教育学"辨——"元教育学"的探索[M].福州：福建教育出版社,1998：48.
④ 陈桂生."教育学"辨——"元教育学"的探索[M].福州：福建教育出版社,1998：49-53.

第4节 特殊教育学的研究方法

一、一般方法

特殊教育学的学科方法论可以分为三个层次：一是哲学方法论；二是一般学科方法论；三是具体研究方法。哲学方法论是从事实材料出发，根据逻辑规律、法则形成概念、作出判断和进行推理。包括比较、分析、综合、抽象、概括、演绎、归纳等。运用哲学的逻辑方法对已有的事实、命题、理论等进行考察可以得到新的、更深刻且全面的知识。一般学科方法论主要包括质的研究方法和量的研究方法。质的研究方法是从大量的社会现象出发，大量占有材料，经过分析和综合，找出其中规律的方法。从特殊教育的大量现象中，抽象出其本质的关系，概括出概念、范畴，进行推理和判断，形成理论，并在实践中加以检验和修正。量的研究方法是对事物和社会现象的存在、发展、变化以及构成事物和社会现象的成分、关系、空间排列等用数量表示其规定性的研究方法。特殊教育学应用量的研究方法可以从特殊教育个体以及群体的诸多身心指标之间的相互关系、相互作用及其构成的数量变化和数量关系出发，寻找一定的规律。特殊教育学所运用的具体研究方法主要包括观察法、文献法、测验法、调查法、统计法、图表法、历史法、比较法、实验法、个案法、行动研究法、人种学研究方法等。但是，这些研究方法并没有体现出特殊教育学研究方法的独特性，不足以说明特殊教育学作为一门学科成立所具有的方法论基础。

二、特殊方法

"现代学科演变的趋势表明，每一门学科采用单一的研究方法已经不足以充分把握研究对象，往往需要采用几种不同的研究方法，从不同视角、按不同研究规范对研究对象进行综合考察，同时，不同的学科也可以把同样的现象作为研究对象。各种跨学科的研究领域纷纷脱颖而出，更显示出研究方法的通用性质，从而导致'学科'观念的变化：不但'独特的研究方法'不再是学科得以成立的必要条件，相反，单一研究方法的成效越来越受到怀疑。"[①]可见，有无独特的研究方法并不影响特殊教育学作为一门独立的学科。

目前，针对传统教育、心理学实验与统计方法因"样本容量问题""样本同质性问题"而难以应用于特殊教育领域，有学者提出在特殊教育研究中，"单一被试实验是一种有效的研究方法"[②]。单一被试实验研究法是"研究单一个体、对象或事件的研究方法，例如，大家所熟悉的单一个案、个案研究、相同受试者、受试者内、重复测量、密集式的临床实验、应用行为分析、单一受试者、时间系列、单一制度、异质的以及 N＝1 的研究方法"[③]。该研究法"在实验设计上，从单基线设计扩展到多基线设计。在多基线实验设计中，又分跨行为多基线、跨情景多基线与跨被试多基线实验设计。在数据处理上，从单纯的图形与文字的描述发展到具有统计学意义上的定量分析"[④]。

---

① 陈桂生."教育学"辨——"元教育学"的探索[M].福州：福建教育出版社，1998：65.
② 杜晓新.单一被试实验研究中的效度问题[J].中国特殊教育，2002(3)：21.
③ Curtis H. Krishef.单一受试者设计与分析[M].蔡美华，李伟俊，等译.台北：五南图书出版公司，1999：3.
④ 杜晓新.单一被试实验研究中的效度问题[J].中国特殊教育，2002(3)：21.

第5节 特殊教育学的历史发展

特殊教育学的产生离不开具体的特殊教育实践活动,但它作为一门学科的产生必须有其特有的标志,如特殊教育著作的问世,特殊教育专业的设立,特殊教育学术团体的建立,特殊教育杂志的创建等。有鉴于此,我国特殊教育学的历史发展轨迹应分为两个阶段。

一、萌芽起步阶段

一般认为,中国的特殊教育开始于19世纪末期"瞽叟通文馆"(现在的北京市盲人学校)的建立,其后尽管政府出台过一些文件以加强特殊教育,但终因战乱而未能实现"发展特殊教育"的愿望,有关特殊教育的成果不多则不足为怪。根据当时参加聋教育师资培训的学员回忆,"虽有师范班名义,但未见有何专为师范生研究之课程。每日除随班上课见习,或自己试教一班外,仅有'聋哑教育讲义撮要'十数页略供参考而已"[1]。商务印书馆1929年发行的华林一编写的《低能教育》和《残废教育》两本书比较系统地介绍了当时西方特殊教育发展的历史与现状以及各类特殊儿童教育教学的原理与方法,作为中国近代教育史上最早有关特殊教育的专著,对中国当时特殊教育的发展起到了一定的指导作用。[2] 但立足于本土化的特殊教育研究成果当属吴燕生1935年撰写的《聋教育常识》。这仅为探讨聋教育方面的特殊教育成果。

此外,建国前有些教育学著作涉及了有关特殊教育的篇章。当时对于特殊教育的理解较为宽泛,包括家庭教育、社会教育、平民教育、补习教育、职业教育、特殊教育。[3] 1927年,舒新城在《教育通论》第九章"教育通论"中专门论述了特殊教育问题。1932年,庄泽宣在《教育概论》第十四章论述"特殊教育"包括:聋哑教育史及现状、盲人教育史及现状、残废教育史及现状、成人教育史、美国成人教育机关、法国之成人教育、丹麦之人民高等学校、中国之成人教育、概况、通俗教育机关、平民教育之起源、成年补习教育计划、图书馆史、英美之图书馆、图书馆学校、中国之图书馆、博物馆史、欧美现况、中国之博物院。[4] 1935年,卢哲夫翻译的《教育学新论》(〔苏联〕平克微支著)中第九章专门论述了"异常儿的教育"[5]。

建国后,随着国家对特殊教育的重视,特殊教育很快被纳入了整个国民教育的体系。特殊教育在政府的积极支持下,得到稳步发展。1959年教育部和一些地方教育部门举办了为期3—6个月的聋教育和盲教育师资短期训练班,学习形式包括听课、讨论、见习、实习。但有关特殊教育方面的论著并不多见。1956年,人民教育出版社出版了译著《我是怎样想象和理解周围世界的》(〔苏联〕斯柯罗霍道娃),该书是作者根据自身的亲身体验写成的,说明了一个兼有视听觉障碍的俄罗斯姑娘是如何感知和想象世界的。苏联教育家凯洛夫所著的《教育学》认为,"教育科学体系主要由四部分内容组成:教育学研究各年龄的儿童教学和教育的内容与方法,与此相适应,教育划分为婴儿教育、学龄前教育和学龄期教育;特殊教育学

---

[1] 顾定倩.中国特殊师范教育的过去、现在和未来[J].湖南特殊教育,2002(4):5.
[2] 张福娟,等.特殊教育史[M].上海:华东师范大学出版社,2000:211.
[3] 郑金洲,瞿葆奎.中国教育学百年[M].北京:教育科学出版社,2002:45.
[4] 郑金洲,瞿葆奎.中国教育学百年[M].北京:教育科学出版社,2002:83-84.
[5] 郑金洲,瞿葆奎.中国教育学百年[M].北京:教育科学出版社,2002:100.

研究的是聋哑、盲人和低智儿教育的教学体系之内容、方法和组织;教育学研究教学理论和实践问题的那一部分——教学法,是与分科教学法密切联系的,这种分科教学法是以教育科学的一般规律为基础而研究学校里所讲授的个别科目内容、形式和方法的;归根到底,教学过程和教育过程的研究,是与教育学史有密切联系,而教育学史研究从古代到现代的教育学理论和实践的发展。"① 我国东北师范大学教育系教育学教研室编写的《教育学》在此基础上加以具体化,将教育科学体系划分为五个组成部分:研究青年一代教育教养和教学的一般规律的普通教育学;研究幼儿的教学与教育的内容和方法的幼儿教育学;研究儿童、青年和成年之心身缺陷的特殊教育学,其中包括聋哑教育学、盲人和低能儿童教育学等;研究学校里的个别科目的内容、形式和方法的分科教学法;研究从古代到现代的教育理论和实践之发展的教育史。② 东北师范大学编写的《教育学》与凯洛夫《教育学》不同的是,把幼儿教育(教学)独立出来,作为一个单独的学科了,与申比廖夫和奥戈罗德尼柯夫合编的《教育学》的分析相近。申比廖夫和奥戈罗德尼柯夫认为,苏维埃教育科学是由这样一些学科组成的:① 普通教育学和学校教育学,研究新生一代教育、教养和教学的一般规律;② 学前教育学,研究学前儿童的教育;③ 聋童教育学、盲童教育学、智力落后儿童教育学,分别研究聋童、盲童和智力落后儿童的教育和教学;④ 教学法,研究普通学校各门学科(数学、物理学、历史学等)教学和教育的特点;⑤ 教育史,研究教育和教育学这门学科的发生和发展。新近又形成了苏维埃教育学的这样的部分,如家庭教育学,儿童和共产主义组织的教育学。③ 尽管当时提出了特殊教育学是教育学的一个分支学科,包括聋童教育学、盲童教育学、智力落后儿童教育学等,但缺乏自成体系的单独论述特殊教育问题的特殊教育学著作,并且十年动乱极大地影响了特殊教育学的发展。

二、发展深化阶段

十一届三中全会以后,特殊教育迎来了新的曙光。1977年10月,教育部部长蒋南翔同志在中国盲人聋哑人第三届全国代表会议上讲话指出:"尽快地筹办一所全国性的特殊教育师范学校,为各地新建学校培养特殊教育师资。"之后,我国开始筹建中等特殊师范学校。1981年黑龙江肇东师范学校首先开办特殊教育师范部。1984年国家兴建的南京特殊教育师范学校开始招生。

1982年,朴永馨先生开始在北京师范大学教育系开设特殊教育的选修课。这是我国大陆在高等师范院校最早设置的特殊教育课程。1984年北京师范大学教育系成立了特殊教育研究室,这是我国大陆最早的专门研究特殊教育的机构。1986年,北京师范大学设立了我国大陆最早的特殊教育专业。1988年,华东师范大学心理学系设立特殊教育专业。1989年华中师范大学教育系特殊教育专业成立并开始招生。这一时期成立特殊教育专业的师范院校还有辽宁师范大学、西南师范大学、陕西师范大学等。这些高等师范院校在加强专业建设的同时,纷纷设立了特殊教育研究机构,如北京师范大学特殊教育研究中心,华东师范大学特殊教育研究所,华中师范大学特殊教育研究中心,陕西师范大学特殊教育研究室,东北师范大学特殊教育研究所,等等。1997年9月华东师范大学率先成立特殊教育学系,2001

---

① 凯洛夫.教育学(上册)[M].沈颖,南致善,等译.北京:人民教育出版社,1950:43-44.
② 郑金洲,瞿葆奎.中国教育学百年[M].北京:教育科学出版社,2002:124.
③ 〔苏联〕申比廖夫,奥戈罗德尼柯夫.教育学[M].陈侠,熊承涤,等译.北京:人民教育出版社,1955:23.

年成为上海市重点学科教育学的二级学科。2001年,北京师范大学教育系特殊教育专业经调整整合成为特殊教育系。

特殊教育专业成立后,教育部开始加强课程计划和教材建设。自1989年起教育部先后颁发《中等特殊教育师范学校教学计划(试行)》和中等特殊师范学校盲教育、聋教育、智力落后教育三个专业专业课教学大纲,组织编写和出版了22门专业课教学用书;1989年10月召开全国高等师范院校特殊教育专业课程方案研讨会,对制订高等师范院校特殊教育专业教学计划提出指导性意见。自此以后,特殊教育学的译著、著作、教材相继问世,比较有代表性的译著有:《智力落后学生心理学》(〔苏〕鲁宾什坦著,朴永馨译,1983年)、《特殊儿童的心理与教育》(〔美〕柯克·加拉赫著,汤盛钦等译,1989年)、《特殊教育的展望——面向二十一世纪》(〔日〕山口薰、金子健著,张宁生审校,1996年)、《特殊儿童:特殊教育导论(第7版)》(〔美〕威廉·L.休厄德著,孟晓等译,2007年)、《特殊需要儿童教育导论(第八版)》(〔美〕威廉·L.休厄德著,肖非等译,2007年)、《特殊教育导论(第十一版)》(〔美〕丹尼尔·P.哈拉汉等著,肖非等译,2010年)等等;比较有代表性的著作、教材有:《特殊教育概论》(朴永馨主编,1994年)、《特殊教育学》(朴永馨主编,1995年)、《当代特殊教育导论》(方俊明编著,1998年)、《特殊教育概论》(汤盛钦主编,1998年)、《视觉障碍儿童的心理与教育》(沈家英、陈云英等主编,1993年)、《弱智儿童的心理与教育》(银春铭主编,1993年)、《听觉障碍儿童的心理与教育》(张宁生主编,1995年)、《特殊教育导论》(顾定倩著,2001年)、《特殊教育导论》(刘全礼著,2003年)、《特殊教育学》(方俊明主编,2005年)、《特殊教育概论》(刘春玲、江琴娣著,2008年)、《特殊教育学基础》(盛永进著,2011年)、《特殊教育需要学生的教育》(马红英、谭和平主编,2011年)、《特殊儿童心理学》(方俊明、雷江华主编,2011年)、《特殊教育学基础》(盛永进著,2014年)等。

其间,中国教育学会特殊教育研究会与中国高等教育学会特殊教育分会成立,国家各级部门组建了一批不同层次的特殊教育的研究机构,如中央教育科学研究所特殊教育研究室等;《特殊儿童师资与培训》(1994年创刊,1996年更名为《中国特殊教育》)《现代特殊教育》《特殊教育研究》《特殊教育》等杂志相继创刊,为特殊教育学的繁荣与发展提供了论理的舞台。

特殊教育学作为一门学科,尽管出现了大量的研究成果,但研究的深度与广度有待拓展。总的来说,我国的特殊教育学研究尚处于发展中的"初级阶段"。

 **本章小结**

本章从特殊教育学学科论的角度探讨了特殊教育学的研究对象、学科性质、学科体系、研究方法与发展历程。特殊教育学是研究特殊教育现象,揭示特殊教育规律的一门科学。作为教育学的一个分支学科,其学科体系已充分体现于教材体系和著作体系之中。它所运用的研究方法包括一般方法(即哲学方法论、一般学科方法论和具体研究方法)和特殊方法。我国特殊教育的学科发展经历了萌芽期和深化发展期两个阶段,虽然起点较低,但伴随我国近几十年来经济的发展、社会的稳定,有较快的发展,但与国际上特殊教育比较发达的国家相比,目前仍处于发展中的"初级阶段"。

 **思考与练习**

1. 特殊教育学的研究对象如何界定？
2. 试阐述对特殊教育学的学科体系的看法。
3. 概述特殊教育学的历史发展及其启示。

第 2 章 特殊教育学的理论基础

 学习目标

1. 了解特殊教育学的生物学基础并能进行实践运用。
2. 掌握特殊教育学的生态学基础并能进行实践运用。
3. 掌握特殊教育学的心理学基础并能进行实践运用。
4. 掌握特殊教育学的教育学基础并能进行实践运用。

恩格斯说过:"一个民族要想站在科学的最高峰,就一刻也不能没有理论思维。"特殊教育的发展需要运用理论思维来探讨特殊教育的基本理论问题,以为特殊教育实践指明方向。特殊教育①包含两个概念:① 特殊教育科学;② 特殊教育活动。② 前者是研究特殊教育现象,揭示特殊教育规律,以指导特殊教育活动;后者是社会与学校的工作。美英等国多用 special education(即特殊教育)表示这门学科和活动,我国台湾地区对特殊教育的理解:一是专业或教育工作;二是学问。③ 为此,特殊教育理论基础之探讨可从三种不同的路径来进行研究:一是从学科的角度来谈理论基础,亦即特殊教育学的理论基础。钱志亮从学科的视角提出特殊教育学科的理论基础包括哲学基础、心理学基础、社会学基础、康复学基础、教育学基础五大理论基础。④ 二是从作为特殊教育活动的角度来谈理论基础。卢子洲从特殊教育活动的角度探讨了特殊教育培养目标的理论基础包括人道主义基础、科学基础、经济学基础。⑤ 三是从学科与活动的双重视角来谈理论基础。朴永馨从学科与活动的角度探讨了特殊教育的理论基础。他指出,特殊教育作为教育学科的一个分支和作为教育事业的一个组成部分,它也有其两个方面的理论基础:马克思主义关于教育的理论和唯物辩证法、补偿理论。⑥

从学科发展的角度来看,特殊教育的理论基础是特殊教育科学发展的基石;从特殊教育实践活动的角度来看,特殊教育的理论基础是特殊教育实践的理论依据与指南。因此,有必要从学科与活动的角度来探讨特殊教育的理论基础。特殊教育,归根究底,关注的是特殊儿童的发展问题,从影响人身心发展的四大主要因素(遗传、环境、教育、个体主观能动性)出发,特殊教育从学科的角度来看主要有生物学、发展生态学、心理学、教育学等学科基础及与其相关涉的理论基础;从活动的角度来看指导特殊教育实践活动的主要理论源于上述的理论基础并衍生出各自独具特色的教育干预模式。

---

① 我国大陆基本将特殊教育理解为特殊教育实践活动,而将国外作为学科的特殊教育描述为"特殊教育学"。
② 周文彬,王静.关于我国特殊学校职能转变的思考[J].中国特殊教育,1997(4):45.
③ 朴永馨.特殊教育学[M].福州:福建教育出版社,1995:4.
④ 钱志亮.谈盲校课程设置的理论基础——兼探我国特殊教育学科的理论基础[J].中国特殊教育,1999(1):13-16.
⑤ 卢子洲.特殊教育培养目标的理论基础[J].教育研究与实验,1999(4):37-40.
⑥ 朴永馨.特殊教育学[M].福州:福建教育出版社,1995.

第1节　生物学基础

一、生物学的基本观点

生物学是研究生物有机体并揭示其发育规律的科学。特殊教育的对象既包括特殊婴幼儿，也包括特殊青少年。就生物学的观点而言，遗传为特殊儿童、青少年的身心发展提供了物质基础，特别是特殊婴幼儿的学习活动与个体大脑及神经系统发育水平以及健康状况密切相关，特殊婴幼儿的身心发展在很大程度上要受到生物力量的影响。英国生物学家达尔文（Charles Darwin）提出的"生物进化论"指出，物种的生存受到自然选择法则的制约，人类的生存与发展是自然选择的结果。此外，人种的发展与遗传及基因密切相连。基因不但影响个体的生物构造而且影响个体的智力、人格与行为。基因的不同组合形成了不同的生物个体，因此世上没有具有相同基因特质的人。特殊儿童都是个别差异极大的独特个体，其教育干预方案的成效如何，要看神经系统被经验改变的程度而定。

1929年，美国著名儿童心理学家格赛尔（Gesell）选择同卵双生子T和C作为实验对象，他让T从出生后第48周起每日做10分钟的爬梯练习，连续训练6周。在此期间，C则不进行这种练习。C从第53周起开始做与T同样的训练，只训练了2周，C就赶上了T的水平。格赛尔的实验表明，生物基础（特别是大脑神经系统）的成熟程度，是人的身心发展中起关键性作用的因素，生物基础未成熟，企图通过"超前"的训练达到身心发展的某种水平，是徒劳无益的。比如，人的身体发展大致遵循从头部到下肢、从中心部位向全身边缘方向、从骨骼到肌肉的发展顺序。儿童思维的发展经历从具体形象思维到抽象思维的发展历程。

现代科学技术的发展，使人们对脑功能以及神经系统工作机制的探讨逐渐深入，越来越多的研究发现，特殊儿童与普通儿童的大脑皮层机制既具有共性又具有差异性。这些研究成果为特殊儿童、青少年的教育教学提供了生物学上的理论依据。生物学的基本观点是，特殊儿童、青少年的语言、情感、行为都是生理原因造成的，是器官异常的结果，神经组织、生物因素或生物因素的异常是残疾的主因，环境对特殊儿童、青少年自身发展的影响作用不大。

二、生物学在特殊教育中的应用

特殊教育学中的生物学观点强调生物因素对特殊儿童、青少年发展的决定作用，因此，更多着力于医疗模式。对多数特殊儿童、青少年来说，医疗介入往往是最早使用的，其特色是有医师、职能治疗师、物理治疗师、护士等相关专业人员的参与。医学模式在发展过程中经历了从生物医学模式发展到社会心理医学模式，再到循证医学模式。郭虎等人（2006）结合循证医学、循证护理、临床路径提出了循证路径医学模式（见图2-1），并在临床中取得了较好的效果。循证医学是遵循证据进行医学实践的医学模式，目的旨在根据科学研究、临床经验和病人个体的特殊性等相关证据进行临床决策。循证护理是以有价值的、可靠的研究为证据，提出护理问题，寻找包括适宜的研究证据、护士个人技能、病人的实际情况等方面的实证材料，对特殊儿童实施最佳护理。临床路径是由小组成员根据某种诊断、疾病或手术而制定的一种医疗护理模式，按照临床路径表标准化的流程接受医疗护理。该模式具有流程标准化、人员专业化、服务人性化、效益最大化等特点。

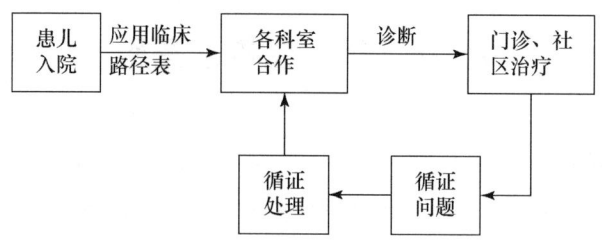

图 2-1　循证路径医学模式的框架及流程[①]

以生物学为基础的医学模式主要在医院实施,重点对特殊儿童的身体状况以及发展历程进行监控,有利于特殊儿童疾病、障碍的减轻,但纯粹的医学模式并不太适用于教育取向的干预计划,因为它可能导致家长形成"重医轻教"的观念,让家长长期停留于孩子的残障状况中不能自拔,从而贻误了特殊儿童在关键期语言、智力、情感等方面的发展。现代特殊教育领域更强调医教结合的干预模式,将医学团队与教育团队结合,以从生理与心理两个方面对特殊儿童进行干预,提高干预的质量与效果。

第2节　发展生态学基础

一、发展生态学的基本观点

发展生态学(developmental ecology)从比较宏观的角度探讨人的身心发展问题,明晰影响他们发展迟缓或产生障碍的相关因素,从而提出比较全面的教育干预思路。它强调在特殊儿童发展的过程中,发展的环境与特殊儿童的特质对发展的结果具有同样重要的作用。对于儿童发展问题的研究,不同的学科有不同的视角。社会学者认为社区与家庭结构问题是引发行为异常的原因,经济学者认为贫穷是儿童社会适应不良的根源,教育学者认为教育体制和教育方式是导致儿童行为问题发生的原因,心理学者认为家庭成员的互动在左右儿童的发展。而发展生态学者认为儿童处在多元的生态环境中,影响其身心发展的因素必然是多方面的,而不是单一的,因此必须考虑上述各种因素对儿童身心发展的影响。例如,1920年在印度加尔各答附近发现两个狼孩,她们本来都是由人的母体降生的人,具有遗传决定的人的发展可能性。但由于幼小时被狼叼走养育,没有接受过人类社会环境和教育的影响,当她们被发现时,已经不能直立行走,而是像狼一样四肢落地并养成了狼的生活习性,没有人的语言和思维,没有人的情感和兴趣。由此可知,人的身心的最终发展方向、内容和水平都不是仅仅由遗传决定的。

西默洛夫等人(Sameroff et al.,2003)从发展生态学的观点对影响儿童发展的因素进行了概括,其主要观点如下。

(1) 发展的复杂性。没有任何单一因素会伤害或促进儿童的发展,儿童的发展是多种因素作用的结果。弗斯滕伯格等人(Furstenberg et al.,1999)探讨了家庭过程、父母特质、家庭结构、家庭对社区事务的处理、同伴、社区等六个因素与青少年心理适应、自我控

[①] 郭虎.循证路径医学模式在儿童慢性疾病中的应用[J].医学与哲学:临床决策论坛版,2006(6):53.

制能力、问题行为、活动参与、学业成就等五项发展结果的关系,结果发现青少年发展的结果会随着危险因素的增加而不断下降,其中危险因素的增加,对心理适应和学业成就影响最大。

(2) 发展的关联性。儿童所处的环境危险因素越多,则发展的结果越差;反之,所处的环境越好,则发展的结果越好。其中西默洛夫等人1987年对美国罗彻斯特地区4岁儿童的研究发现,10项环境因素(母亲心理疾病的长久性;母亲的焦虑;反映父母态度的刻板或弹性、信仰以及母亲对其孩子的发展所持价值观的综合评量分数;在婴儿期母亲与孩子自发性积极的互动;家长的职业;母亲的受教育程度;弱势少数族群的身份;家人的支持程度;生活压力事件;家庭大小)与社会情绪、认知能力分数相关。例如,没有环境因素的儿童比具有八或九项危险因素者,智力分数高出30分以上。同样,这些儿童在社会适应能力与情绪控制能力的发展上也显示出同样的趋势。

(3) 发展的互动性。儿童身心发展是儿童与家庭、学校、社会环境持续相互作用的必然结果。婴幼儿与外界互动的关系见图2-2。从中可以发现婴幼儿发展的结果既不是他们的初始状态,也不是环境初始状态的作用,而是他们与环境经历交互作用的复杂结果。根据图2-2可推知,婴幼儿出生的并发症可能使原本镇定的母亲,变得有些焦虑。母亲在婴幼儿出生头几个月的焦虑,可能导致她与孩子互动过程中充满不确定性和不适当性。婴幼儿对这种焦虑的反应,有可能在进食和睡眠方面表现出某些异样的形态,令人觉得性情异常。这可能减少母亲从孩子那里得到的天伦之乐,因而她逐渐倾向于花较少的时间和孩子相处。如果母亲不积极主动与婴幼儿互动,特别是对孩子说话,那么婴幼儿的语言可能无法正常发展,进而出现语言发展迟缓的现象。因此,了解婴幼儿与环境之间的互动过程,有利于我们发现问题的发展进程,从而采取有针对性的早期干预措施与教育训练方案。

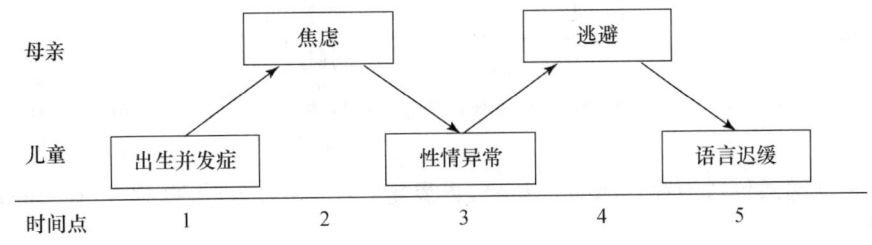

图2-2 互动过程导致发展问题举例①

(4) 发展的规约性。在生物学中,基因型是指一个生物体的遗传组成,通常指有关的一个或少数几个基因;而表现型则是指一个生物体的可观测性。发展生态学者借用生物学基因型的概念,用"环境型"来指称一种社会构造,这种社会构造规约人类适应其社会的方式,正如基因型在规约每一个体的身体发展结果一样。这种环境型透过家庭与文化的社会化形态而运作。每一个体的环境型也正是规约其发展的根源。因此了解影响婴幼儿发展的规约体系,明确基因型、表现型、环境型三者之间的互动关系(见图2-3),对于早期干预具有重要的意义。其中儿童发展的规约包括大规约、小规约、微规约三类:大规约会长期持续,对儿童的经验会产生

---

① 何华国.特殊幼儿早期疗育[M].台北:五南图书出版股份有限公司,2006:67.

重大影响,如断乳、入学等,存在于文化法则的典型规约形式。小规约是每天发生的重要照顾活动,包括衣食住行、常规训练等,存在于家庭法则的典型规约形式。微规约几乎是瞬间自发的互动形态,如息事宁人、强制他人等的反应,运作于个人的行为活动中。

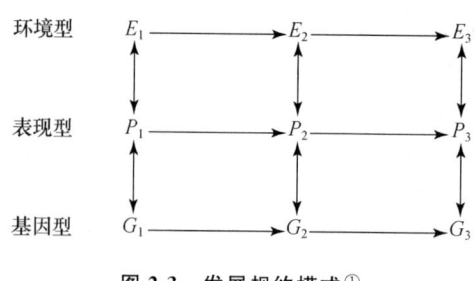

图 2-3 发展规约模式①

二、发展生态学在特殊教育中的应用

发展生态学的观点预示特殊教育需要关注儿童全部的发展环境,采取综合干预的策略以从根本上解决影响儿童身心发展的所有问题,而不是采取单一的干预措施。西默洛夫等人 2003 年从发展生态学的角度,提出了互动干预模式(见图 2-4)应用于特殊教育实践。

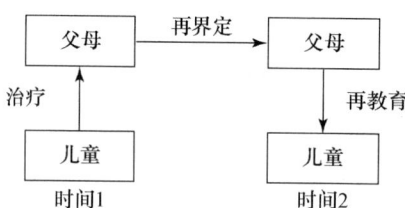

图 2-4 特殊教育的互动干预模式②

互动干预模式包括治疗(remediation)、再界定(redefinition)与再教育(reeducation)三项干预策略。

(1)治疗重在改变儿童对父母的行为方式,即治疗的重点在改变儿童,而很少改变文化或家庭法则。例如,如果某儿童被认定具有某种疾病,那么干预主要可针对疾病的矫治,通过改善他的身体状况,他将更有能力得到父母的照顾,并成为更具有互动的家庭成员。治疗工作通常由特殊教育专业人员在家庭系统外实施,目标在于改变在儿童身上所鉴定出来的状况。一旦儿童的情况得到改善,干预工作就算完成。

(2)再界定重在改变父母诠释儿童的行为方式。父母与孩子的关系阻碍了孩子正常的成长与发展,需要对家庭法则(特别是典型的家庭法则)作出改变时可运用再界定,找出孩子正常发展的领域,以对应他们所注意到把孩子视为异常的部分。例如,父母可能会因为孩子

---

① 何华国.特殊幼儿早期疗育[M].台北:五南图书出版股份有限公司,2006:69.
② 何华国.特殊幼儿早期疗育[M].台北:五南图书出版股份有限公司,2006:76.

的问题或任性而不愿与孩子有积极的互动,但如果将视角转换到孩子其他更多可接受的特质,就会有助于促进亲子间积极的互动关系。再界定强调父母改变自身的信念与期望,来促进良好的亲子互动。因此,专业人员可以通过父母对家庭事件的陈述以掌握其对孩子的看法,从而改变其期望与看法,促进父母对孩子的优质照顾。

(3) 再教育重在改变父母对儿童作为的方式,即引导父母如何养育子女。例如,教导身体障碍儿童的父母的定位技巧有助于增进父母对孩子的照顾能力。该策略对缺乏运用文化法则的知识以规约子女发展的父母特别有用。再教育不但可运用于家庭法则,特别是在儿童不需改变的情况下改善家庭法则,而且可运用于身处某些危险状况的家庭或个人,如环境不利、父母的特质(例如未成年妈妈、酗酒父母)等。

总之,治疗、再界定、再教育三个干预策略的选择与运用,可通过互动诊断过程,找出儿童与环境的互动过程中所出现的问题及其外界环境法则的制约情况,从而对症下药,才会提高干预的质量与效果。

第3节 心理学基础

一、心理学的基本观点

心理学是研究人的心理现象,揭示心理内在发展规律的科学。其研究的内容包括人的认知、情感和意志内在的规律。心理学既是一门基础学科,也是一门应用学科。在学科分类上,特殊教育学尽管是教育学的分支学科,但其与心理学,尤其是儿童发展心理学、教育心理学和变态心理学的关系十分密切,从心理学的角度,采用心理学的方法来探讨特殊儿童的身心特征,根据特殊儿童的身心特点与发展水平来制订儿童的个别教育教学计划是特殊教育必须贯彻的重要原则。心理学通过长期的研究具有很多分支学科,如发展心理学、认知心理学、生理心理学、教育心理学、人格心理学等。心理学在长期的研究与发展过程中提出了很多理论,如行为学习理论、认知发展理论、人本理论、多元智能理论等。

行为学习理论将学习过程解释为条件作用,认为学习是个体处于某些条件限制(刺激环境)之下所产生的反应,因此个体学习到的行为可以解释为刺激与反应之间关系的联结,学习的过程是一种累积归纳(由特殊到一般)的过程。行为学习理论中具有代表性的理论有经典条件作用理论、操作条件作用理论、社会观察学习理论等。根据行为学习理论的观点,特殊儿童的障碍通常表现出问题行为(行为不足、行为过度、行为不当),教育工作者可以通过前因后果的控制,树立榜样行为,强化合适行为,削弱问题行为。因此,在特殊儿童的教学之初,行为分析是基础;教学过程中行为观察与记录是重点;教学结果以特殊儿童的行为改善程度作为衡量的尺度。

认知发展理论强调学习就是对事物的认识、辨别与理解,学习的重点在于形成认知结构,并在具体的学习情境中运用已有的认知结构去认识、辨别以至于理解各个刺激之间的关系,增加自己的经验,从而改变自己的认知结构。因此学习是内发的演绎(由一般到特殊)的过程。认知发展理论中具有代表性的理论包括皮亚杰的认知发展阶段论、维果斯基的文化历史发展理论、布鲁纳的认知结构学习论、奥苏贝尔的有意义学习理论、加涅的信息加工理论。根据认知发展理论的观点,特殊儿童的障碍出现在认知加工能力(特别是语言、思维等高级认知能力)缺陷上,而不是行为反应上。因此教学的重点应增强特殊儿童的信息处理加工能力,改进其认知过程,完善其认知结构,从而提高教学训练的效果。

人本理论强调学习就是学习者以自我为中心学习自己喜欢且觉得有意义的知识的过程。因此,学习不再是教师设计的教学表演,而是学习者个人经验的积累;学习不是对某个内容的片面曲解,而是学习者对自己人生成长历程的全面理解。人本理论中具有代表性的是马斯洛的需要层次理论、罗杰斯的学习者中心理论等。根据人本理论的观点,特殊儿童的障碍是因为迷失了自我,不能依赖个人的经验来积累知识、发展技能、形成人格。因此,特殊教育教学的重点在于培养特殊儿童自主学习与探索的能力。

加德纳(Howard Gardner)1983年提出的多元智能理论经过不断丰富与发展,提出每个人都具有包括逻辑数学智能、语言智能、音乐智能、空间智能、身体运动智能、人际关系智能、内省智能、自然探索智能以及存在智能等九种智能(见表2-1)。每个人的智能是其中多种智能的组合,但每个人在多种智能的拥有上不尽相同,因此需要利用自身的优势智能,因势利导,扬长避短或扬长补短,发展成各具个性与特长的人。

表2-1 加德纳多元智能及其教学应用

智力维度	定义	代表性人物	教学应用举例
逻辑数学智能(logical-mathematical intelligence)	运算和推理等科学或数学的一般能力,以及处理较长推理,识别秩序,发现模型和建立因果模型的能力	侦探、律师、工程师、科学家和数学家	帮助学生学会用数字、逻辑以及模型来量化和阐明一个思想观点
语言智能(linguistic intelligence)	运用语言达到各种目的的能力以及对声音、韵律、语意、语序和灵活操纵语言的敏感能力,包括听、说、读和写的能力	诗人、记者、编辑、作家、演讲家和政治领袖	让学生流畅地表达出某个思想观点
音乐智能(musical intelligence)	感受、辨别、记忆、理解、评价、改变和表达音乐的能力	作曲家、指挥家、歌唱家、演奏家、乐器制造者	帮助学生理解和欣赏环境声音或者将思想观点以音乐旋律的形式表达出来
空间智能(spatial intelligence)	准确感受视觉—空间世界的能力。包括感受、辨别、记忆、再造、转换以及修改物体的空间关系,并借此表达思想和情感的能力	画家、雕刻家、建筑师、航海家、博物学家和军事战略家	帮助学生以空间形式将一个思想观点表述出来
身体运动智能(bodily-kinesthetic intelligence)	控制自己身体运动和技术性地处理目标的能力	运动员、舞蹈家、外科医生、赛车手和发明家	帮助学生协调整个身体的动作或掌握一些动作技能
人际关系智能(interpersonal intelligence)	与人相处和交往的能力,表现为觉察体验他人情绪、情感、气质、意图和需求的能力并据此做出适当反应的能力	教师、律师、推销员、临床治疗学家、公关人员、谈话节目主持人、管理者	开展一些团体活动来帮助学生掌握人际交往技能

续表

智力维度	定义	代表性人物	教学应用举例
内省智能（intrapersonal intelligence）	认识、洞察和反省自身的能力，并在正确的自我意识和自我评价的基础上形成自尊、自律和自制的能力	哲学家、小说家、律师	让学生反思其能力和人格从而使其更清楚自己是怎样的一个人并如何完善自己
自然探索智能（natural intelligence）	认识物质世界的相似和相异性及动物、植物和其他自然环境（如云、岩石等）的能力	猎人、农民、生物学家、人类学家、解剖学家	提供一些材料让学生进行分类并且分析自己是如何分类的
存在智能（existentialist intelligence）	陈述、思考有关生与死、身体与心理世界的最终命运等的倾向性，如人为何要到地球上来，在人类出现之前地球是怎样的，在另外的星球上生命是怎样的，以及动物之间是否能相互理解等	思想家	提供一定的主题让学生进行思考、讨论

二、心理学在特殊教育中的应用

（一）应用行为分析模式

应用行为分析模式（见图2-5）根据操作行为主义的原理与方法来改善特殊儿童的行为，按他们的学习与训练的目标，设计情境和选定可影响目标行为的增强物，并以他们自发的反应行为，建立新的适应行为，削减或改善因某种症状导致的不良行为。

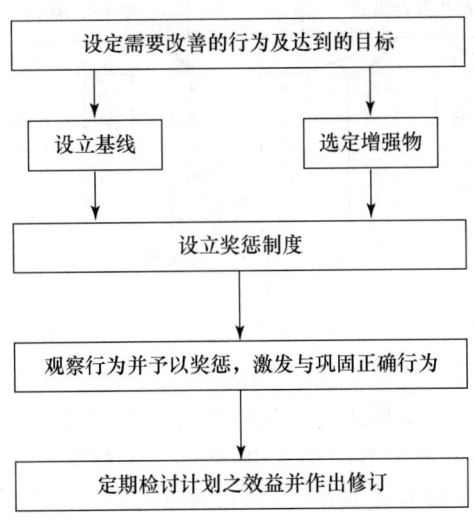

图 2-5　应用行为分析模式流程图[①]

---

① 应用行为分析模式流程图[EB/OL].[2009-03-25]. http://resource. twghtttsp. edu. hk/rtweb/appbeh. html.

(二) 认知行为矫正模式

随着认知心理学的兴起,行为矫正技术逐渐将视角从外部行为的矫正转向内部思想的改变上,这样认知行为矫正技术得到了广泛的发展。认知行为矫正技术是根据认知过程影响情感和行为的理论假设,通过认知和行为技术来改变儿童不良认知,强调纠正儿童的认知曲解,从而改变他们的行为,使他们保持良好的身心状态。认知行为矫正模式具有代表性的有贝克的认知疗法、艾里斯的理性情绪疗法以及梅晨保的自我指导训练法。贝克1985年归纳了五种认知疗法的基本技术和手段:① 识别自动化思想,即介于外部事件与个体对事件的不良情绪反应之间的那些思想。如一个儿童不能完成某项游戏任务,可能会认为自己很笨,同伴不愿意与他一起玩耍,于是变得灰心丧气。② 识别认知错误,即改变自己头脑中固有的想法、观念、信念。如一个口头表达能力不好的儿童通常认为自己语言能力差,无法正常表达。③ 真实性检验,即教师、家长与儿童一起来设计严格的真实性检验,以驳斥其错误信念。④ 去中心化,即改变儿童认为自己是别人注意中心的想法。⑤ 监测紧张或焦虑水平,即鼓励儿童对自己的焦虑水平进行自我监测,认识自己情绪波动的特点。

(三) 合作学习模式

合作学习模式强调以学习者为中心,要求特殊儿童在一个由2~6名同伴组成的异质性小组中彼此互助,共同完成学习任务,并以小组总体表现作为奖励依据。合作学习的典型模式(见图2-6)包括师生互动模式与生生互动模式,前者包括一对多模式、一对一模式、多对一模式、多对多模式;后者包括星型模式、环型模式、网状模式、层级模式等。

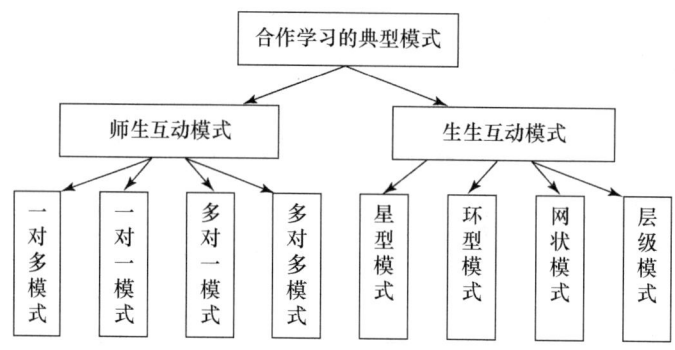

图2-6 合作学习的典型模式

(四) 差异教学模式

差异教学模式强调立足于特殊儿童的个体差异与个性差异,满足他们各自的学习需要,促进其获得最佳发展。差异教学模式要求教师改变教学的进度、水平或类型以适应学习者的需要、学习风格或兴趣。在差异教学课堂中,教师会根据学生的准备水平、学习兴趣和学习需要来主动设计和实施多种形式的教学内容、教学过程与教学成果。依赖个别化教育计划来实施的个别化教学就是差异教学模式的基本要求。

第4节 教育学基础

一、教育学的基本观点

特殊教育要达成培养特殊儿童的目的,必须遵循教育学中提出的两大规律:教育必须遵循人的身心发展规律并为人的身心发展服务,教育必须遵循社会的发展规律并为社会发展服务。只有这样,特殊教育工作才能更好地为特殊儿童的发展服务。教育学在长期的研究与发展过程中提出了很多具有代表性的观点,如全面发展观、全程发展观、动态发展观、潜能发展观、主动发展观等。

全面发展观强调人的发展具有整体、协调和统一的性质,包括生理和心理的发展。根据全面发展观的要求,特殊儿童的发展不能顾此失彼,特别是在有针对性地对特殊儿童进行训练时,不能采取单一的干预内容与策略,而应该整合相关的干预项目,兼顾特殊儿童身体、认知、人格等方面的整体发展。

全程发展观提出人的发展是整个生命里程持续不断的变化过程,这个过程是由多个发展阶段所组成,特别重视人生的开始阶段对人身心发展的基础性作用。根据全程发展观的要求,特殊儿童的早期发展不能被特殊教育人员所忽视,因为语言、智力等发展的关键期大多在这一阶段,如果错过了关键期以后进行补救,要么事倍功半,要么徒劳无功。因此,特殊儿童教育要重视在儿童发展的关键期进行针对性训练,做到训练得法,使儿童健康成长。

动态发展观提出人的发展是一个主体与客体不断相互作用的过程,是一个从量变到质变的过程,在发展的过程中可能会出现很多波动与不平衡。根据动态发展观的要求,特殊儿童的发展可能出现很多不可预期的情况,包括进步后的倒退、长期停滞不前等,这就要求特殊教育训练人员要有耐心、恒心和信心。根据特殊儿童发展的情况,抓住重要的突破点,争取从某点突破来辐射其他方面的发展。

潜能发展观强调人的发展是不断发掘自身内在的未开发出来的综合能量的过程。世界上不存在没有潜能的人,只有潜能没有充分发展和发挥的人。根据潜能发展观的基本思想,特殊儿童也是具有潜能的人,只是他们没有被发掘而展现出来,特殊教育的作用在于通过有效的训练措施与手段,发掘他们的潜能。

主动发展观强调人的发展受到遗传、环境、教育、人的主观能动性等多种因素的影响,在这些因素中,遗传是不可控的内因,环境是不可控的外因,教育是可控的外因,人的主观能动性是可控的内因。人要获得全面的发展,必须抓住可控的内因来促进自身的发展,因此特殊教育要有效地培养和发掘人的主体性,并在训练与日常生活中使自己的主体性能得到有效的发挥。

二、教育学在特殊教育中的应用

教育的五种发展观强调通过发挥人的主观能动性来发掘人的潜能,克服发展中的不平衡性,重视人的全程发展,促进人的全面发展。因此,特殊教育在针对特殊儿童进行训练时要重视发挥他们的主观能动性,通过改变特殊儿童在教育训练过程中的被动地位来达到教育干预的目的,活动本位模式正是在这种思想的主导下应运而生的。活动本位模式通过生态评量过程选取生活中的重要活动作为教学训练主题,横跨认知、情感、行为等不同的领域,实施综合教学,达到多层目标,如动作、沟通、社会、认知、自理。教育人员可以运用清洗洋娃娃的亲子活动来提高特殊儿童的沟通能力(如儿童说:"我需要肥皂。")、社会能力(如不同的特殊儿童轮流使用毛巾)、自理能力(如特殊儿童清洗自己的双手)、动作能力(如特殊儿童拿到与抓住洋娃娃、肥皂等)、解决问题的能力(如特殊儿童利用不同的清洗方法来清洗洋娃娃)。

活动本位模式强调三个基本命题:① 直接的与较大的社会文化环境两者的影响和互动;② 由特殊儿童自主参与活动的需要;③ 借助儿童从事功能性及有意义的活动,以增进其学习。采取这种干预模式强调儿童个人的目标与学习结果和自然发生的活动相结合。

活动本位模式包含四个基本要素(Pretti-Frontczak & Bricker, 2004):① 教学训练由儿童主导,并重视儿童的互动;② 将教学训练融入例行性、计划性或儿童创发的活动中;③ 习得的是功能性和类化性的技能;④ 系统化地运用自然合理的前因与后果。

活动本位模式中活动的设计需要遵循五项原则:① 符合特殊儿童教学训练的目标;② 适合特定年龄的特殊儿童身心发展;③ 活动设计多样化;④ 以社区为活动之取材;⑤ 寓教于乐。

活动本位模式采用的教学策略有八种(Pretti-Frontczak & Bricker, 2004):① 遗漏法(forgetfulness):它是指教师遗漏了某项学习材料或用具,或者教师过度强调活动中儿童熟悉或重要的部分,而遗漏了其他部分。这种方法既可以促进儿童的行动能力和问题解决能力,也可以用于了解儿童所知与所能做的。例如:绘画课没有准备画笔、分享阅读课时间缺乏相应书籍,儿童会发现被遗漏的部分,并且提出询问、找寻缺少的物件或试着以可能的方法来解决问题等。② 新奇法(novelty):儿童通常会被新的玩具或活动所吸引,利用这一特性可以引发儿童出现教师期望的行为反应。对于重度障碍的儿童,很适合在例行或日常活动中使用新奇法来教学。例如,可以在儿童熟悉的儿歌或游戏中添加新的动作。对于年龄较大、能力较好或障碍程度较轻的儿童,变换进出体能活动室的路线或方式,或在玩具室增加不同的新玩具,都是可行的策略。运用新奇法时,必须注意新事物的出现不宜过度超乎儿童的预期,否则可能会降低效果甚至适得其反。例如,在有关春节的教学活动中,安排一只恐怖的怪兽,虽然新奇却可能使儿童感到惊恐,甚至使活动在哭闹声中提前结束。③ 看得见却拿不到法(visible but unreachable):将物品摆放在儿童看得见但拿不到的位置,可以刺激儿童社会性、沟通和问题解决能力的发展,尤其适合于沟通能力的训练。儿童喜爱的食物或玩具都是适合的刺激物,运用时,除非目的在于训练儿童独立解决问题的能力,否则应将物品置于该儿童看得到,而教师或另一名儿童可以拿到的地方。④ 违反期望法(violation of expection):它是将活动或例行作息中的某一个熟悉的部分或步骤予以省略或改变,使其与儿童所期望的不符合。有许多违反惯例的方式会让儿童感觉有趣或奇妙。例如,教师拿铅笔另一端的橡皮擦来画画或书写。违反期望法的目的有二:一是从中可以了解儿童的辨别力和记忆力;二是可以引导儿童进行各种沟通反应和问题解决行为。重度障碍儿童通常也能够注意到这种意料之外的改变,例如,把袜子穿在手上或把手套戴在脚上等。⑤ 片段分次法(piece by piece):对于需要将组合片段物件或使用到多项或多次物件的活动,教师可以逐次限量分配提供,所以儿童必须逐次地要求给予所需的片段。例如,教师需要用到积木、颜料、蜡笔、胶水等小物品的活动,或者点心时间的葡萄干、小饼干等,都适合运用此一原理分次提供。但是,教师必须注意,过度的分段也可能反而成为不当的干扰,甚或破坏活动的连续性和学习的主体。

⑥ 寻求帮助法(assistance)：安排必须教师或同伴协助使用的器材或需师生共同参与的活动，这样儿童必须要求教师或其他儿童的协助，活动才能进行。这种教学法可用于训练儿童的语言沟通、粗大动作、精细动作和生活自理能力。例如，教师把食物放在儿童打不开的盒子里，这样儿童就需要寻求教师的帮助才能打开盒盖(训练沟通能力)，教师可以将盒盖松开，再让儿童练习撑开手指、抓握与旋转等技能来开启盖子并拿出食物(精细动作能力)。⑦ 干扰妨碍法(sabotage)：教师刻意且隐秘地干扰活动进行，可以训练儿童的问题解决技巧和沟通行为。例如，教师先趁儿童不注意时把门锁住，然后借机鼓励儿童离开教室。但是，干扰妨碍法不宜经常使用，且使用时要慎重，否则会影响效果。⑧ 中断或延迟法(interruption or delay)：中断是指教师将儿童的某一连锁行为予以中止，使其无法继续该行为；延迟是指暂停活动或稍加延伸，以引起儿童的反应。例如，如果刷牙是儿童的日常习惯，教师可以中断儿童使用牙膏，并且问他"你要什么"，于是儿童就必须设法表示他需要牙膏来完成刷牙的行为。

本章小结

特殊教育学是一门建立在生物学、发展生态学、心理学、教育学等学科基础之上的理论性和应用性都非常明显的交叉学科。其中，生物学基础主要从遗传的角度来考察特殊儿童接受教育的生理基础；发展生态学基础主要从环境的角度来考察外界的环境对特殊儿童身心发展的影响；心理学基础主要从行为学习理论、认知发展理论、人本理论、多元智能理论等视角探讨特殊教育的应用行为分析模式、认知行为矫正模式、合作学习模式、差异教学模式；教育学基础主要探讨了特殊教育如何通过活动本位模式教学来发挥学生的主观能动性问题。对学科基础的探讨，能帮助我们深入地理解特殊教育的原理和灵活地运用特殊教育的教育、教学方法。

思考与练习

1. 特殊教育学的学科基础有哪些？它们之间的关系如何？
2. 根据特殊教育学的心理学基础，如何将其中的理论应用到具体的教学？
3. 活动本位教学基本模式及其案例应用。
4. 特殊教育学的生理学基础为特殊教育的有效发展提供了哪些启示？

第 2 编 特殊教育要素论

第 3 章 特殊教育的专业人员

 学习目标

1. 了解常见的从事特殊教育的专业人员的类别。
2. 理解各类特殊教育专业人员的功能和我国当前特殊教育专业人员的现状。
3. 掌握我国的几类主要从事特殊教育人员的专业特点、素质及培训方法。

狭义的特殊教育对象指以残疾儿童为主的特殊儿童,当代广义的人本主义的特殊教育扩大了特殊教育对象的外延,包括一切有特殊需要的人。从其身心发展和适应社会角度来看,无论是有特殊需要的儿童,还是生活在家庭、社区、学校或康复机构中有特殊需要的成人,都应给予其适应社会需要的教育。从事特殊教育自然需要相关的专业人员和儿童的家长,比如教师、心理学工作者及其他与之相关的社会工作者和行政人员等。我们可以认为,凡是与有特殊需要个体的受教育相关的专业人员都是特殊教育人员。不同的特殊教育专业人员任务不同,从业要求也不同。

第 1 节 教师

教师是很古老的职业。早在原始社会就有"伏羲氏之世,天下多兽,故教民以猎"(《尸子》),"神农始作耒,教民耕种"(《风俗通义》)等记载,奴隶社会也多次出现"师"的字样,到了周朝设有专职官师氏,并有大师、小师之分,只不过当时的教师专门教授音乐、射箭、道德和礼仪,等等。随着社会发展,教师劳动在社会中的地位和作用越来越重要,教师越来越成为社会上不可缺少的一种职业。

一、特殊教育教师的含义

特殊教育教师有广义和狭义之分,广义的特殊教育教师不仅包括直接从事特殊儿童教育的一线教师,还包括培养从事特殊教育一线教师的教师;狭义的特殊教育教师主要指前者,即指在各类特殊学校直接从事特殊儿童教育教学和特殊儿童康复训练的教师,在普通学校中承担附设的各类特殊班教育、教学工作的教师,以及承担随班就读辅导的教师及相关训练员。

二、特殊教育教师的作用

特殊教育是我国国民教育的重要组成部分,特殊教育的发展是一个国家教育发展和社会文明程度的一个重要指标,特殊教育的发展首先取决于特殊教育师资的质量,特殊教育教师不仅是直接从事特殊教育工作的教育者,也是特殊儿童家庭的心理保健师和技术支持者,是国家经济发展和社会进步的助推器。由于特殊儿童与普通儿童的差异性,特殊教育教师与普通教师相比具有更特殊的作用。

(一)对有特殊需要的儿童的作用

特殊教育倡导潜能开发与补偿缺陷相结合,培养学生自尊、自信,提高学生的综合素质。

首先,特殊教育教师是特殊儿童知识的传授者。"师者,所以传道、授业、解惑也。"特殊儿童不仅需要关于生存的知识,而且需要适应生活和社会的知识,还需要其个性发展的知识。特殊教育教师通过向特殊儿童传授适合其发展需要的知识以缩小其与普通儿童之间的差距,帮助特殊儿童减轻因身心缺陷带来的各种障碍。

其次,特殊教育教师是特殊儿童各项技能的训练者。研究表明,特殊儿童生活自理能力和社会交往能力等落后于普通儿童。丁同梅等人(2013)对江苏省东台市特殊教育学校1—9年级中重度智障儿童生活能力发展现状的调查分析表明:在居家生活能力方面,中重度智障儿童进餐自理能力较好,着装、如厕、个人卫生自理能力较差;在社会生活能力方面,包括安全、人际社交、环境适应、信息素养和特殊行为等,其整体水平皆较弱。[①] 然而,有些特殊儿童在记忆力、音乐、美术等某一方面存在其优势。因此,特殊教育教师要根据不同类型的特殊儿童能力发展的强项与弱项,开展有针对性的训练,促进他们各项技能的发展。

第三,特殊教育教师是特殊儿童道德品质的塑造者。教师一言一行、举手投足都会潜移默化地影响学生。特殊教育一般是小班教学和个别化教育相结合,教师优美的语言、和善的言辞、深邃的洞察力,轻松的课堂氛围,都会带给学生美的享受和理性的思考,以此影响学生的道德情感、态度和行为,帮助他们形成正确的价值观。

第四,特殊教育教师还是特殊儿童积极心态的树立者。特殊儿童由于自身的缺陷,往往带有情绪情感问题(如自卑、恐惧、焦虑、孤独等)。特殊教育教师通过营造轻松和谐的氛围,关爱学生,鼓励学生,给他们适合的心理辅助和咨询,帮助他们克服自卑、恐惧心理,使他们自觉树立积极向上的心态。

(二)对教育的发展及构建和谐社会的作用

特殊教育是国民教育的一个重要组成部分,特殊教育的发展,反映一个国家的教育、生产力水平和社会文明程度。从我国目前的情况看,不管是特殊教育教师的从职条件、学历还是职业道德等方面的要求跟普通教育相一致,甚至有些方面的要求更高,这样的特殊教育教师质量为保证教育公平、实现教育机会均等提供了保障,这是构建和谐社会的重要基石。特殊教育教师通过对特殊儿童进行挖掘潜能,缺陷补偿,使其具备生活自理能力和一技之长,减轻了社会压力。特殊教育教师是人道主义的体现者,引导人们形成正确的特殊儿童观,使人们从心里接纳特殊儿童,把他们看成平等的社会公民,让特殊儿童平等地参与社会生活,为和谐社会的构建创造条件。

---

① 丁同梅.中重度智障儿童生活能力发展现状及制约因素[J].现代特殊教育,2013(5):20-22.

(三) 对特殊儿童家长的意义

特殊儿童家长面对孩子的教育问题常感到束手无策,要么庇护过多、包办过多,要么放之任之、得过且过。因此,家长不仅承担了巨大的经济压力,而且承受着巨大的思想压力,有些家长甚至产生自责,以致影响家庭和谐。调查表明,特殊儿童的家庭夫妻离婚率比普通儿童家庭夫妻的离婚率高三倍。

特殊教育教师是经过专门的教师素质培养和特殊教育专业训练的专业人才,他们通过特殊的教育教学手段、方法促进特殊儿童各方面发展,使家长看到希望,树立信心;也可以通过家访、家长会等各种形式为家长提供教育咨询和交流平台,教给他们必要的与孩子沟通交流的技术和方法。可以说,特殊教育教师不仅是家长的教育参谋,也是特殊儿童家长的心理保健师和特殊教育技术的支持者。

三、特殊教育教师的条件

现代教育不再需要只有某种专业知识的教书匠式的教师,而需要既有专业知识,又有教育理论和教育能力的教育家式的教师。[①]"融合教育"要求接纳所有学生,满足其需求,对特殊教育教师的素质提出了新的要求,包括思想、身体、知识以及技能等方面的条件。

(一) 思想条件

要成为一名特殊教育教师,首先要具备一定的思想条件和职业道德素质,即必须有健全健康的人格,热爱特殊教育事业,有正确的特殊儿童观,理解和尊重特殊儿童。只有这样,才能把特殊儿童看成是平等的社会公民,确保特殊儿童受到公平的教育和发展的机会。在现代特殊教育背景下,特殊教育教师还要树立大特殊教育观,以确保其他有特殊教育需求的儿童也同样享有接受教育的权利和机会。

(二) 身体条件

我国《教师资格条例》第六条规定:"教师资格条件依照教师法第十条第二款的规定执行,其中'有教育教学能力'应当包括符合国家规定的从事教育教学工作的身体条件。"由于特殊教育教师教学对象的特殊性,所以他们所要担负的任务比普通教育教师重得多,因此,更加要求特殊教育教师具备较好的身体条件,拥有健康的体格和充沛的精力等。

(三) 知识条件

"要给学生一杯水,教师要有一桶水",在现代信息社会,教师不仅仅要有"一桶水",而是要有"长流水""活水"。知识经济的到来,使得知识老化的速度加快,新的理论、技术、方法不断涌现,同时现代信息传播手段的发展和学生受社会文化影响日益增强,这对教师的知识提出了挑战。教师必须能够把握各学科之间的联系,注重学科之间的渗透和综合。特殊教育教师至少应该具备以下几种知识:学科知识,教育理论知识,教育教学技能知识,人的情意培养、心理辅导等方面的支持性知识。

(四) 技能条件

特殊学生异质性大于同质性,他们在沟通、交流和表达上有自己独特的言语系统和手段,特殊教育教师除了具备普教教师应具备的基本功外,还应具备特殊教育专业的一些基本技能,

---

① 王道俊,王汉澜.教育学[M].北京:人民教育出版社,1999:572.

如手语、盲文、语训、手工等多项基本功,以及相应的学生心理测查和评估技能,包括诊断评估(如智力测验、听力测查、视力检查、绘制学生进步曲线等)能力、心理辅导与矫正等技能。我国台湾地区对从事不同种类特殊教育的教师的技能要求条件有差异(见表 3-1),值得我们借鉴。

表 3-1　各类特殊教育教师专业能力指标

类别	各类特殊教育教师专业能力指标
听觉障碍儿童	1. 能与学生、家长沟通,熟练掌握口语和手语沟通能力与技巧(沟通能力)
	2. 具有拟定听觉障碍儿童个别化教育计划的能力(教学)
	3. 具有编制与选用启聪类教材、教具的能力(教材选用)
	4. 具有辅导听觉障碍儿童的能力与技巧
	5. 具有运用与简易维修听障辅助器具(如助听器等)的基本能力
视觉障碍儿童	1. 具有点字阅读及教学能力(至少必须熟练自身任教科目的点字)
	2. 具有使用点字机及点字电脑的能力
	3. 具有定向行走的能力
	4. 具有使用低视力扩视软体的技能(如"小鹦鹉"、ZOOMTEXT、NICEVIEW)
	5. 具有使用全盲点字软体的能力(如点点通、双视点字教材制作系统、CBE98)
智力障碍儿童	1. 具有拟定个别化教育计划的能力
	2. 具有制作教材教具的能力
	3. 具有行为处理的能力
	4. 具有心理评估与测量的能力
	5. 具有选择教学策略与方法的能力
肢体残疾、病残类	1. 具有拟订教学计划,设计特殊教育教学活动的能力
	2. 具有规划、调整无障碍学习环境的能力
	3. 具有评量学生目前的学习能力、解释评量结果并提供相关信息给其他相关专业人员的能力
	4. 具有了解学生学习所需要的辅助器具类型并能进行部分技能训练(如沟通、站立、行走等辅助器具的训练使用)的能力
	5. 具备该类学生相关的医疗常识及处理学生偶发事件的能力
综合类	1. 具有心理评估与测量的能力
	2. 具有拟定与贯彻个别化教育计划的能力
	3. 具备个案管理与班级管理的能力
	4. 具备危机处理及紧急应变的能力
	5. 具备与家长及行政部门良好的沟通和协调能力
资源班	1. 具有心理评估与测量的能力
	2. 具有拟定与贯彻个别化教育计划的能力
	3. 具备个别辅导的能力
	4. 具备与家长及行政部门良好的沟通和协调能力
	5. 具有整合与运用特殊教育资源的能力

(五)其他条件

教师是一个问题频发的职业。学生中的厌学情绪、问题行为、糟糕的学习成绩以及对教师的不良态度都是教师每日必须面对并加以解决的难题。[①] 特殊教育教师承受着更大的工

---

① 冯维.现代教育心理学[M].重庆:西南师范大学出版社,2005:366-367.

作压力,比普通教师所要面对的难题更多,他们往往教学效能感低,易产生职业倦怠感。因此,特殊教育教师的自我心理调节能力、情绪管理能力至关重要。

近年来,社会对于特殊教育师资队伍建设的关注度日益提升,提高教师专业化水平,完善教师专业发展标准体系成为特殊教育发展的重要命题。2012年《关于进一步加强特殊教育教师队伍建设的意见》出台,从规划、培养、培训、管理、待遇、营造氛围等方面,对特殊教育教师队伍建设作出全面部署。2015年8月,教育部公布《特殊教育教师专业标准(试行)》,分别从专业理念与师德、专业知识、专业能力三个方面对特殊教育教师提出了专业要求,这一标准是特殊教育教师培养、准入、培训、考核的重要依据,为特殊教育教师队伍建设提供了基本参照(见表3-2)。

表3-2 《特殊教育教师专业标准(试行)》基本要求[①]

维度	领域	基本要求
专业理念与师德	职业理解与认识	1. 贯彻党和国家教育方针政策,遵守教育法律法规
		2. 理解特殊教育工作的意义,热爱特殊教育事业,具有职业理想和敬业精神
		3. 认同特殊教育教师职业的专业性、独特性和复杂性,注重自身专业发展
		4. 具有良好的职业道德修养和人道主义精神,为人师表
		5. 具有良好的团队合作精神,积极开展协作交流
	对学生的态度与行为	6. 关爱学生,将保护学生生命安全放在首位,重视学生的身心健康发展
		7. 平等对待每一位学生,尊重学生人格尊严,维护学生合法权益。不歧视、讽刺、挖苦学生,不体罚或变相体罚学生
		8. 理解残疾是人类多样性的一种表现,尊重个体差异,主动了解和满足学生身心发展的特殊需要
		9. 引导学生正确认识和对待残疾,自尊自信、自强自立
		10. 对学生始终抱有积极的期望,坚信每一位学生都能成功,积极创造条件,促进学生健康快乐成长
	教育教学的态度与行为	11. 树立德育为先、育人为本、能力为重的理念,将学生的品德养成、知识学习与能力发展相结合,潜能开发与缺陷补偿相结合,提高学生的综合素质
		12. 尊重特殊教育规律和学生身心发展特点,为每一位学生提供合适的教育
		13. 激发并保护学生的好奇心和自信心,引导学生体验学习乐趣,培养学生的动手能力和探究精神
		14. 重视生活经验在学生成长中的作用,注重教育教学、康复训练与生活实践的整合
		15. 重视学校与家庭、社区的合作,综合利用各种资源
		16. 尊重和发挥好少先队、共青团组织的教育引导作用
	个人修养与行为	17. 富有爱心、责任心、耐心、细心和恒心
		18. 乐观向上、热情开朗、有亲和力
		19. 具有良好的耐挫力,善于自我调适,保持平和心态
		20. 勤于学习,积极实践,不断进取
		21. 衣着整洁得体,语言规范健康,举止文明礼貌

---

① 中华人民共和国教育部.教育部关于印发《特殊教育教师专业标准(试行)》的通知[EB/OL].(2015-08-21). http://www.moe.gov.cn/srcsite/A10/s6991/201509/t20150901_204894.html.

续表

维度	领域	基本要求
专业知识	学生发展知识	22. 了解关于学生生存、发展和保护的有关法律法规及政策
		23. 了解学生身心发展的特殊性与普遍性规律,掌握学生残疾类型、原因、程度、发展水平、发展速度等方面的个体差异及教育的策略和方法
		24. 了解对学生进行青春期教育的知识和方法
		25. 掌握针对学生可能出现的各种侵犯与伤害行为、意外事故和危险情况下的危机干预、安全防护与救助的基本知识与方法
		26. 了解学生安置和不同教育阶段衔接的知识,掌握帮助学生顺利过渡的方法
	学科知识	27. 掌握所教学科知识体系的基本内容、基本思想和方法
		28. 了解所教学科与其他学科及社会生活的联系
	教育教学知识	29. 掌握特殊教育教学基本理论,了解康复训练的基本知识与方法
		30. 掌握特殊教育评估的知识与方法
		31. 掌握学生品德心理和教学心理的基本原理和方法
		32. 掌握所教学科的课程标准以及基于标准的教学调整策略与方法
		33. 掌握在学科教学中整合情感态度、社会交往与生活技能的策略与方法
		34. 了解学生语言发展的特点,熟悉促进学生语言发展、沟通交流的策略与方法
	通识性知识	35. 具有相应的自然科学和人文社会科学知识
		36. 了解教育事业和残疾人事业发展的基本情况
		37. 具有相应的艺术欣赏与表现知识
		38. 具有适应教育内容、教学手段和方法现代化的信息技术知识
专业能力	环境创设与利用	39. 创设安全、平等、适宜、全纳的学习环境,支持和促进学生的学习和发展
		40. 建立良好的师生关系,帮助学生建立良好的同伴关系
		41. 有效运用班级和课堂教学管理策略,建立班级秩序与规则,创设良好的班级氛围
		42. 合理利用资源,为学生提供和制作适合的教具、辅具和学习材料,支持学生有效学习
		43. 运用积极行为支持等不同管理策略,妥善预防、干预学生的问题行为
	教育教学设计	44. 运用合适的评估工具和评估方法,综合评估学生的特殊教育需要
		45. 根据教育评估结果和课程内容,制订学生个别化教育计划
		46. 根据课程和学生身心特点,合理地调整教学目标和教学内容,编写个别化教学活动方案
		47. 合理设计主题鲜明、丰富多彩的班级、少先队和共青团等群团活动
	组织与实施	48. 根据学生已有的知识和经验,创设适宜的学习环境和氛围,激发学生学习的兴趣和积极性
		49. 根据学生的特殊需要,选择合适的教学策略与方法,有效实施教学
		50. 运用课程统整策略,整合多学科、多领域的知识与技能
		51. 合理安排每日活动,促进教育教学、康复训练与生活实践紧密结合
		52. 整合应用现代教育技术及辅助技术,支持学生的学习
		53. 协助相关专业人员,对学生进行必要的康复训练
		54. 积极为学生提供必要的生涯规划和职业指导教育,培养学生的职业技能和就业能力
		55. 正确使用普通话和国家推行的盲文、手语进行教学,规范书写钢笔字、粉笔字、毛笔字
		56. 妥善应对突发事件

续表

维度	领域	基本要求
专业能力	激励与评价	57. 对学生日常表现进行观察与判断,及时发现和赏识每一位学生的点滴进步
		58. 灵活运用多元评价方法和调整策略,多视角、全过程评价学生的发展情况
		59. 引导学生进行积极的自我评价
		60. 利用评价结果,及时调整和改进教育教学工作
	沟通与合作	61. 运用恰当的沟通策略和辅助技术进行有效沟通,促进学生参与、互动与合作
		62. 与家长进行有效沟通合作,开展教育咨询、送教上门等服务
		63. 与同事及其他专业人员合作交流,分享经验和资源,共同发展
		64. 与普通教育工作者合作,指导、实施随班就读工作
		65. 协助学校与社区建立良好的合作互助关系,促进学生的社区融合
	反思与发展	66. 主动收集分析特殊教育相关信息,不断进行反思,改进教育教学工作
		67. 针对特殊教育教学工作中的现实需要与问题,进行教育教学研究,积极开展教学改革
		68. 结合特殊教育事业发展需要,制定专业发展规划,积极参加专业培训,不断提高自身专业素质

四、特殊教育教师的现状

随着经济和社会文化的不断发展,特殊教育的发展取得了可喜成绩,更多的特殊儿童受到了适合他们身心特点的教育,特殊儿童受益范围不断扩大。据不完全统计,截至2013年年底,我国特殊教育学校已经发展到1933所,特殊教育教职工人数已达55096人,专任教师达45653人,在校残疾儿童36.8103万人,残疾儿童毕业人数5.0739万人。[①] 高中阶段特殊教育迅速发展,残疾人高等教育也取得了新的进展。但我国特殊教育师资与发达国家相比还有很大差距,主要表现在:数量少,质量低,队伍不稳定,分布不平衡等。

（一）我国特殊教育专任教师数量不足

截至2013年6月底,我国开设特殊教育专业的有北京师范大学、华东师范大学、辽宁师范大学、西南大学、华中师范大学、重庆师范大学等41所高校,这些专业每年招生有限。全国还有27所大专院校开设特殊教育专业,培养了大批特教教师。但在"融合教育"的背景下,目前从事特殊教育教师的人数,远远不能满足特殊儿童的需要,尤其是普校中的特殊教育教师人数严重缺乏。

（二）我国特殊教育教师师资质量不高

2005年,特殊教育专任教师中本科以上比例为21%,专科毕业比例为53%,高中及高中毕业以下的比例为25%。接受过培训的研究生、本科、专科、高中毕业学历的比例分别为60%、53%、54%、45%,高中以下学历接受过培训的仅占32%。[②] 到2013年,特殊教育专任教师中本科以上比例为56%,专科毕业比例为38%,高中及高中以下毕业的比例为5%。专任教师中接

---

① 中华人民共和国教育部发展规划司.中国教育统计年鉴(2013)[M].北京:人民教育出版社,2014:170-171.
② 赵斌.教师专业化背景下特殊教育一线教师的培训现状及思考[J].中国特殊教育,2007(4):57-61.

受过特殊教育专业培训的远超过一半,其中研究生、本科、专科、高中毕业学历中接受过培训的分别为76%、74%、81%、84%,高中以下学历受过培训的占68%(见表3-3)。尽管特殊教育学校教师学历在不断提高,受专业培训的人数也显著增加。但是,特殊教育是一个交叉学科,需要不同专业的教师来充实特殊教育师资队伍,如医学、社会学和心理学等。这对从事特殊教育的教师在专业知识、专业能力等方面提出了比普通教育教师更多更高的要求,他们不仅要掌握普通儿童身心发展规律和教育知识,还要掌握特殊儿童身心特点及教育的知识,还要有更多更专业的应对各类特殊儿童情绪、认知、行为等问题方面的专业实践技能。①

表3-3　2013年特殊教育学校专任教师学历情况(单位:人)②

	合计	按学历分				
		研究生毕业	本科毕业	专科毕业	高中毕业	高中以下
合计	45653	703	25068	17569	2257	56
女性	33079	536	18544	12651	1310	38
受过特殊教育专业培训	27854	492	16002	10239	1095	26

(三)我国特殊教育教师队伍不稳定

以西安智障康复中心为例,由于经济收入低、社会地位不高等各种原因,在职特殊教育教师流失也很严重,在三年内教师离开的人数高达四十多人。特殊教育专业的学生在特殊行业就业的人数比例,1990、1991、1992年分别是66.7%、47.8%、64%,而在以后数年中,除1998、2002年外,人数比例均在40%以下,到2003年为20%,而2004年该比例降为0。根据对毕业生工作变动情况的跟踪调查,这13年中又有19名原来在特教领域工作的毕业生转向其他行业,致使人才实际的流失率达到28.4%。③根据2013年数据统计,上学年初报表专任教师数为43697人,增加教师的人数4608人,增加比例10.5%;减少的教师人数为2652人,其中自然减员763人,专任教师的流失率为28.8%。④

(四)我国特殊教育教师分布不平衡

城市特殊教育教师较多,且质量高,农村及老、少、边、穷地区特殊教育教师师资严重不足,质量也较差(见表3-4);经济发达地区特殊教育教师数量充足或基本饱和,教师流失少,而经济不发达地区教师流失大。

表3-4　我国2013年各地区特殊教育教师分布情况(单位:人)⑤

地区	教职工数	专任教师
全国	55096	45653
北京	1253	935
天津	779	598
河北	3582	2956
山西	1613	1385
内蒙古	1317	1121

---

① 赵斌.论高校特殊教育专业教师的素养[J].绥化学院学报,2014(7):5-9.
② 中华人民共和国教育部发展规划司.中国教育统计年鉴(2013)[M].北京:人民教育出版社,2014:172-173.
③ 王雁,顾定倩,陈亚秋.对高等特殊师范教育师资培养问题的探讨[J].教师教育研究,2004(4):55-60.
④ 中华人民共和国教育部发展规划司.中国教育统计年鉴(2013)[M].北京:人民教育出版社,2014:172-173.
⑤ 中华人民共和国教育部发展规划司.中国教育统计年鉴(2013)[M].北京:人民教育出版社,2014:614-615.

续表

地区	教职工数	专任教师
辽宁	2657	2020
吉林	1717	1388
黑龙江	2253	1850
上海	1588	1207
江苏	3901	3170
浙江	2331	2038
安徽	1500	1297
福建	1946	1729
江西	1158	1042
山东	5684	4692
河南	3799	3264
湖北	1921	1647
湖南	1733	1403
广东	3405	2714
广西	1600	1141
海南	247	184
重庆	971	852
四川	2315	2055
贵州	1267	1093
云南	1361	1156
西藏	161	136
陕西	1173	956
甘肃	784	692
青海	161	139
宁夏	259	246
新疆	660	547

五、特殊教育教师的培训

特殊教育教师培训从内容上讲包括培养和培训两方面。前者主要指通过系统的教育使其获得教师资格,为进入教师队伍,获取教师职业认证作准备,它是教师教育的前提条件。后者主要是针对在职教师的学历提高、教学适应、教学理念和手段更新以及适应课程与教学改革等进行的短期的、有针对性的训练。前者重在"养",以获取教师职业资格为主要目标,普适性宽;后者重在"训",目的在于使教师积极适应和发展教学,有效解决教育教学中的问题,针对性强。从时间特性上讲,特殊教育教师的培训有职前培养和职后培训两种。我国特殊教育教师职前培养已由中等特殊师范教育,经专科特殊师范教育培养模式过渡到本科特殊师范教育模式。① 随班就读作为具有典型中国特色的融合教育形式之一,师资是提高随班就读质量、保障残疾儿童少年接受公平教育权利的重要保证。《国家教育委员会、中国残疾人联合会关于残疾儿童少年义务教育"九五"实施方案》中规定:各地教育行政部门应将在职教师师资培训工作纳入当地教师培训计划,不断提高他们的特殊教育水平和教学能力。这

---

① 王辉,方长春.我国特殊教育师资职前培养模式研究的现状[J].中国特殊教育,2006(4):62-65.

些文件中对随班就读教师培训的目标有规定,但比较笼统、模糊,没有操作性。① 职后培训指对已上岗的、在职的特殊教育教师的培训,包括使新进特殊教育系统的人员了解特殊教育基本知识,为承担特殊教育工作做心理上的准备。职后培训的目的是促进特殊教育一线教师积极适应、提升教师教学实践素质、提高教学质量、提升学历水平以及适应新的教学改革。②

对此,在2010年,我国教育部、财政部实施了"国培计划",明确提到"精心策划、精心组织,重视培训项目的前期调研,针对培养对象的需求研制培训方案;务求实效,积极探索运用有效的培训方式方法,满足教师多样化的培训需求,不断提高培训的针对性和时效性"③。2012年起,"国培"逐渐深入特殊教育,对特殊教育骨干教师集中培训已经成为一项艰巨的任务。此外,教育部2012年12月和2014年1月相继发布了《关于加强特殊教育教师队伍建设的意见》《特殊教育提升计划(2014—2016年)》,都明确提出了加强特殊教育教师培训,提高特殊教育学校的办学质量。2015年8月,教育部颁布《特殊教育教师专业标准(试行)》,对加强特殊教育教师队伍建设,引领特殊教育教师专业成长,提升特殊教育教师专业发展水平具有重要的促进作用。

特殊教育的发展越来越需要高层次特殊教育教师。20世纪80年代后期,我国开始先后在北京师范大学(1986年)、华东师范大学(1988年)、华中师范大学(1990年)、西南师范大学(1993年)、陕西师范大学(1993年)、重庆师范大学(1993年)等设立了特殊教育专业,并从普通高中招收大学生。1997年,华东师范大学成立了学前与特殊教育学院,建立了特殊教育系,并于2001年建立了特殊教育博士学位点。至此,中国的特殊教育就形成了中师、大专、专升本、学士、硕士和博士等多层次的特殊教育教师培养与培训体系。④ 高等特殊师范教育培养具有教育理论基础,掌握特殊儿童教育、康复训练理论和技术,能从事特殊教育教学与科研的理论型人才,或从事各级各类学校专职心理辅导工作的应用型人才,包括师范院校特殊教育专业课教师、各级各类特殊教育和康复机构的专门人才、特殊教育行政管理人员、科研人员等。但目前在相对落后的西部地区,只有西南大学、四川师范大学、重庆师范大学、西北师范大学等高校设置了特殊教育学硕士研究生培养点,而这远远满足不了对特殊教育师资发展的需求。⑤

对此,我国特殊教师在职前培养应该经过严格的选拔,同时,在培养期间更好地进行通识教育,培养其自我学习的能力、树立自我监督的意识,从而更好地掌握其他相关学科的知识,在提升自己专业素养的同时,为特殊儿童提供帮助。我国特殊教育教师职后培训在近十年得到较大的发展,借鉴普教的培训模式,形成了"国培""市培""校本培训"三个层级下多种培训形式的培训体系。目前以高等院校培训、校本培训模式为主,在培训过程中多采用专家讲座和课堂授课的形式。传统的职后培训模式随着特殊教育教师职后培训的深入开展逐渐暴露出不足。⑥

---

① 赵斌,姜小梅.我国残疾儿童少年随班就读师资培训中的问题及对策[J].绥化学院学报,2014(4):5-9.
② 赵斌.教师专业化背景下特殊教育一线教师的培训现状及思考[J].中国特殊教育,2007(4):57-61.
③ 中华人民共和国教育部.教育部关于印发《幼儿园教师专业标准(试行)》《小学教师专业标准(试行)》和《中学教师专业标准(试行)》的通知[EB/OL].(2012-02-10). http://www.moe.edu.cn/publicfiles/business/htmlfiles/moe/s6991/201212/xxgk_145603.html.
④ 方俊明.特殊教育学[M].北京:人民教育出版社,2005:452.
⑤ 汪丽娟,赵斌,吴金航.论西部高校增设特殊教育专业教育硕士培养的必要性和可行性[J].中国成人教育,2011(1):88-90.
⑥ 赵斌,蒲娟.远程教育与特殊教育教师职后培训整合探究[J].绥化学院学报,2015(1):13-15.

据研究,我国特殊教育一线教师培训还存在以下不足:培训主体及培训人员的层次多,认证模糊;培训内容丰富,但针对性不强;培训形式死板,参培人员缺乏动力,积极性不高;以非学历培训为主,重视教学技能培训,但对科研意识培训不够;培训头绪繁多而凌乱,管理不够规范。特殊教育教师的培养和培训工作任重而道远,加强教师队伍建设,具体需要做到:数量与素质并重,树立科学合理的特殊教育师资质量观;培养与培训结合,形成完善的特殊教育教师专业发展体系;厚望与厚待相称,建立高效实用的特殊教育教师聘任制度;文化知识与职业技能并举,打造"双师型"的特殊教育师资队伍;双证与单证相辅,因地制宜推行特殊教育教师资格证书制度;激励与制约制衡,良性运行特殊教育教师专业发展机制。[①]

第2节 家长

家庭是社会的细胞,也是儿童的第一所学校,家长是孩子的第一任老师,对于特殊儿童来说,家庭、家长显得尤为重要。法伯(Farber,1960)的"家庭组织和危机:重度智力落后儿童家庭整体的维系"开创了特殊儿童家庭研究的先河。十多年来许多特殊教育研究人员越来越关注这个研究领域,并针对特殊儿童家庭做了大量研究工作。

一、家长的作用

一般情况下,儿童的家长都会从事不同的工作,缺少专门的特殊教育经验,因此在特殊教育的过程中,家长必须配合教师和训练师在家庭对儿童进行一定的、甚至于是长期的教育与训练。国内外大量的实践也证明:特殊儿童的家长在提供家庭支持促进特殊儿童身心健康发展、促进特殊教育条件改善、保障儿童权利、促进社会对有特殊需要儿童权利保障的立法以及对社会和谐发展方面都有不可低估的作用。

(一)促进特殊儿童身心健康发展

家长(尤其是父母)是在家庭教育中提供最主要的、最直接的经济来源的养育者和教育者,无论是普通儿童,还是特殊儿童,家长不仅仅是第一任教师,还是终身教师。特殊儿童家长对特殊儿童的作用主要体现在以下几个方面。

第一,促进特殊儿童身体的正常发育,增进其健康。特殊儿童家长一旦发现孩子异常,应尽早带孩子进行健康检查,观察孩子的生长发育状况,发现问题及时进行治疗;要尽可能为孩子创建良好的环境,合理选择玩具和游玩场所,防止第二次伤害发生;指导并带领孩子锻炼身体,促进孩子基本动作的协调发展,提高机体的功能,增强体质,补偿缺陷。

第二,养成孩子良好的生活习惯和培养其生活技能。家长是孩子的首任教师,最熟悉孩子日常生活要求,教给孩子生活自理能力,包括进食、穿衣、如厕、打电话、个人卫生、安全知识和习惯养成等,为他们适应社会和独立生活奠定基础。

第三,养成特殊儿童良好个性。美国心理学家托马斯·哈里森经过实验研究表明,孩子在童年时期,家长身体力行、言传身教所提供的外部经验将永久地记录在孩子的"人格"磁带上,这种结果对孩子具有较大的影响,且将会伴随孩子的一生。特殊儿童由于认知发展的特殊性,更需要家长在生活中做出更好的表率,给孩子树立好的榜样,让特殊儿童养成乐观、豁

[①] 雷江华.关于特殊教育教师队伍建设的思考[M]//周洪宇.2011年中国教育黄皮书.武汉:湖北教育出版社, 2011:169-187.

达、坚忍不拔、积极向上的品质。

第四，促进特殊儿童社会性发展。家庭是儿童最早接触的社会环境之一，家长也是孩子最初的社会交往对象。家长通过带孩子参加适当的社区活动，带孩子乘坐公共汽车、逛商场购物、教孩子学会问路或求助等，让孩子接触社会，认识社会，同时借此为孩子建立人际交往圈。除此之外，家长还要多跟教师交流，以便在家辅导孩子功课，引导孩子正确地选择学习内容和形成自己特有的学习方法，因此，家长在促进孩子认知发展方面是学校教育的补充，也是孩子学习的最强大的行为和精神支持者。

（二）通过家校合作形成教育合力

家庭教育对于特殊儿童全面发展具有重要作用，家校合作可以进一步挖掘家庭教育的潜力，围绕特殊儿童营造更具教育影响的发展环境。第一，家长可以分担特殊教育教师的压力。特殊教育教师在教育过程中比普通教师付出了更多的心血和汗水，职业倦怠感偏高，职业成就感偏低，家长可以通过家庭教育和辅导等减轻教师压力，还可以针对特殊儿童在家庭中的表现做一些交流，帮助教师提供更有针对性的教育干预。第二，家长可以将学校教育拓展到家庭当中。特殊儿童的学习进度较慢，知识与技能的获得所需时间较长，因而要格外重视特殊教育的连续性，家庭教育在其中发挥了重要作用。家长不仅可以帮助儿童巩固知识，还可以引导儿童将所学知识应用到家庭以及社会情境当中，提高知识迁移能力和适应能力的发展。

（三）促进特殊教育条件的改善和特殊教育进步

家长在特殊儿童的教育方面扮演着重要的角色，仅次于特殊教育教师。家长不仅仅是为教师提供孩子的基本情况，而且有权利参加特殊儿童的鉴定、评估和个别教育计划的制订等工作，这也是家长的义务。家长可以通过家长会或家长联合会等形式向教育主管部门或学校提出建议和要求，以满足特殊儿童的教育需求。家长的参与是对政府办教育的有力的督促，可以促进特殊教育办学条件的改善，家长和学校合力可以促进特殊教育的发展。

（四）保障特殊儿童受教育权利，促进有特殊需要儿童权利保障的立法

《中华人民共和国义务教育法》(2006年6月29日第十届全国人民代表大会常务委员会第二十二次会议修订)第五条规定："适龄儿童、少年的父母或者其他法定监护人应当依法保证其按时入学接受并完成义务教育。"第十一条规定："凡年满六周岁的儿童，其父母或者其他法定监护人应当送其入学接受并完成义务教育。适龄儿童、少年因身体状况需要延缓入学或者休学的，其父母或者其他法定监护人应当提出申请，由当地乡镇人民政府或者县级人民政府教育行政部门批准。"由此可见，家长积极主动为孩子寻求适合的学校接受教育，是保障特殊儿童受教育权利的表现，也是家长的责任和义务。

家长可以通过家长联合会等形式，为特殊儿童受教育争取必要的条件和立法保障。以美国为例，20世纪50年代，美国许多特殊儿童家长组成智障儿童家长和朋友国家协会(The National Association of Parents and Friends of Mentally Retard Children，即现在的美国残疾人协会 The American Association for Retard Citizens)为特殊儿童争取了许多权利，促进了美国特殊儿童权利保障立法建设。20世纪60年代末，一个智力落后儿童家庭组织在残疾人宾夕法尼亚州协会(Pennsylvania Association for Retarded Citizens)组织下对其所在州提出诉讼，最终该家庭组织获得胜诉，法庭裁决州政府有义务向所有残疾儿童提供免费的公共教育培训服务(Pennsylvania Association for Retarded Citizens v. Commonwealth of Pennsylvania,1972)。此后,各种家长组织联合起来致力于使美国联邦政府立法规定向所有残疾学生提供免费的、适当的公共教育,通过他们的努力,国会在1975年通过了《全体残疾儿童教育法案》(The Education for All Handicapped Children Act)。[①] 1990年,美国通过的《障碍者教育法》(Individuals with Disabilities Education Act,简称IDEA)是对1975年的《全体残疾儿童教育法案》的更名与发展,后在1997年、2004年、2009年等进行过多次修订。

在我国,特殊儿童家长并没有真正参与到特殊教育立法当中。要使家长能真正起到促进特殊儿童权利保障等立法工作的作用还有很长一段路要走,不仅要改变家长的观念,还要提高家长的素质,以及解决家长与家长、家长与学校、家长与教师的沟通问题。

(五)促进社会的和谐发展

家庭是社会的细胞,社会的和谐依赖于无数和谐的家庭。家长参与特殊教育是促进社会和谐的重要力量,因为家长参与特殊教育可以为特殊儿童通向社会搭一座桥梁,同时创造健康完美的家庭生活。孩子出现缺陷会给家庭带来巨大的压力,让家长产生失落、不安、恐惧、焦虑等负面情绪,甚至会打破家庭原来的和谐,改变一个家庭原有的生活方式。家长参与特殊儿童教育可以改变陈旧观念,转变对特殊儿童的态度,积极面对特殊儿童教育成长问题。家长如果能够采取合适的方式参与特殊教育,就能获得精神上、信息上和专业上的支持。在这些支持下,家长的自我概念和教育技能都能得到改善,并能利用所掌握的相关知识改善亲子关系,调节自己的情绪,促进家庭功能得到最大限度的发挥,最终促进家庭生活和谐,促进社会和谐。

二、家长的需求

总的来讲,特殊儿童家长主要有四大需求:一是对特殊儿童身心发展规律的知识的需求;二是对特殊儿童教育、训练方法的需求;三是对心理健康教育的需求;四是对社会支持的需求,包括家长联盟、教育资源共享、社会参与、就业保障等方面的需求。

(一)对特殊儿童身心发展规律的知识的需求

掌握心理学知识是对儿童进行教育的前提和基础。特殊儿童身心发展规律与普通儿童身心发展规律在总体上保持一致,但又有其特殊性,要给予特殊儿童适合的教育。因此,家长需要掌握儿童身心发展的一般规律和特殊儿童身心发展的特殊规律,进而根据特殊儿童的个别差异因材施教。

(二)对特殊儿童教育、训练方法的需求

特殊儿童家长除了掌握相关的特殊教育知识,还要掌握与特殊儿童沟通交流的方法以及行为训练的方法,如儿童行为塑造与矫正方法,聋儿语训方法,视觉障碍儿童定向行走训练方法,多动症儿童亲社会行为培养方法等。此外,家长还应掌握对特殊儿童生活自理能力和从事一定职业的能力的训练方法等。家长具备一定的特殊教育训练方法,能够对特殊儿童进行正确的训练,促进特殊儿童巩固所学知识,获得相应的能力。

(三)对心理健康教育的需求

特殊儿童父母的压力水平明显高于普通儿童父母的压力水平。一般而言,特殊儿童家长在发现自己的孩子有生理或(和)心理方面的缺陷时,都要经历以下几个心理危机期,即震

---

① 〔美〕Mary Lou Fuller,Glenn Olsen.家庭与学校的联系——如何成功地与家长合作[M].谭军华,等译.北京:中国轻工业出版社,2003:122.

惊焦虑期、四处投医期、恐惧失望期、怨天尤人期、自责羞愧期和承受负重期。[①] 在这几个心理危机期,如果家长不会调整自己的心态,则很容易导致心理问题,不利于特殊儿童的健康成长,也不利于家庭的正常运转,最终导致恶性循环。研究表明,70%的特殊儿童家长存在焦虑、抑郁的症状。2007年11月17日,在广州市第二少年宫举行了一场特殊的"面对面"沙龙,几十名普通儿童的家长和抚养着脑瘫、自闭症、唐氏综合征患者等特殊儿童的家长交流教育心得,分享孩子成长过程中的经验和感受,其中一名特殊儿童家长表示,在抚养小孩的前两三年,她抑郁到甚至想自杀。因此,焦虑和抑郁可能发展成特殊儿童家长的常态,严重的甚至会因为孩子重度自闭而导致精神分裂,家长迫切需要心理调节方面的知识和技能,更需要社会的关注和关心。

（四）对社会支持的需求

据中国第二次全国残疾人抽样调查领导小组、国家统计局联合发布的调查数据显示,截止到2006年4月1日,全国有残疾人口的家庭户共7050万户,占全国家庭户总户数的17.80%。特殊儿童的教育是一个庞大的系统工程,只靠家长来完成这一庞大的工程是不可能的,家长在对特殊儿童进行教育的过程中也有多方面的社会支持需求,包括家长联盟、教育资源共享、社会参与、就业保障等方面的需求。

1. 家长联盟

家中有特殊需要儿童,家长们往往感到没有面子,不敢与别人提起自己的孩子,有很多的苦恼与自责；面对孩子的教育问题,家长们往往缺乏正确方法,因此无法使特殊儿童的个性和才能得到充分发展。特殊儿童家长之间需要相互联系,成立家长联盟,为特殊儿童家长构建一个表达其忧虑与希望的平台,并且使家长之间能相互交流教育心得。除此之外,家长联盟可以组织起来为自己的孩子争取相应的权利,促使特殊儿童的相关权利得到保障。

2. 教育资源共享

到目前为止,特殊儿童可以享用的教育资源还十分匮乏,大多数只能留在家中接受家庭教育。这并不利于特殊儿童的社会性发展。要让孩子更加顺利地融入社会,就需要让孩子接受家庭以外的教育。特殊儿童家长需要普通学校和特殊学校为自己的孩子提供教育资源、教育场所和教育内容,帮助特殊儿童能够与普通儿童共享教育资源。因此,教育机构需要积极推广融合教育,帮助特殊儿童融入普通班和普通学校,在课程设置、活动安排和教室管理上同时满足特殊儿童与普通儿童的需求。

3. 社会参与

特殊儿童家长需要全社会的支持和帮助,社会要积极参与特殊儿童的教育,与特殊儿童家长共渡难关。参与特殊儿童教育的主要社会部门有各级政府部门、教育机构、残联、康复机构、医疗机构、媒体、社区、工厂等。这些社会机构部门参与特殊教育,为特殊儿童家长提供相应的资源或支持,缓解特殊儿童家长的经济压力和心理压力,同时为家长提供残疾预防的咨询、特殊儿童康复训练知识、行为塑造与矫正的方法和技巧等。

4. 就业保障

特殊儿童在接受相应的教育后能够从事一定的职业,有就业保障是对特殊儿童家长最大的支持。到目前为止,一些国家已经通过立法的形式来保证特殊儿童的就业,并且成立了

[①] 马健.学前特殊儿童家长的心理路程和感受[EB/OL].(2006-12-07). http://blog.cbe21.com/user1/23/archives/2006/19004.shtml.

为特殊儿童提供就业机会的工厂。目前,由于就业市场形势严峻,特殊儿童的就业更加难以解决,特殊儿童的安置已经成为一个亟待解决的问题。特殊儿童的就业得不到保障,家长就面临更大的压力,特殊教育的实施也会受到一定的冲击。

三、家长参与特殊教育的现状及问题

特殊教育是以学生为中心的理念为基础的,这种理念是一种团队工作方式,家长参与特殊教育则是这种团队理念的逻辑扩展。在特殊教育过程中存在一个不争的事实,即特殊儿童家长参与特殊教育可以促进特殊儿童的发展。

(一)家长参与特殊教育的现状

到目前为止,特殊儿童家长参与特殊教育,维护有特殊需要的子女的各种合法权益,在世界各国受到普遍重视。20世纪四五十年代,特殊儿童家长主要组织起来成立家长联盟,用集体的力量来唤起社会大众对特殊儿童的关注和对特殊教育的重视,推动特殊教育的立法工作,为特殊儿童争取与普通儿童同等的受教育机会。20世纪70年代后,随着特殊教育逐步普及,特殊儿童家长参与特殊教育的重心逐渐由权利的争取与维护转变为参与决定特殊教育计划和相关的教育政策。家长参与特殊教育成为特殊教育专家、特殊教育教师、家长和相关政府部门共同关注的焦点,家长参与特殊教育的重要性和必要性已经受到社会的广泛认同。

家长参与特殊教育的项目主要有以下十个方面:第一,参与各项家长培训,如规划并执行家长修读特殊教育的讲习活动,与设立特殊教育专业的师范院校以及当地特殊教育中心合作办理亲职教育讲座等;第二,倡导特殊教育相关的措施,如学前特殊教育的提供、特殊学生的计算机教学训练、无障碍环境的设置、融合教育的实施、功能性课程的设置等方面;第三,监督特殊教育的质量,如教学方法的适当与否、班级设置情况、课程设置适当与否、课时数、生活辅导情况、职业培训情况、个别化教育情况等;第四,为特殊儿童争取到当地的普通学校或特殊学校就读的机会,尤其是多重障碍者和重度障碍者的教育权利争取与维护;第五,协助特殊教育教师争取相关教学费用,保证教学活动的顺利进行;第六,争取进入学校家长会并协助学校和其他特殊教育机构组织家长会;第七,参加特殊教育的相关会议,如特殊教育鉴定会议、特殊儿童安置会议、辅导委员会会议等;第八,为特殊教育争取特殊教育师资培训的机会,争取开放师资培育的途径;第九,催生与倡导相关法令;第十,协助学校制作教具,为教具的制作提供部分经费和时间。

20世纪90年代后的美国,特殊教育专家主张协同教导,即家长作为特殊教育诊断与评估以及协助特殊教育相关项目始终的专业人员和合作伙伴。协同教导中家长总是参与与家庭息息相关的活动,同时也参加一些对特殊教育相关项目的评估和课程制定的活动,也可以参加一些由学校安排的限制性活动,并根据自己的意愿自由参加任何一个研讨课程。

有些国家和地区还以立法形式来保障家长参与特殊教育。英国1944年《教育法》就已经明确提出家长有权保障子女接受适合的教育,1994年《特殊教育需要实施章程》在保障特殊儿童家长权利的道路上迈出了重要的一步,并且较有成效。在美国,1975年福特总统签署了法案,要求对残疾人和他们的家庭所应享有的受教育权做出明显的改善,本着该法案的精神,《全体残疾儿童教育法案》(公法94-142)实现了家庭对其孩子教育活动的积极参与,赋予了家长合法参与特殊教育的权利与机会。参与特殊教育的特殊儿童家长的基本权利有:对接受特殊教育服务的任何评估和对其所做出的任何安排都需要首先得到家长的同意;家

长有权参与个别教育计划活动,同时积极参与教育决策制定过程,如果家长对其孩子相关的教育决策过程有不满的地方可以将其诉诸法律。1986年修订的公法99-457再次强调了家长参与特殊教育的重要性。1997年修订的105-17公法中,明确了保障特殊儿童及其家长权益的六大原则,其中包括"家长和学生共同参与"的原则。在"融合教育"的影响下,2004年美国颁布《残疾人教育促进法》细化了家长参与的权利与义务规定,对个别化家庭服务计划内容进行修订及完善。俄罗斯的《特殊教育法案》也赋予了特殊儿童家长参与特殊教育的权利,如特殊儿童家长在具有中等学历的条件下,可以免试进入大学,免费学习特殊教育的相关知识。菲律宾、马来西亚和孟加拉国等国家也提出要把家长的协助作为特殊教育的一个重要组成部分。我国台湾地区规定家长应参与拟订个别化教育计划,并要求学校为特殊儿童家长提供资讯、辅导、亲职教育课程等服务。

(二)我国家长参与特殊教育中存在的主要问题

第一,家长参与特殊教育的权利缺乏法律和制度的保障。家长是特殊儿童权益的倡导者和维护者。我国特殊教育法制建设逐步受到重视,但是还没有明确的特殊教育立法,已有的教育法律法规中涉及特殊儿童家长的条例甚少,特殊儿童家长应享有的权利被忽视。在现有的特殊教育法律法规中,对家长参与特殊教育并没有明文规定与保证,家长在特殊教育的过程中只有同意权或者自行教育权,除此之外,家长没有任何参与的权利。在《关于开展残疾儿童青少年随班就读的试行办法》中仅规定了学校对家长负有"联系"和"家长培训"的责任,并没有明确提出家长能参与特殊儿童的学校教育。

第二,教育机构对家长参与特殊教育存在分歧。目前,教育部门对家长参与特殊教育的看法只停留在提供亲职教育的层面上,而且多停留在单向提供,并没有考虑特殊儿童家长实际需求和双向交流的必要性。教育机构初衷常常和家长需求之间相互矛盾,导致双方产生分歧。能够和特殊教育工作者建立良好沟通渠道和人际关系的家长数量很少。

第三,特殊儿童家长取得相关数据信息有限。特殊儿童家长参与特殊教育受到了重重阻碍,在教学目标的选择、课程方案的制订、个别化教育计划的实施中学校未呼吁家长积极参与,致使其不能给学校提供有用的信息,从而对儿童发展造成一定的影响。甚至有的特殊教育教师并不了解什么是个别化教育计划,很难向家长提供相关数据,导致他们很少能够掌握孩子的个别化教育计划和孩子的学习情况。

第四,特殊儿童家长为重度障碍和多重障碍的特殊儿童争取接受特殊教育机会时常遭遇阻力。目前特殊儿童的安置主要针对视觉障碍儿童、听觉障碍儿童和智力障碍儿童,相对来说这种安置的分类方式过于单一。而对于有多重障碍的特殊儿童并没有适合的特殊教育安置方式,特殊儿童家长只能自行教育,没有特殊教育专业人员的支持,所能达到的教育效果很有限。

四、家长培训模式

特殊儿童家长参与特殊教育已经成为特殊教育发展的必然趋势,因其职业、学历、素质等不同,对待特殊教育和特殊儿童态度也参差不齐。因此,需要对家长进行培训。

对特殊儿童家长的培训,属于成人教育、继续教育、业余教育和社区教育的范畴,[①]可以

---

① 方俊明.特殊教育学[M].北京:人民教育出版社,2005:490.

采取多种培训模式。一般来讲,对特殊儿童家长进行培训的模式主要有家庭访问、家长俱乐部、家长学校、家庭教育咨询、家长修读特殊教育、现代媒体网络培训。

（一）家庭访问模式

家庭访问简称为家访,是对学生家长进行个别指导的一种家长培训模式,普通儿童和特殊儿童的教育,都需要家访。对特殊儿童家庭进行访问所要解决的主要问题是有特殊需要儿童的个别的家庭教育问题,其主要目的是与家长沟通交流教育经验,共同商讨有特殊需要儿童的教育问题。这种培训模式比较灵活,便于家长及时且具体了解孩子在学校的学习情况,相对来讲更具有针对性,方便操作。按照家庭访问的具体目的和内容,可分为了解性访问、宣传性访问、商讨性访问、通报性访问、警告性访问等。[①] 通过家庭访问,可以向家长宣传国家相关的特殊教育法律法规,让家长了解国家关于特殊教育的方针政策;传达社会、教育部门和学校对特殊儿童的要求和特殊儿童在学校的学习生活情况;介绍特殊教育的新知识、新理念和新思想,教给家长一些对特殊儿童进行教育训练的技巧,与家长共同商讨特殊教育对策,共同促进特殊儿童健康发展。进行家庭访问首先要与家长提前预约,取得家长的理解和支持。另外,家庭访问要经常进行,让家长及时掌握孩子接受教育的情况,并要做好相关的访问记录。

（二）家长俱乐部模式

家长俱乐部是由特殊儿童家长所组成的一个家长联盟,是一种以家长为主体的培训模式,即特殊儿童家长组织起来,有定期的聚会,在聚会上一部分家长向另一部分家长传授有关特殊教育的经验,包括教育的知识和训练的技巧,也有特殊教育专家对家长进行指导。我国比较有代表性的是广州的广东省扬爱特殊孩子家长俱乐部,是英国特殊儿童教育问题专家玛莲·史德福博士和她的丈夫于1995年成立的,成立之初只有7名会员,至今已经有300多名会员,全国各地已经出现了30个协作点。家长俱乐部是在家长自愿合作的基础上成立的,大家有共同需要,能够互相信任,保持良好的关系,相互帮助,多是自愿和免费的,是一种容易推广、深受特殊儿童家长欢迎的一种家长培训模式。

（三）家长学校模式

家长学校又称为家长培训班、父母学校、妈妈教室等,是家长培训中采用最多的一种培训形式。家长学校主要向家长宣传教育知识和家庭生活知识,帮助家长了解特殊儿童的成长历程;改善家长和特殊儿童的交流;提高家长教育特殊儿童的能力以及帮助家长度过来自生活中的各种危机。同时要让家长学会如何科学地观察和记录孩子的发展情况。在培训的过程中可以发挥家长的主观能动性,组织家长之间展开讨论,或者让家长来主持培训,以促进家长之间的交流,让家长集思广益共同解决问题。家长学校应有一个统筹的计划和安排,及时收集反馈信息,总结经验,逐步提高家长培训的质量。

（四）家庭教育咨询模式

家庭教育咨询是近年来出现的一种受家长欢迎的、方便快捷的家长培训方式,先由家长提出自己在家庭教育中遇到的问题,然后由专门的工作人员给予个别指导。这种培训模式有多种方式,常见的是在节假日,由教育部门、医疗部门、残联等多个机构联合组织具有丰富的特殊教育专业知识和实践经验的人员,在街道的繁华地带设立咨询点,面对面地解答问

---

① 方俊明.特殊教育学[M].北京：人民教育出版社,2005：493.

题。也有的咨询点设在学校或者康复机构等固定地点。有的通过报刊、电视、网站、广播设立家长培训的专栏、专题节目,针对普遍性问题,给予公开解答和指导,使更多的特殊儿童家长受益。同时,家庭教育咨询也以个别性帮助的形式为家长和专家深层次交流提供空间,特别有助于给家长提供情感的支援,有利于家长释放压力。

（五）家长修读特殊教育模式

家长修读特殊教育专业,即让特殊儿童家长接受成人教育,也是家长培训的一种重要模式。家长修读特殊教育专业一般在正规的设有特殊教育专业的师范院校进行,有特定的管理机构,负责日常教学事务和行政工作。这种培训模式投资少,收益大,是一种比较理想的家长培训模式。在我国,具有代表性的是陕西师范大学于1993年成立的家长函授大学,设立了普通儿童家长和特殊儿童家长两个专业,进行三年的专科训练,由陕西师范大学教育科学学院的教育系、心理系、教育研究所的教师进行通信教学和面授,收到了较好的效果。[1]

（六）现代媒体网络培训模式

该模式是以现代媒体如电视、网络等为教育媒介,传送教学节目的一种家长培训模式。这种形式不仅具体形象,而且影响面广、传播速度快,可以为特殊儿童家长提供大量的信息。由于经济等原因,利用现代媒体对家长进行培训还未能成为一种辅助性的家长培训手段。

第3节 其他教育人员

特殊教育是一个庞大的系统工程,因此,特殊教育人员除了特殊教育教师和特殊儿童家长以外,还需要众多其他人员的参与,如行政人员、康复人员、社会工作者、心理学家、营养师、特殊教育科研人员等。

一、行政人员

行政人员主要指教育行政人员,即在国家教育部、各级地方人民政府所属的教育厅、局、处等机关单位工作的行政人员。教育行政人员的主要责任有：管理地方所属的学校、管理教育经费、预测和规划教育发展、督导教育发展、评价教育发展、统计与发布相关教育信息等。

作为一名教育行政人员,尤其是从事特殊教育工作的教育行政人员,在促进特殊教育发展的过程中需要具备一定的条件,主要有以下几个方面：第一,热爱特殊教育事业,有正确的特殊儿童观和特殊教育观,有强烈的事业心和责任感,具有开拓进取精神；第二,能够全面执行特殊教育方针和政策,牢固树立依靠特殊儿童家长、特殊教育教师和其他社会人员共同努力来发展特殊教育的思想；第三,敢于说出特殊教育发展过程中出现的问题和弊端,敢于扫清特殊教育发展的障碍；第四,具有广博的科学文化知识,既要具备普通教育的科学理论知识,又要具备特殊教育的理论知识,同时还要具备相应的管理知识,在工作中自觉按照教育规律和管理规律办事；第五,具有较强的工作能力；第六,身心健康。

北京、上海、香港等地特殊教育发展相对较好的宝贵经验就是行政人员重视特殊教育。以香港为例,香港政府十分重视特殊教育,香港教育行政机构为特殊儿童提供各种服务,如对6岁以前的特殊儿童设立早期幼儿及训练中心、特殊幼儿中心,在一般幼稚园和幼儿中心

---

[1] 方俊明.特殊教育学[M].北京：人民教育出版社,2005：491.

实施兼收弱能儿童计划。早在1977年香港政府的《康复服务》白皮书就已经提出：所有弱能儿童都有接受九年辅助普通教育的权利和义务，并鼓励普通幼儿园收容轻度弱能儿童。[①] 1985年教育署推行混合式教育计划，对师生比例提出了1∶6的要求。除此之外，对上小学的特殊儿童的辅助更加优于学前特殊儿童。这些都是与当地的教育行政人员的努力分不开的，当然其中也有其他行政人员的努力。

二、康复人员

特殊儿童康复训练是特殊教育训练的一个重要内容，其目的是对特殊儿童实现全面康复，使特殊儿童适应周围的环境，也使周围的环境满足特殊儿童的需要，以恢复特殊儿童全部或部分的生活自理能力、学习能力，使他们更加顺利地融入家庭和社会，过上有意义的生活。康复人员是康复训练的主导，对特殊儿童、特殊儿童家庭、社会都有着重要作用。对特殊儿童而言，康复人员进行功能的恢复和补偿以及相关技能的训练，使特殊儿童能够参与社会生活，提高生活质量；对特殊儿童家庭而言，可以说"康复一人，造福全家"；对社会而言，康复人员的参与同样能够减轻社会的负担，促进人权的保障，也能促进经济的发展，促进社会的文明，有利于社会的稳定，有利于和谐社会的构建。

康复人员可分为言语治疗师、物理治疗师和其他的专业治疗师等。作为一名康复人员，需要具备以下条件：第一，必须具备康复的理论知识，掌握针对不同类别特殊儿童的康复训练方法；第二，掌握康复评定技术；第三，掌握现代和传统的康复治疗与康复护理技术；第四，掌握心理健康教育的方法；第五，能够针对不同类别的特殊儿童，有针对性地拟订康复训练计划，并能为特殊儿童家长和教师提供相应的康复咨询。

在我国，康复人员极其缺乏，我国康复研究中心主任李建军教授在第二届北京国际康复论坛上指出，我国严重缺乏康复人才。据相关统计，我国有8500万残疾人，其中5000万人有康复治疗需求，然而我国康复治疗师仅11.47万人，缺口达10万人，参照国际平均水准，结合我国家庭和社区康复的巨大需求，康复治疗师的需求至少为50万人。与发达国家相比，比例较低。以物理治疗师为例，世界各国物理治疗师和作业治疗师的人数与人口的比值平均值大约为70人/10万人口，挪威是145.63人/10万人口，荷兰是67.97人/10万人口，澳大利亚是48.37人/10万人口，加拿大是25.12人/10万人口，美国是17.34人/10万人口，日本是11.92人/10万人口，马来西亚是1.46人/10万人口，中国大陆是0.4人/10万人口。[②]

培养康复人员可以通过两种途径来进行：① 在大学（尤其是师范院校的特殊教育专业）或者医学院设置各种康复治疗专业，如物理治疗专业、职业治疗专业、言语治疗专业、游戏治疗专业等，培养本科、硕士、博士各种层次的康复人才，在这方面做得较好的不但有美国、加拿大，还有我国的香港和台湾地区。② 建立专门的康复学院或康复治疗学校，如荷兰和日本等国家。

三、社会工作者

社会工作者是利用系统的专业知识为社会的每一个公民争取他们应有的权利，为需要帮助的公民提供情感、经济等方面的帮助，他们致力于改善个人、群体和社会环境，为个人、群体和社区发展提供服务，以解决社会问题为己任。作为一名社会工作者，需要通过合法注

---

① 王季云.香港学前教育机构和行政管理[J].教育导刊：幼儿教育版，1999(2)：46.
② 阿果.中国期待35万康复人才[J].中国残疾人，2007(10)：41.

册,要有专业牌照才能上岗。

英国三百多年前《济贫法》的颁布是社会工作的开端,这一职业在发达国家已经有了一百多年的历史,在我国的香港地区也已经有了五十多年的历史,在我国内地是近几年出现的一种新兴职业。国家劳动和社会保障部于2004年7月1日颁布了第九批国家职业标准,社会工作者的职业标准正式公布。至此,社会工作开始走上专业化和职业化的发展道路。

社会工作作为一种职业,享有较高的社会声誉,是弱势群体权益的代言人,已经成为了解决社会问题、推进社会和谐发展的社会工程师。目前,我国的社会工作者大多主要从事社会福利、社区矫治、司法等工作,并开始逐步扩展到卫生、教育、社会保障、心理辅导等广大领域。他们发挥的维系社会良好秩序的作用如今正日益得到社会的认可。

特殊儿童社会工作者主要对特殊儿童进行康复训练,包括交往能力、职业能力及其他相关的教育训练,同时为他们提供维权服务。社区的社会工作者也在社区建立工厂和社区康复站,为特殊儿童开办福利工厂、特殊教育学校以及各级康复中心。学校社会工作者要协调联系各种社会资源,协助特殊儿童得到最好的教育;协助其他专业人员了解家庭情况,为不同年龄阶段的特殊儿童提供相应的专业服务(调查特殊儿童的基本资料、参与特殊儿童的诊断与评估、确定特殊儿童的问题与需求、参与特殊儿童的安置、进行资源评定与运用、参与特殊儿童的教育辅导训练、对特殊儿童进行阶段性的能力评估和整体评估、定期追踪特殊儿童并结案等);同时也为学校处理申诉事件。在这方面,我国台湾地区社会工作的经验值得大陆地区学习和借鉴(见图3-1)。

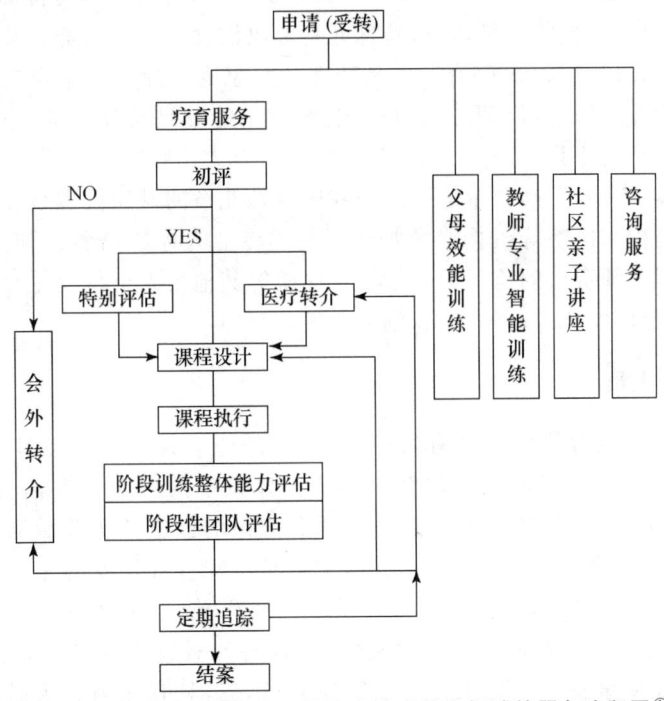

图3-1 我国台湾地区社会工作者在特殊教育领域的服务流程图[①]

---

① 邱于霖.社会工作者在儿童早期疗育专业整合之角色功能[EB/OL].[2009-03-26]. http://efly.org.tw/pcs/nsc/discussion/w_42.htm.

四、心理学家

掌握特殊儿童的心理发展规律，是顺利进行特殊教育的前提和基础。特殊儿童与普通儿童相比，其心理具有特殊性。目前特殊教育研究的一个重要领域就是关于特殊儿童心理发展特点的研究，心理学家自然承担起对特殊儿童心理特点进行研究的重任。同时，他们还要根据特殊儿童的心理特点，向家长传授各类特殊儿童心理学知识，对特殊教育教师进行心理学知识的培训，同时协助医疗机构、教育机构、社会福利机构等为特殊儿童提供相关服务，包括对特殊儿童的能力进行评定、对特殊儿童的生活环境进行评定、参与特殊儿童个别化教育计划以及其他相关专业服务，但最重要的是对各类特殊儿童心理特点进行研究。从已有的研究成果来看，心理学家对各类特殊儿童的心理特点进行了大量的研究，这些研究对特殊教育的发展起到了巨大的作用。

五、营养师

"衣食同根，药食同源"，饮食营养和药物一样，对预防和治疗疾病也能起到一定的作用。随着人类生活水平的提高和医学的发展，人们越来越注重饮食，关注营养健康。饮食治疗的作用在医学中的作用越来越明显，已经成为了一种现代的医疗综合疗法之一。

饮食治疗需要有专业的营养师，医院配备专业营养师已经成为了医院等级评审的重要指标。为了帮助特殊儿童健康成长，也要求学校至少有一名营养师，为特殊儿童的营养做出规划，负责特殊儿童在学校的用餐，促进特殊儿童健康饮食。同时营养师要向特殊儿童家长进行营养学知识的宣传，因为饮食治疗也是特殊儿童家庭治疗的一个重要内容。虽然营养师已经成为热门专业或职业，但职业缺口仍很大，远不能满足实际需求。具体而言，我国现有的营养学专业人员还不到4000人，即在我国32.5万人中仅有1名营养师，而在日本330人中就有1名营养师。营养师数量的匮乏使我国特殊儿童的健康问题变得更加棘手。这一现状要求我国的高校和医院等机构必须加快对营养专业人才的培养；同时职业资格鉴定机构也需要加大对营养师资格的监督力度；学校、医院等其他用人机构要尽可能地为营养师提供相应的条件，使他们发挥自己的专长，创造价值。

六、特殊教育科研人员

教育科学研究是教育科研人员有目的、有计划地主动探索教育规律的一种特殊的实践活动。特殊教育科学研究是整个教育科学研究体系中的一个分支，它是采用科学的研究方法，研究特殊教育现象，揭示特殊教育本质和规律的创造性实践活动。进行特殊教育科学研究，需要有特殊教育科研能力的人员，他们是特殊教育发展的保证。特殊教育科研人员需具备以下条件：第一，对特殊教育科学研究的意义、地位和特殊教育科研知识等方面有清晰的认识；第二，具备基本的科学文化知识、特殊教育专业知识、心理学知识、教育基础理论知识以及从事特殊教育工作的实践经验；第三，具有深刻的认识能力和从事特殊教育科研工作所需的特殊能力，如文字表达能力、抽象概括能力、资料搜集鉴定能力、创造能力等；第四，具有较好的个性品质，即具有良好的科研动机、科研道德以及从事特殊教育科研工作的坚强意志品质；第五，掌握特殊教育的科研方法的同时，掌握普通教育的科研方法。

中华人民共和国成立以后,我国特殊教育科研人员在特殊教育领域的研究成果极大地促进了特殊教育的发展,丰富了教育科学研究成果,但是我国特殊教育科研仍然存在很多问题,其中特殊教育科研人员不足便是研究难以更好更快发展的症结之一。

为此我们必须加强特殊教育科研人员队伍的建设。这要求我们必须做好以下几项工作:首先,要做好特殊教育科研人员的选拔工作。可以根据特殊教育科研人员的素质要求,从高等师范院校的研究生和特殊教育实践工作者中选拔,充实到各级特殊教育科研机构,同时,要注重提高在职特殊教育科研人员的基本业务素质。其次,调动特殊教育教师开展特殊教育科研工作的积极性。再次,开展对在职特殊教育科研人员和特殊教育教师的科研培训。教育行政部门要与高等师范院校合作,有计划、有针对性地对在职特殊教育科研人员和特殊教育教师进行相关的专业培训,组织对特殊教育工作人员普及教育科研知识,提高他们的科研素质,增强其特殊教育科研意识。

总之,在特殊教育这一庞大的系统工程中,除了教师和家长外,行政人员、康复人员、社会工作者、心理学家、营养师、特殊教育科研人员等同样在特殊教育过程中起着重要作用。特殊教育的发展,特殊儿童的健康成长,和谐社会的构建需要特殊教育教师、家长、行政人员、康复人员、社工、心理学家、营养师、特殊教育科研人员以及其他社会成员的共同努力。

 **本章小结**

从事特殊教育的专业人员在特殊教育的全过程中占有极其重要的作用,他们是特殊教育的主导者和引导者。主要的特殊教育专业人员主要有特殊教育教师,也包括特殊儿童家长,同时还有其他类型的特殊教育人员,如行政人员、康复人员、社会工作者、心理学家、营养师、特殊教育科研人员等。

特殊教育教师在特殊教育过程中所起到的作用主要体现在以下三个方面:第一,对有特殊需要的儿童的作用;第二,对教育的发展及构建和谐社会的作用;第三,对特殊儿童家长的意义。成为特殊教育教师需要具备一定的条件,包括思想条件、身体条件、知识条件、技能条件和其他条件如情绪管理能力、心理调节能力等。针对特殊教育师资现状问题,需要加强对特殊教育师资的培养,主要包括职前培养和在职培训。

特殊儿童家长是有特殊需要儿童的第一任教师和终身教师,在特殊教育过程中起着重要作用,主要包括四个方面的作用:第一,促进特殊儿童身心健康发展;第二,通过家校合作形成教育合力;第三,促进特殊教育条件的改善和特殊教育进步;第四,保障特殊儿童受教育权利,促进有特殊需要儿童权利保障的立法;第五,促进社会的和谐发展。特殊儿童家长培训的主要模式有:家庭访问、家长俱乐部、家长学校、家庭教育咨询、家长修读特殊教育专业、现代媒体网络培训等。

行政人员、康复人员、社会工作者、心理学家、营养师、特殊教育科研人员也是特殊教育过程中的重要力量。他们与特殊教育教师和特殊儿童家长的共同协作与努力,促进了特殊教育的发展。

 **思考与练习**

1. 阐述特殊教育教师的作用。
2. 阐述特殊教育教师应具备的条件及如何培养特殊教育师资。
3. 查阅资料,比较中外特殊教育教师培训有何异同。
4. 从特殊儿童家长需求角度分析为什么要对特殊儿童的家长进行培训。
5. 分析全纳教育下特殊儿童家长参与特殊儿童教育的现状与问题。
6. 从特殊教育专业角度,谈谈你认为自己将如何成为一名优秀的特殊教育人员。
7. 结合"融合教育"理念,谈谈特殊教育人员主要包括哪些。

第4章 特殊教育的对象

 学习目标

1. 理解生理发展异常、智力发展异常、语言发展异常及广泛性发育障碍的含义、分类及分级。
2. 了解生理发展异常、智力发展异常、语言发展异常及广泛性发育障碍出现的原因及出现率。
3. 掌握生理发展异常学生、智力发展异常学生、语言发展异常学生及广泛性发育障碍学生的特征。

特殊教育对象是指一个或几个方面明显超出常态的学生,就其水平来说,他们可能低于常态的标准,也可能高于常态的标准。从特殊教育发展的历史来看,特殊教育对象是发展变化的,即从最早的某一类特殊儿童,发展到现在的多类特殊儿童,甚至是各种有特殊需要的儿童。从理论上说,特殊教育对象应该是所有特殊儿童,即广义特殊儿童,它既包括低于常态的儿童,也包括高于常态的儿童。从现实中看,特殊教育对象在不同国家和地区有所不同。有些国家和地区的特殊教育对象主要是广义特殊儿童,而我国大陆地区特殊教育对象则主要是狭义特殊儿童,即残疾儿童。本章主要讨论生理发展异常学生、智力发展异常学生、语言发展异常学生和广泛性发育障碍学生的含义、成因、分类、出现率及特征等问题。

 知识小卡片 4-1

哪些人是特殊儿童[①]

儿童在身体特征和学习能力上存在着差异。大多数儿童之间的差异相对较小,因此可以集中起来进行普通教育。然而,有些儿童的身体特征或学习能力与正常儿童有显著差异(高于或低于),这种显著差异使他们必须接受个别的特殊教育方案以及相关的服务才能满足他们的教育需求,我们把这一类儿童称为特殊儿童。特殊儿童是一个广义的概念,包括有学习和(或)行为问题的儿童,有肢体残疾或感官损伤的儿童,以及天才儿童或有特殊才能的儿童。特殊儿童与正常儿童有显著差异,需要进行特殊教育才能满足他们的教育需求。然而,如果把儿童分为两类:一类是特殊儿童,一类是正常儿童,那就是个错误。特殊儿童与其他儿童的相同点多于不同点。请牢记这个重要的观点。

---

① 摘自:〔美〕威廉·L.休厄德.特殊儿童:特殊教育导论[M].第七版.孟晓,等译.南京:江苏教育出版社,2007:5.

第1节 生理发展异常学生

生理发展异常学生是指身体结构或功能存在明显异常的学生。由于生理发展上的异常,从而导致他们在与环境互动的过程中,在日常的学习与生活中表现出不同程度的障碍。下面主要讨论听觉障碍、视觉障碍及肢体障碍等的含义、分类、产生原因、出现率及这些学生的基本特征等。

一、听觉障碍学生

(一)听觉障碍的含义

听觉障碍也称为听力残疾、听力障碍、聋、重听或听力损失等。2006年第二次全国残疾人抽样调查中的残疾标准规定:听力残疾是指人由于各种原因导致双耳不同程度的永久性听力障碍,听不到或听不清周围环境声及言语声,以致影响日常生活和社会参与。这次抽样调查对听力残疾的定义与我国1987年残疾人抽样调查时对听力残疾的定义有所不同,原来听力残疾的结果是指"难以同一般人进行正常的语言交往活动",现在主要强调"影响日常生活和社会参与"。

(二)听觉障碍的分级

在2006年第二次全国残疾人抽样调查的残疾标准中,对听力残疾的分级作了新的规定,把听力残疾分为四个等级,即听力残疾一级、听力残疾二级、听力残疾三级和听力残疾四级。同时对听力残疾的标准作了质与量的规定。具体的分级与标准见下表(见表4-1)。

表4-1 听力残疾的分级与标准

听力残疾分级	听力残疾标准
听力残疾一级	听觉系统的结构和功能极重度损伤,较好耳平均听力损失≥91 dBHL。在无助听设备的帮助下,不能依靠听觉进行言语交流,在理解和交流等活动上极度受限,在参与社会生活方面存在极严重障碍。
听力残疾二级	听觉系统的结构和功能重度损伤,较好耳平均听力损失在81—90 dBHL之间。在无助听设备帮助下,在理解和交流等活动上重度受限,在参与社会生活方面存在严重障碍。
听力残疾三级	听觉系统的结构和功能中度损伤,较好耳平均听力损失在61—80 dBHL之间。在无助听设备帮助下,在理解和交流等活动上中度受限,在参与社会生活方面存在中度障碍。
听力残疾四级	听觉系统的结构和功能中度损伤,较好耳平均听力损失在41—60 dBHL之间。在无助听设备帮助下,在理解和交流等活动上轻度受限,在参与社会生活方面存在轻度障碍。

在听力残疾标准中,听力损失的数值是指语言频率分别为500 Hz(赫兹)、1000 Hz和2000 Hz时听力损失的平均值。聋和重听均指双耳,如两耳的听力损失程度不同,则以听力损失轻的一只耳为准,如一个学生的左耳听力损失为55 dB(分贝),右耳为75 dB,则该学生的听力损失为55 dB。如果一只耳为聋或重听,而另一只耳的听力损失等于或小于40 dB,就不属于听力残疾。

（三）听觉障碍的分类

根据听力损伤的部位，可以将听觉障碍分成三大类：一是传音性听觉障碍，其听力损失主要发生在外耳和中耳部分。因外耳和中耳的结构和生理所具有的特性，传音性听觉障碍很少有高于60—70 dB的听力损失。其听力损失一般可以通过声音放大、医学治疗或手术来减轻。二是感音（感觉神经）性听觉障碍，它是由于耳蜗内以及耳蜗后听神经通路病变而导致的听力损失，分为感觉性听觉障碍和神经性听觉障碍。感觉性听觉障碍由耳蜗病变引起，故又称为耳蜗性聋，主要是耳蜗的听觉毛细胞或听神经受损所致。神经性听觉障碍因病变发生在耳蜗后面的神经部位，所以又称为耳蜗后性聋。三是混合性听觉障碍，它是外耳、中耳和内耳都有问题所致，即同时患有传音性听觉障碍和感音性听觉障碍。

（四）听觉障碍出现的原因

造成听觉障碍的原因复杂多样，主要有：家族遗传、近亲结婚、地方病（克汀病等）、发育畸形、妊期疾病、药物中毒、高烧疾病、中耳炎、外伤、噪声以及其他不详的原因。其中遗传原因和发育所致的听觉障碍占相当比重，药物中毒、高烧疾病、中耳炎等后天原因所致的听觉障碍最多，其他病因和不详原因导致的听力语言残疾数量庞大。[①]

听觉障碍的病因分类，由于标准不同而有所不同。在医学上，可分为先天性听觉障碍和后天性听觉障碍。发生在出生时或出生前的听力损伤被称为先天性听觉障碍；在后来的生活中发生的听力损伤被称为后天性听觉障碍。在教育上，关注的主要是听力损伤是发生在语言发展期之前（称为学语前）还是发生在语言发展期之后（称为学语后）。由于学语后听觉障碍学生有学习语言和用语言交流的基础，因此，听力损伤的发生时间对孩子的语言发展影响很大。研究表明，大多数有听觉障碍的学生的听力损失发生在学语之前，只有少数听觉障碍学生的听力损失发生在学语之后。

（五）听觉障碍的出现率

听觉障碍的出现率是指在某特定时间内一定人口中已存在的听觉障碍人数的比率，出现率也称为流行率，不同国家和地区的听觉障碍的出现率不同。美国特殊教育局1979年报告显示，耳聋患者占美国人口的0.1%，严重重听患者占0.3%～0.4%。根据2006年第二次全国残疾人抽样调查的资料推算，我国8296万残疾人，其中听力残疾人为2004万人，占残疾人总数的24.16%。另外我国每年新诊断出的听力语言障碍儿童约2万～4万。根据2006年的统计数据显示，全国听觉障碍学生（6～15岁）在校生人数为115785人。[②]

（六）听觉障碍学生的特点

听觉障碍学生的特点包括身体特点和心理特点两个方面。与正常的普通学生相比，听觉障碍学生的身体特点不如心理特点那么明显。早期的研究显示，听觉障碍学生的身体形态，总体上的发育水平（如身高、坐高等）不如普通儿童。[③] 由于内耳与人的平衡功能有关，如果听觉障碍是因为内耳损伤导致，有可能其身体的平衡能力较差，容易摔倒。下面主要介绍听觉障碍学生的心理特点。

1. 感知特点

感知觉是指人的感觉器官对外界刺激的反应。听觉障碍学生由于各种原因导致双耳听力丧

---

① 中华人民共和国民政部.中国残疾人抽样调查系列数据：残疾儿童资料[M].北京：中国社会出版社，1991：54.
② 刘春玲，江琴娣.特殊教育概论[M].上海：华东师范大学出版社，2008：108.
③ 北京师范大学教育系课题组.北京市盲聋智力落后学生生理和心理特点的调查报告[R].内部资料，1998：36.

失或听觉障碍,听不到或听不清周围环境的声音,因此也就无法或难以对外界的声音作出反应。听觉障碍学生的感知觉,因残余听力和听力补偿及康复的程度不同,而有较大的差异。有的听觉障碍学生能与正常人进行基本的听说交往,有的则只能获得少量的声音刺激,有的则根本听不到周围声音。综合听、视、触等感知觉,听觉障碍学生的感知特点主要表现在以下几方面。

(1) 感知事物不全。由于听觉障碍学生听不到或听不清周围环境的声音,因此,他们对复杂的事物和环境感知不全面、不完整,进一步导致听觉障碍学生对物体或周围环境的认识和理解受到限制。例如,听觉障碍学生在看电影时,由于听不到或听不清声音,尽管他们能看到人物的形象、动作及言语活动,但还是不能完全理解电影的故事情节。

(2) 感知主次不清。听觉障碍学生为了弥补听觉的缺陷,就会强化视知觉等,观察事物过于仔细。这样就会导致他们忽视事物的主要方面,辨不清主要和次要、本质和非本质的东西。所以听觉障碍学生的感知常常是层次不明、条理不顺、主次不清。例如,他们在打手势、看图说话等学习与交流活动中常会表现出这些特点。

(3) 听觉以外的感知觉得到加强。听觉障碍学生由于听觉器官的缺陷,会因为身体自身的补偿作用,使听觉器官以外的感觉器官(特别是视觉器官)的功能得到加强。因此,视觉在感知活动中处于强势地位。研究表明,听觉障碍学生的视知觉速度提高比较快,在凭借视觉参与的感知活动中,他们的视知觉能力与正常学生没有显著差异。

2. 注意特点

注意是指心理活动对一定事物的指向与集中,它使人的心理活动处于一种积极的状态。一般来讲,听觉障碍学生的注意与普通学生相比有以下一些特点。

(1) 视觉刺激引起的注意较好。听觉障碍学生由于听力损失或障碍,听觉注意能力较差甚至没有,而听觉之外的其他感觉器官(特别是视觉器官)刺激引起的注意发展比较好。

(2) 有意注意发展缓慢。听觉障碍学生与正常学生相比,他们的有意注意形成与发展比较缓慢。

(3) 注意的稳定性较差。听觉障碍学生在学习和生活中经常要用到眼睛,由于长期使用眼睛,会引起眼睛的疲劳,从而影响到注意的稳定性。

3. 记忆特点

听觉障碍学生的记忆与普通学生相比呈现出以下一些特点。

(1) 以形象记忆为主。形象记忆是根据具体的形象来识记材料,如通过眼睛获得事物的具体形象来组织材料,构成识记的内容。而抽象记忆则是以语词等抽象符号作为其识记的材料,抽象的语词符号主要是通过听觉系统获得的,这恰恰是听觉障碍学生的不足。因此,一般来讲,听觉障碍学生的记忆以形象记忆为主。

(2) 以手语记忆为主。在听力语言康复水平不高的情况下,听觉障碍学生的学习与交流仍然以手语形式为主。由于手语是将静态的抽象符号转换为动态的视觉形象符号(如手语动作)的语言形式,因此,听觉障碍学生在日常的学习与交往过程中主要以手语记忆为主。

4. 思维特点

思维是人的重要心理现象之一,它是指人脑对客观事物概括、间接的反映。思维是以语言作为基础和表现的。听觉障碍学生在思维形成与发展的过程中与正常学生相比,有以下一些特点。

(1) 以具体形象内容为主。听觉障碍学生的思维主要依赖于事物的具体形象,特别是通过视觉器官而获得的具体形象。他们能够掌握具体事物的概念,但不易掌握事物的抽象概念。

(2) 以具体形象思维为主。听觉障碍学生由于语言发展迟缓,从而导致他们的思维水平也较低,且以具体形象思维为主。

5. 语言特点

听觉障碍学生与他人交流的过程中,由于不能得到充分而恰当的听觉回馈以及成人与同伴的语言强化,因此也就失去了正常的语言习得的环境。听觉障碍学生与正常学生相比,语言障碍成为他们最明显的特点,具体表现在发音不清、发音不好、音节受限制、词汇量少等方面。

6. 个性特点

听觉障碍学生的个性是否有不同于正常学生的特点,这个问题尚存争议。不过从教育实践及与听觉障碍学生的交往中,还是会发现他们的个性有不同于正常学生的地方,例如,脾气倔强、好冲动、好奇等。

二、视觉障碍学生

(一) 视觉障碍的含义

视觉障碍又称为视觉缺陷、视力残疾、视力损伤、盲等。2006年第二次全国残疾人抽样调查中的残疾标准规定:视力残疾是指由于各种原因导致双眼视力低下并且不能矫正或视野缩小,以致影响其日常生活和社会参与。在一些国家和地区采用医学分辨方式进行定义,将视觉障碍分为盲和低视力两类。如北美国家中的有关条文规定:两眼中较好眼的最佳矫正视力在20/200以下者均为盲;低视力者的视力则在20/70到20/200之间。20/200是指正常人在200尺(约70米)处可看清目标,测视者需要在20尺(约7米)处才能看清。

(二) 视觉障碍的分类与分级

2006年第二次全国残疾人抽样调查中的残疾标准,把视觉障碍分为盲和低视力两类四个级别。两类是指盲和低视力。每一类分为两级:盲分为第一级和第二级;低视力分为第三级和第四级。具体标准见表4-2。

表 4-2 我国视觉障碍分类

类别	级别	最佳矫正视力
盲	一级	无光感~<0.02;或视野半径<5度
	二级	≥0.02~<0.05;或视野半径<10度
低视力	三级	≥0.05~<0.1
	四级	≥0.1~<0.3

说明:上述视力残疾标准中的盲和低视力均指双眼而言,如双眼视力不同,以较好一眼的视力为标准。如果只有一只眼达到盲和低视力的标准,另一只眼的视力达到或优于0.3,那么,这种情况不属于视力残疾。最佳矫正视力是指以适当的镜片矫正所能达到的最好视力,或者是以针孔镜测得的视力;视野半径小于10度者,无论其视力如何均属于盲。

在分类问题上,由于分类的标准不同,所以视觉障碍有不同的分法。例如,按照视力残疾的时间来分,可以分为先天性盲和后天性盲。

(三) 视觉障碍出现的原因

导致视觉障碍的原因多种多样。总的来说,致障的原因可以分为两大类:一类是先天性原因,如遗传等;另一类是后天性原因,如外伤等。

调查结果显示,在我国导致视觉障碍的主要原因是白内障、角膜病、青光眼、视神经萎缩、沙眼、视网膜色素变性和屈光不正等。其中,白内障是主要的致盲因素之一,排在第一位;角膜病在各种眼病致盲中排第二位;青光眼致盲约排在第三位。

美国有关抽样调查的资料表明,几乎一半的盲人都是由先天性的因素造成的,如先天性眼球萎缩、先天性青光眼、先天性白内障等。后天致病可能是中毒引起的,也可能是传染病和外伤引起的,如屈光不正、结膜炎、外伤性白内障、高血压和糖尿病引起的视网膜病变等,都可能引起失明或其他程度的视觉障碍。

(四) 视觉障碍的出现率

视觉障碍的出现率是指一个时期内视力残疾人的数量在同龄人中的比率,也称为流行率。由于不同国家和地区的生活条件和判断标准不同,视觉障碍的出现率也不一样。根据2006年第二次全国残疾人抽样调查的资料推算,我国8296万残疾人中,视力残疾人为1233万人,占残疾人总数的14.86%;6~14岁学龄残疾儿童为246万,其中视力残疾儿童13万。在这些学龄残疾儿童中,63.19%正在普通学校或特殊学校接受义务教育,而视力残疾儿童所占的相应比例为79.07%。[①] 按照美国1980—1981年《所有残疾儿童教育法》和《小学和中学教育修正案》的标准,认定0~21岁盲与低视力儿童、青少年的总数约为35254人,占残疾儿童与青少年的0.8%。

(五) 视觉障碍学生的特点

1. 感知特点

视觉在人的认识活动中起着十分重要的作用。据统计,人所获得的信息中,80%以上来自于视觉,因此视觉的丧失对视觉障碍学生的影响是十分严重的。视觉障碍学生由于视觉缺陷,因此,视觉之外的感觉器官,特别是听觉与触觉器官,成了他们感知外界事物属性的主要器官。视觉障碍学生的感知特点主要有以下几个方面。

(1) 触觉灵敏。触觉是指人的皮肤对物体触摸时产生的感觉。视觉障碍学生(特别是盲生)由于视觉缺陷,需要大量地使用触觉,因此他们的触觉特别灵敏。例如,盲生学习盲文,经过反复地练,长期地摸,使得手指辨别盲文的能力提高了,辨认盲文的速度加快了。盲生这种"以手代目"的现象,对他们具有重大的意义。手的触觉不仅帮助视觉障碍学生认识物体的形状、大小、温度、硬度、光滑度、重量等,而且触觉的表象还是盲童形成概念、发展思维的基础。

(2) 听觉灵敏。听觉是听觉器官对外界物体属性的反应。在失去视觉后,听觉和触觉一样,成为视觉障碍学生,特别是盲生,认识外界事物的重要途径。凭听觉,盲生可以判断发声物体的远近,判断生人熟人,判断人的喜怒哀乐,进行空间定向。听觉对视觉障碍学生的学习,尤其是对语言的学习,对发展语言知觉,以及培养他们的语言和思维具有重要意义。

(3) 空间知觉困难。空间知觉是客观事物的空间特性在人头脑中的反映。它包括形状知觉、大小知觉、距离知觉、立体知觉、方位知觉等。视觉障碍学生通过空间知觉,反映其与

---

① 2006年第二次全国残疾人抽样调查主要数据公报(第二号). http://www.cdpf.org.cn/sytj/content/2007-11/21/content_74902_3.htm.

周围物体的空间关系。空间知觉不是生来就有的,而是后天学习的结果。

空间知觉的形成与视觉、听觉、触觉、嗅觉、动觉都有联系,其中以视觉最为重要,所以盲人形成空间知觉比较困难,如距离知觉等。空间知觉中的距离知觉是对物体距离人远近的知觉。人是根据许多条件来估计物体的远近的。明眼人大多使用视觉来获得有关距离的知觉,而盲人对距离的感知则有其特别之处:盲人能感知一定距离外不发声的障碍物。在早期,由于认识的局限性,人们认为这种现象不是眼、耳、鼻、舌、身五种感官的知觉,所以将这种对一定距离内的障碍物的知觉叫"第六感觉"。后来研究证明这是一种距离知觉。总之,由于视觉障碍学生的视力缺陷,其空间知觉困难是显而易见的。

2. 注意特点

视觉障碍学生,特别是盲生,在认知能力的发展方面有不少困难,但他们的注意能力却有较好的发展。盲生失去视力后,在更大程度上需要依赖其他一些感官去获得信息,因而更需要集中注意,所以他们的听觉、触觉等有意注意都有所加强,尤其是听觉的注意增强了。他们虽然对第一信号——一些现实的具体刺激(如光、电等)的注意相对来说比正常人减少了,但对第二信号——语言的注意却大大加强了。再则,由于他们没有或很少有来自视觉信道的无意注意的干扰,所以盲生比正常儿童更易做到"洗耳恭听"。

3. 记忆特点

记忆是人脑对经历过的事物的反应。由于视障学生的视觉缺陷,使他们在记忆方面有其自身的特点。

(1) 缺乏视觉表象或视觉表象不完整。从记忆内容来看,先天全盲学生不能通过视觉感知事物,因此缺乏表象。他们通过其他感觉通道所获得的表象可能因感觉的补偿作用而得到加强,如听觉的表象、触觉的表象等。对人的再认,明眼人主要凭借对方的身材、长相和行为习惯特征,视障者主要依据对人的语音、语调甚至脚步声回忆。后天失明和有残余视力的学生,他们只有模糊不清的视觉表象;后天在没有视觉记忆时失明的全盲学生没有视觉表象;后天有视觉记忆时失明的全盲儿童虽然保持了一些失明前已经形成的视觉表象,但是随着时间的流逝和因为得不到强化,也会逐渐暗淡下去。因此,教师与家长要注意帮助他们经常巩固与利用已经获得的视觉表象,不断强化他们的视觉记忆。

(2) 盲生短时记忆的能力较强。一般情况下,短时记忆单位在5~9之间,有的实验表明,盲生最少能记住6个数字单位,多数人能记住9~12个数字单位。

(3) 盲生的机械记忆能力较强。在记忆方法上,盲生与健全学生相比,盲生的机械记忆能力较强。在全部的识记内容中,机械识记所占的成分较多,低年级的盲生尤其如此。这是由于盲生因视力残疾而缺乏对事物的感性认识,常常需要识记不理解的东西,因此,只好去机械识记,久而久之,其机械识记能力得到增强。加之盲文又是拼音文字,对于音同而意义不同的词,盲生理解起来就很困难,如"同治"和"同志"两个词。若单独拿出来,盲生不可能理解,但联系上下文,盲生就很容易理解并记住了。

4. 思维特点

思维是人脑对客观事物概括和间接的反应。思维一般经过分析、综合、推理、判断几个过程。思维包括具体形象思维和抽象逻辑思维等多种思维形式。盲生思维发展的规律和正常人之间没有本质上的差别,只不过盲生知觉的特殊性和语言发展上的某些弱点,给其思维的发展带来了某些特殊性。

（1）思考问题时，难以抓住事物的本质。盲生对某一事物的分析是建立在自己听到或触摸到的感性经验基础上的。由于缺乏感性的形象知识，常常只依据某一特征或少数几个特征来综合，不易分辨事物的本质和非本质属性，其结果是把不同类事物概括在一起或把同类事物排斥于外。如有的盲生认识了苹果是圆的，于是就把圆形的玩具也说成是苹果，原因在于它们都是圆形的。

（2）概念的形成、理解困难，分析与推理容易出错。盲生由于视觉障碍而造成的感性经验不足，单凭自己听到的一点知识和经验进行加工，使他们在概念的形成和理解中出现困难。如有的盲童知道自己有两条腿、两只脚，走路、跑、跳都用脚，当听说云在天上走时，就联想到云也是有腿和脚的。"盲人摸象"就是一个典型的例子。盲童由于缺乏视觉表象，对事物的感知受到局限，通过其他感觉获得的感性材料往往只是反映事物的局部特征，盲童以此作依据进行的分析、推理就很容易产生错误的判断。

（3）形象思维能力差，抽象思维能力发展缓慢。动作思维、形象思维和抽象思维是思维发展的三个阶段。在正常人的思维中，往往以抽象思维为主，而又兼具其他两种思维形式。但无论哪种思维形式，都与语言和感性经验有关，思维是对客观事物间接概括的反映，它以已有的知识为中介，是借助语言实现的。感性经验越丰富、越全面，思维结果就越正确。盲生由于感性经验不丰富，其语言缺乏感性形象的基础，因而妨碍其思维活动的顺利进行。由于感知方面的限制，盲生的抽象概括过程比较困难，所形成的概念往往不准确，常出现概念泛化或概念外延缩小的现象，且难以进行合乎实际的判断推理。

5. 语言特点

正常人语言的获得和发展是视觉经验与语言符号相结合的结果。盲童由于缺乏视觉表象，其语言缺乏感受性认识基础，导致实物的第一信号与语言的第二信号脱节。这是盲童语言的弱点。因此，盲童的词汇可以很丰富，却往往是照搬和模仿，如他们作文描写的"蔚蓝色的天空飘着白云，火红的太阳……"并不是本人的"目睹"，只是"耳闻"而已。另外，盲童用表情、手势、动作等来帮助说话比较困难，有些动作显得多余，甚至有明显的盲态。盲童在模仿和学习言语时仅凭听觉，看不到口形，因而有的音发不准或有口吃、颤音等。

6. 个性特点

个性是指人在各种心理过程中，经常地稳定地表现出来的心理特点。盲生的个性特点与其生理缺陷密切相关，如由于行动不便，盲生与外界，与他人交往少，导致盲生性格内向，不易与别人融洽相处的特点。研究显示，这一特点随年龄的增大而有更加明显的趋势。另外，多数盲生有自卑心理，对生活态度消极。尤其在小学高年级，由于临近青春期，他们对个人生活出路，甚至婚姻等问题开始意识，加之彼此互相影响，很容易对前途失去信心，有些人甚至经不起挫折而自杀身亡。盲生对自己的缺陷很敏感也是其个性特点之一，他们很注意别人对自己的议论、看法，有时表现孤傲。

三、肢体障碍学生

（一）肢体障碍的含义

肢体障碍又称为肢体残疾或肢体缺陷，在现实中一般把它们当作含义相同的术语。2006年第二次全国残疾人抽样调查中的残疾标准规定：肢体残疾是指人体运动系统的结构、功能损伤造成的四肢残缺或四肢、躯干麻痹（瘫痪）、畸形等，导致人体运动功能不同程度地丧失,以及活动或参与受到局限。

(二)肢体障碍的分类

根据肢体障碍发生的性质和部位,肢体障碍可以分为三类:

(1)上肢或下肢因外伤、病变或发育异常所致的缺失、畸形或功能障碍;

(2)脊椎因外伤、病变或发育异常所致的畸形或功能障碍;

(3)中枢、周围神经因外伤、病变或发育异常造成躯干或四肢的功能障碍。

(三)肢体障碍出现的原因

导致肢体障碍的原因是多样的。主要原因有家族遗传、发育畸形、妊娠期疾病、交通事故、外伤、小儿麻痹、结核性感染等。从致残原因来看,属于先天性原因的发育畸形和属于后天性原因的小儿麻痹以及其他致残的比例相对比较高,其中以小儿麻痹为最多。

(四)肢体障碍的出现率

根据1987年残疾人抽样调查的结果,0~14岁肢体障碍儿童的出现率约为0.2%,全国肢体障碍儿童约有62万人。其中,6~14岁的学龄肢体障碍学生约有48.8万人,肢体障碍儿童占残疾儿童总数的7.6%。根据2006年第二次全国残疾人抽样调查的资料推算,我国8296万残疾人中,肢体残疾为2412万人,占残疾人总数的20.07%。

(五)肢体障碍的分级

按照2006年第二次全国残疾人抽样的调查标准,把肢体残疾分为四级:

1. **肢体残疾一级:不能独立实现日常生活活动**

(1)四肢瘫:四肢运动功能重度丧失;

(2)截瘫:双下肢运动功能完全丧失;

(3)偏瘫:一侧肢体运动功能完全丧失;

(4)单全上肢和双小腿缺失;

(5)单全下肢和双前臂缺失;

(6)双上臂和单大腿(或单小腿)缺失;

(7)双全上肢或双全下肢缺失;

(8)四肢在不同部位缺失;

(9)双上肢功能极重度障碍或三肢功能重度障碍。

2. **肢体残疾二级:基本上不能独立实现日常生活活动**

(1)偏瘫或截瘫,残肢保留少许功能(不能独立行走);

(2)双上臂或双前臂缺失;

(3)双大腿缺失;

(4)单全上肢和单大腿缺失;

(5)单全下肢和单上臂缺失;

(6)三肢在不同部位缺失(一级中的情况除外);

(7)二肢功能重度障碍或三肢功能中度障碍。

3. **肢体残疾三级:能部分独立实现日常生活活动**

(1)双小腿缺失;

(2)单前臂及其以上缺失;

(3)单大腿及其以上缺失;

(4) 双手拇指或双手拇指以外其他手指全缺失；

(5) 二肢在不同部位缺失（二级中的情况除外）；

(6) 一肢功能重度障碍或二肢功能中度障碍。

4. 肢体残疾四级：基本上能独立实现日常生活活动

(1) 单小腿缺失；

(2) 双下肢不等长，差距在5厘米以上（含5厘米）；

(3) 脊柱强（僵）直；

(4) 脊柱畸形，驼背畸形大于70度或侧凸大于45度；

(5) 单手拇指以外其他四指全缺失；

(6) 单侧拇指全缺失；

(7) 单足跗跖关节以上缺失；

(8) 双足趾完全缺失或失去功能；

(9) 侏儒症（身高不超过130厘米的成年人）；

(10) 一肢功能中度障碍，两肢功能轻度障碍；

(11) 类似上述的其他肢体功能障碍。

（六）肢体障碍学生的特征

肢体障碍学生由于四肢残缺或四肢、躯干麻痹、畸形，因此他们一般有比较明显的外部特征。研究表明，他们的身体素质比正常学生要差，他们的身体机能也比正常学生要差。一般情况下，肢体障碍学生的心理没有什么特殊之处，但是，有一些人，如中枢神经损伤的患者可能有听力、视觉、认知、言语等方面的障碍。同时，肢体障碍可能给他们带来自卑。

第2节 智力发展异常学生

智力发展异常学生是指学生智力的发展水平处于正常发展范围之外的学生，包括低于常态标准的学生与高于常态标准的学生。低于常态标准的学生我们称之为智力发展落后学生或智力落后学生；高于常态标准的学生我们称之为智力发展超常学生或智力超常学生。下面主要介绍这两类学生的含义、分类以及基本特征等。

一、智力发展落后学生

（一）智力发展落后的含义

有关智力发展落后的术语有多种，如智力残疾、弱智、智力落后、智力障碍、精神发育迟滞等。2006年，第二次全国残疾人抽样调查中的残疾标准，对智力残疾的定义是：智力残疾是指智力显著低于一般人水平，并伴有适应行为的障碍。此类残疾是由于神经系统结构、功能障碍，使个体活动和参与受到限制，需要环境提供全面、广泛、有限和间歇的支持。智力残疾包括在智力发育期间（18岁之前），由于各种有害因素导致的精神发育不全或智力迟滞；或者智力发育成熟以后，由于各种有害因素导致的智力损害或智力明显衰退。

（二）智力发展落后的分级

智力残疾的分级要同时满足两个标准：一个是智商标准；另一个是社会适应能力标准。

只有这两个标准同时符合条件,才能说明一个人是智力残疾。如果只有一个标准符合条件,按照上述定义,就不能算是智力残疾。智力残疾一般划分为四级,与之相应的有四个分度。下面是第二次全国残疾人抽样抽查使用的分级标准(见表4-3)。

表4-3 智力残疾的分级标准

级别	发展商(DQ) 0—6岁	智商(IQ) 7岁以上	适应行为(AB)	WTO-DAS分值
一级	≤25	<20	极重度	≥116分
二级	26～39	20～34	重度	106～115分
三级	40～54	35～49	中度	96～105分
四级	55～75	50～69	轻度	52～95分

表中各级症状描述如下。

一级:面容明显呆滞,终身生活需要全部由他人照料,运动感觉功能极差。

二级:生活能力即使经过训练也很难达到自理,仍需要他人照料,运动、语言发育及交往能力差。

三级:实用技能不完全,如生活部分能自理,但阅读和计算能力差,对周围环境辨别能力差。

四级:具有相当的实用技能,但缺乏技巧和创造性,一般在指导下能适应社会,若经过特别教育,可获得一定的阅读和计算能力,对周围环境有较好的辨别能力,并能较恰当地与他人交往。

(三)智力发展落后出现的原因

导致智力发展落后的因素很多,既有生物医学、社会文化、行为等的原因,也有教育的原因。有产前、围产期的原因,也有产后的原因等。例如,生物医学因素中的染色体畸变、先天性代谢异常、大脑发育不良等;社会文化因素中的贫困、母亲营养不良、家庭暴力等;行为因素中的父母吸毒、酗酒、吸烟等;教育因素中缺乏足够的早期干预和特殊教育服务、缺乏足够的家庭支持等。又如,产前的遗传病,围产期的早产、产伤、新生儿障碍等,产后的脑外伤、营养不良、社会剥夺等。

(四)智力发展落后的出现率

智力发展落后的出现率是指在某一特定时间里或某一个特殊地区智力发展落后的人的数量与这个地区总人口的比率。在研究中想推算出精确的智力发展落后儿童的出现率是十分困难的,因为很多因素会对统计产生影响,例如智力落后定义的变化、鉴定标准的变化、家长不愿给轻度智力落后儿童贴标签等。如果以智力测验的分数作标准而不考虑适应性行为方面的标准,按照正态分布的规律,约有2.28%的人口是智力发展落后者。根据2006年第二次残疾人抽样调查的资料推算,我国各类残疾人的总数为8296万人,智力残疾总数为554万人,智力残疾占残疾人总数的6.68%,占总人口的0.42%(至2006年4月1日,我国总人口数为130948万人)。

（五）智力发展落后学生的特点

1. 身体特点

智力发展落后学生的身体发育，由于其缺陷程度不同而有一些差异。轻度智力发展落后学生的身体发育与正常学生没有明显的区别。随着智力缺陷程度的加重，智力落后学生的身体发育会越来越差，生理和健康问题也会越来越多。从外表上看，大多数智力落后学生没有特殊的面貌，只有小部分特殊类型的学生才显示出特殊的面貌。如先天愚型的学生就有较为显著的外部特征：眼距宽、脸圆而扁、鼻梁塌陷等。

2. 心理特点

研究结果显示，大多数智力发展落后学生的感知速度缓慢，例如他们不爱看画面转换太快的动画片。智力发展落后学生感知容量小，如有人用速示器呈现不连续、无意义的单词，时距1/10秒，正常儿童可正确感知7±2个单词，最多可以感知15个，而智力发展落后的儿童一般只能感知3至4个。智力发展落后学生在记忆方面表现为识记速度慢，保持不牢固，再现困难或不准确；记忆的目的性差，选择功能薄弱。在语言发展方面，智力发展落后学生语言发展水平较低，发展速度也要迟缓一些。在思维发展上，智力发展落后学生长期停留在直观形象思维阶段，抽象概括水平低，并且思维刻板，缺乏目的性和灵活性。智力发展落后学生的思维还表现出缺乏独立性和批判性的特征。在个性发展上，智力发展落后学生由于认识活动不足，生活经验相对较少，影响了他们个性的发展，表现出意志薄弱，缺乏主动性，易受暗示，固执；高级情感发展迟缓，不稳定，调节能力差；兴趣单一，稳定性差；失败期望高于成功期望，自我观念消极。

二、智力发展超常学生

（一）智力发展超常的含义

关于智力发展超常的认识，人类自古就有，与其相关的术语也很多，如天才、神童、资优、奇才、英才、出众、超群等。智力超常这个概念，几乎人人都会用，但很难说清楚它的本质。随着心理测量学的发展，人们应用统计的方法，将智力超常定义为：智力测量中，测量结果在两个标准差以上的智力水平。这样的学生就是智力超常学生。如果用韦氏量表测量，则超常学生的智力水平应在130以上；如果用比纳量表进行测量，则超常学生的智力水平应该在132以上。

（二）智力发展超常的分类

不同的分类标准有不同的分类结果。按照智力在不同方面的表现来进行分类，智力发展超常可以分为：一般智力超常；特殊学科才能的超常，如数学、语言天才等；特殊艺术才能超常，如音乐、绘画、舞蹈天才等；特殊交际和领导才能超常，如外交家、领导天才等；特殊体能天才，如体育明星等。

（三）智力发展超常学生的特点

一般来讲，智力发展超常学生表现出这样一些心理特点：智力明显比一般人好，如有很好的记忆力，少部分人在阅读时有过目不忘的特点；感知事物的速度非常快；思维能力较强，往往表现为思维敏捷；富于想象，有创造力；有很强的好奇心，对事物有浓厚的兴趣，同时兴趣也比较广泛；在求知的过程中表现出顽强的意志，对于自己感兴趣的事物或学习，往往能够废寝忘食。一些有特殊才能的人，在自己的领域有突出的表现或特点，如有领导才能的人，有很强的组织能力和交往能力；有语言才能的人，有很好的语言天赋；有艺术才能的人，则在视知觉、听知觉或身体动作的感知、协调性方面有突出的表现等。

第3节 语言发展异常学生

语言发展异常学生又称为语言发展障碍学生或语言发展缺陷学生等。在特殊教育学生中,大多数学生在存在其他障碍的同时也存在着语言发展异常的情况。下面主要讨论语言发展异常的含义、分类、原因、出现率以及这些学生的基本特征等。

一、语言发展异常的含义

语言发展异常又称为语言残疾、语言障碍、言语障碍、言语残疾、语言缺陷等。我国2006年残疾人抽样调查时采用言语残疾的名称,并定义为:由于各种原因导致的不同程度的言语障碍(经治疗一年以上不愈或病程超过两年者),不能或难以进行正常的言语交往活动(3岁以下不定残)。

二、语言发展异常的分类

由于分类的标准不同,因此语言发展异常的分类也不尽相同。在语言发展异常中,很难找到一个分类标准把所有的语言发展异常的种类都分在一个标准之下。我国2006年第二次全国残疾人抽样调查所使用的残疾标准中,将言语残疾分为七类:失语、运动性构音障碍、器官结构异常所致的构音障碍、发声障碍、儿童语言发育迟滞、听力障碍所致的语言障碍、口吃等。

不同的学者对语言发展异常有不同的分类方法。查理·范里佩尔(Charles Van Riper)在其《言语矫正:言语病理学和听力学导论》一书中提出了语言发展异常的分类,他根据交际者言语行为将语言发展异常分为发音障碍、流畅性障碍、声音障碍和语言障碍四类。黄昭鸣等则在《言语障碍的评估与矫治》一书中对语言发展异常(包括言语、语言障碍)提出了医学上的分类,他们认为言语障碍主要有四类:构音障碍、口吃、发声障碍和听力障碍,其临床表现为呼吸、发声、共鸣、构音和语音功能的异常;语言障碍主要有两类:失语症和语言发育迟缓。

三、语言发展异常出现的原因

语言的理解与表达涉及许多高度复杂的语言信息处理程序,因此导致语言发展异常的原因也十分复杂。神经因素(如神经肌肉控制与整合)、身体结构与生理因素、环境因素以及儿童成长过程中所遭遇的虐待等可能是语言发展异常的原因。但如果从语言信息"接收—表达"处理过程的观点来看,语言发展异常的成因可能是在一些认知处理过程中出现问题,如语言信息注意及选取能力的困难、听觉刺激或语音分辨的问题、语言信息在工作记忆中立即处理的问题、语言信息分类意义及联结储存的问题、语言信息搜寻提取的问题等。另外,认知缺陷或智力落后、听力损伤、行为障碍、言语机制的结构异常和环境剥夺等也可能会引起语言发展异常。

四、语言发展异常的出现率

根据我国第二次残疾人抽样调查资料推算,我国大陆共有言语残疾127万人,占残疾人口的1.53%。台湾省的调查研究中,发现语言障碍的出现率为2.64%。[①] 在美国约有10%～

---

① 林宝贵.语言障碍与矫治[M].台北:五南图书出版公司,1994:5.

15%的学龄儿童有说话、语言问题(Wetherby,1998)。美国0～21岁的人口中,语言障碍的出现率1.73%。虽然不同调查所使用的工具、调查方式以及界定标准不同,影响到出现率的计算结果,但这些数据显示语言障碍的出现率还是相当高的。

语言发展异常的出现率有一定的性别差异,一般来讲男性比女性高。如,在美国,接受语言病理学家服务的学龄儿童中约有2/3是男孩。[①] 我国研究显示,语言障碍的出现率约为4.02%,其中男性为4.93%,女性为2.93%。[②] 另外,语言障碍在高年级中百分比显著低于低年级中的百分比。

五、语言发展异常学生的特征

下面从交际者言语行为的角度分别谈发音障碍、流畅性障碍、声音障碍以及语言障碍等四类语言发展异常学生的特征。

（一）发音障碍学生的特征

发音障碍又称为构音障碍,是指在发音过程中因发音器官运动障碍而导致的发音失准,以至影响到交流的正常进行。发音障碍是学前特殊儿童较常见的语言障碍,是儿童在学习语言过程中出现的违背语音发展规律的异常现象,发音时有明显的不符合本阶段水平的错误。根据儿童发音障碍的临床表现,通常又将发音障碍分为替代、歪曲、省略和增音四类。替代是指言语过程中用一个音去替代另一个音。使用替代音的人,往往是用会发的音替代不会发的音,或用易发的音替代不易发的音。歪曲是指在言语过程中将某个音段发成了在本语言系统中不存在的一个音段。歪曲音的出现多与儿童发音器官本身的缺损或大脑某些部位的损伤有关,当然也与音段搭配难易程度或儿童的不良语音习得有很大的关系。省略是指在言语过程中丢失了某个或某几个音段,造成音节的不完整或使人误认为是另一个音节。省略往往与某一音段的具体位置有关,同一个音段在不同的位置上可能出现省略,但在另一个位置上就有可能不出现省略,这既与音段搭配的难易程度有关,也与个体的发音习惯有关。增音与省略相反。增音是指在言语过程中增添了原音节中没有的音段。增音的出现大多与方言影响有关,但也与儿童不良的语音习得有关。

（二）流畅性障碍学生的特征

流畅性障碍,简称"口吃"或"结巴",它以无意识的声音重复、延长或中断而使说话人当时无法表达清楚他所想表达的内容。流畅性障碍是特殊儿童中常见的语言障碍。言语流畅的程度由三个方面的要素构成：一是流畅性,即人们在说话时需要尽量不重复、不拖长音或迟疑发音,否则便影响言语表达的流畅性；二是言语速度,正常的言语速度为每分钟200～300个音节,如过快或过慢便造成言语速度异常问题；三是言语节奏,人说话时的语音节奏将音节和词组成一定词组,构成一定的停顿,说话时有过短的节奏,或在未完成构词的语音状态下停顿,便成为非正常现象。有流畅性障碍的儿童,其言语呈现出的话语节律混乱过于突出,在整个话语结构中,有太多的重复、阻塞、延长或节奏不当的停顿,甚至说话者不得不采用非语言的交际手段来替代口语的交流,其结果严重干扰了口语交际的进行。

---

① 〔美〕William L. Heward.特殊需要儿童教育导论[M].第八版.肖非,等译.北京：中国轻工业出版社,2007：273.
② 苏周简开,等.普通教育机构内低幼儿童语言障碍情况的调查报告[J].中国特殊教育,1997(1)：12.

(三) 声音障碍学生的特征

声音或发声是指由喉头发出声波,通过喉头以上的共鸣腔产生的声音,即嗓音。多数情况下,声音障碍是由呼吸及喉头调节存在器质性、功能性或神经性异常引起的。[①] 声音障碍涉及声音的音质、音调和音量方面的异常。音质方面出现的问题是语音产生困难和共鸣障碍。如有的儿童说话时,听起来就像捏着鼻子讲话,丧失的鼻音是由于缺少鼻音共鸣所引起的;在脑瘫儿童中,由于肌肉的协调控制能力差,也常出现此类情况。音调方面的缺陷包括音调过高或过低,音调平平,缺乏变化等。音量方面的缺陷包括音量过大或过小,缺乏变化等。声音上的突出障碍常常会分散听话人的注意力,干扰交往的正常进行。

(四) 语言障碍学生的特征

有人认为语言障碍是指在语言符号、语法规则的理解和运用上出现的异常。也有人认为语言障碍是在言语过程中的语码筛选或转换障碍。这种障碍不同于发音器官、话语节律等表层的障碍,而属于深层的障碍。因而语言障碍所指的范畴更大,它涉及语码的转换和言语的生成等更深层次的语言运用环节。具体包括:词语理解和使用障碍、语义理解和表达障碍、语法和语用运用错误等。

第4节 广泛性发育障碍学生

广泛性发育障碍学生,由于其产生障碍的原因至今尚未完全弄清楚,有人认为他们生活的世界与普通人生活的世界是两个完全不同的世界,从而把他们看作是世界上最特殊的学生。下面主要介绍广泛性发育障碍的含义、分类、出现的原因、出现率、发病年龄以及这些学生的基本特征等。

一、广泛性发育障碍的含义

广泛性发育障碍(pervasive developmental disorder,简称 PDD)又称为自闭症候群、自闭症光谱障碍(autism spectrum disorder,简称 ASD),有时候也称广义自闭症。

1943 年儿童精神医学之父肯纳(Leo Kanner)发表了 11 个儿童的个案报告,首次提出"婴儿自闭症"(infantile autism)一词。他成为第一个对自闭症进行描述和命名的人。"autism"一词源自希腊文"autos",意指"自我"之意,原是描述伴随有社会畏缩行为及思考因受到欲念与情绪支使而生活上毫无目标的成年精神障碍者。肯纳描述的 11 个儿童有如下特征:与正常人交往有困难;过度封闭,似乎要把自己和外部世界隔离开;抵制父母搂抱或拥抱自己;严重的言语缺陷,包括缄语症和言语模仿;有些孩子具有非同寻常的机械记忆;有早期独特的食物偏好;有重复和一致性的强迫性愿望;有怪异和重复的行为,如来回摇摆;游戏活动中缺乏想象,缺失自发性行为;正常的生理外表等。

[①] 黄昭鸣,杜晓新.言语障碍的评估与矫治[M].上海:华东师范大学出版社,2006:11.

二、广泛性发育障碍的分类

广泛性发育障碍主要包括五种：雷特症（Rett Syndrome）、儿童期崩解症（Childhood Disintegrative Disorder）、自闭症（Autistic Disorder）、亚斯伯格症（Asperger Syndrome）、其他未注明的广泛性发育障碍（包含不典型自闭症，Pervasive Developmental Disorder Not Otherwise Specified, Including Atypical Autism）。这些症状之间的区别主要在于发生的年龄和症状的严重程度不同，如图4-1所示。

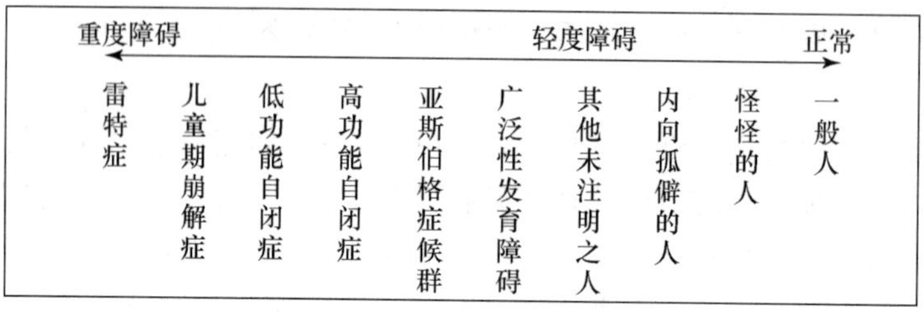

重度障碍							轻度障碍		正常
雷特症	儿童期崩解症	低功能自闭症	高功能自闭症	亚斯伯格症候群	广泛性发育障碍	其他未注明之人	内向孤僻的人	怪怪的人	一般人

图 4-1 广泛性发育障碍分布图

（一）雷特症

雷特症是一种特殊的神经疾病。患有这种疾病的儿童在婴儿早期发育很正常，在5~30个月时，此种疾病开始显现，婴儿头部发育开始减慢，刻板的手部运动代替了有目的的手部动作，语言和认知能力方面的障碍也接着发生了。雷特症主要发生在女孩中，虽然它属于广泛性发育障碍，但它却被看作是一种独特的神经疾病。

（二）儿童期崩解症

儿童期崩解症和自闭症有着相同的行为特征，但这种疾病在两岁之后才会发生，有时甚至到10岁才发生。医学上的并发症比较普遍，干预后不太可能产生明显的进步。

（三）自闭症

自闭症又称典型自闭症，或肯纳症（Kanner type autism）。有人认为自闭症是一种先天脑部功能受损伤而引起的发展障碍，通常在幼儿两岁半以前就可以被发现。自闭症儿童从小便表现出语言理解和表达的困难，难以与身旁的人建立情感，对各种感官刺激反应异常，一成不变的固定玩法与行为等不同于一般儿童的特征。归纳起来，其特征主要表现在三个方面：社会性互动障碍、语言交流障碍以及重复刻板的行为模式。自闭症的特征会随着儿童年龄、智商及自闭症的严重程度而不同。据此，自闭症分为低功能自闭症（LFA）和高功能自闭症（HFA）。自闭症的诊断常用 DSM-IV-TR（2000）的诊断标准。

（1）在社会性互动方面有质的缺陷，并至少具有以下中的两项：① 非口语行为，如眼神接触、面部表情、身体姿势等的使用上有显著的障碍；② 无法发展出符合其发展水平的同伴关系；③ 缺乏主动与他人分享喜悦、兴趣或活动的行为（如很少拿自己感兴趣的东西给别人看或指出来）；④ 缺乏社会或情绪的相互关系。

（2）在沟通方面有质的缺陷，并至少具有以下中的一项：① 完全没有口语或口语发展迟缓；② 有语言能力者，在开始或持续会话的能力上有显著的缺陷；③ 使用刻板的、重复的语言或隐喻式的语言；④ 缺乏符合其发展年龄的富有变化的、自发的假装性游戏或社会性模仿游戏。

（3）在行为、兴趣、活动方面有刻板的、重复的行为模式，并至少具有以下中的一项：① 在兴趣方面，有一种或一种以上的刻板的、有限的行为模式，其强度与焦点均不同于常人；② 对特别的、非功能的常规或仪式有异常的坚持；③ 有刻板而重复的动作（如晃动手或手指、拍手、摆动身体等）；④ 经常沉迷于东西的某一部分。

（4）三岁以前有下列至少一种的发展迟缓或功能上的异常：① 社会互动；② 社会性沟通时的语言使用；③ 象征性或想象性游戏。

（四）亚斯伯格症

亚斯伯格症是广泛性发育障碍中比较轻的一种。患有此种疾病的儿童最突出的特征是在所有社会性领域中存在着障碍，尤其不能理解怎样进行社会性互动。他们并没有广泛的言语延迟，而且大多数的智力处于或高于平均水平。

（五）其他

儿童只要满足自闭症的部分诊断标准，而不是全部的质或量的诊断标准，就可以被诊断为其他未注明的广泛性发育障碍。所有的其他未注明的广泛性发育障碍学生在沟通或狭窄兴趣的社会化方面存在严重障碍。其他未注明的广泛性发育障碍并不好定义，由于其他疾病导致的社会化问题也有可能被误诊为其他未注明的广泛性发育障碍。

三、广泛性发育障碍出现的原因

导致广泛性发育障碍的原因十分复杂。自闭症不是由于父母的养育态度所造成，它的成因目前医学上并无定论，很可能是多方面的因素造成脑部不同地方的伤害。

（一）遗传的因素

肯纳所报道的11例自闭症儿童都是在出生后不久就显现出自闭症的症状，因此他认为自闭症儿童生来就有缺乏与人建立情感联系的能力。有人对双生子同病率进行了研究，如果双生子中的一个患自闭症，另一个不患自闭症，可计算同病率的差异，用以说明遗传程度。美国科学家福尔斯坦等人1997年研究发现，21对同性别双生子中，单卵双生子11对有4对同患自闭症（36%），而10对双卵双生子中只有1对。另有学者斯蒂芬伯格1989年报道，北欧国家单卵双生子的同病率高达91%，而双卵双生子同病率为0。单卵双生子由一个受精卵分裂而成，它们的遗传基因均等，按理同病率应为100%，而实际上只是36%～91%，其中差异必然有其他因素的影响。有学者提出，自闭症是在遗传因素有脑损伤相结合的基础上发生的；也有学者认为，自闭症有遗传的成分，而出生时窒息缺氧、脑轻微损伤等则起了辅助作用。

（二）脑伤的因素

研究发现，很多自闭症儿童有过器质性脑病的历史。侵犯神经系统的疾病很多，如脑膜炎、脑炎、铅中毒脑病、先天性风疹、脑瘫、严重脑出血等。

有些学者认为，在胎儿期和围产期脑受损，则自闭症症状在出生后不久就会出现；在出生以后婴幼儿期脑感染或损伤，则可能要经过一段正常发育以后才出现自闭症症状。有些临床研究发现，某些神经系统疾病在自闭症患儿中发生率较高，如自闭症患儿的母亲在怀孕及分娩时有异常情况者明显高于其他患儿，这些异常情况包括病毒感染、先兆流产、早产、难产等。这些在怀孕及分娩过程中出现的异常，往往造成患儿中枢神经系统发育异常，都可能增加自闭症机会。

（三）神经生理异常

有学者对自闭症组和正常组做中间、前后向的核磁共振扫描检查，发现自闭症组比对照组第四脑室明显增大,整个脑干则明显缩小;如做寇状(从头顶)扫描则发现,自闭症组较对照组的小脑要小,而第四脑室则较大。有些学者还发现,自闭症组较对照组小脑显得发育不良。即使在尸体解剖时,自闭症组的小脑异常也始终存在。但这些与自闭症的病因有何联系尚不明确。

神经生理方面的研究认为,自闭症原发于大脑皮层功能失调,它的理由是:自闭症通常出现的语言和沟通困难属于大脑功能失调为基础的认知障碍。这种观点得到了大多数自闭症儿童的脑电图异常的支持。这种脑电图的特点是双侧局灶性或弥漫性棘波、慢波和缓慢的节律失调。另一研究认为,自闭症原发于脑干功能失调,其根据是自闭症儿童对接受的感觉刺激而随之做出的动作反应之间的调节功能差,而这种调节是脑干和密切相关的间脑的功能。由此推想出自闭症与脑干功能失调有关。

四、广泛性发育障碍的出现率

广泛性发育障碍的出现率,由于诊断标准、掌握尺度、调查方法不一致,各国的研究资料不尽相同。广泛性发育障碍包括的类型很多,现以其中最为典型的一类——自闭症,来说明其出现率。

第一个开展自闭症流行病学调查的是英国的洛特·加龙省于1966—1967年在密特莱斯郡进行的,其统计得出的出现率为每万名儿童中有4.5名自闭症患者。1976年医学家温和他的同事调查了英国伦敦坎伯威尔区所有的5~14岁儿童,结果显示自闭症的出现率为每万名儿童中有4.8名。

日本京都于1987—1990年也开展了自闭症的流行病学调查。使用儿童期自闭症评定量表(CARS)和ICD-10分别诊断,结果如表4-4所示。从表中可以看出,由于诊断标准的不同,所得到的自闭症的出现率是不一样的,同时还可以看出自闭症的出现率男孩多于女孩。

表4-4　日本京都1987年—1990年自闭症流行病学调查结果[①]

日期	入学人数	会诊人数	诊断标准	诊断数	男女比例	出现率
1987.12—1988.3	15617	82	CARS	14	6/1	0.090%
			ICD-10	8	7/1	0.051%
1988.12—1989.3	15934	82	CARS	11	10/1	0.070%
			ICD-10	7	2.5/1	0.044%
1989.12—1990.3	15657	88	CARS	18	2.6/1	0.11%
			ICD-10	10	2.3/1	0.064%

美国学者研究指出,自闭症候群儿童是特殊教育中增长最快的一类。1995年每万人中约有6.5人患此病;到2000年美国自闭症协会估计每万人中约有20人患此病。自闭症出现率如此之高,有些人把它说成是一种流行病。在美国自闭症男孩的数量大约是女孩的4倍。

2001年我国组织0~6岁六省市残疾儿童的抽样调查,根据2000年第五次中国人口普查人口数推算,我国约有10.4万精神残疾儿童,其中自闭症儿童约为10万。

---

① 资料来源:戴淑凤,贾美香,陶国泰.让孤独症儿童走出孤独[M].北京:中国妇女出版社,2008:9.

 **案例 4-1**

肯纳 11 个自闭症经典案例的发展情况[①]

1943年美国的自闭症研究先驱肯纳报告了11个自闭症儿童的典型案例。1971年，肯纳教授对这11名自闭症患者成人后的状况进行了追踪调查，并将他们的发展情况和线索又一次公布于世。11个案例中，8名是男孩，3名是女孩。在自闭症儿童中，男孩的比率较高，这是全世界所有学者都认同的现象。从肯纳的约翰·霍夫金斯医院20世纪40年代开设儿童自闭症心理门诊的统计数据来看，100名自闭症患者中，男孩和女孩的比率是4∶1。男孩一般在2～6岁来就诊，女孩一般要到6～8岁来就诊。

11名自闭症患者中，9名属于欧美血统，2名属于犹太族系。从临床儿科的医学检查结果来看，11个案例在身体和生理组织方面基本上都很健康，但在精神发育方面的障碍就随个人的程度差异而有所不同了。这11个案例中的所有儿童从出生到4～5岁，行为障碍的模式几乎相同，其主要特征是"自闭性"和"机械刻板性"。

11个案例中，2例发展和适应良好（一位在银行做出纳，另一位在大气污染局工作），1例青年时代死亡，1例去向不明，1例症状有所改善，余下6例全部发展不良，有的还更加恶化。其中有2例出现癫痫发作，不断要服用精神安定剂来维持，而且智商测试结果还出现退化的状况。

从1943年到1971年，近30年的岁月，是人生重要而宝贵的黄金生涯，肯纳教授的案例报告和这11名自闭症儿童将给我们留下深刻而难以磨灭的启示。

五、广泛性发育障碍的发病年龄

广泛性发育障碍的发病年龄，因类别不同而有所差异。以自闭症为例，台湾学者宋维村研究认为，90%自闭症患者的早期症状在婴幼儿期即已出现，12～30个月龄之间症状特别显著。10%自闭症患者出生后的前12个月症状极轻或完全正常，到12～30个月龄之间，语言等功能退化，本来会的词汇消失，变得不理人、不与人沟通，呈现典型自闭症症状。

典型自闭症者，有6%在30～48个月龄之间却有显著进步，自闭症状大部分消退，只残留部分症状而已。因此，宜以30个月龄之前发病为诊断自闭症的要件。30个月龄后发病者亦有，但不到1%，常为大脑变性退化的症状。

六、广泛性发育障碍学生的特征

广泛性发育障碍学生有许多共同特征，如社会性交往障碍、语言障碍、刻板或重复的行为、对感觉刺激的异常反应等。

[①] 摘自：徐光兴."雨人"的秘密——解读自闭症之谜[M].上海：上海科学技术出版社，2005：212.

(一) 身体特点

与普通学生相比,广泛性发育障碍学生在大运动和精细运动方面,如跑步、上下楼梯或手的使用方面没有明显区别。尽管研究这类患者的报道较少,但由于他们的广泛性发育障碍,在身体方面存在问题应是肯定的。从个别案例来看,广泛性发育障碍学生往往动作不协调,身体肌肉的张力过大或过小,具体表现为摸上去软软的或硬硬的,没有普通学生的感觉。一些患儿平衡能力异常,极易摔倒。

(二) 社会交往障碍

社会交往障碍是广泛性发育障碍学生的重要特征。许多这样的患者不会表达社会交往的姿势,如向别人展示或指出某物,或者向别人摇头或点头。他们在感知别人情绪状态,表达情绪以及形成依恋和建立同伴关系时存在着困难。这些学生不关心也不知道他是独自还是和别人在一起。他们普遍缺乏共同关注,很难参加集体活动。

共同关注即看别人在看的东西,如一个婴儿注意到他的母亲转头在看某个东西,他也跟着去看,或者婴儿转头朝着别人指出的东西去看。共同关注使人与人的交互作用处于相同的参照模式内,它在语言和社会技能发展方面是一个非常重要的因素。他们中的大多数喜欢自己玩耍,较少主动进行交往。

(三) 语言障碍

语言和沟通障碍也是广泛性发育障碍学生的重要特征。这些障碍主要表现在语言发展迟缓、发展异常以及言语的过程障碍等方面,但是,在具体到某一个体的时候,又会表现出很大的差异。如个别的患者在语言发展上存在"发展—退化—再发展—再退化"的现象。有些患者讲的话大部分是模仿语言,并且是一些不带任何明显交流目的的口头短语,这些短语没有语境关系。有些患者获得了很多词汇,但是不会恰当或者有效地使用。他们对语言信息只能作具体或字面上的简单处理,难以理解语言背后的社会性意义。

(四) 刻板或重复的行为

表现出刻板而重复的行为,这也是广泛性发育障碍学生的典型特点。他们可能重复地做一些在外人看来毫无意义的动作,如坐在座位上摇摆身体,四周打转,用手拍打手腕,一遍又一遍地发出几个音符的嚎叫声。他们会花数小时盯着自己做成的杯子形状的手、凝视着灯、旋转物体或按圆珠笔等。他们有固定的生活模式,如睡觉时有固定的地方、固定的时间、固定的枕头,走路时有固定的路线,看电视时有固定的时间和节目等。有时当家里或教室的日常规则发生改变时,他们会感到有很大的困难。他们坚持所有的东西一直放在原位,一旦某件物品有移动,会变得心烦。有时他们对某一主题表现出全神贯注,而不管其他所有的东西。他们有时会不间断地谈论一个话题,不考虑他的听众是多么的厌烦。

(五) 对感觉刺激的异常反应

广泛性发育障碍学生对感觉刺激有异常的反应。他们对感觉刺激的反应要么反应过度,要么反应不足。过度反应的患者不能忍受某些声音,不喜欢被触摸或对某些纹理感觉不舒服。这些异常的反应可能表现在对某种刺激非常敏感,如对声音敏感,声音一大,就受不了;对触摸敏感,别人一接触他的皮肤就紧张等。反应不足,表现在对某些刺激的反应非常迟钝,如对于绝大多数人都会作出反应的刺激,反应不足的患者会表现出未觉知;一些患者在正常方式刺激下似乎不会感到疼痛。有些患者同时表现出反应过度和反应不足,例如,对于触觉刺激很敏感,而对许多声音却没有反应。

知识小卡片 4-2

青春期自闭症患者的特征[①]

一般地说,正常孩子到了青春期会出现反抗和逆反的心理倾向,即"心理断乳期",而自闭症孩子却没有这种现象。到了青春期,自闭症患者的人际交往虽然有所改善,但仍然很孤独,缺乏朋友,可能带有抑郁倾向。自闭症患者对性的理解缺乏,有时把别人当成性的道具或者把自己当成别人的性道具;他们有性的需求,但对性的方法和手段不理解,需要家长的指导。另外,有少数自闭症患者到了青春期,状态会更加恶化,智商测定出现极其低下的现象;30%的自闭症孩子到了青春期会出现癫痫现象,但大多数能继续学习,向成年发展。凡是能持续在学校接受教育的自闭症患者,都没有恶化的迹象。对全面恶化的患者,心理治疗和药物治疗要同时进行。

本章小结

特殊教育学生主要是指在学校中有特殊教育需要的青少年儿童,他们在感官或身体、智力、语言或沟通、行为或情绪等方面与正常的学生相比有明显差异。从水平上来说,他们可能低于常态的标准,也可能高于常态的标准。特殊教育学生主要包括生理发展异常学生、智力发展异常学生、语言发展异常学生以及广泛性发育障碍学生。生理发展异常学生是指身体结构或功能存在明显异常的学生。由于生理发展上的异常,从而导致他们在与环境互动的过程中,在日常的学习与生活中表现出不同程度的障碍。智力发展异常学生是指学生智力的发展水平处于正常发展范围之外的学生,包括智力落后学生和智力超常学生。语言发展异常学生是指由于各种原因导致的不能说话或语言障碍,从而难同一般人进行正常的语言交流活动的学生,在特殊教育学生中,大多数也同时存在着语言发展异常的情况。广泛性发育障碍学生由于其产生障碍的原因至今尚未完全弄清楚,人类正在对其作进一步研究,因而有人把他们看作是世界上最特殊的学生。

思考与练习

1. 听觉障碍学生有哪些主要特点?
2. 什么是视觉障碍?视觉障碍学生有哪些主要特点?
3. 简述肢体残疾学生的定义与分级。
4. 简述智力发展落后学生的含义与特点。
5. 简述广泛性发育障碍学生的含义、分类及主要特点。

[①] 摘自:徐光兴."雨人"的秘密——解读自闭症之谜[M].上海:上海科学技术出版社,2005:213.

第5章　特殊教育课程

 学习目标

1. 了解特殊教育课程的概念及其体系。
2. 了解特殊教育课程内容选择取向。
3. 了解特殊教育课程实施中存在的问题及其解决对策。
4. 掌握特殊教育课程评价方法。

特殊教育课程是促进特殊儿童成长中的关键因素之一,传统的特殊教育课程在设置、内容、实施和评价中存在较多问题,随着特殊教育课程改革的深入开展,特殊教育课程在体系、内容、实施和评价方面都有了很大的改观。

第1节　课程体系

一、课程的概念

课程,最常见的理解是"学习的进程"。传统的课程概念是指教学科目,广义的课程就是学校所开设的所有学科,狭义的课程就是指学生所学习某一学科。① 也有人认为课程是有计划的教学活动,即凡是有计划的教学活动所涉及的教学内容、程序、时间进程和教学方法与技术手段等,整体合在一起构成课程。可见课程是一个复杂的体系,涉及课程目标、课程内容、课程方式、课程评价等不同维度。

特殊教育课程是有特殊教育需要的学生学习内容及其进程与安排的总和。由于特殊教育的特殊性,存在着与普通教育不同的课程范式。伴随着特殊教育的发展,特殊教育经历了由医学养护模式、心理发展模式到社会生态模式的转向,与之相适应也逐渐形成了补偿性课程、发展性课程和功能性课程等不同的课程范式。为了适应不同特殊儿童的需要和不同的学校类型的特点,应灵活应用这三种课程范式。从特殊学校的类型上看,盲校、聋校课程设置可以发展性课程为主要取向,兼顾课程的功能性和补偿性,而对于培智学校的课程,则应以功能性课程为主要取向,兼顾课程的发展性和补偿性;从学生障碍的程度来说,中重度障碍学生课程应注重功能性,而重度或多重障碍学生的课程,则更应突出功能性和补偿性的设置。②

---

① 陈军.新一轮课改背景下的聋校数学课程改革[J].现代特殊教育,2003(6):12.
② 盛永进.特殊教育课程范式的演进及其转向[J].中国特殊教育,2011(12):21-25.

知识小卡片 5-1

三种特殊教育课程范式①

补偿性课程范式始于19世纪，其对应的教育模式为医学养护模式，其关注的重点是是否存在医学上的生理性损伤，并试图通过衡量身体、心理缺损的程度，然后找出治疗康复的方法和措施，用以克服、消灭残疾或补偿缺陷。补偿性课程范式是基于医学理论的假设所形成的课程价值取向，把特殊儿童看作是有某种病理缺陷的个体，进而设想这些学生需要特殊的教育，根据儿童的缺陷进行补救教学。

发展性课程范式在20世纪60年代后兴起，其对应的教育模式为心理发展模式。发展性课程范式是基于心理学的发展阶段性理论，认为特殊儿童的发展遵循着个体发展的一般规律。即特殊儿童在横向上，在认知、交流、情感、运动和生活自理技能方面和其他人一样有着同样的发展顺序和层级性，纵向上符合儿童心理发展的阶段性特征，尽管在实际中他们所表现出的发展速度要慢于正常学生。发展性课程范式主张在课程内容的设置上应当全面，常态儿童可以获得发展的领域，特殊儿童也存在其发展的可能性。同时强调课程结构的严密性和层级性，课程的设置应该根据儿童发展阶段的规律设置目标，并将长期目标分解为具体可以实现的子目标。课程难度水平必须低于其生理年龄的发展水平。

功能性课程范式兴起于20世纪90年代，其对应的教育模式是社会学生态模式。社会学生态模式是基于社会生态学的理论假设，认为残疾形成的障碍只是表示个体（有某种健康状况）和个体所处的情景性因素（环境和个体因素）之间发生交互作用的消极方面，即个体参与社会活动的功能受到限制。功能性课程范式倡导采用"功能性学科"，强调要把学科性的知识技能与学生的实际生活相联系，学习内容是服务于个体当下和未来生活的学科性知识和技能，通过将课堂知识与具体情境相结合，提高学生的知识迁移能力与解决实际问题的能力。

二、新时期特殊教育的课程体系

2002年教育部启动了特殊教育学校课程改革工作，分别成立了特殊教育学校新课程方案工作领导小组和盲、聋、弱智教育专家组和研制组。2007年颁布了三类特殊教育学校的课程方案。课程改革后的特殊教育课程体系包括以下要素：① 课程培养总体目标；② 课程设置；③ 课程标准；④ 课程内容；⑤ 教材；⑥ 课程实施；⑦ 课程评价；等等。

（一）课程培养总体目标

1. 残障儿童的课程培养总体目标与特殊要求

残障儿童的课程总体培养目标是全面贯彻党的教育方针，促进残障儿童的全面发展，尊重个性发展，开发潜能，补偿感官和智力缺陷，使之成长为有理想、有道德、有文化、有纪律的一代新人和适应社会发展的公民。课程目标是指在课程设计与开发过程中，课程本身要实现的具体要求。② 课程目标主要包括认知、技能、情感和应用四个方面：认知方面主要包括基

---

① 盛永进.特殊教育课程范式的演进及其转向[J].中国特殊教育，2011(12):21-25.
② 钟启泉，汪霞，王文静.课程与教学论[M].上海：华东师范大学出版社，2008:56-62.

本概念、原理和规律、理解和思维能力；技能方面包括行为、习惯、运动及交际能力；情感方面包括思想观点和信念，如价值观和审美观等；应用方面包括应用前三个方面来解决社会和生活问题的各种能力。针对特殊儿童的特点与需要，在特殊教育课程体系中不仅要明确课程培养总体目标，还应根据各类特殊儿童的特点提出特殊要求。

对视觉障碍儿童的特殊要求是：根据其视觉缺陷特点进行补偿和康复训练，矫正其盲态及语义不合等缺陷，发掘其各种潜能，培养独立生活和与人交往的能力，使其能够适应生活，成为对社会有益的劳动者。

对听觉障碍儿童的特殊要求是：加强道德品质教育，促进聋生的语言发展，提升沟通与交往能力，提高社会适应能力和培养一定职业能力，使其能够融入社会成为对社会有益的劳动者。

对智力落后学生的特殊要求是：加强生活教育，进行智力康复训练，促进其在感知、运动、生活自理、言语、社会交往等方面获得一定发展，能够初步适应社会，成为社会中的一员。

2. 普通学校特殊需要儿童的课程目标的特殊要求

普通学校的特殊需要儿童在课程目标上的总要求与普通儿童是一致的。从个体差异的角度看，特殊需要儿童尽管没有身体的缺陷，但在心理活动和学习方面存在着不适应的现象，因此需要对具体目标进行适当调整，以满足其个体发展的独特需要。

（二）课程设置

课程设置是指特殊教育学校选定的各类课程的设立和安排。课程设置主要规定课程类型和课程门类的设立，及其在各年级的安排顺序和学时分配，并简要规定各类各科课程的学习目标、学习内容和学习要求。

尽管三类特殊教育学校的对象有所差别，但是在课程设置原则上也有一定的共性，如都强调了综合课程和分科课程相结合。因此特殊教育课程设置总体上应坚持综合化方向。在分科教学课程体系下，过分强调文化知识的教学，注重各学科内在的知识系统性，而忽略了不同课程的横向联系及其共同的基础，使教学中一些本身是整体或相关的内容被人为地割裂开来，使学生形成对这些事物的不完整认识。特殊儿童在认识事物和思维活动上本来就存在困难，很难整合所学的知识技能，在应用时较为僵化。因此在对特殊儿童进行教学时，要特别强调综合化，使特殊儿童得以从整体上把握所学知识技能，并能应用于解决实际问题中。课程综合化有助于促进学科知识的应用，促进生活、体验与学科的统一。开设综合课程或在学科课程教学中贯彻综合化要求，有助于改变过于注重书本知识的倾向，改变强调接受学习、死记硬背、机械训练的现象，促进儿童主动地参与知识的建构。一些特殊教育学校所探索的综合主题教学、单元教学、社区化教学、生活化教学等教学实践已经在课程的综合化上进行了一些尝试。课程的综合化适应了特殊儿童的思维特点，有助于克服其智力或身体缺陷，调动学习潜能，帮助儿童将所学知识技能应用于现实生活中，可最大限度地拓展学习空间，使每一个特殊儿童都能在自身条件基础上有所进步，成为学习的主人。

（三）课程标准

课程标准是规定某一学科的课程性质、课程目标、内容目标、实施建议的教学指导性文件。2001年颁布的《基础教育课程改革纲要（试行）》中指出"课程标准是教材编写、教学、评估和考试命题的依据，是国家管理和评价课程的基础。应体现国家对不同阶段的学生在知识与技能、过程与方法、情感态度与价值观等方面的基本要求，规定各门课程的性质、目标、内容框架,提出教学和评价建议"。2015年教育部启动了聋校、盲校、培智学校义务教育课程标准的审定工作,使特殊教育课程改革迈上了新的台阶。

(四)课程内容

传统的特殊教育学校课程内容过多照搬普通学校的课程,以学科课程为主体,脱离了特殊儿童生活,课程内容也没有充分考虑到从特殊儿童的经验出发来加以设计和安排,一些教师受教材的制约而无法灵活调整课程内容。这都加剧了课程内容与特殊儿童经验分离的倾向。2001年颁布的《基础教育课程改革纲要(试行)》要求"改变课程内容'难、繁、偏、旧'和过于注重书本知识的现状,加强课程内容与学生生活以及现代社会和科技发展的联系,关注学生的学习兴趣和经验,精选终身学习必备的基础知识和技能"。由此可见,对那些脱离儿童生活和经验的教学内容进行删改或调整是符合素质教育的基本要求的,同样,对特殊儿童的教育也要关注其课程内容是否符合儿童的生活和经验。

由于特殊儿童的社会适应能力低,在感知和理解事物上存在着一定的困难。盲目照搬普通中小学的课程内容,导致特殊儿童遭到更多的失败体验,因此特殊教育学校在实施课程改革过程中,应突出其内容的生活化。使儿童通过课程的学习获得相应的生活技能和社会交往技能,能将学校中所学习到的知识经验应用于现实生活中去。在教学方法上也要求教学活动密切结合日常生活实际,使特殊儿童从生活中学习,并将所学知识技能直接应用于生活,达到学会生活的目标。特殊教育学校课程改革的力度应比普通中小学更为激进,彻底改变学科课程强调系统化而忽视与生活实际联系的做法,摆脱普通教育课程中不合理教学内容的影响,构建适应特殊儿童特点和需要的课程体系。

(五)教材

教材是教师和学生据以进行教学活动的材料,是教学的主要媒介。特殊教育学校的教材也制约着特殊教育的效果,过去特殊教育学校的教材并不统一,有的借用普通小学的教材并对其进行压缩或放慢教学进度,而专门为特殊教育学校编制的教材过多强调学科课程,部分内容脱离儿童生活经验,教材的灵活性、适应性不足,很难适应特殊儿童个体差异极大的特点。以聋校教材为例,聋校教师在教学中发现传统的教材内容明显滞后于时代发展,和学生的生活实际脱节,语文教材缺乏对聋生动手和实践能力的培养,如聋生语言表达能力差,语言积累迟缓,语言实践机会有限,而在教材的基础训练中却没有安排笔谈练习,不利于发展学生语言能力。聋校语文课程内容形式单一,灵活性不够,忽视学生的主动性和创新意识,过分强调知识答案的单一性,对学生灵活思维能力的培养不够,这些都影响了学生的学习质量。

因此必须对传统的特殊教育学校教材进行调整,增加灵活性,突出地方特色和学校特点,增加个性化色彩。课程改革鼓励开发地方课程、校本课程以及针对具体教育对象设计个性化教学方案。特殊教育学校教师在对不同的特殊儿童开展教学时,总要根据特定儿童的特点来重组教材,在教法上也不拘一格。即使这样,仍要考虑到具体儿童学习时的个体差异性。因此,教师每次开展教学活动,都在对教材进行加工和改造。研发校本课程,可以更系统地提供丰富的学习资源,灵活性更强,并弥补统编教材的不足,更贴近于儿童的生活实际。校本课程的开发与应用可使相关课程标准得以具体化,可结合地方特色和学生的经验并将其融入课程体系,有助于学生素质的全面发展和个性化成长。特殊儿童的个体差异极大,要求教师采用个别化教学策略,针对个体的特点设计个别化教育方案,实现因材施教的教育要求。

（六）课程实施

课程实施是指将课程计划付诸实践的过程，也就是将书面的课程转化为具体教学实践的过程。影响课程实施效果的主要因素有以下四个方面：课程计划的特征，包括课程计划的合理性、明确性、复杂性与实用性；教师的特征，包括教师的参与、课程决策、态度以及能力；学校的特征，包括校长工作、学校行政的工作、学校的支持系统以及学校的环境；校外环境的特征，包括学校所在行政区域与社会等。伴随着特殊教育课程改革，课程实施中应贯彻以人为本的精神，增强互动性，以切实提高特殊教育的质量。

在对特殊儿童进行教学时，也要关注学习者的主体特征。传统的特殊教育学校课堂教学是以教师为中心的，教学活动多是由教师单向发出的。这种做法表面上照顾了特殊儿童接受能力低、学习迟缓等特点，实际上是将特殊儿童置于课堂学习之外，没有发挥其在学习中的主体作用。因此新的课程理念要求教师要充分考虑特殊儿童的特点，在学习中加强指导而不是将教学活动完全围绕教师来运转。教学活动本身也是信息交流的过程，这就要求师生双方共同参与，并相互传递信息，实现实时的反馈。正是由于特殊儿童在参与教育教学活动时，存在着感知信息迟缓或信息通道不畅、反应慢、记忆水平低、思维不敏捷等不足，才更有必要加强师生之间的信息交流，促进学习活动中的及时反馈，实现师生互动。

在特殊教育学校课堂教学中，特殊儿童参与教学活动的形式是多种多样的。教师根据学生的反应情况及时调整教学策略，鼓励学生主动参与其力所能及的活动，采用直观教学和动手实践的方法来丰富特殊儿童的感性经验，培养其活动能力和动手操作能力。

特殊教育学校的课程实施应坚持以人为本的理念，围绕特殊儿童的特点和需要而开展。学校要为特殊儿童提供平等的教育机会，教师要关心每个儿童的成长，在课程设计中充分考虑到特殊儿童的心理特点，满足其独特需要，激发其积极情感，促进儿童的素质发展和健康成长。在教学中鼓励教师采用愉快教育的方法来激发学生的学习动机，尽量应用表扬奖励的方法来调动儿童的积极性，通过现实生活或创设情境促使儿童获得生活经验，将课程实施过程与学生的情感体验结合起来，尊重每个儿童的学习潜力和价值，促进儿童在学习活动中获得独特的体验。如培智教育历来强调学校和教师要关心智力落后儿童，尊重其人格，学校的一切教育活动都应贯彻人性化精神。感官或肢体残疾的儿童在生活中往往会经历很多挫折，这对他们的自信心和自尊造成一定的影响，因此，只有教师对其尊重、关心，采取人性化的措施，才能使他们产生情感的共鸣。传统教育过分突出教师权威，部分教师受传统教育观的影响，忽视学生存在的个体差异和特殊需要，剥夺了学生表达自己情感、展现自己特长、追求自己兴趣爱好的机会，是违背教育民主和人性的。

（七）课程评价

课程评价是根据一定的课程价值观或课程目标，运用一定的科学手段，通过系统地收集信息、资料，分析、整理，对课程方案、课程实施过程和结果的价值或特点做出判断，从而为课程决策提供可靠信息的过程。根据特殊儿童的特点，特殊教育学校应改变传统的单一评价方式，采取多元化的课程评价方式。

在对学生、教师、教学活动等进行评价方面，特殊教育学校曾经走过一些弯路，如有的学校和教师沿用普通教育的考试方式来考察学生的学业水平，注重知识考核，不自觉地引导特殊儿童死记硬背；有的学校片面追求升学率，攀比特殊儿童考上大学的人数，导致产生应试教育倾向；也有的学校和教师根本不重视教学评价，对特殊儿童和教师不提明确要求，无形中也就影响了教学质量和效果。特殊教育学校的宗旨是要发展特殊儿童的素质和潜能，因此就不能不考虑教育的质量问题，教育评价制度的改革也是课程改革的必要环节。一方面要改革传统的考试评价制度,适应特殊儿童特点设计合理的评价方式,使特殊儿童的学习活动得到反馈,促进其潜能开发;另一方面根据特殊儿童的特点和新课程的要求,不仅要从知识、技能角度进行评价,也要从情感、态度等方面来进行评价,发掘每个儿童的潜能。

第 2 节 课程内容

一、课程内容取向与课程内容选择的依据

课程内容的取向主要有三种:① 课程内容即教材。我国基础教育中长期奉行的观念即是将课程内容等同于教材,这一取向有利于保证各门学科知识的系统性,使师生明确教与学的内容,使课堂教学有据可依。但其弊端是容易使教师将课程内容看作是完全预先规定好的,不利于教师发挥教学的主动性和构建生成性课程;对于学生而言,则容易丧失学习兴趣,学习成效较差。② 课程内容即学习活动。这一取向重点是强调学生的活动,关注课程内容与社会生活的联系,重视学生学习的主动性。而这一取向的局限性是学生经验获得各不相同,在一定程度上影响了学生深层次学习结构的形成。③ 课程内容即学习经验。这一取向强调学习经验体现了学生与外部环境的相互作用,学习是通过学生的主动行为发生的,学习取决于学生自己的行为。因此决定学习效果的不是教材,而是学生,学生是主动的参与者,教师的作用是构建适合学生能力与兴趣的各种情境,为学生提供有意义的经验。这一取向的不足是课程编制难度大,学校课程内容受学生差异的影响。①

在选择课程内容时应考虑以下问题:① 注意课程内容的基础性,课程内容应当是使学生成为社会中合格公民所必备的基础知识和基本技能,并使学生获得继续学习所必需的技能和能力;② 课程内容应贴近生活,在考虑学生所学内容的基础性和系统性基础上,应特别关注将教育内容与社会生活联系起来,使学生接触社会,掌握解决社会问题的基本能力,并能够关注未来社会的发展;③ 课程内容应与学生和学校教育的特点相结合,课程内容应照顾学生的兴趣、需要和能力,课程内容应建立在学生的已有水平基础上,使之能够被学生所同化,避免课程内容偏难或偏易的倾向。②

不同的课程内容取向形成了分科课程和综合课程的不同模式。分科课程是近代自然科学进步的结果,目前我国基础教育阶段包括特殊教育学校的课程设置基本上采取的是分科课程模式。目前仍存在过分强调分科,或分科过细过繁导致学科之间相互隔膜、相互封闭,学科之间的内容重复等问题。从人的发展角度看,分科课程打破了人、自然、社会的整体性和内在联系,导致学生认识和态度上的狭隘,不利于学生的全面发展。综合课程有助于加强知识的整合,简化学科头绪,建构整体性的知识基础;还能通过加强知识与社会实践和生活实践的联系,来构建学生自己的知识及综合素质;并有助于培养学生发现问题、探究问题、解决问题的意识与能力,培养合作能力和科学精神与态度。③ 综合课程也有多种不同的形式:① 拼盘式综合课程,将两种或两种以上的课程合并为一门课程,但原有的分科课程仍保持相对独立,综合的程度比较低;② 相关课程的综合,将两门或更多的分科课程根据内容上的

---

① 施良方.课程理论[M].北京:教育科学出版社,1996:106-114.
② 施良方.课程理论[M].北京:教育科学出版社,1996:106-114.
③ 黄伟.综合课程实施中教学模式的构建[J].课程・教材・教法,2004(2):35-40.

相关联系,不一定取消原有的分科课程,而是在某些领域内或主题进行综合;③ 一体化课程,取消分科课程,将内容按照新的逻辑重新建立组合为新的学科,原有的学科界限不存在了,突出强调学习知识的融会贯通,并运用整体的联系的思想去看待自然和社会,用价值的、哲学的态度和方法反思人类的行为。

特殊教育学校的课程设置更应该强调内容的综合性。由于特殊学生存在着感官、智力等方面的缺陷,分科课程导致不同领域的知识被割裂开来,加大了他们接受知识的难度,而且也远离其社会生活和自身经验。特别是对于智力落后的学生而言,其最终发展目标并不是从事学术性活动,而是解决生活实际问题,因此更需要突出课程内容的整合性、生活化、综合性。这应当成为特殊教育学校课程改革的重要方向之一。

二、课程设置

(一) 智障儿童的课程设置

我国培智教育最初课程设置是参照普通学校的分科制,强调基本知识的教学,在一定程度上脱离了智障儿童的生活,不适应儿童特点。在教育部培智学校课程改革实验方案中,将课程分为一般性课程和选择性课程。一般性课程是对学生素质的最基本要求,着眼于学生适应生活、适应社会的基本需求。包括生活语文、生活数学、生活适应、劳动技能、唱游与律动、绘画与手工、运动与保健等。这些课程具有明显的综合性特点,将儿童生活经验与学科知识整合起来,有利于智障儿童的经验获得。选择性课程则是针对学生的个别化发展需要,从潜能开发、缺陷补偿(身心康复)入手,体现学生发展差异的弹性要求。选择性课程由学校根据当地的区域环境、学校特点、学生的潜能开发需要设计的,有信息技术、康复训练、第二语言、艺术休闲、校本课程等,在课时安排上具有一定的弹性。2015 年教育部启动了《培智学校义务教育课程标准》审定工作,确定了生活语文、生活数学、生活适应、劳动技能、唱游与律动、绘画与手工、运动与保健、信息技术、康复训练、艺术休闲等 10 门课程的课程标准。

案例 5-1

智障学生生涯教育社区化课程

宁波达敏学校探索出了生涯教育社区化课程体系。生涯教育社区化课程是为智障学生现实的需要和将来在社区生活、工作及学习的需要而设计的,分为社区休闲、认识社区、使用社区等三个层次。社区休闲、认识社区、使用社区等生涯教育社区化课程内容均在各年级的各门学科(生活课、社会实践课、语文课、数学课等)、各种活动(少先队活动、班队活动、团队活动等)中得以具体落实。智障儿童生涯教育社区化课程内容有:玩耍、沟通、社交技能、居家生活、自我认识、自我能力、使用社区、休闲娱乐、职业准备教育、就业指导等。① 生涯教育社区化课程框架见图 5-1,生涯教育社区化课程内容见表 5-1。

低段(环境生态注意)——社区游乐,弥补学生在幼儿时期游戏经验的不足,以社区中公园和儿童游乐园为主,激发学生的兴趣,引起学生的注意,训练大、小肌肉群和简单的会话,促进学生发展。

---

① 刘佳芬.培智教育社区化的达敏实践研究[M].杭州:浙江科学技术出版社,2010:155-160.

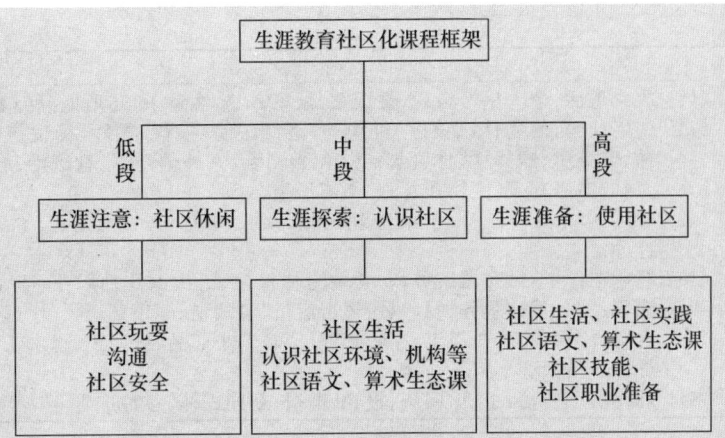

图 5-1　生涯教育社区化课程框架

中段(环境生态探索)——认识生态环境,让学生认识社区的各种环境、机构、设施等,扩大学生的视野,增强学生使用社区的意识,积累更多的必要文化和生活知识,为使用社区环境做准备。

高段(环境生态准备)——应用、创造生态环境,为服务、生活于社区环境之中奠定基础,如社区环境中的休闲区(茶馆、咖啡店),社区超市,商场购物,社区医院就诊,社区职业(园林、家政)等。

表 5-1　生涯教育社区化课程内容

年级段	领域	内容
低段	社区休闲	(1)玩耍:游乐城玩耍、公园玩耍、校园玩耍;与同学玩耍、与家人玩耍、与普通小学生玩耍、与其他人玩耍、与社区同龄人玩耍(包括学会玩各类玩具等); (2)沟通:语言理解、自我需要表达、求助于人表述等; (3)健康安全:不跟陌生人走、安全地玩、开心愉快等;
中段	认识社区	(4)社区地域环境(一):认识商店、医院、电影院、银行、邮电局、超市、体育馆、学校、照相馆、理发店、幼儿园、影剧院、公用电话、交通工具、社区维修部、歌舞厅、餐厅、美发店、健身房、社区活动站、茶馆、音乐厅、网吧、社区服务中心、街道居委会、社区物业管理等; (5)公共设施:路标、公共厕所、电梯、电话亭、社区健身器械等; (6)社区技能:求助、助人; (7)社区机构:宁波市人民政府、公安局、派出所、民政局、残联、街道、居委会、社区办事处等; (8)出行:乘车(公共汽车、出租车)、过马路等; (9)购买:买小吃、买快餐(包括洋快餐)、买书、买药、超市购物、农贸市场购物、商场购物等;

年级段	领域	内　　容
高段	使用社区	(10) 居家生活：个人生活自理、做饭菜、做家务、接客待人、尽所能分担家庭责任等； (11) 使用社区：使用社区设施、机构等，诸如医院、银行、餐厅、美发店、公用电话、电梯、健身房、歌舞厅、体育场、茶馆、影剧院、室外健身器、社区活动站、网吧、交通工具、维修部、社区物业管理、街道居委会等； (12) 社区地域环境(二)：宁波地理区域、人文历史、主要街道、马路、车站、社区特色等； (13) 职业准备：学做宾馆服务员、学做园林管理员、认识几种职业、职业道德、应聘技能等。如：报刊服务员、复印员、超市店员、清洁工、娱乐场检票员、巡逻员、绿化员、送奶员、勤杂工、送报工、存物管理员、经营小商品、搬运工、送水工、送信员、陪护员、配钥匙、洗车工等； (14) 现代信息通信：手机、网络、报刊、电视、新闻媒体、各种广告等。

（二）听障儿童的课程设置

我国传统的聋校课程设置上既有一定的独特的课程，如律动等，又存在着照搬普通学校课程体系的问题，在具体的教学中仍按照分科教学进行，过分强调基本知识的教学，在一定程度上脱离了听障儿童语言、思维和生活的实际。在教育部聋校课程改革实验方案中，提出综合课程和分科课程相结合，要求各门课程加强学科知识、社会生活和聋生自身经验的整合，加强学科渗透。在小学阶段以综合课程为主，初中阶段设置分科与综合相结合的课程。

聋校的分科课程包括语文、数学、体育与健康、思想品德、外语、律动、美工等，历史与社会、科学既可以选择综合课程，也可以将历史与社会分为历史、地理的分科课程，将科学分为生物、物理、化学的分科课程。综合课程包括：品德与生活、品德与社会、科学课、生活指导课、劳动技术课、职业技术课、沟通与交往、综合实践活动。2015年教育部启动了《聋校义务教育课程标准》审定工作，确定了思想品德、语文、数学、历史、地理、体育、美术、律动、物理、化学、生物、沟通与交往等12门课程的课程标准。

案例 5-2

南京聋校开发校本课程资源[①]

南京聋校在其课程改革中，既设置了国家课程体系中的所有学科，并且积极开展校本课程资源开发。校本化活动课程资源分为社会适应、学科纵横和一技之长3个板块，涵盖沟通与交往、心理导航、人文学科、自然学科、信息技术、兴趣爱好、中国技艺、运动竞技等8个主题和30多门活动课，满足了听障学生的缺陷补偿、潜能开发、兴趣特长发展等需要。学校每个学期都会开展汉语口语、社交礼仪、心理辅导等一系列相关活动课程，提升学生的口语交往能力，规范手语交流形式，普及人际交往的知识和技巧，提升学生与人交往的信心。学校也将中华民族传统文化融入校本课程体系。学校开展了民间工艺大师进校园活动，充分发挥听障学生视觉敏锐、动手能力强的优势，引导听障学生学习灯彩、泥塑、剪纸、烙画、脸谱等传统手工艺。南京聋校课程体系总框架图见图5-2。

---

① 南京市聋人学校课题组."融"文化引领下的课程改革——南京聋校"最少受限"校本课程实施的理念与实践[J]. 现代特殊教育,2015(Z1):47-49.

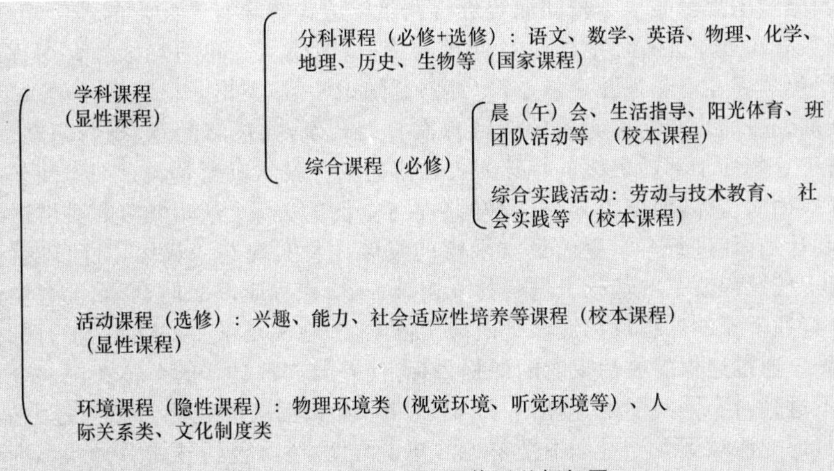

```
                    ┌ 分科课程（必修+选修）：语文、数学、英语、物理、化学、
                    │                      地理、历史、生物等（国家课程）
      学科课程      │
      （显性课程）  │              ┌ 晨（午）会、生活指导、阳光体育、班
                    └ 综合课程（必修）│ 团队活动等 （校本课程）
                                    │ 综合实践活动：劳动与技术教育、社
                                    └ 会实践等（校本课程）

      活动课程（选修）：兴趣、能力、社会适应性培养等课程（校本课程）
      （显性课程）

      环境课程（隐性课程）：物理环境类（视觉环境、听觉环境等）、人
                          际关系类、文化制度类
```

图 5-2　南京聋校课程体系总框架图

（三）视障儿童的课程设置

视障儿童的课程设置采取九年一贯的整体设置方式,包括国家课程和地方与学校安排课程两部分,以国家安排课程为主,地方、学校安排课程为辅。既开设普通学校的一般性课程,也设置必要的特殊性课程。具体的课程包括人文与社会、语言与文学、体育与健康、数学、科学、艺术、技术、康复、综合实践活动等九个学习领域。其中,低、中年级阶段以综合课程为主,高年级阶段设置分科与综合相结合的课程,开设思想品德(低年级开设品德与生活、中年级开设品德与社会、高年级开设思想品德)、语文、数学、外语(三年级开始)、体育与健康、艺术(或分科选择音乐、美工)、科学(高年级或分科选择生物、物理、化学)、历史与社会(或分科选择历史、地理)、康复(低年级开设综合康复,低、中年级开设定向行走,中、高年级开设社会适应)、信息技术应用、综合实践活动等课程。2015 年教育部启动了《盲校义务教育课程标准》审定工作,确定了品德与生活、品德与社会、思想品德、历史、地理、生物、物理、化学、语文、数学、外语、体育与健康、美工、音乐、综合康复、定向行走、社会适应、信息技术、综合实践等 19 门课程的课程标准。

（四）随班就读特殊需要儿童的课程设置

视障、听障、智障儿童中残障程度较轻的儿童,此外还有肢体残疾、情绪和行为障碍、学习障碍等其他各类特殊需要儿童,都可以通过随班就读在普通班级中学习。根据联合国教科文组织对全纳教育的基本要求,全纳课程必须以所有学生都能接受的方式进行组织和教学;全纳课程必须使用全纳性学习模式来加强基础,包括一定的学习类型,强调与学生相关的技能和知识;全纳课程必须具有足够的灵活性,以适应不同文化背景学生的差异性;全纳课程需要设定不同的基线水平,以便不同技能水平的学生都可以参与学习。课程进度设计必须使每个学生都能有成就感;越综合的课程对教师的要求就越高,为了使教师有效地执行这个课程,必须给他们足够的支持。全纳课程应包括学校的正式课程和潜在课程,潜在课程如学生之间的交往、师生间的课堂内外交往、社区中(包括家庭中)的学习经验等,以给学生提供有质量的教育。同时要求全纳课程必须平等对待所有学生,帮助他们实现上述目标。因此,它必须是严格的,同时必须具有足够的弹性,能满足不同特点的学生的需要。[①]

---

① 陈云英,杨希洁.全纳教育共享手册[M].赫尔实,译.北京:华夏出版社,2004:101-114.

因此,实施全纳教育要求学校和课程进行调整以适应特殊需要儿童的独特需要,但目前我国的普通教育还处于儿童适应学校及课程的阶段,即使新一轮的基础教育课程改革已经十分深入了,仍然存在着忽视儿童特点,单纯强调知识学习,突出对全体学生的关照,忽视个体差异的倾向。普通班级中有大量的有特殊需要的儿童,如情绪问题、行为问题、处境不利儿童等。对于这些处于普通班级的特殊需要儿童的教育教学应当是融合在班集体教学中进行的。教师应面向全体,照顾差异,处理好共性与个性的关系,为每个学生提供适合他们的目标、课程和计划,促进每个学生的最大限度的发展。要实现这一目标,对随班就读的课程在融合普通学校课程改革的基础上进行如下调整:① ① 课程应以面向全体、促进学生全面发展为目标。普通学校的课程目标应该是面向全体学生,在满足学生共性需要的同时,承认差异、照顾差异。通过这样的灵活变通的课程目标,使差异非常显著的个体在同一个班级中共同进步,只不过针对不同的学生个体,在知识、思维能力、解决问题能力和创造力方面,其要求有所不同,还应注意到教学目标不是单纯的知识维度,还应包括技能、情感、态度、价值、过程与方法等多个维度。对于一些特殊需要儿童如学习障碍儿童而言,知识的掌握是存在困难的,但在情感或其他方面则并不存在很大的障碍,只是需要设置合理的目标来加以促进;对残障儿童可以参照特殊学校的课程目标适当突出对其缺陷补偿、身心康复、人际交往、社会适应、职业准备等能力的培养;对于情绪和行为障碍儿童,则主要是从非智力的、情感的、自我意识等方面入手,结合行为矫正和塑造手段,促进其积极向上。实施照顾差异的教学,采用个别化教学策略,针对各种特殊需要的不同特点,采取灵活多样的教学方式,促进其在各自原有水平上获得进步,实现合适的教学目标。② 设置灵活多样的课程。实施素质教育和教育机会均等策略,都要求将各类特殊需要儿童尽可能安排在普通班级与普通儿童共同学习,因此,课程必须要有灵活性,以适应学生的差异。全纳性课程设置的对策主要包括:加强基础学科,突出基本概念;将必修课程和选修课程结合起来;将活动课程与学科课程结合起来;适当开设单元课程、综合课程或模块课程;建立资源教室或课程资源中心;对课程结构的整体优化;编写不同难度水平的课本等。

三、特殊教育课程内容的创新

(一)活教育思想对扩充特殊教育课程内容的启示

20世纪40年代,现代教育学家陈鹤琴就提出了活教育思想,其内容如下。

1. 目的论

活教育的目的就是在做人,做中国人,做现代中国人。

2. 课程论

"大自然,大社会,都是活教材","活教育的课程是把大自然+大社会做出发点,让学生直接对它们去学习"。"现在我们在这里主张大家去向大自然+大社会学习,就是希望大家能把过去书本万能的错误观念抛弃,去向活的直接的知识宝库,探讨研究。"②

3. 五指活动

包括:① 儿童健康活动(包括体育、卫生等学科);② 儿童社会活动(包括史地、公民、常识等学科);③ 儿童自然活动(包括动、植、矿、理化、算术等学科);④ 儿童艺术活动(包括音

---

① 华国栋.特殊需要儿童的心理与教育[M].北京:高等教育出版社,2004:72-76.
② 吕静,周谷平.陈鹤琴教育论著选[M].北京:人民教育出版社,1994:89-132.

乐、图画、工艺等学科);⑤ 儿童文学活动(包括读、作、写、说等学科)。

活教育思想与当前的课程改革是极为吻合的。在大自然和大社会中学习的课程观,符合从特殊儿童经验中选择课程内容的原则,也符合特殊儿童的心理和学习特点。活教育基本原则要求在实施活教育时培养儿童的独立意识,对他们能够做到的,应当让他自己做,对儿童能够想的,也要让他自己去想。这一基本原则也是特殊儿童教育中应当贯彻的重要原则和要求。因此特殊教育学校课程可以借鉴活教育的课程观。

(二) 多元智能理论对扩充特殊教育课程内容的启示

加德纳反对传统的智力观,提出了多元智能理论。该理论认为人类有以下八种主要的智能:音乐智能、身体—运动智能、逻辑—数学智能、语言智能、空间智能、人际关系智能、个人内省智能和自然观察智能等,其中的一种或一组智能可使个体顺利地解决有关问题或进行创造活动。多元智能理论的提出对传统特殊教育的课程观有巨大的影响,其课程实施应体现为"为多元智能而教、通过多元智能来教"。在特殊教育学校的课程内容中,应尽可能体现出多元智能的特点,鼓励特殊学生发挥各自的优势智能,弥补劣势智能,更好地理解所学习的内容,并在课程学习中发展多种智能。[①]

(三) 信息化社会发展现实对扩充特殊教育课程内容的启示

信息技术的快速发展已经对传统教育产生了巨大的影响。对于特殊儿童而言,应用信息技术一方面可以帮助他们开阔视野、扩展知识面、丰富阅历。另一方面则有助于弥补其感官或智力方面的缺陷,使他们获得回归社会的强大武器。但信息技术在发展中也遇到一些问题,如过分强调信息技术的技术性一面,忽略了社会道德的要求,导致部分青少年误入歧途。

在现代信息社会,学校不可能将学生完全与社会和网络隔离,而且信息技术也是特殊学生走入社会后必须具备的生存技能,因此必须强化信息技术教育中的道德教育,提高特殊学生自身的道德素质水平和自我防护能力,丰富其社会经验,提高自我约束、抵制不良信息诱惑的自制力。在强化信息技术道德教育的基础上,再加强特殊学生信息技术的应用技能,使其能够自觉地将信息技术应用于发展自身兴趣、获取信息和丰富知识、建立正常的社会人际交往(包括网络途径的交流)、提高信息技术的创新能力等。

(四) 安全文化对扩充特殊教育课程内容的启示

近年来,特殊教育学校的安全问题日益突出,智力落后学生受到性侵犯、聋生被拐骗而离校或离家出走、部分聋生被胁迫从事盗窃等违法行为、个别特殊学生采取自杀等极端行为,诸如此类的不安全事件层出不穷。特别是2008年5月12日在四川汶川发生的大地震,导致许多中小学校舍倒塌,数以千计的中小学生被埋在废墟里,四川省遇难和失踪的学生共计5335名。[②] 与此同时,也有部分位于震中的学校由于平时安全防范到位、有详细的疏散演练预案,全校学生无一伤亡。在受地震影响的一些特殊教育学校里,教师们在地震发生后及时带领特殊儿童撤离,未发生伤亡事故。这些实际情况表明,维护特殊教育学校的安全已经成为一项刻不容缓的任务。

校园安全文化包括精神、制度、物质三个层面。精神层面是指学校的领导和师生员工共同信守的安全基本准则、信念、安全价值和标准等,是校园安全文化的核心和灵魂。制度层

[①] 田友谊. 多元智能理论视野中的特殊教育[J]. 中国特殊教育,2004(1):14-18.
[②] 四川举行新闻发布会通报汶川地震灾后恢复重建情况[EB/OL]. (2009-05-07). http://news.xinhuanet.com/politics/2009-05/07/content_11328611_3.htm.

面是通过书面表现的、可操作性的、明确的细节规范。物质层面是常见的、学校提供的可见的安全设施和基础建设。校园安全文化精神层是衡量一个学校是否形成了自己的安全文化的标志。2006年教育部在《关于在全国中小学开展创建和谐校园的意见》中明确提出:"按照以人为本,落实安全、健康、文明、和谐的总体要求,以解决事关师生安全、卫生等突出问题为重点,着力抓好规章制度建设、安全卫生设施建设、校园文化和师生和谐建设,充分调动广大学校师生、家长和社区的积极性,共同推进和谐校园创建活动的开展。"建设和谐校园要求将加强校园文化建设、提高校园文明水平作为头等重要的大事来抓,为解决特殊教育学校的安全问题提供了新的思路。

(五)奥林匹克精神对扩充特殊教育课程内容的启示

2007年第12届世界夏季特奥会在上海举行,2008年第29届夏季奥运会、第13届残奥会在北京举行,2022年第24届冬奥会、第13届冬季残奥会也将在北京举办,这些重大国际体育赛事为特殊教育学校的体育课程改革提供了丰富的内容。因此在特殊教育学校体育课程改革中应考虑增加奥林匹克教育的相关内容。具体内容包括:① 普及奥林匹克运动知识;② 宣扬奥林匹克精神;③ 开展有关奥运会的国情教育;④ 开发北京奥运会的独特教育资源;⑤ 倡导科学的锻炼与健身方式。

(六)融合教育发展对扩充特殊教育课程内容的启示

随着特殊教育的发展,特殊教育课程也不断演进,传统的特殊教育课程模式——平行分立课程模式,也逐渐转向为融合参与课程模式。平行分立课程模式是在强调特殊、差异的背景下,以普通教育课程为基准,根据"特殊儿童的智力水平与能力层次不同而采取水平扩展或减缩,垂直充实或降低的办法编订课程"。融合参与课程模式是基于均衡性融合的理念,将普通教育课程内涵纳入特殊教育框架中,或将特殊教育的教学策略、调整理念融入普通教育的教学中,以满足包括特殊儿童在内的所有学生。因此,在特殊教育学校的课程内容中,应突出课程的基础性,重视课程的补偿性并强调课程的灵活性,课程内容不仅能让其获得基本知识、技能,而且能根据特殊儿童的具体情况再做适应性调整,实现个别化的教学,使特殊儿童获得适合其自身的最优发展。[①]

第3节 课程实施

一、特殊教育传统课程实施中存在的问题

(一)特殊学生的学习方式落后

传统特殊教育课堂教学中学生学习方式存在着被动学习、以个体学习为主、缺乏合作性等问题。

被动学习表现为在课堂教学中教师讲、学生听(看)的教学模式。学生被动地接受知识,教学活动完全按照教师的预先设计和安排进行,特殊学生缺乏主动探索的活动。其原因首先在于许多特殊教育教师受普通教育中应试教育倾向和社会文化的消极影响,不自觉地将教师置于主导的地位,而将特殊学生看作是被动的个体,忽视了特殊学生的特点及其需要。

---

① 盛永进.全纳走向下国际特殊教育课程的发展[J].外国教育研究,2013(9):88-95.

其次,特殊学生的生理缺陷也导致教师过分强调照顾。如许多教师认为聋生不仅存在听力语言障碍,而且无法独立思考和学习,必须完全在教师的指导下才能获得进步。当教师越来越多地代替学生进行思维和动手解决问题时,这种指导就失去了其积极意义,成为制约聋生思维发展的一个隐性的障碍。以至于离开教师的提示和帮助,聋生就无法有效地获取信息,理解课程内容。再次,存在着对教师主导作用和学生主体地位的误解,在师生互动过程中更注重教师的活动,而对特殊学生学习活动中的自主性重视不够。如对于智力障碍学生,教师为了适应其缺陷不得不过多地对其加以指导,评课时人们也更关注教师如何表演,而忽视了学生是否参与和获得有效信息,甚至部分教师形成了保姆的心态,习惯于包办代替特殊学生的思维和活动,逐渐地使许多特殊学生习惯于跟着教师的思路来被动地学习,缺乏学习的积极性和主动性。

受特殊学生感觉或智力障碍的影响,在传统课堂教学中,学生的活动多数停留在独立学习水平上,同伴之间的交流比较少,这种状况进而也影响到了特殊学生合作性的培养。

(二) 缺乏师生互动与信息反馈不及时

从信息论的角度来看,教学过程实际上也是师生进行信息交流的过程,课堂中的交流与反馈是学习中的重要活动,但由于特殊学生在感觉通道和知觉统合上存在的障碍,给教师获取反馈带来困难,造成信息沟通不及时,教师对学生学习情况无法及时反馈,学生在学习中遇到的问题也无法直接向教师提出。如聋生多数是通过视觉途径来获取信息的,然后再将这些信息进行加工改造和做出反馈,在这一过程中缺少了听觉信息的辅助,使信息获取本身不够完善,而在表达和做出反馈时也受聋生口语水平的限制,更多的要靠视觉途径来进行。这样容易导致视觉器官的信息负荷过重,而降低信息接收和加工处理的效率。此外,由于聋生的语言发展滞后,教师在进行信息反馈的同时还要对其语言上的困难进行补偿训练,导致教学信息的低效率运转。视障儿童则主要依靠听觉获取信息,由于许多学习内容需要借助视觉来辅助,如几何图形的识别等,视障学生缺少一定视觉基础和直观形象,造成理解上的困难。

课堂的教学活动是师生互动的过程,教师和学生在信息交流中都要发出和接收信息。要帮助特殊学生克服在语言、图片、文字、手势等信息加工处理上的障碍,同时教师要形成与学生进行信息交流的意识,将影响课堂教学中师生之间信息交流的障碍加以消除,从而实现及时的反馈与师生互动。要实现课堂中的有效交流,首先要解决好教学手段问题,如对聋生宜采用多种交流手段并用的方法,使口语、书面语、手语、手指语、表情和体态语以及其他教学媒体共同发挥作用,帮助聋生更好地获取信息。长期以来存在的聋教育中"口手"之争实际上将不同的交流手段对立起来,这是不符合聋生实际特点和需要的。近年来,随着聋人双语教育理念的提出,人们又对采取何种手语为教学语言的问题进行了探讨。教师的教学手语实际上是文法手语,是对书面语的翻版和直译,这与聋生的日常习惯是不符的,因此教学语言应当作为聋教育改革中的一个重大问题来进行探讨,着重解决中国手语的构词法、句法等问题,使其既符合聋人的表达习惯,又能不断添加适应时代发展的新词,并且也方便人们在教学中按照便于交流的方式来进行信息沟通,以促进聋生的语言和思维的发展。对于视障学生而言,需要调动其残余视觉、听觉、触觉等多种感觉通道,通过大字课本、大屏幕投影、助视器、盲文课本、有声读物等多种信息传播手段使信息得到有效的传播。但目前我国盲校仍使用落后的盲文,汉语双拼盲文在盲校却未能有效地推广,也给盲生学习带来一定困难。

(三) 教学内容脱离生活实践

由于残疾学生的感官缺陷、语言缺陷或智力缺陷,学生缺乏社会实践和对客观事物的感性经验,而教材中有许多内容是远离学生实际生活的。这就加重了他们在学习上的困难程度。在具体的教学活动中,许多教师也较依赖教材,对特殊学生的知识面扩展和能力的提高重视不够,如许多语文课的教学主要是从分析课文角度着手的,使大量的时间和精力陷入语法分析中,而没有时间充分进行对文章内容及其情感的体验。

传统的课程教学存在以下问题。一方面,通常是以课堂教学为主来进行的,至于日常生活和未来职业中所要用到的一些知识技能,学生无法在有限的教材中学到,需要通过各种活动来丰富和发展这方面的感性经验,增强情感体验,为今后在工作和生活中进一步应用这些原理奠定基础。另一方面,传统课程教学进度缓慢。例如,在聋校教学中,由于聋生的听力障碍,首先要考虑发展其语言,这样就得花费大量的时间进行基础训练。无形中就使有效教学时间减少,随着教学内容的难度加深,聋生的理解力跟不上,也需要更多地进行重复训练。这样聋校课堂教学的效率显得不够高。而智障儿童的教学中,教材往往脱离学生生活实际,从整体来看,在教材的编排和教学进度上,都比普通儿童的教学要慢得多,个别照搬普通学校课本的学校还会出现学习内容与时令不同步的问题。教学进度的缓慢,使特殊儿童在校学习的知识量非常有限,这为他们走入社会、谋求生活自立、获得稳定的职业以及升入高一级学校学习都会带来很大的影响。

(四)教学活动中忽视对非智力因素的培养

非智力因素是影响学习活动的重要因素,非智力因素包括情感、意志、学习动机、学习兴趣、性格和气质等因素。非智力因素虽不直接参与学习过程,但对学习活动具有动力、维持和调节作用,是学习活动的动力系统。脱离开非智力因素的作用,单纯发展认知能力,是传统教育中存在的弊端之一。由于特殊学生的感官或智力缺陷,以及由第一性缺陷而引起的语言和思维等第二性的缺陷,使得特殊学生在学习时会遇到许多障碍,对他们而言缺少非智力因素的参与,就会带来其学习方面的极大困难。

特殊学校传统课堂教学中对特殊学生的学习动力机制关注不够,忽视培养其积极的情感、意志、态度、目标、抱负等。学生的学习目标不明确,学习动机停留在外部动机水平上,学习积极性不高,缺乏自觉性,情绪不稳定,缺乏毅力。对于有一定先天不足或智力发展较缓或存在语言困难的特殊学生来说,如果他们能够发挥其非智力因素的积极作用,在一定程度上可以弥补自身能力的不足。因此,非智力因素在促使特殊学生由缺陷型向追赶型、优势型的学习者转变过程中有着极其重要的作用。

二、特殊学校新课程实施的措施

针对传统课程与教学中存在的问题,在课程改革中需要进一步加强对特殊学生心理特点的研究,探索改进和完善特殊教育课程体系的策略,进而变革传统教学方式,落实新课程的基本要求,鼓励教师积极参与课程改革,使当代先进的课程理论与特殊教育的教学实践相结合,推动特殊教育的良性发展。

(一)由被动学习向主动学习转变

在新课程改革中特别强调要实现由被动学习向主动学习的转变。要将特殊学生看作是学习的主体,充分调动其参与的积极性,发挥主体性作用。在教学中发挥主体性作用体现了特殊教育一贯坚持的以人为本的要求。特殊教育工作历来强调教师要关心学生,尊重其人格,贯彻人性化精神。课程改革也应围绕学生的特点和需要而开展,教师在教学过程中应与学生积极互动、共同发展,处理好传授知识与培养能力的关系,注重培养学生的独立性和自主性,在其自身条件基础上引导他们参与学习活动,特别是通过实践进行学习,促进学生在教师指导下主动地、富有个性地学习。

实施主体性教学,要求将特殊学生的学习由"学会"转变为"会学",充分发挥学生在学习过程中的主观能动性,自觉参与教学活动过程,促进学生的主动学习、主动发展,在主动探究中获取知识。对听障、视障学生要提供自我管理的机会,如在课堂上留给学生活动的时间和空间,尊重学生的独特感受,允许其谈自己的想法和感受;对智障儿童则应转变教学要求,使他们也能够通过学习获得进步,从而激发其参与学习的积极性和热情。

(二)师生共同参与课程的建构过程

每个教学环节都存在着教师对课程的建构过程,如教师在对不同的学生开展教学时,总要根据特定儿童的特点来重组教材,在教法上也不拘一格。即使这样,仍要考虑到具体儿童学习时的个体差异性。因此,教师每次开展教学活动,都在对教材进行加工和改造。在新课程改革中,不仅要求教师积极投入课程的建构过程,也要求学生能够参与。新课程也要求学生在课程学习中,以"观察—思维—迁移"的学习方式,表达自己的意愿和独特感受,来丰富和发展课程内容,特别是开发校本课程和鼓励学生进行设计性的课程尝试,将学生的经验和体会融入新课程的建设中。开发校本课程,要求转变师生对教材的认识,形成"材料式"的教材观。课程内容要结合特殊儿童生活经验,根据特殊儿童语言和思维水平差异极大的特点,灵活地调整内容,体现个性化教育要求。

案例 5-3

教材使用方面的变化①

在教材使用上,新源西里小学使用的是人民教育出版社九年制义务教育的教材,教师对教材进行适当的重组,并增设综合实践类活动课程、校本课程等,以拓展包括特殊学生在内的学生的学习视野,激发他们的学习兴趣,丰富他们的学习内容。同时,由于学生的学习态度、学习能力、学习基础及学习环境等各不相同,对于同一个教学内容,所能学到的知识、获得的技能、形成的态度、情感等差异很大。因此,同一篇教材,我们并不规定学生学此不学彼,而是引导学生选择自己最有感受、对自己影响最深的东西作为其重点学习内容。

张爱霞老师分析了自己在教学《将相和》一文时考虑前后的对比。

以往的使用方法:这是一篇很长的课文,以前教参上怎样要求,就怎样去传授,我先进行人物分析,然后不管课文有多长,该讲的都必须讲完,要求掌握的必须全都掌握,不会的下课后就要补课。但现在就不同了,新的教学理念,新的育人环境,需要教师创造性地使用教材。

现在的方法:学习《将相和》一文时,在第一课时上,我发现彬彬对历史人物和事件知道得特清楚,于是我就大胆地做了一些教材讲授上的调整,把人物分析这一环节交给学生,在学生大量阅读、交流之后,让学生推荐演员,让他们分别饰演蔺相如、秦王、廉颇、赵王,彬彬把秦王演得活灵活现。同学们通过对话加深了对课文的理解,通过这样的教学活动,让学生内心进行真实的体验,与单纯由教师讲解相比,学生自然对人物个性有了更深刻的理解。

---

① 梁松梅,贺春兰,朱振云.融合教育新模式——北京市朝阳区新源西里小学的探索[M].北京:人民日报出版社,2010:118.

（三）由独自学习向合作学习转变

培养特殊儿童与人交往和与人合作比教给他们固定的知识更有价值。合作学习是有效的方法，包括建立合作学习小组或安排小助手、实行轮流负责制等。教师选择部分优秀的学生作为小助手，一方面培养了他们的独立性，加强了学生之间的沟通与合作；另一方面起到了教师助手的作用，可以帮助教师更好地管理班级和课堂活动。同时，教师要充分信任学生的能力，不再像保姆似的包办代替学生的一切活动，而将一些学生自己可以完成的任务交给他们自己去做，使他们在自立中建立合作。也可采用轮流负责制，将班级中某些职责分派给不同的个体，设置适合不同学生特点的班级管理岗位，调动每个学生的积极性，鼓励他们在集体生活中承担一定职责，为集体服务。如在班级内设置图书角、科学角等区域，交由学生负责管理，在发展学生的科学素养和管理能力的同时，增强其合作性与人际交往水平。在普通班级中对随班就读的特殊需要儿童，更应该采取伙伴教学和合作教学策略，将个别的特殊需要儿童分散到各不同学习小组中，由小组其他成员对其进行帮助，实现合理的分工，共同学习和进步。

（四）将教师的权威作用转变为引导作用

在新课程改革的背景下，要求以学生为中心，转变教师的职能，变教师的绝对权威为教师起引导作用和学生发挥主体作用。教师的引导作用和学生的主体作用两者是辩证的关系，学生应当是学习活动的当然主体，其学习活动应表现出能动性、独立性、创造性和基础性等特点，而教师引导作用的特点则可概括为情感性、启发性、促进性和反馈性等。要实现师生的良性互动，就要求教师对学生的行为做到及时反馈，加强交流。在课堂教学中，考虑到特殊儿童的特点，在强调发挥其自主性的同时，要灵活发挥教师的职能来推动学生积极参与课堂活动。教师要了解特殊儿童的特点及其需求，根据学生的反应情况及时调整教学策略，对学生力所能及的活动鼓励其主动参与，注重采用直观教学和动手实践的方法来丰富特殊儿童的感性经验，培养其活动能力和动手操作能力。

（五）采用灵活多样的教学方法

随着新课程的实施，要求教师更多地使用灵活多样的教学方法来实现学生的主体性发展。结合特殊教育的实际情况，倡导采取以下措施：首先是教学生活化。通过生活化教学，使特殊儿童获得相应的生活技能和社会交往技能，将学校中学到的知识经验应用于现实生活中，达到学会生活的目标。其次是加强教学的综合化。教学综合化有助于改变过于注重书本知识的倾向，改变过去强调接受学习、死记硬背、机械训练的现象，也可促进学生主动地参与知识的建构。教学综合化适应了特殊儿童思维和实践经验的特点，有助于克服其缺陷、调动学习潜能，将所学知识技能应用于生活中，最大限度地拓展学习空间，使每个儿童在自身基础上有所进步，成为学习的主人。具体可以通过开展主题活动、多学科知识融合、模拟与实际应用、不同学科教师的协作等来实现。例如，为了促进聋生的学习和记忆活动，教师在教学中可以利用教材中的各种素材，组织学生排演课本剧，以此来调动学生学习的积极性，并能调动他们的各种感官和能力，将复杂的情感和丰富的信息通过活动表现出来。

第4节　课程评价

一、传统课程评价存在的问题

课程评价是教学活动中的重要环节，是对师生双方教学活动进行反馈的必要手段。传统的特殊儿童学习评价有许多亟待改进之处，主要表现为以下几个方面。

（1）关注特殊儿童达成预期学习目标的程度，但对儿童学习过程的评价重视不够。受普通教育的影响，简单的照搬和模仿普通学校的考试形式，乃至举行统一的联考等，部分学校尤其是聋校还特别关注聋生考入大学的比例，出现了向应试教育靠拢的苗头。

（2）过多在特殊儿童个体之间进行相对性评价，对儿童个体进步的评价与激励不足。

（3）评价情境脱离真实生活，不能客观反映特殊儿童实际问题解决能力。

（4）过分注重了量化评价，忽视了深度的描述性评价。

（5）评价多是自上而下进行的，儿童在评价中的参与较少。

此外特殊教育学校的课程评价中还存在着一种错误认识，即片面理解素质教育，对特殊教育学校是否需要增加考试作为衡量学习效果的标准之一持否定态度。

事实上，特殊教育和普通教育一样，也要考虑教学效果问题，因此通过合理的评价对特殊儿童的成绩做出肯定的结论，对其接受教育也是有积极意义的。要办好的特殊教育，就是要使所培养的特殊儿童在素质方面得到全面发展。但由于种种原因长期以来特殊学校的素质教育处于较低水平，在基础教育全面实行素质教育的背景下，特殊学校也同样面临着发展特殊学生素质的艰巨任务。实施素质教育离不开对素质的测评，但特殊教育不应再走许多普通学校都曾经或仍在走的应试道路。

因此，特殊教育机构在课程评价方面应该争取主动，不要跟在普通学校后面跑，而要根据特殊教育的自身特点和特殊儿童的学习规律合理地设计课程评价的形式和内容。使课程评价成为促进学生发展和提高特殊教育学校教学质量的必要措施。

二、特殊教育学校课程评价改革思路

根据教育部颁布的三类特殊教育学校课程试验方案，对特殊教育课程评价应进行大力改革，主要从以下方面入手。

（一）构建多元化的课程评价体系

建立多元化、科学的课程评价体系，发挥评价的诊断、激励、导向功能，采用多样化的评价方法，促进学生、教师、学校在不同层面的发展。

实行学生学业成绩与成长记录相结合的综合评价方式。学校应根据目标多元、方式多样、注重过程的评价原则，综合运用观察、交流、测验、实际操作、作品展示、自评与互评等多种方式，为学生建立综合、动态的成长记录手册，全面反映学生的成长历程。常用的评价方法有终结性评价和过程性评价等。终结性评价是对一个学段、一个学科教学的教育质量的评价，其目的是对学生阶段性学习的质量做出结论性评价，评价的目的是给学生下结论或者分等级。过程性评价是在课程实施的过程中对学生的学习进行评价的方式。

每学期、学年和毕业的考试是终结性评价，应当作为对学生合格水平的考核。而在教育教学的全过程中应采用过程性评价，采用多样的、开放式的评价方法（如行为观察、情境测验、学生成长记录等）了解每个学生的优点、潜能、不足以及发展的需要。这样可以更全面地了解学生的发展水平和潜能。

考试作为评价的主要方式之一,应与其他评价方式相结合;根据考试的目的、性质、内容和对象,选择相应的考试方法;通过考试促进每个学生的进步。一般来说,考试可采用闭卷、开卷、口试、操作等多种方式,学习成绩评定应采用等级制或评语制,义务教育阶段不应对特殊学生的成绩排队、公布。

(二)评价应有利于促进学生的全面发展

评价的内容要有助于特殊学生综合素质的提高。对聋生和盲生而言评价要全面,通过对学科知识和能力的考核,促进学生整体素质的提高和特长的发展。对智力落后儿童则应根据培养目标与学生的实际情况,整体设计社会性与情感、认知、语言、自理和运动等多方面的评价内容,全面反映学生的学习经历和成长轨迹。

根据多元智能理论的要求,在对特殊学生进行评价时,应采取多种不同的手段,以适应不同学生个体的智能特点,而不应强求统一,实行一刀切的做法。在进行评价测试时,应鼓励学生表现出创造性思维,不局限于标准答案,鼓励学生发挥想象,做出有创造性的回答。

(三)改革升学考试

随着特殊教育向高中、大学阶段延伸,对特殊学生的考试选拔也成为当前需要特别关注的问题,考试评价是一种重要的评价手段,因此简单地禁止考试并不利于特殊儿童的成长。但过分依赖考试来选拔,容易导致产生应试倾向,因此在毕业、升学考试的命题中应该严格依据国家课程标准,不设置偏题、怪题,尽可能采用形式多样的考试方式,使学生在考试中有展示特长和潜能的机会。

(四)实施差异化评价

针对特殊儿童差异极大的特点,可以采取适应个别差异的考试方式来实现对不同学生提出不同的要求。差异考试向不同学生提供适合他们各自水平的试卷,但对每个学生都有挑战性的要求,使每个学生只要努力就能取得成功。差异考试符合全面考察学生的要求,对知识、思维能力、解决问题能力、动手能力、态度、情感、意志等方面均可进行考查,注重对探索精神和创造性的培养。差异考试不是选拔性的考试,而是对学生起到教育作用的考试,通过给学生提供成功的机会,了解学生掌握的知识技能情况,开发学生潜能。差异考试打破了千人一卷的局面,在客观公正基础上对不同学生提出不同的要求,其评价的目的是找出学生今后发展的方向,激励学生努力向上。

为了实现差异化评价,应当在课程评价中采取目标评价模式。首先确定个别化的课程目标,根据差异目标确定课程内容,根据差异目标实施课程,最后根据差异目标评价课程。在特殊教育领域得到广泛应用的个别化教育计划实际上就是目标评价的课程模式。

(五)正确对待考试分数

传统的量化考试将学生的多方面才能都掩盖了,只有一个总的分数,无法反映出学生发展的全貌。因此应当树立正确的考试观,形成对待分数的正确态度。一是将试卷的总分与分项分分开报告,使学生及家长了解优势项目;在进行总结性评价时,应将分数与评语相结合,评语应紧扣学生表现,避免千篇一律、格式化、充满套话的评语。在给学生反馈考试结果时,不将分数作为重点,而是将其取得的成就、存在的问题、发展的方向进行点评,使考试发挥教育功能,起到对学习的反馈、强化作用。

三、成长记录袋在特殊儿童课程评价中的应用

成长记录袋就是根据教育教学目标,有意识地将学生的相关作品及其他有关证据收集

起来,通过合理的分析与解释,描述学生在学习与发展过程中的优势与不足,反映学生在达到目标过程中付出的努力与进步,并通过学生的自我反思激励学生取得更高的成就。

成长记录袋的特点首先是质性描述。成长记录袋主要收集学生在学习过程中生成的各种作品(如作业、论文、绘画、手工作品、表演录像等),对学生的努力、成就与进步进行质性的评价。其次是要求目的明确。成长记录袋不是一般意义上的文件夹,其中的材料应依据特定目的而收集。第三是要求主体参与。在自我评价和反思的过程中,学生依据标准和要求评价自己的作品,反思自己的学习过程,从而发现自己的优势和不足,形成追求进步的愿望和信心,明确改进的目标和途径。创建与使用成长记录袋要遵循以下一些基本程序与要求。

1. 明确使用成长记录袋的目的

在特殊儿童学习评价中应用成长记录袋的目的主要有:展示特殊儿童的最佳成果,记录特殊儿童的学习过程,以及评估特殊儿童的学习和发展水平。

2. 确定成长记录袋收集的内容

为了选择成长记录袋内容,应着重思考以下问题:① 为什么——建立成长记录袋是出于什么样的目的;② 评什么——用成长记录袋可以评价哪些学习目标的实现程度或特殊儿童在哪些方面的表现;③ 谁——成长记录袋是给谁看的;④ 什么样——哪些类型的作品或资料适合放进成长记录袋;⑤ 怎么样——将使用什么标准和方式来评价作品。这五个方面紧密联系,基本上勾勒出一个成长记录袋的框架。

3. 让特殊儿童参与创建与使用成长记录袋

特殊儿童既是成长记录袋评价的对象,又是评价的主体,要重视他们在成长记录袋评价中的参与。特殊儿童的参与方式可以不拘一格,如自主选择将什么作品装入成长记录袋、对作品进行自我评价、参与对同伴作品的评价、与他人分享自己的作品和进步、向家长展示成长记录袋成果等。这些参与方式的难度及要求各不相同,可以根据特殊儿童的差异进行选择,以做到因材施教。表 5-2 列出了成长记录袋可以收集的项目。

表 5-2 成长记录袋可以收集的项目

习作	测验卷及分数
阅读过的书目及读书报告单	观察评估和报告
学习日志	家校联系记录
自我反思	综合实践活动记录
研究性学习报告	绘画
工作单	手工制品
实验报告	计算机输出稿光盘
文艺演出的海报及录像	获奖证书
教师评语或教师使用的核查表	合唱或朗诵录音
个别教育计划	其他媒体

4. 确定成长记录袋的评分办法

成长记录袋评分与否以及如何评分取决于它的使用目的。如果成长记录袋用于展示学生的最佳成果,那么所收集的作品不必专门进行评分,因为既然学生选择了这些作品,就表明他/她对自己的作品十分满意,认为作品已经体现了他/她所能达到的最高水平;如果成长记录袋用于形成性评价,通常要经常性地对所收集的单件作品进行分项目的细致评分,以使学生清楚地看到自己的优势与不足;如果成长记录袋用于终结性评价,教师要根据评价内容的性质决定成长记录袋评分的具体方式,可以先给所收集的每份作品评分然后换算出一个整体的分数,也可以直接采用通过整体印象进行评分的方法。

5. 在教学与交流中丰富成长记录袋

随着学习的进展,成长记录袋内容在不断丰富和变化。教师有很多机会来检查和回顾这些作品,并与儿童展开讨论和对话。在创建和使用成长记录袋的过程中进行观察,可以为教师实施形成性评价和采取某些教学决策提供依据。成长记录袋也可以作为与家长交流的一个很好的载体。

本章小结

特殊教育学校课程改革工作已经取得一定进展,教育部颁布了三类特殊教育学校的课程方案。课程改革后的特殊教育课程体系包括以下要素:① 课程培养总体目标;② 课程设置;③ 课程标准;④课程内容;⑤ 教材;⑥ 课程实施;⑦ 课程评价;等等。根据特殊学生的特点,课程内容的整合性、生活化、综合性应成为特殊教育学校课程改革的重要方向之一。培智学校课程分为一般性课程和选择性课程。聋校课程改革以综合课程和分科课程相结合。视障儿童的课程设置采取九年一贯的整体设置方式。而随班就读的特殊需要儿童则需要有足够灵活性的课程。

在新形势下有很多新的理论、观点和方法对特殊教育课程内容选择有一定的启发性。如活教育思想、多元智能理论、信息技术应用、校园安全文化建设、奥林匹克教育和融合教育等。

特殊教育传统课程实施中存在许多问题,如特殊学生的学习方式落后、缺乏师生互动与信息反馈不及时、教学内容脱离生活实践、教学活动中忽视对非智力因素的培养等问题。

针对传统课程与教学中存在的问题,在课程改革中应注意做到:促进学生由被动学习向主动学习转变、师生共同参与课程的建构过程、由独自学习向合作学习转变、将教师的权威作用转变为引导作用、采用灵活多样的教学方法等。

传统课程评价也存在许多问题,因此亟须对特殊教育课程评价进行改革,主要措施包括:构建多元化的课程评价体系、评价应有利于促进学生的全面发展、改革升学考试、实施差异化评价、正确对待考试分数等,特别是改变传统的评价方法,可以采用成长记录袋评价法。

思考与练习

1. 什么是课程,如何理解课程的本质?
2. 为什么要对特殊教育学校课程进行改革?
3. 结合某一类特殊儿童的特点分析如何确定课程内容。
4. 分析活教育思想对特殊教育课程改革的启示。
5. 多元智能理论对特殊教育课程改革有何启示?
6. 传统的特殊教育学校课程实施中存在哪些问题?
7. 如何开展特殊教育课程改革?
8. 如何改革特殊教育课程评价?
9. 如何在特殊教育学校应用成长记录袋评价法?

附录1：

盲校义务教育课程设置实验方案

根据《中华人民共和国义务教育法》《国务院关于基础教育改革与发展的决定》《基础教育课程改革纲要(试行)》"构建符合素质教育要求的新的特殊教育课程体系"的要求，参照普通学校《义务教育课程设置实验方案》，结合视力残疾儿童身心发展特点，设置盲校课程。

课程设置从视力残疾儿童的身心发展规律出发，坚持以人为本，努力构建有中国特色、充满活力的视力残疾儿童义务教育课程体系，为造就高素质劳动者、专门人才和拔尖创新人才奠定基础。

一、培养目标

全面贯彻党的教育方针，促进视力残疾学生全面发展，尊重个性发展，开发各种潜能，补偿视觉缺陷，克服残疾带来的种种困难，适应现代生活需要。

使学生具有爱国主义、集体主义精神和民族精神，热爱社会主义，继承和发扬中华民族的优秀传统和革命传统；具有社会主义民主法制意识，遵守国家法律和社会公德，依法维权；逐步形成正确的世界观、人生观、价值观；正确地认识和对待残疾，具有乐观进取、自尊、自信、自强、自立、立志成才的精神、顽强的意志以及平等参与的公民意识；具有社会责任感，努力为人民服务；具有初步的创新精神、实践能力、科学和人文素养以及环境意识；具有适应终身学习的基础知识、基本技能和方法；身体健康、具有良好的心理素质，养成健康的审美情趣和生活方式，学会交流与合作，初步具有独立生活能力、社会适应能力和人生规划意识，成为有理想、有道德、有文化、有纪律的一代新人。

二、课程设置的原则

为实现上述目标，视力残疾儿童义务教育课程除应遵循普通义务教育课程设置的原则外，还应遵循以下原则。

（一）普遍性与特殊性相结合的原则

贯彻国家基础教育课程改革精神，坚持视力残疾儿童教育与普通儿童教育共性的同时，从视力残疾儿童身心发展的特点出发，注重学生的潜能开发和缺陷补偿，调整教育内容、课时数，以达到与普通学校相应的目标，促进视力残疾儿童全面发展。

（二）继承、借鉴与发展相结合的原则

结合国情，总结并继承我国各地视力残疾儿童教育的成功经验，立足全面发展、注重潜能开发和补偿缺陷、加强劳动教育、强调适应社会；借鉴与吸收国外视力残疾儿童教育的有益经验，力求教育与医疗、教育与康复、教育与训练、教育与心理辅导等相结合，让学生学会学习、学会做事、学会共处、学会做人。

（三）面向全体与照顾差异相结合的原则

从多数视力残疾儿童的教育需要出发，合理均衡地设置课程，同时针对视力残疾儿童个体间差异，根据地方和学校的实际以及学生的特殊需要，进行适度调整，力求面向全体、因材施教。

（四）综合课程与分科课程相结合的原则

依据视力残疾学生身心发展的特点和学科知识的内在逻辑，整体设置义务教育阶段课程；重视学科知识、社会生活和学生经验的整合；课程门类由低年级到高年级逐渐增加，低年级以综合课程为主，高年级以分科课程为主，同时做好各年级课程之间的衔接与过渡。

三、课程设置

(一)课程结构

整体设置九年一贯的视力残疾儿童义务教育课程,包括国家安排课程和地方与学校安排课程两部分,以国家安排课程为主,地方、学校安排课程为辅;既开设普通学校的一般性课程,也设置必要的特殊性课程。课程内容涉及:人文与社会、语言与文学、体育与健康、数学、科学、艺术、技术、康复、综合实践活动等九个学习领域。

(二)课程设置

低、中年级阶段以综合课程为主,高年级阶段设置分科与综合相结合的课程,开设思想品德(低年级开设品德与生活、中年级开设品德与社会、高年级开设思想品德)、语文、数学、外语(三年级开始)、体育与健康、艺术(或分科选择音乐、美工)、科学(高年级或分科选择生物、物理、化学)、历史与社会(或分科选择历史、地理)、康复(低年级开设综合康复,低、中年级开设定向行走,中、高年级开设社会适应)、信息技术应用、综合实践活动等课程(见表5-3)。

表5-3 视力残疾儿童义务教育课程设置表

课程门类	周课时 / 年级 课程		一	二	三	四	五	六	七	八	九	%
	品德与生活		2	2								6.3
	品德与社会				2	2	2	2				
	思想品德								2	2	2	
	历史与社会*	历史							2	2	2	3.5
		地理								2	2	
	科学*	科学			2	2	2	2				7.8
		生物							2	2		
		物理								3	3	
		化学									4	
	语文		7	7	6	6	6	5	5	5	5	18.3
	数学		5	5	5	5	5	5	6	6	6	16.9
	外语				2	2	2	4	4	4	4	7.8
	体育与健康		2	2	2	2	2	2	2	2	2	6.3
	艺术*	美工	2	2	2	2	2	2	1	1	1	10.6
		音乐	2	2	2	2	2	2	1	1	1	
	康复	综合康复	3	2	1							7.4
		定向行走	1	1	1	2	2	2				
		社会适应				1	1	1	1	1	1	
	信息技术应用		1	1	1	1	1	1	1	1	1	15.1
	综合实践活动		1	2	2	3	3	3	2	1	1	
	学校课程		2	2	2	2	2	2	2	1	1	
	周总课数(节)		28	28	30	32	32	33	33	34	34	284
	学年总时(节)		980	980	1050	1120	1120	1155	1155	1190	1122	9872

说明:带*的课程为积极倡导选择的综合课程,条件不足的也可选择分科课程。
国家将通过制订各科目课程标准来规定各科目课程的具体内容和要求。

四、课程设置的有关说明

（一）关于课程的实施

1. 本课程方案所规定的课程门类、教学内容、教学要求、课时分配,体现了国家对全日制盲校义务教育的基本要求,是各级教育部门和盲校组织、安排教学活动的依据,制定各科课程标准、编写教材的依据和督导、评估盲校教学工作的依据。在本方案的指导下,各省、自治区、直辖市教育委员会、教育厅(局)可结合本地区的实际情况进行适当调整,并对地方安排课程的设置、课时分配等做出明确规定。调整后的课程方案下发当地盲校严格执行,并报国家教育部备案。

2. 盲校学制为九年一贯制。

入学年龄一般与当地普通小学相同,在特殊情况下可适当放宽。

盲校每班班额以8—12人为宜,如有视力残疾兼多重残疾学生,班级人数可适当降低。

每学年上课时间35周。学校机动时间2周,由学校视具体情况自行安排,如学校传统活动、文化节、运动会、远足等。复习考试时间2周(九年级的第二学期毕业复习考试时间增加2周)。

低年级每天安排6节课,中高年级每天安排7节课。每天安排广播操20分钟;对低视力学生应安排眼保健操,上下午各一次。统筹安排体育课和体育活动,保证学生每天有1小时体育锻炼时间。

每节课时原则上为45分钟;低年级阶段,应当在每节课的中间安排5分钟的休息或活动。

3. 盲校对盲生和低视力学生应当实行分类教学。为低视力学生举办低视力班,对于人数不足以编班的低视力学生,可以和盲生混合编班,但应积极创造条件同班分类教学。

盲校应创建低视力无障碍环境,为低视生配置助视器械、大字课本、适宜灯具等有关设备,学习和使用明眼印刷文字,注意并鼓励低视生利用其剩余视力,并传授有效使用和保护剩余视力的技巧,提高其运用视觉的能力。

低视力班的教学安排,可参照普通学校课程设置方案,进行适当调整。普通学校可参照本方案对随班就读的视力残疾学生实施特殊教育。

对于有其他障碍的视力残疾学生,也应采取相应的措施给予专门指导。

4. 各门课程均应结合本学科特点,有机地进行思想、道德、环境、心理健康、国防、安全等教育,进行无神论和破除封建迷信的教育以及转变旧习俗,树立新风尚的教育。

各门课程均应结合本学科的特点,注重调动盲生多重感官参与学习。

高年级阶段可继续进行定向行走训练。定向行走课程教学应结合盲校寄宿制的特点,安排在学校集体教学之余进行,并注意课上与课外相结合、集中指导与个别矫正相结合。

盲校应对有个别矫正需要的学生实施个别矫正。

5. 根据学生的学习成绩、特长和志愿,高年级时学校可实行分流教学:对于不准备升学的学生,可安排较多的时间进行社会生活和劳动技术教育;对于准备升学的学生,可安排较多的时间学习文化课。在最后一年,应安排必要的时间对学生进行升学、就业的教育和指导。

(二)关于课程的评价

1. 实行学生学业成绩与成长记录相结合的综合评价方式。学校应根据目标多元、方式多样、注重过程的评价原则,综合运用观察、交流、测验、实际操作、作品展示、自评与互评等多种方式,为学生建立综合、动态的成长记录手册,全面反映学生的成长历程。

2. 学期、学年和毕业的终结性考察、考试是对学生合格水平的考核。要在教育教学的全过程中采用多样的、开放式的评价方法(如行为观察、情境测验、学生成长记录等)了解每个学生的优点、潜能、不足以及发展的需要。

考试是评价的主要方式之一,考试应与其他评价方式相结合;要根据考试的目的、性质、内容和对象,选择相应的考试方法;通过考试促进每个学生的进步。

每学期、学年结束时学校要对每个学生进行阶段性的评价。评价内容应包括各学科的学业状况和教师的评语。评语应在教师对搜集到的学生资料进行分析,并与同学、家长交流、沟通的基础上产生。评语应多采用激励性的语言,客观描述学生的进步、潜能及不足。同时要制订明确、简要的促进学生发展的改进计划,帮助学生认识自我,树立自信。

3. 考试、考查采用闭卷、开卷、口试、操作等多种方式,学习成绩评定应采用等级制或评语制,不得将学生成绩排队、公布。

4. 考核要全面,通过对学科知识和能力的考核,促进学生整体素质的提高和特长的发展。

初中毕业、升学考试命题必须依据国家课程标准,杜绝设置偏题、怪题,要采用形式多样的考试方式,使学生在考试中有展示特长和潜能的机会。

参加当地初中毕业、升学统一考试时,考试时间为普通考试时间的 1.5 倍,对视力残疾学生不可感知或超出视力残疾学生能力的题,原则上按得分题的比例折算弥补追加。

5. 参加当地教育主管部门确定考试科目和命题考试合格即准予毕业。

附录 2:

聋校义务教育课程设置实验方案

根据《国务院关于深化教育改革全面推进素质教育的决定》和《基础教育课程改革纲要(试行)》的精神,设置聋校义务教育阶段的课程。课程设置要落实科学发展观,坚持以人为本,体现义务教育的基本性质,遵循聋生身心发展的特点和规律,适应社会、经济和科学技术发展的要求,为聋生的持续、全面发展奠定基础。

一、培养目标

全面贯彻党的教育方针,体现时代要求,使聋生热爱祖国,热爱人民,热爱中国共产党;具有社会主义民主法制意识,遵守国家法律和社会公德;具有社会责任感,逐步形成正确的世界观、人生观、价值观,努力为人民服务;具有创新精神、实践能力、科学和人文素养以及环境意识;具有适应终身学习的基础知识、基本技能和方法;具有生活自理能力、社会适应能力和就业能力;具有健壮的体魄、良好的心理素质,养成健康的审美情趣和生活方式,培养自尊、自信、自强、自立的精神,成为有理想、有道德、有文化、有纪律的一代新人。

二、课程设置的原则

聋校的课程设置要贯彻基础教育课程改革精神,体现聋教育的特点,以人为本,以德育为核心,以培养创新精神和实践能力为重点,以学生的全面发展和综合素质的提高为宗旨,通过课程改革,全面提高聋校教育教学的质量。

1. 均衡性与特殊性相结合的原则

根据促进聋生全面发展的要求,均衡设置九年一贯的课程,各门课程比例适当,以保证聋生的和谐、全面发展。

课程设置要注重培养聋生积极主动的学习态度,使聋生在学习过程中,既获得基础知识和基本技能,同时又学会学习、学会生活、学会合作、学会生存,形成正确价值观。

课程设置要按照聋生身心发展规律,积极开发潜能,补偿缺陷,增设具有聋教育特点的课程,注重发展聋生的语言和交往能力。

2. 综合课程和分科课程相结合的原则

课程设置要坚持综合课程和分科课程相结合,各门课程都应重视学科知识、社会生活和聋生自身经验的整合,加强学科渗透。小学阶段(一至六年级)以综合课程为主,初中阶段(七至九年级)设置分科与综合相结合的课程。

设置综合课程,一至三年级设品德与生活,四至六年级设品德与社会,旨在适应聋生生活范围逐步扩大、经验不断丰富、社会融合能力逐步发展的需要;四至九年级设科学课,旨在使聋生从生活经验出发,体验探究过程,学习科学方法,形成科学精神;一至三年级设生活指导课,四至六年级设劳动技术课,七至九年级设职业技术课,旨在通过生活实践、劳动实践和职业技术训练,帮助聋生逐步形成生活自理能力、劳动能力和就业能力。

增设沟通与交往和综合实践活动课程。沟通与交往课程的内容主要包括:感觉训练、口语训练、手语训练、书面语训练及其他沟通方式和沟通技巧的学习与训练,旨在帮助聋生掌握多元的沟通交往技能与方式,促进聋生语言和交往能力的发展。综合实践活动课程的内容主要包括:信息技术教育、研究性学习、社区服务与社会实践等,使聋生通过亲身实践,提高收集与处理信息的能力、综合运用知识解决问题的能力以及交流与合作的能力,增强社会责任感,并逐步形成创新精神与实践能力。

3. 统一性与选择性相结合的原则

课程设置既要坚持面向全体学生,提出统一的发展要求,又要根据各地区、各聋校的实际需要和聋生的个体差异,提供选择的空间。

学校应创造条件,积极开设选修课程,开发校本课程,以适应社会和学生发展的需要。

三、课程设置

见《聋校义务教育课程设置表》(见表5-4)。

表 5-4 聋校义务教育课程设置表

课程门类		一	二	三	四	五	六	七	八	九	占总课时比例(%)
品德与生活		2	2	2							6.7—6.6
品德与社会					2	2	2				
思想品德								2	2	2	
历史与社会*	历史							2	2	2	3.8—3.7
	地理							2	2		
科学*	科学				2	2	2				5.5
	生物							2			
	物理								2	2	
	化学									3	
语文		8	8	8	7	7	7	7	7	7	24.8—24.3
数学		5	5	5	5	5	5	5	5	5	16.7—16.6
沟通与交往		3	3	3	3	3	3				6.8—6.6
外语*								2	2	2	2.2
体育与健康		3	3	3	3	3	3	2	2	2	9—8.8
艺术	律动	2	2	2							9—8.8
	美工	2	2	2	2	2	2	2	2	2	
劳动	生活指导	1	1	1							4.9—7
	劳动技术				1	1	2				
	职业技术							2—4	2—4	2—4	
综合实践活动					2	2	2	2	2	2	4.5—4.4
学校课程		2	2	2	2	2	2	1	1	1	5.6—5.5
周总课时数		28	28	28	29	29	30	31—33	31—33	32—34	/
学年总课时数		980	980	980	1015	1015	1050	1085—1155	1085—1155	1088—1156	9278—9486

注：1. "历史与社会"是综合课程，也可以选择分科课程，可选择历史、地理。

2. "科学"是综合课程，也可以选择分科课程，可选择生物、物理、化学。

3. "外语"为选修课程。

四、聋校义务教育课程设置的有关说明

1. 本课程设置表为聋校义务教育阶段一至九年级的课程门类、各年级周课时数、学年总课时数和各门课程课时比例。每门课的课时比例有一定弹性幅度。

2. 每学年上课时间为 35 周，其中九年级第二学期毕业复习考试时间为 1 周，实际上课时间为 34 周。

3. 每周按 5 天安排教学，每课时一般为 40 分钟。

4. 晨会、班团队活动、文体活动、心理健康教育等，由各校自主安排。

5. 沟通与交往课程是国家规定的必修课。各校可根据聋生的个体差异和不同的发展阶段，选择适合的教学内容和训练方式。

6. 综合实践活动是国家规定的必修课。综合实践活动的课时，可以与学校安排课程的课时结合使用。各校根据需要，既可以分散安排，也可以集中安排。

7. 信息技术教育，小学阶段为102课时，一般从四年级起开设。初中阶段不少于102课时。有条件的学校可提前开设和增加课时量。

8. 劳动类课程，各校可根据当地的实际情况和需要，选择不同的劳动和职业技术教育的内容，也可以结合校本课程，统筹安排。职业技术课程一般以集中安排为宜。

9. 体育与健康课程，应贯彻"健康第一"的原则，可结合相关体育活动，使学生了解一些体育健康知识，但必须充分保证学生参加体育活动的时间。

10. 外语作为选修课程，各校可根据不同地区和聋生实际选择开设。

11. 各门课程均应结合本学科特点，有机进行思想品德教育。各种专题教育渗透在相应的课程中进行，不单独安排课时。

附录3：

培智学校课程设置实验方案

根据《中华人民共和国义务教育法》《国务院关于基础教育改革与发展的决定》和《基础教育课程改革纲要（试行）》构建符合素质教育要求的新的特殊教育课程体系的要求，设置培智学校课程。课程设置应体现先进的特殊教育思想，符合特殊教育的基本规律和特点，遵循智力残疾学生身心发展规律，适应构建和谐社会的要求，为智力残疾学生的全面发展奠定基础。

一、培养目标

全面贯彻党的教育方针，体现社会文明进步要求，使智力残疾学生具有初步的爱国主义、集体主义精神；具有初步的社会公德意识和法制观念；具有乐观向上的生活态度；具有基本的科学文化知识和适应生活、社会以及自我服务的技能；养成健康的行为习惯和生活方式，成为适应社会发展的公民。

二、课程设置的原则

1. 一般性与选择性相结合

在课程设置方案中，尊重智力残疾学生的教育需求，通过一般性课程来满足其生理、心理和社会发展的需求，最大限度地开发他们的潜能；同时，通过选择性课程来满足学生的个别化需求，促进他们多方面的发展。

2. 分科课程与综合课程相结合

在课程组织形式上，分为分科课程和综合课程，力求既遵循学生身心发展的基本规律和认识理解事物的普遍特点，较全面满足学生的一般性需求；又促进学生对知识的整体理解和运用知识解决实际问题的能力。鼓励学生学以致用，把所学知识运用到解决实际生活问题的实践中。

3. 生活适应与潜能开发相结合

在课程功能上，强调学生积极生活态度的养成，注重对学生生活自理能力和社会适应能力的培养与训练，关注学生潜能的开发，培养学生的个人才能。

4. 教育与康复相结合

在课程特色上,针对学生智力残疾的成因,以及运动技能障碍、精细动作能力缺陷,言语和语言障碍、注意力缺陷和情绪障碍,课程注意吸收现代医学和康复技术的新成果,融入物理治疗、言语治疗、心理咨询和辅导、职业康复和社会康复等相关专业的知识,促进学生健康发展。

5. 传承借鉴与发展创新相结合

在课程开发上,继承我国特殊教育取得的成功经验,借鉴国内外特殊教育和普通教育的先进理论和成功实践,结合智力残疾学生教育教学实际,通过探索、总结、发展和创造,不断调整、修改和完善课程,使课程更适合智力残疾学生的需要和发展。

6. 规定性与自主性相结合

在课程实施中,各地在使用国家课程方案时,可根据当地的社会、文化、经济背景,社区生活环境以及学生在这些环境中的特殊需求,开发校本课程,体现课程的多样性。

三、课程设置

表 5-5 培智学校课程计划表

(单位:节)

课程\年级	一般性课程							选择性课程			
	生活语文	生活数学	生活适应	劳动技能	唱游与律动	绘画与手工	运动与保健	信息技术	康复训练	第二语言	艺术休闲	校本课程
低年级	3—4	2	3—4	1	3—4	3—4	3—4	6—9				
中年级	3—4	2—3	2—3	2	3—4	3—4	3—4	6—9				
高年级	4—5	4—5	1	3—4	2	2	2—3	6—10				

表 5-6 培智学校课程设置及比例表

(单位:%)

课程\年级	一般性课程							选择性课程			
	生活语文	生活数学	生活适应	劳动技能	唱游与律动	绘画与手工	运动与保健	信息技术	康复训练	第二语言	艺术休闲	校本课程
低年级	10—12	6—7	11—13	3—4	10—12	10—12	10—12	20—30				
中年级	10—12	8—9	7—8	5—6	10—12	10—12	10—12	20—30				
高年级	13—15	13—15	3—4	8—9	6—7	6—7	11—13	20—30				

四、课程设置的有关说明

1. 本课程方案(简称"方案")立足于智力残疾学生的发展需求,根据课程设置的原则,注重以生活为核心的思路,整体设计九年一贯的培智学校课程体系。方案充分考虑了智力残疾学生的需求和特点,构建了由一般性课程和选择性课程两部分组成的培智学校课程体系。一般性课程体现对学生素质的最基本要求,着眼于学生适应生活、适应社会的基本需求,约占课程比例的 70%~80%;选择性课程着眼于学生个别化发展需要,注重学生潜能开发、缺陷补偿(身心康复),强调给学生提供高质量的相关服务,体现学生发展差异的弹性要求,约占课程比例的 20%~30%。两类课程的比例可根据实际情况进行适当调整。

2. 一般性课程为必修课,设置以下七类科目:

生活语文——着眼于学生的生活需要,以生活为核心组织课程内容,使学生掌握与其生活紧密相关的语文基础知识和技能,具有初步的听、说、读、写能力;针对智力残疾学生的语言特点,加强听说能力的训练,把传授知识与补偿缺陷有机结合起来,使学生具有基本的生活和社会交往能力,形成良好的公民素质和文明的行为习惯,为其生活自理和适应社会打下基础。

生活数学——以帮助学生形成和掌握与生活相关的简单的数的概念、数的运算、时空认识以及数的运用,学习运用简单的运算工具等为课程内容。培养学生具有初步的计算技能、初步的思维能力和应用数学解决日常生活中一些简单问题的能力。

生活适应——以提高学生的生活能力为目的,以学生当前及未来生活中的各种生活常识、技能、经验为课程内容。培养学生具有生活自理能力、简单家务劳动能力、自我保护能力和社会适应能力,使之尽可能成为一个独立的社会公民。

劳动技能——以培养学生简单的劳动技能为主,对学生进行职前劳动的知识和技能教育。通过劳动技能的训练,使学生掌握一定的劳动知识与技能,养成良好的劳动习惯,具备一定的社会适应和职业适应能力。

唱游与律动——课程将音乐律动与舞蹈、游戏相结合。通过音乐教学、音乐游戏和律动训练培养和发展学生的听觉、节奏感和音乐感受能力,补偿学生的认知缺陷,提高学生的动作协调能力,促进学生身心和谐发展。

绘画与手工——通过绘画和手工技能的教学和训练,培养和发展学生的视觉、观察、绘画、手工制作能力,发展学生的审美情趣,提高其审美能力。

运动与保健——以提高学生的运动能力,增强学生身体素质为主。通过体育运动,提高学生的大肌肉群活动能力、反应能力和协调平衡能力,刺激大脑机能的发展。提高安全意识和运动中的自我保护能力。学习基础的卫生保健、维护健康、防治疾病的知识和方法,培养积极锻炼身体的习惯和良好的卫生习惯,促进学生健康成长。

3. 选择性课程是学校根据当地的区域环境、学校特点、学生的潜能开发需要而设计的可供学生选择的课程,有五类科目,课时可弹性安排。

信息技术——以学习简单的通讯工具运用、计算机操作、互联网络运用以及其他现代信息技术应用为主。帮助学生运用信息技术更好地适应生活和社会发展,提高生活质量。一般在高年级设置。

康复训练——根据学生生理和心理的发展需求,以及在运动、感知、言语、思维和个性等方面的主要缺陷,结合学生个别化教育计划的制订,有针对性地进行各种康复训练、治疗、咨询和辅导。课程力求使学生的身心缺陷得到一定程度的康复,受损器官和组织的功能得到一定程度的恢复,身体素质和健康水平得到提高。

第二语言——在学生已有语言的基础上,根据当地的特点和学生的具体情况可选择学习第二语言,如地方语言、民族语言、普通话以及简单的外语等;对不能使用语言的学生也可以采用其他非语言的沟通方式或沟通辅具。

艺术休闲——通过程度适宜的音乐、舞蹈、美术、工艺等多种艺术活动,使学生尝试学会感受美和表现美,丰富、愉悦学生的精神生活;学习若干种简单的休闲方式,陶冶学生的生活情趣和生活品位,提高智力残疾学生的生活质量。

校本课程——学校可根据地域特征、社会环境、经济文化发展的特点,以及学生实际生活需要,设置和开发具有本校特点的课程。课程的开设应当充分利用和挖掘学校与地方的课程资源。

4. 每学年上课时间为 35 周,社会实践时间为 2 周,机动安排时间为 2 周(用于远足、参观、运动会、艺术节等),由学校视具体情况自行安排。寒暑假、国家法定节假日为 13 周。

1～6 年级每周总课时量不超过 30 节,7～9 年级每周总课时量不超过 32 节。

5. 每节课上课时间一般为 35 分钟,可根据学生的年龄、智力残疾程度和课程的性质进行适当调整。

6. 每天安排 15 分钟晨会,进行专题教育活动;每天安排 30～40 分钟眼保健操、广播操和体育锻炼活动时间,保证学生每天有不少于一小时的课外活动时间。每周安排 2 课时班队活动或综合实践活动(建议低年级安排综合实践活动,高年级安排班队活动),高年级可安排 2 课时课外兴趣活动。

7. 学校应全面推进个别化教育,为每个智力残疾学生制订和实施个别化教育计划。应将课堂教学与个别教育训练相结合,针对学生的个体需要安排一定时间的个别训练,为有需要的学生提供补救教学,满足不同学生的发展需求。

8. 课程评价

(1) 构建多元化的课程评价体系

建立多元化、科学的课程评价体系,发挥评价的诊断、激励、导向功能,采用多样化的评价方法,促进学生、教师、学校在不同层面的发展。

(2) 评价应促进学生全面发展

评价的内容要有助于智力残疾学生综合素质的提高。应根据培养目标与学生的实际情况,整体设计社会性与情感、认知、语言、自理和运动等多方面的评价内容,全面反映学生的学习经历和成长轨迹。

(3) 评价应促进课程建设与发展

评价应促进学校高质量实施课程。学校课程计划及其可行性,课程安排的适切性,课程管理的合理性、有效性,个别化教育计划的科学性,以及学校特色课程开发的针对性等都应成为学校课程评价的重要内容。

(4) 建立学校、家长和社会共同参与的评价制度

学校应积极收集各方面对课程实施的意见与建议,提高教师、家长参与课程实施与管理的积极性,促进学校评价与社会评价有机结合。要积极宣传培智学校课程改革,营造良好舆论环境。

第6章 特殊教育要素的关系

1. 了解特殊教育要素的基本概念及包括的主要要素。
2. 掌握特殊教育中单向受动关系教学模式的特点及其取得成效的条件。
3. 掌握特殊教育中双向互动关系教学模式的特点及其取得成效的条件。
4. 掌握特殊教育中矛盾运动关系的基本特点。

一般认为,教育活动包括教育者、受教育者、教育措施等三个基本要素。特殊教育活动作为教育的重要组成部分,其中的教育者是指特殊教育人员,主要是指教师;受教育者是指特殊教育学生;教育措施包括各种中介因素,其中最为重要的是教学内容,即课程。因此,特殊教育活动主要包括特殊教育人员、特殊教育学生、课程三个基本要素。三个基本构成要素之间可以形成如下三种关系:单向受动关系、双向互动关系、矛盾运动关系。

第1节 单向受动关系

一、基本模式图

单向受动关系(见图6-1)表现出的是特殊教育学校的讲台更多的是特殊教育人员"独白"的舞台,特殊教育人员与学生之间是一种单向授受式的权威与服从关系,特殊教育的目的仅是为了促进特殊教育学生的发展。课程的改进完全依赖于课程编制的专家,特殊教育教师、学生只是被动的信息接受者;特殊教育教师教育教学技能的提高取决于特殊教育教师个人的自我教育与自我修养;特殊教育学生素质的全面发展完全依赖于特殊教育教师讲授的课程的内容。特殊教育学生的学习不但处于被动的状态,而且更多是学习既定的学科知识,远离生活世界。这种教育教学不但不利于发挥他们的学习自主性,而且在很大程度上养成了他们依赖课堂教学的不良学习习惯。

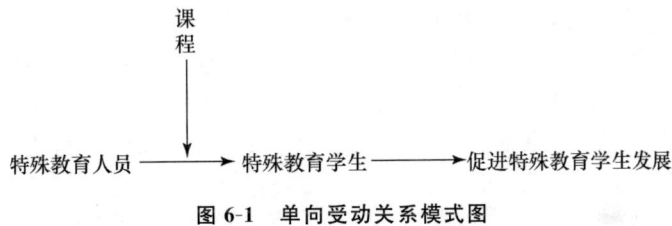

图6-1 单向受动关系模式图

二、取得成效的条件

奥苏贝尔谈到接受学习也有其可取之处,单向受动的关系要想取得好的教学效果,不但需要课程保证准确无误,而且需要学生循规蹈矩,更需要教师具备优秀的素质。其中最为重要的是特殊教育教师的素质,因为这种教育教学关系中,教学效果直接依赖于教师,至少取决于教师的教育教学能力、语言能力、组织能力、反思能力、评价能力等五个方面的能力。

(一)教育教学能力突出

首先,特殊教育教师能根据特殊教育学生的特点,遵循特殊教育教学规律来因材施教,根据不同残疾类别的学生实施分类教学、小组教学,根据每个学生的特点来实施个别化的教学计划。具体来说,同一教学内容面对不同的特殊教育学生,特殊教育教师可能需要采取不同的教学方法,实施不同的教学计划才能取得教学效果;同一教学对象在面对不同的教学内容时可能要采取不同的教学方法才能取得教学效果。因为每个特殊教育学生是具有差异的不同个体,其知识背景、智力水平、个人经验是千差万别的,特殊教育教师要使特殊教育学生学有成效,就需要在遵循教育教学规律的基础上根据不同类别学生的特点、不同个体学生的具体特点来实施具体的教学。其次,特殊教育教师要在教学过程中把握住讲授内容的重难点,并把课堂教学的注意力更多聚焦于重点内容上,抓重放难。然而,在实际的课堂教学中,有些特殊教育教师为了追求升学率,把精力更多放在教学的难点上,结果导致特殊教育学生重点掌握不牢,难点理解不了,导致教学难以取得预期的效果。第三,特殊教育教师能在每节课的具体教学中掌控具体的时间进程,能在每门课程的教学进度上把握时间的进程,统筹安排好教学的时间,提高教学时间的利用率,提升教学的质量。第四,特殊教育教师教学能力还体现在能灵活运用教育教学方法上。不难发现,优秀的特殊教育教师往往不是采取一种教学方法而取得成功的,而是通过灵活运用多种教学方法而表现出很强的教学能力的,最终表现出在教学过程中具有很强的教育机智。

(二)语言能力全面

语言能力对于特殊教育教师来说非常重要。首先,特殊教育教师必须具有很强的口头语言表达能力。教育教学是直接的语言交流活动,特殊教育教师需要通过直接的语言表达来感染学生,口头语言表达不但要体现出认知上的合理,而且要体现出情感上的合情。教师的口头语言表达能力强弱直接影响教育活动的效果。所罗门(D. Solomon)等人1964年的研究表明,学生的知识学习同教师言语表达的清晰度有明显的相关。[1] 其次,特殊教育教师必须具有很强的书面语言表达能力,书面语言表达对于教师的备课与从事科学研究非常重要。第三,特殊教育教师必须掌握其他的特殊语言表达能力,例如从事视觉障碍学生教育教学的特殊教育教师必须熟练掌握盲文,从事听觉障碍学生教育教学的特殊教育教师必须熟练掌握手语,等等。第四,特殊教育教师还必须熟练转换多种语言,特别表现在能将书面语言转换为口头语言。将教案中严谨的书面语言转换为课堂教学中生动的口头语言,将书面语言、口头语言与其他语言形式(盲文、手语等)能熟练地结合起来。

---

[1] 沈德立.发展与教育心理学[M].沈阳:辽宁大学出版社,2007:471.

（三）组织能力良好

特殊教育教师大多面对的是小班教学，班级人数大多在 15 人左右，更具备因材施教和从事教育教学改革的有利条件，他们的组织能力如何直接决定着课堂教学的具体效果。特殊教育教师的课堂组织能力主要表现为静态的班级课堂组织能力与动态的活动组织能力。从静态的班级课堂组织能力来看，主要有特殊教育教师如何安排特殊教育学生的座位、如何照顾学生的年龄特点与身体特点等；从动态的活动组织能力来看，主要有特殊教育教师如何安排课堂教学的组织形式、如何根据教学的内容来组织学生参与活动、活动组织过程中意外事件的处理等。

（四）反思能力凸显

特殊教育教师在教育教学过程中的反思能力直接决定着教育教学的内容、方法等是否得到有效的改善。特殊教育教师的反思能力主要体现在反思教案、反思课堂教学过程、反思个人的教学风格上。反思教案包括在备课的过程中对自己准备的教学内容的反思，以及在课堂教学后根据教学的效果来对教案进行调整。但实践中有些特殊教育教师认为自己有多年的教学经验，只是按照自己的经验来从事教学，不对教案进行反思，认为教案无非就是教学大纲的翻版而已，保持着过去"一纲一本"的思想，很难对教育教学所依托的教案有所改进。反思课堂教学过程是指特殊教育教师在课堂教学之前对照教案最好能对自己所准备的教学过程安排进行反思，从理论与经验上初步评估教学的效果，从而决定是否对教育教学的过程进行改进；在上课的过程中能做到"一心多用"，不但能按照预定的计划进行授课，而且能根据班级上特殊教育学生的反应来反思自己的教学，做出基本的判断，以及时改进自己的教学安排；在课堂教学结束后，能根据整个课堂教育教学的效果进行全面的反思，撰写自我反思的报告，以督促自己不断提升教育教学技能。反思个人的教学风格是指特殊教育教师要根据自己个人的身心特点来设计个人独特的教学风格，不可盲目照搬别人的教学，只有立足于特殊教育教师个人的教学特点，才能灵活运用教学方法来传授教学内容。在某种程度上，特殊教育教师的反思能力直接决定了他们职业生涯发展的质量，因为只有在教学实践过程中不断对自己的教学作出及时调整、研究、提升，才有可能使自己成为一名优秀的教师。

（五）评价能力优良

特殊教育教师的评价能力不但表现在撰写评语、口头评价、身体情感反应等方面，而且表现在对学生的课堂评价上。从撰写评语的角度来看，特殊教育教师在对学生的书面作业进行评价时要合理运用评语的激励功能，不但要注意撰写的内容，而且要注意撰写的方式，更要注意撰写的效果。例如，有些特殊教育教师认为自己教学非常辛苦，对特殊教育学生的书面作业仅通过批"阅"来表示已检查过，这表明了教师对特殊教育学生作业的敷衍，无形中会影响他们以后做作业的态度。口头评价一般要求特殊教育教师在评价学生时注意语言的心理效应。一般来说，特殊教育教师对特殊教育学生的表扬最好能公开，批评最好能单独进行。身体情感反应是特殊教育教师与学生的眼神、面部表情等方面的交流。特殊教育教师可通过特殊教育学生在课堂上的言语反应、行为反应、情绪反应等来大致了解他们对课堂教育教学的掌握程度。

第2节 双向互动关系

一、基本模式图

双向互动关系(见图6-2)是通过特殊教育教师的教育教学来引发特殊教育学生在课堂中进行思考、研讨,教师参与其中且师生关系由确定走向不确定(即特殊教育学生可能是特殊教育教师的教师,特殊教育教师可能是特殊教育学生的学生)。特殊学校的课堂教学要将特殊教育学生由被动学习引向主动学习,由学会知识引向学会学习。特殊学校"教师的职责现在已经越来越少地传授知识,而越来越多地激励思考;除了他的正式职能以外,他将越来越成为一位顾问,一位交换意见的参加者,一位帮助发现矛盾论点而不是拿出现成真理的人。他必须集中更多的时间和精力去从事那些有效果的和有创造性的活动:相互影响、

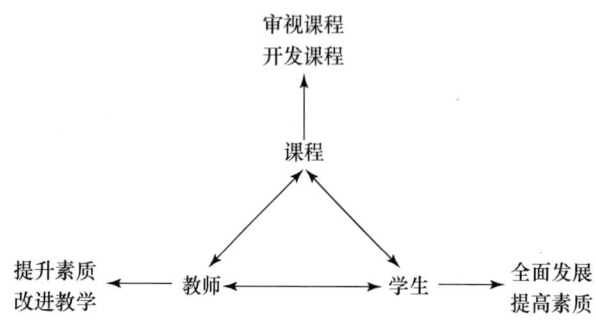

图6-2 师生双向互动关系模式图

讨论、激励、了解、鼓舞。"[①]特殊教育学生因此在教学过程中从被引导走向自我教育的道路,在学习过程中逐渐成为学习的主体,通过日常生活经验进行主动的学习(见图6-3)。因此,特殊教育教学过程的双向互动关系包括师生之间的双向互动关系与学生自我的双向互动关系,特殊教育教学过程最终将特殊教育学生由师生双向互动关系走向学生自我的双向互动关系,学生自我的双向互动关系中的主动我即作为教师的自我,被动我即作为学生的自我。这才真正实现了特殊教育教学最终的目的。

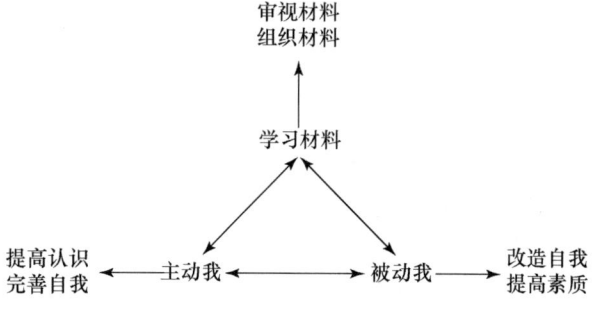

图6-3 学生自我双向互动关系模式图

二、取得成效的条件

双向互动关系的特殊教育教学模式要取得良好的教学效果,不仅要从形式上互动起来,更要从实质上互动起来,只有这样该教学模式才可能取得应有的效果,否则极有可能出现形式上互动起来了——闹哄哄的课堂,实质上未互动起来——教育教学偏离主题。因此,特殊教育教学中双向互动关系必须做到以下几点。

---

① 联合国教科文组织国际教育发展委员会.学会生存——教育世界的今天和明天[M].华东师范大学比较教育研究所,译.北京:教育科学出版社,1996:106.

（一）合规律性

合规律性是指特殊教育教师与特殊教育学生在教育教学过程中要遵循特殊教育教学规律。首先，特殊教育作为教育的有机组成部分，必须符合教育的两大规律：教育必须遵循人的身心发展规律并为人的身心发展服务，教育必须遵循社会发展规律并为社会发展服务。其次，特殊教育教学必须符合儿童心理发展的一般规律，包括认知发展规律和人格发展规律。第三，特殊教育教学必须符合教学规律，处理好知识传授与能力提高、直接经验与间接经验、提高思想与发展能力、智力因素与非智力因素之间的关系。第四，特殊教育教学必须符合特殊教育学生学习的规律，为他们的学习服务。例如，特殊教育教师在课堂教学中怎样利用提问来促进特殊教育学生积极思考，其中就有很大的学问。一般来说，教师主要有四种行为方式：第一种方式是先叫一名学生，然后说出问题；第二种方式是先提问，马上叫一名学生来回答问题；第三种方式也是先提问，之后教师用目光扫视全体学生，并按顺序叫一名学生回答问题；第四种方式是先提问，但随后教师用目光扫视全体学生，并随机叫一名学生回答问题。从促进学生积极思考的角度来看，第一种方式只是被叫起学生积极思考，其他学生则不一定积极思考。第二种方式虽然全体学生听完问题后都开始积极思考，但教师马上叫起一名学生回答问题，因此，其他学生的思维就会停止。第三种方式虽然教师给全体学生思考的时间，但因学生事先知道教师按顺序要叫谁回答问题，所以大部分学生的思维没有被调动起来。只有第四种方式才能够让全体学生积极思考问题。[①]

（二）合目的性

双向互动教学模式必须是合目的性的互动，即特殊教育教师与特殊教育学生之间的互动要达成三个目的：其一是通过特殊教育学生为特殊教育教师提供的反馈信息来使教师反思自己的教学，从而改进教育教学技能，提高自身的教育教学能力；其二是通过教师作用于特殊教育学生的信息使学生在探究式学习中领悟、思考，学会学习，促进自身身心的健康发展；其三是通过教师与学生共同对课程在教育过程中发挥作用的认识，来完善特殊教育课程。特殊教育教师只有通过改进教育教学，才能更好地促进特殊教育学生身心更好地发展；特殊教育学生只有不断地通过学中悟来提高自身的认识水平，才能不断地提高自身的素质；特殊教育学校只有不断改进课程，才能更好地为师生在课堂教学中的互动服务，最终促进教师与学生的共同发展与提高。

第3节 矛盾运动关系

一切自然现象、社会现象以及人类精神现象，其内部都含有矛盾。特殊教育作为人类的一种社会现象，其内部必然存在矛盾。它要解决的特殊矛盾是受教育者个体与社会之间的矛盾，即社会发展要求与人的发展水平的矛盾。众所周知，矛盾是事物发展的根本动力，没有矛盾，事物也就不会发展前进，关键是如何认识、揭示和解决矛盾。我们如何认识和解决特殊教育教学过程的矛盾，则直接关系到特殊教育教学的发展与改革。

一、基本矛盾

教师与学生在特殊教育教学实践活动中必然会形成一种授受关系。在这种授受关系中，教师的教与学生的学的对立统一便构成了教学的基本矛盾。因为在特殊教育教学过程

---

① 沈德立.发展与教育心理学[M].沈阳：辽宁大学出版社，2007：13-14.

中,没有特殊教育教师的教,就无所谓特殊教育学生的学;没有学生的学就没有教师的教。教师的教与学生的学是相互依存、相互对立的统一体。没有教师教的教学不是严格意义上的教学,准确地说是学生的学习活动。

特殊教育教学矛盾既具有普遍性又具有特殊性。特殊教育教学矛盾的普遍性一方面说明特殊教育教学矛盾存在于一切教育教学过程之中,另一方面说明在教育教学过程中存在着自始至终的矛盾运动。正如恩格斯所说:"运动本身就是矛盾。"①"当我们把事物看作是静止而没有生命的,各自独立、相互并列或先后相继的时候,我们在事物中确实碰不到任何矛盾。"②特殊教育教学作为一个特殊教育教师与特殊教育学生互动的运动过程,其中无不包含着矛盾,如果特殊教育教学没有矛盾,就没有特殊教育教学的运动,也就没有"教学相长"。由此可见,特殊教育教学矛盾是普遍存在的,并时时刻刻存在于教育教学过程之中。特殊教育教学矛盾的特殊性说明我们不能把特殊教育教学看成是与别的事物相同的东西,而应该认识到特殊教育教学的特殊的质。正是教育教学特殊的矛盾构成了教学区别于其他事物的特殊的本质,我们必须研究特殊教育教学矛盾。特殊教育教师的教与特殊教育学生的学之间的矛盾正是特殊教育教学要解决的特殊矛盾。

教育教学研究就是要通过解决教与学的特殊矛盾来提高特殊教育质量与教学效果,因此,在教学研究中,不但出现了对教学(教)进行研究的理论,如哲学取向的教学理论、行为主义的教学理论、认知教学理论、情感教学理论等,而且出现了对学习(学)进行研究的理论,如行为主义学习理论、认知学习理论、人本主义学习理论、建构主义学习理论等。它们分别是对矛盾着的双方进行探索性的研究,以便解决教与学的矛盾。旧的矛盾解决了,新的矛盾便应运而生。这样便出现了新的教学(教)理论与学习(学)理论逐渐代替旧的教学(教)理论与学习(学)理论。

二、主要矛盾及其表现形式

特殊教育教学的基本矛盾会衍生出其他各种不同的矛盾,使得教育教学过程充满着形式多样的矛盾。特殊教育教学过程是由教师、学生和课程(教学内容)三大基本要素构成的。正如美国心理学家布鲁姆指出:"学习的每一阶段都存在着学习者、材料(或问题)和教师之间的相互作用,这种相互作用是教学过程的核心。"③特殊教育教学中的诸矛盾便是在学生与课程、教师与学生、教师与课程的相互作用中产生的。既然学生与课程的矛盾,教师与学生的矛盾,教师与课程的矛盾是教学过程的矛盾,那么,教学过程的主要矛盾也必存在于其中。面对三种教学矛盾,我们就有必要辨明哪一矛盾是主要矛盾,哪些矛盾是次要矛盾。这有利于我们在分析特殊教育教学活动时,抓住教育教学的主要矛盾。毛泽东在《矛盾论》中指出:"任何过程如果有多数矛盾存在的话,其中必定有一种是主要的,起着领导的、决定的作用,其他则处于次要和服从的地位。因此,研究任何过程,如果是存在着两个以上矛盾的复杂过程的话,就要用全力找出它的主要矛盾。捉住了这个主要矛盾,一切问题就迎刃而解了。"④关于特殊教育教学过程的主要矛盾,不同的教育工作者从不同的立场出发有不同的认识,我们认为,教师

---

① 恩格斯.反杜林论[M].北京:人民出版社,1971:117.
② 同上注.
③ 〔美〕布鲁姆,等.教育评价[M].上海:华东师范大学出版社,1987:18;转引自:周虹.教学过程的主要矛盾和主客体关系[J].教育研究,1991(1):54.
④ 毛泽东.矛盾论[M]//毛泽东选集:第一卷.北京:人民出版社,1966:296-297.

与学生的矛盾是特殊教育教学过程的主要矛盾。因为特殊教育教学过程是一个教师与学生互动的双边作用过程,是教师的主导作用与学生学习的主体性的能动的对话的过程。教师与学生的矛盾是在现实的特殊教育教学过程中在教师的教学(教)观与学生的学习(学)观、教的过程与学的过程、教法与学法、教的目的与学的目的等众多矛盾中反映出来。

也就是说,特殊教育教学的主要矛盾——教师与学生的矛盾,在现实生活中主要有以下一些表现形式:教师的教学(教)观与学生的学习(学)观之间的矛盾、教师教的内容与学生学的内容之间的矛盾、教师教的过程与学生学的过程之间的矛盾、教师教的方法与学生学的方法之间的矛盾、教师教的目的与学生学的目的的矛盾之间的矛盾。

(一) 教师教的观念与学生学的观念的矛盾

教师教的观念就是教师对特殊教育教学(教)活动的基本认识,这种基本认识是基于对社会发展要求的认识,着眼于特殊教育教学应怎样促进学生更好地学习的思考;学生学的观念是学生对学习(学)活动的基本认识。两者之间的矛盾最终反映在教师的认识水平与学生的认识水平之间的矛盾。

(二) 教师教的内容与学生学的内容的矛盾

教师教的内容不一定是学生想学的内容,学生想学的内容教师又不一定会教,于是出现了教的内容与学的内容的矛盾。在课堂上,很多教师讲的是一些死知识,是对过去知识体系的重复,更没有对知识予以融会贯通,烂熟于心,于是也就很难讲深刻。这些知识不但不能激起学生学习的兴趣,相反使学生对教师教的内容无动于衷。教书不仅要教书本上的死知识,更要教书本中的活知识(方法)。即教师不但要授学生以"鱼",更要授学生以"渔"。正如联合国教科文组织在1972年的报告《学会生存》中指出要"教会学生学会学习",即学生通过教学不仅应掌握系统的知识,而且能获得自主学习与更新知识的方法与能力。

(三) 教师教的过程与学生学的过程的矛盾

在特殊教育教学过程中,教师掌握和控制着教学内容和进度。教学内容要按照一定的程序将完整的知识教给学生以保证教育教学的系统性和渐进性。教学程序与学习程序应是完全对应的,在教学程序中每一教学阶段发生的事情是学习的外部条件。教学就是由教师安排和控制这些外部条件构成的。教学的艺术就在于教学阶段与学习阶段是否和谐一致。加涅认为学习过程依次包括动机阶段、领会阶段、习得阶段、保持阶段、回忆阶段、概括阶段、作业阶段、反馈阶段等八个阶段;教学过程相应的表现为激发动机和把目标告诉学生、指导注意、刺激回忆与提供学习指导、增强保持、促进学习迁移、让学生做作业、提供反馈等教学事件。然而,现实中总是存在教学阶段与学习阶段相矛盾的事情。教师往往根据知识的逻辑顺序来组织教学过程,与学生的心理认知结构相脱节,结果是教学阶段与学习阶段相背离,学生在课堂上无精打采,教师却在课堂上怨声载道。

(四) 教师教的方法与学生学的方法的矛盾

在特殊教育教学关系上,教师过多将学生视为被动接受灌输的知识仓库和存储器,忽视学生学习的积极性和对学生独立学习及在学习方法上的指导。相应地,在教学方法上,往往采用单向的"填鸭式"强制灌输,满足于教会学生模仿和最大限度记忆。教师的教授法不考虑学生的学习方法,使教的方法与学的方法相背离,产生矛盾。因此,教师要从学生实际出发,针对特殊教育学生的具体特点,巧妙地采用灵活多变的教育教学方法,有的放矢地进行教育,发掘学生的内在活力,就能促进学生自由、和谐地发展。

(五)教师教的目的与学生学的目的的矛盾

教师教的目的与学生学的目的的不一致性导致了教的目的与学的目的的矛盾。最为明显的不一致性就是教知识与学能力的矛盾。如何解决教的目的与学的目的的矛盾,也就显得尤为重要了。加涅认为,把学习结果作为教育目标,有利于确定到达目标所需要的条件,而从学习条件中可以派生出教学事件,告诉教师应该做什么。①

以上这些矛盾在特殊教育教学主要矛盾的驱使下于教学发展的不同阶段分别表现出不同的特性,但是特殊教育教学主要矛盾并没有因此而消失,退居次要的地位,相反因其作用所表现出来的其他矛盾在不同的阶段不同程度地被激化了。毛泽东在《矛盾论》中指出:"事物发展过程的根本矛盾及为此根本矛盾所规定的过程的本质,非到过程完结之日,是不会消灭的;但是事物发展的长过程中的各个发展的阶段,情形又往往互相区别。这是因为事物发展过程的根本矛盾的性质和过程的本质虽然没有变化,但是根本矛盾在长过程中的各个发展阶段上采取了逐渐激化的形式。并且,被根本矛盾所规定或影响的许多大小矛盾中,有些是激化了,有些是暂时地或局部地解决了,或者缓和了,又有些是发生了,因此,过程就显出阶段性来。如果人们不去注意事物发展过程中的阶段性,人们就不能适当地处理事物的矛盾。"②

三、矛盾的主要方面

特殊教育教学矛盾表现为教与学的对立与统一。特殊教育教学矛盾的两方面具有同一性和对立性。同一性即为特殊教育教学矛盾的诸方面相互依存,相互渗透。同一性一方面说明特殊教育教学矛盾的双方(教师的教与学生的学),各以其对立的方面为自己存在的前提,双方共同处于一个统一的整体之中;另一方面说明特殊教育教学矛盾的双方依据一定的条件,可以向着其相反的方面转化。正如列宁所说:"辩证法是这样的一种学说:它研究对立怎样能够是同一的,又怎样成为同一的(怎样变成同一的),——在怎样的条件之下它们相互转化,成为同一的,——为什么人的头脑不应当把这些对立看作死的、凝固的东西,而应当看作生动的、有条件的、可变动的、互相转化的东西。"对立性是指特殊教育教学矛盾的诸方面相互排斥、斗争和对立。特殊教育教学矛盾的对立性表现为教与学在特殊教育教学过程中的斗争。

特殊教育教学矛盾的对立性是由教育教学矛盾的双方的对立与斗争所表现出来的特性。矛盾的双方在斗争中表现的特性又是不同的。因此,我们有必要了解矛盾的各个方面。正如毛泽东在《矛盾论》中指出:"所谓了解矛盾的各个方面,就是了解它们每一方面各占何等特定的地位,各用何种具体形式和对方发生互相依存又互相矛盾的关系,在互相依存又互相矛盾中,以及依存破裂后,又各用何种具体方法和对方作斗争。"那么特殊教育教学矛盾的诸方面在矛盾中所处的地位如何呢?特殊教育教学矛盾的双方谁是处于决定地位和支配地位呢?谁又是处于被决定与被支配的地位呢?也就是说,谁是矛盾的主要方面?谁又是矛盾的次要方面?有人认为,特殊教育教学矛盾的主要方面是教师的"教"。因为教学是"教师引起、维持、促进学生学习的所有行为方式",教师在特殊教育教学过程中处于支配的地位。也有人认为,特殊教育教学矛盾的主要方面是"学",因为教学过程的实质是"学生认识物质世界及其发展的过程,在这个过程中学生的认识能力要不断地适应认识任务的提高"。对于

---

① 李长吉.教学主客体关系问题三论[J].上海教育科研,2000(4):10.
② 毛泽东.矛盾论[M]//毛泽东选集:第一卷.北京:人民出版社,1966:289.

这一问题,应运用辩证唯物主义的观点来分析,特殊教育教学矛盾双方主次地位之争实际上是矛盾主要方面和次要方面矛盾运动的必然结果,也就是说,在一定的时候"教"是矛盾的主要方面,在一定的时候"学"是矛盾的主要方面。正如毛泽东在《矛盾论》中指出:"矛盾的主要和非主要的方面在互相转化着,事物的性质也就随着起变化。在矛盾发展的一定过程或一定阶段上,主要方面属于甲方,非主要方面属于乙方;到了另一发展阶段或另一发展过程时,就互易其位置,这是依靠事物发展中矛盾双方斗争的力量的增减程度来决定的。"

在传统教育学派看来,"教"就是矛盾的主要方面,"学"是矛盾的次要方面,因此出现了赫尔巴特的"教师中心""教材中心""课堂中心"。在现代教育学派看来,"学"是矛盾的主要方面,"教"是矛盾的次要方面,因此出现了杜威的"学生中心""经验中心""活动中心"。此外教育界关于教学主客体关系之争实际上折射出了"教"与"学"的地位之争。有人提出了教师或学生单主体论,有人在此基础上提出了双主体论,还有人提出了在"不同范围中的教学主客体关系"以及"不同内容上的教学主客体关系",这正说明了人们对矛盾的双方地位的不同看法的逐渐深入,从而也推动了教学理论的发展与深化。然而在现实的研究中,往往把"教学主客体关系当成一种凝固不变的存在,师生双方何者为主何者为客一经确立就成为永恒,研究者的任务只顾于孜孜不倦地去寻找这种关系,一旦找到了,研究的任务就算完成。"[①]相应地,很多研究者将教学矛盾的双方的主次关系看成是不变的,似乎双方不会发生变化。"这实质是在用研究者所反对的孤立、静止的形而上学的方法去孤立、静止地分析问题。"[②]

通过对特殊教育教学基本矛盾、主要矛盾以及矛盾的主要方面的分析,可以将它们之间的关系通过图 6-4 简单地表示出来。

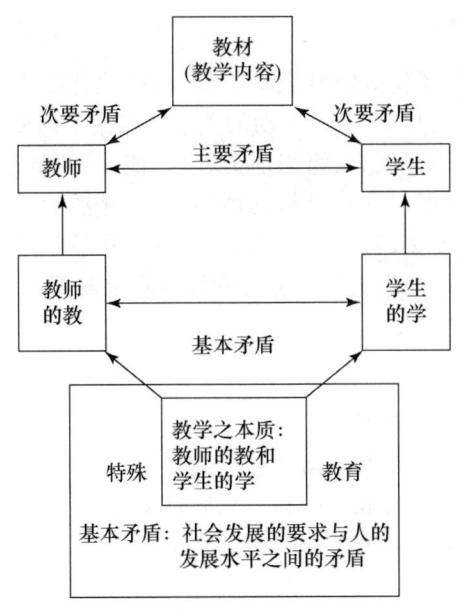

图 6-4 特殊教育教学矛盾分析

---

① 李长吉.教学主客体关系问题三论[J].上海教育科研,2000(4):10.
② 李长吉.教学主客体关系问题三论[J].上海教育科研,2000(4):10.

四、解决矛盾的方法是深化特殊教育教学改革

"唯物辩证法的宇宙观主张从事物的内部、从一事物对他事物的关系去研究事物的发展,即把事物的发展看作是事物内部的必然的运动,而每一事物的运动都和它的周围其他事物互相联系着和互相影响着。事物发展的根本原因,不是在事物的外部而是在事物的内部,在于事物内部的矛盾性。任何事物内部都有这种矛盾性,因此引起了事物的运动和发展。"①同样特殊教育教学的变化主要是由于教育教学内部矛盾的发展。但唯物辩证法并不排除外因的作用。唯物辩证法认为外因是变化的条件,内因是变化的根据,外因是通过内因而起作用。因此,解决特殊教育教学矛盾的方法是从教育教学的内部与外部着手,深化特殊教育教学改革。外部的改革主要是要进行教育改革,内部的改革是进行教学改革。特殊教育改革主要从特殊教育理念、特殊教育体制、特殊教育目的等方面进行;教学改革主要从理论与实践两方面来进行。从理论上来看,要深化对特殊学校教学理论的研究,为特殊学校教学实践提供指导,以解决教与学的基本矛盾。从实践上来看,首先要解决教师与学生之间的矛盾,主要着力于在教学过程中建立良好的师生互动关系;其次要解决学生与课程的矛盾、教师与课程之间的矛盾,主要应搞好课程的建设与发展,鼓励特殊教育学校根据地方的特点与学校的特色开展校本课程建设与研究;第三要解决各种具体的矛盾,着力于更新教学观念,改革教学方法,革新教学内容,重组教学过程、教学目的等;第四要通过研究,加强对矛盾的主次地位的科学认识。

 **本章小结**

特殊教育的构成要素主要包括特殊教育教师、特殊教育学生、课程等三个基本要素,它们之间存在着单向受动、双向互动、矛盾运动的关系。其中单向受动关系要取得成效至少取决于教师的教育教学能力、语言能力、组织能力、反思能力、评价能力等五个方面的能力;双向互动关系教学必须保持合规律性与合目的性的特点;矛盾运动关系表明了特殊教育教学中存在着观念、内容、过程、方法、目的等方面的矛盾,但在教学过程中必须把握住主要矛盾和矛盾的主要方面,以便更好地推进特殊教育的教育教学改革。

 **思考与练习**

1. 特殊教育的要素是如何矛盾运动的?
2. 特殊教育单向受动关系的教学如何才能取得成效?
3. 特殊教育双向互动关系的教学如何才能实现?

---

① 毛泽东.矛盾论[M]//毛泽东选集:第一卷.北京:人民出版社,1966:276.

第3编 特殊教育组织论

第7章 宏观组织：特殊教育体制

 学习目标

1. 理解特殊教育体制的概念。
2. 了解我国特殊学校教育体制面临的挑战及其应采取的对策。
3. 掌握特殊教育管理体制的含义。
4. 了解特殊教育行政体制改革中应处理好的几个关系。
5. 掌握特殊学校管理体制改革的方向。

在一个国家特殊教育的发展过程中,我们常常会碰到一些事关全局的问题。如,应该由谁来管理特殊教育？设立怎样的机构？有了机构后,又需要怎样的行为规范来约束它,使特殊教育有序发展？特殊学校作为特殊教育的主要施行机构,它的教育体制又是怎样的呢？为保证整个特殊教育体制正常运转,我们需要特殊教育管理体制,那么特殊教育管理体制又是什么？它包括哪些方面？等等。这些问题都与国家的特殊教育体制有关。所以,本章主要讨论特殊教育体制,包括特殊学校教育体制和特殊教育管理体制等问题。

第1节 特殊教育体制概述

一、特殊教育体制的含义

特殊教育体制是由特殊教育的机构体系与特殊教育的规范体系所组成(见图7-1),其中特殊教育机构是特殊教育体制的载体,特殊教育规范是特殊教育体制的核心。

特殊教育机构体系主要由特殊教育实施机构和特殊教育管理机构组成。特殊教育实施机构以特殊教育学校为主,而特殊教育管理机构则包括特殊教育行政机构和特殊学校的内部管理机构。特殊教育规范体系,是指为保证各类特殊教育机构正常运行的一系列规章制度的集合,它规定了各类特殊教育机构和相关工作人员的职责权限,从而规范整个特殊教育体制的运作。特殊教育实施机构与一定的规范结合,就构成了特殊学校教育体制；特殊教育管理机构与一定的规范结合,就构成了特殊教育管理体制。特殊教育管理机构中的特殊教育行政机构与一定的规范结合就构成了特殊教育行政体制,特殊学校的内部管理机构与一

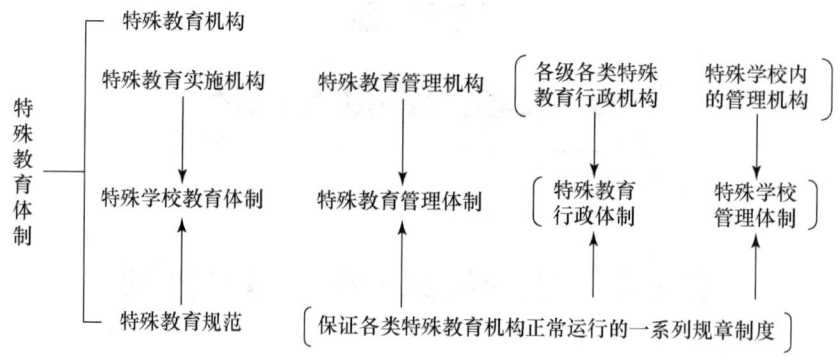

图 7-1　特殊教育体制结构图①

定的规范结合就构成了特殊学校管理体制。所以说，作为特殊教育体制的具体表现形式，特殊学校教育体制和特殊教育管理体制（包括特殊教育行政体制和特殊学校管理体制）都是一定机构与一定规范的统一或结合。②

二、我国特殊教育体制的沿革

（一）特殊教育机构的沿革

1. 实施机构

我国特殊教育历史悠久，最早可追溯到距今约三千年的奴隶社会末期。据《尚书》记载，早在尧舜禹时期，残疾人就开始参与部落文化教育的管理。③ 特殊教育的实施机构则起源于夏商周时期。由于需要盲人乐师有专门的职业教育技能，所以周代的宫廷、官府设有公办性质的特殊学校，由大师、小师负责培养"瞽矇"乐师，并且已初具规模，一支 300 人的盲人乐队就分上瞽（40 人）、中瞽（100 人）和下瞽（160 人），由 2 名大夫和 4 名上士分别担任大师和小师，而且大师和小师也都具有较高的专业水准，他们都是从优秀的盲人乐师中挑选出来的。周代除了瞽矇教育外，还有对哑人（聋聩、喑哑）、肢残人（跛、断）等进行的教育，由此开展了一系列专门的教育。④ 因此，可以说我国在奴隶社会末期就出现了现代特殊教育学校的雏形。

但随后在我国漫长的封建社会里，根深蒂固的封建思想、落后的小农经济、统治阶级的压迫等原因，使得我国特殊教育发展异常缓慢甚至长期处于停滞状态，如清政府在 1902 年颁布的《钦定小学章程》中明确规定：凡（1）资性太低，难期进益者；（2）因于疾病者都应退出学堂。在 1903 年颁布的《奏定初等小学章程》中仍然规定："学龄儿童，如有疯癫痼疾，或五官不具不能就学者，本乡村绅童可奏明地方官，经其察实，准免其就学。"⑤由此可见，封建社会里特殊儿童长期被排除在教育之外，在当时的学校教育系统中是没有特殊教育的地位的。

---

① 孙绵涛.教育行政学[M].武汉：华中师范大学出版社,1998：144.
② 孙绵涛.教育行政学[M].武汉：华中师范大学出版社,1998：143-144.
③ 张福娟,等.特殊教育史[M].上海：华东师范大学出版社,2000：196.
④ 张福娟,等.特殊教育史[M].上海：华东师范大学出版社,2000：203-204.
⑤ 张福娟,等.特殊教育史[M].上海：华东师范大学出版社,2000：204.

清末特殊学校多由教会或慈善机构创办,虽然教会特殊学校带来了先进的特殊教育教学理念与方法,对我国特殊教育的发展起到了重要的作用,但它毕竟是由教会主办的,不可避免地带有浓厚的宗教色彩。他们向入学的特殊学生大肆宣扬宗教事务,日常教学中渗入大量的宗教内容,并把这些学生培养成日后教会的工作人员。尽管他们也教授部分文化知识,但这并不能掩盖他们为传教而设置学校的根本目的。①

中华人民共和国成立后,1951年政务院(今国务院)颁布了《关于改革学制的决定》,特殊教育纳入国民教育体系,把特殊教育从过去福利、慈善的性质变成教育的组成部分。近年来,特殊教育实行"特教特办",实施中华人民共和国成立以来规模最大的特殊学校建设项目,首期投入78亿元,在中西部地区新建、改扩建1182所特殊教育学校,基本实现30万人口以上且残疾儿童较多的县都有1所独立设置的特殊教育学校。② 据统计,到2014年我国共有各类特殊学校2000所,在校学生数39.49万人。③

长期以来,特殊教育学校都是我们实施特殊教育的主要形式,但20世纪80年代中期以来,很多地区为节约经费,提高残疾儿童入学率,采取了在普通学校中设置特殊教育班的形式;北京、上海等地基于回归主流的教育理念,开始在普通班级中接纳残疾儿童和正常儿童一起学习,即发展为后来的"随班就读"。目前我国形成了以特殊教育班和随班就读为主体,以一定数量的特殊教育学校为骨干的多种形式的特殊教育实施机构,共同促进特殊教育的发展。④

2. 管理机构

(1) 行政机构

特殊教育是国家的事业、政府的行为,它体现着一个国家的整体教育水平,同时又服务于国家的政治经济制度。我国2008年修订的《中华人民共和国残疾人保障法》第二十一条明确规定:"各级人民政府应当将残疾人教育作为国家教育事业的组成部分,统一规划,加强领导,为残疾人接受教育创造条件。"但从历史来看,我国设立特殊教育行政机构比较晚。

在周代,我国建立了公立的现代特殊教育学校的雏形,但当时并没有独立的教育行政机构,只是有专门指派的官员兼管教育事宜。⑤ 到了汉代,官学和私学都得到空前的发展,政府逐步建立了中央和地方的学校制度,并开始对学校的专门人员进行管理。汉代的官学分中央和地方两种,中央和地方官学的官员是当时专门的教育管理人员,它的出现标志着我国教育行政组织机构的开始。⑥ 但在封建社会里,特殊教育长期处于被排斥的地位,并没有专门管理特殊教育的机构。

近代,我国的特殊教育有了新的发展,主要表现在兴建了一批特殊教育学校,但这些学校多由教会、慈善机构和一些有识之士兴办,再加上当时中国政局动荡不安,所以并没有政

---

① 孙绵涛.教育政策论——具有中国特色的社会主义教育政策研究[M].武汉:华中师范大学出版社,2002:351.
② 坚持政府主导,大力推进教育公共服务[EB/OL].(2015-12-11). http://www.moe.gov.cn/jyb_xwfb/moe_2082/zl_2015n/2015_zl63/201512/t20151211_224494.html.
③ 中华人民共和国教育部.2014年全国教育事业发展统计公报[EB/OL].(2015-08-25). http://www.moe.gov.cn/jyb_xwfb/gzdt_gzdt/s5987/201507/t20150730_196698.html.
④ 牟映雪.中国特殊教育演进历程及启示[J].中国特殊教育,2006(5):39.
⑤ 周在人,等.教育行政学[M].南京:南京师范大学出版社,1997:40.
⑥ 杨颖秀.教育管理学[M].长春:东北师范大学出版社,2001:95.

府的参与。直到1927年,国民党政府在南京创办"市立聋哑学校",这是近代中国第一所公立的特殊学校,它的诞生标志着政府对特殊教育的直接参与。①

中华人民共和国成立后,国家接管了受外资资助的特殊学校,收回对特殊教育的主权,并取消宗教对特殊学校的影响,由此改变特殊教育的慈善救济性质。② 对我国现代特殊教育中发展较早的盲聋哑教育,1951年10月,政务院(即现在的国务院)在《关于改革学制的决定》中规定:"各地人民政府应设立聋哑、盲等特种学校,对生理上有缺陷的儿童、青年和成人施以教育。"这样,特殊教育作为人民教育事业的一个组成部分,被纳入我国教育体系中,1953年国家教育部设立盲、聋哑教育处,贯彻执行盲、聋哑教育的工作方针、政策,研究制订教学计划、教学大纲,组织教材的编辑、审定、出版工作,培训师资及组织在职教师进修等。"文化大革命"期间教育部撤销,一直到1975年恢复教育部后才在普通教育司设置专人管理此项工作。1980年教育部在初等教育司设立特殊教育处。③ 至此,我国的特殊教育行政机构才算步入了一个相对连续、比较稳定的发展时期,在1989年国务院办公厅转发国家教委等部门《关于发展特殊教育的若干意见》的通知中,就我国特殊教育的领导管理问题明确指出:"在各级人民政府的统一领导下,以教育部门为主,民政、卫生、劳动、计划、财政和残疾人联合会等部门和组织紧密配合,各司其职,共同做好特殊教育工作。"并明确了各部门的具体职责,请工会、共青团、妇联等社会各界热情支持特殊教育事业。2014年国家颁发了《特殊教育提升计划(2014—2016)》,提出了特殊教育事业的组织领导工作,要求各地加强统筹规划,建立工作机制,加强督导检查和评估验收。

(2) 学校内部管理机构

学校内部管理机构是指依据国家的法律法规和相关政策规定,为保证学校内部教学活动的正常开展,而建立起来的管理学校的机构体系。在古代和近代社会的早期(19世纪前),一般都是教育行政管理和学校管理融于一体,直到19世纪,随着学校数量的增加,学校职能日趋复杂和学校规模的日益扩大,才使学校管理作为区别于教育行政管理的领域独立出来。④

在我国,处于奴隶社会的周代,由于信奉"政教合一""学在官府""以吏为师"等,学校完全没有自主管理权。而近代我国特殊学校的发展起源于一批教会学校的创立,学校的经费和用人都由教会负责,教会学校自成系统,与政府没有隶属关系。⑤ 因此,这可以看作是我国最早的特殊教育领域内学校管理的雏形。中华人民共和国成立后,随着国家接管特殊教育学校,这些学校也像普通学校一样,内部管理日趋民主化、自主化,校长是学校的法人代表和推进学校管理的核心力量。我国1998年12月施行的《特殊教育学校暂行规程》第七条明确规定:"特殊教育学校实行校长负责制,校长全面负责学校的教学和其他行政工作。"从整个机构设置来看,特殊学校内管理机构主要包括党建部门和行政部门,党建部门下设党支部和团支部,行政部门下设有校长、校长办公室、教务处、总务处和政教处等。其中以校长或党委书记为首的领导班子是特殊学校的决策机构;学校的各职能部门、教研组、年级组等是决策

---

① 张福娟,等.特殊教育史[M].上海:华东师范大学出版社,2000:211.
② 王玉琼,等.我国特殊教育管理模式:现状、成因及对策分析[J].中国特殊教育,2003(6):69.
③ 刘英杰.中国教育大事典(1949—1990)(上)[M].杭州:浙江教育出版社,1993:776.
④ 陈桂生.略谈学校管理的沿革[J].河北师范大学学报:教育科学版,2000(7):41.
⑤ 韩慧莉.略论浙北教会学校的作用[J].湖州职业技术学院学报,2008(2):84.

的执行组织机构;校务委员会是特殊学校的咨询组织机构;特殊学校的监督反馈机构是党建部门和工会。

（二）特殊教育规范的沿革

教育规范是调控人们教育行为的、由某种精神力量或物质力量支持的、被社会所普遍认可的,从而具有不同程度的普适性的指示或指示系统。① 因此,我们可以认为特殊教育规范是调控我们特殊教育行为的、由某种精神力量或物质力量支持的、被社会所普遍认可的,从而具有不同程度的普适性的指示或指示系统。作为整个特殊教育的调控体系,它主要包括特殊教育风俗、特殊教育习惯、特殊教育伦理规范、特殊教育法律、法规制度、特殊教育政策体系等。② 这里我们主要考察特殊教育政策法规。

特殊教育法规规定了国家机关在管理文化教育方面的职权和职责,保证了各种国家机关在组织和调控特殊教育方面的职能的实现,使特殊教育事业真正做到有序发展。中华人民共和国成立后,尽管政务院在《关于改革学制的决定》中对特殊教育进行了政策上的规定,但由于当时各地民政部门接收的盲聋哑学校和残疾人收容救济单位在性质上混杂不清,政务院1954年第10号通知规定:"原属民政部门领导之盲聋哑学校,如系独立设置,且为正规学校性质者,交教育部门接办;原附属在生产教养院内或以救济为主的盲聋哑学校或班仍由民政部门负责。"③但"文化大革命"对我国各项事业的发展均造成一定程度的破坏,党的十一届三中全会后,我国的整体教育事业才逐渐恢复,得到发展。进入20世纪80年代以来,国家制定颁布了一系列的法律法规(见表7-1),我国的特殊教育事业才逐步走上稳定的法制化轨道。

表7-1 中华人民共和国成立以来相关的特殊教育法规

制定通过日期	法律、法规的名称	制定机关
1954年9月20日	中华人民共和国宪法(旧)	一届人大一次会议
1982年12月4日	中华人民共和国宪法(新)	五届人大五次会议
1986年4月12日	中华人民共和国义务教育法	六届人大四次会议
1989年4月4日	中华人民共和国行政诉讼法	七届人大二次会议
1990年12月28日	中华人民共和国残疾人保障法	七届人大常委会十七次会议
1991年4月26日	教育督导暂行规定	国家教育委员会第15号令
1993年10月31日	中华人民共和国教师法	八届人大常委会四次会议
1994年8月23日	中华人民共和国残疾人教育条例	第161号国务院令
1995年3月18日	中华人民共和国教育法	八届人大三次会议
1995年12月12日	中华人民共和国教师资格条例	第188号国务院令
1996年5月15日	中华人民共和国职业教育法	八届人大常委会十九次会议
1998年8月29日	中华人民共和国高等教育法	九届人大常委会四次会议
2007年5月1日	残疾人就业条例	第488号国务院令
2008年7月1日	中华人民共和国残疾人保障法(新)	十一届人大常委会二次会议
2010年7月29日	国家中长期教育改革和发展规划纲要(2010—2020年)	中共中央、国务院
2015年4月24日	中华人民共和国义务教育法(新)	十二届人大常委会十四次会议

这一时期首先涉及特殊教育的法律是1982年12月通过的《中华人民共和国宪法》,除

---

① 李江源.教育规范的基础和自由发展的中介[J].教育理论与实践,2004(10):22.
② 李江源.教育规范的基础[J].复旦教育论坛,2004(3):40.
③ 刘英杰.中国教育大事典(1949—1990)(上)[M].杭州:浙江教育出版社,1993:776.

规定所有公民平等享有受教育权外,还在第二章第四十五条规定:"国家和社会帮助安排盲、聋、哑和其他有残疾的公民的劳动、生活和教育。"1986年4月通过的《中华人民共和国义务教育法》,第九条要求"地方各级人民政府为盲、聋哑和弱智的儿童、少年举办特殊教育学校(班)"。1990年12月通过的《中华人民共和国残疾人保障法》,是我国第一部专门有关残疾人的法律,其中的第三章第十八条至第二十六条是关于残疾人教育的。1994年8月,由国务院颁布的《残疾人教育条例》是我国第一部有关残疾人教育的专项法规。进入新世纪以来,我国在2008年4月对《中华人民共和国残疾人保障法》进行了修订并通过,自2008年7月1日起施行,进一步完善我国残疾人保障的机制,如在教育方面就规定:"各级人民政府对接受义务教育的残疾学生、贫困残疾人家庭的学生提供免费教科书,并给予寄宿生活费等费用补助"等。

从整体上看,我国有关特殊教育的法律法规比较零散和有限,它们之间缺乏有机的整合和衔接,并未形成有机的整体和合理的体系,所以当务之急是国家立法机关应尽快制定《特殊教育法》,完善我国特殊教育法制体系,形成一个以《教育法》为母法,以《特殊教育法》为主体的法律体系。[1]

在政策方面,我国较早的特殊教育政策的提出可追溯到太平天国时期,1859年洪仁玕在《资政新篇》中,主张借鉴西方经验发展本国特殊教育;政府鼓励民间兴办"跛盲聋哑院",对残疾人进行适宜的文化教育和职业技术教育,使他们"残而不废"。[2] 这种想法在当时具有一定的先进性,但由于太平天国运动的失败,《资政新篇》中发展特殊教育的想法也没有得到实践。清政府于1902年和1903年分别颁布的《钦定小学章程》和《奏定初等小学章程》则把特殊儿童排斥在教育系统之外,前者规定入学者必须"志趣端正,资性聪明,家世清白,身体壮健";后者则明确指出:"或病弱,或发育较迟不能就学者……准免其就学"[3],这就更不利于特殊教育的发展。

中华人民共和国成立以前,虽然我国也有些政策谈到了特殊儿童的教育,并表现出积极的态度,但由于当时社会政局动荡不安,即使有好的政策也难以施行,从而影响了特殊教育的发展。一直到中华人民共和国成立后,国家才开始逐渐重视特殊教育的发展,除前面提到的法律法规外,还出台了一系列政策促进特殊教育发展。

1957年4月,教育部发出《关于办好盲童学校,聋哑学校的几点指示》,提出"当前盲童教育和聋哑教育的工作方针是:整顿巩固、逐步发展、改革教学、提高质量"。1984年12月,教育部副部长张文松在中国盲人聋哑人第四届代表会议上对发展特殊教育提出:"特殊教育是我国社会主义教育事业的一个有机组成部分,特殊教育的发展程度如何,能否满足生理缺陷儿童的入学要求,是衡量一个国家普及教育是否充分的一个方面,也是衡量一个社会是否具有发达文明的标志之一。"此外,1985年的《中共中央关于教育体制改革的决定》,1985年8月,国家教委印发的《全国弱智教育经验交流会纪要》,1989年5月,国务院办公厅转发国家教委等八个部门的《关于发展特殊教育的若干意见》,1994年7月国家教委发布的《关于开展残疾儿童少年随班就读工作的试行办法》,1998年12月教育部发布《特殊教育学校暂行规程》,中国残疾人"八五""九五""十五""十一五""十二五"和

---

[1] 李继刚.美国特殊教育立法及对我国的启示[J].中国特殊教育,2008(8):13.
[2] 张福娟,等.特殊教育史[M].上海:华东师范大学出版社,2000:208-209.
[3] 孙绵涛.教育政策论——具有中国特色的社会主义教育政策研究[M].武汉:华中师范大学出版社,2002:350.

"十三五"发展纲要等。2014年国家颁发《特殊教育提升计划（2014—2016）》，预示着我国特殊教育事业的发展翻开新的篇章。虽然不同时期各政策的侧重点各异，但都规范和促进了我国特殊教育的稳定发展。

第 2 节　特殊学校教育体制

一、特殊学校教育体制概述

特殊学校教育体制的影响因素很多。由于世界各国的政治和经济水平发展不平衡，特殊学校教育体制也不统一。从管理体制来看，有政府办学、私人办学和社会团体捐资办学；从教育的水平与层次来看，特殊教育和普通教育一样，可以划分为学前教育、基础教育、中等教育和高等教育四个层次。在一些经济发达、特殊教育发展较快的国家，发展特殊教育的重点是学前教育和高等教育；而对大多数国家而言，主要是发展基础教育中的初等教育和中等职业技术教育。特殊教育与普通教育在各个教育层次上都有不同程度的交叉、渗透与重合（见图 7-2）。①

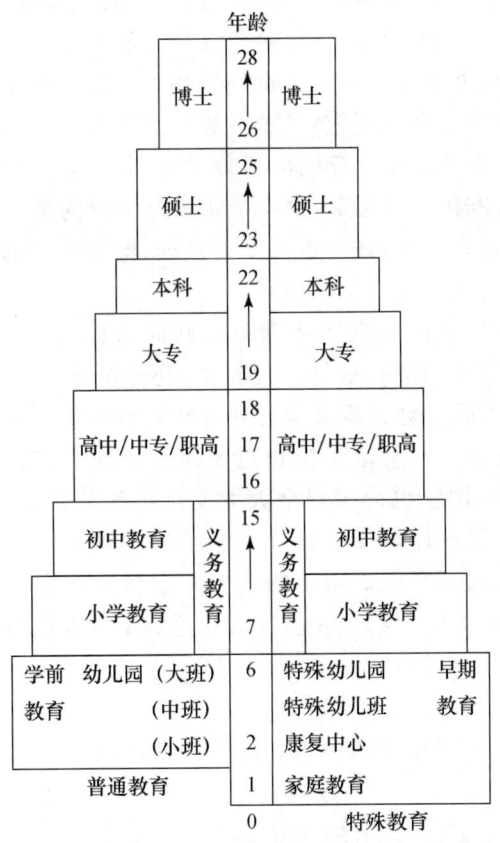

图 7-2　特殊教育与普通教育学制的比较②

---

① 方俊明.特殊教育学[M].北京：人民教育出版社,2005：79.
② 方俊明.特殊教育学[M].北京：人民教育出版社,2005：80.

根据教育事业发展和残疾人工作的整体规划,2008年7月新修订的《中华人民共和国残疾人保障法》中规定我国发展特殊教育的方针是:"实行普及与提高相结合,以普及为重点的方针,保障义务教育,着重发展职业教育,积极开展学前教育,逐步发展高等以上教育。"

(一)特殊儿童的学前教育

特殊儿童的学前教育主要指对学龄前(0~6岁)缺陷儿童提供治疗、补偿性教育和功能康复训练,使特殊儿童在学前期能与普通儿童一样,得到德、智、体、美的全面发展和对特殊教育需要的满足,它是特殊教育体系的基础。① 发展特殊儿童的学前教育可以及时治疗、补偿或矫正他们已经存在的缺陷,预防附加缺陷或继发性缺陷,有利于他们最大限度地发挥个人潜能,帮助其在社会里可以像正常儿童一样生活和学习。特殊儿童学前教育的对象主要包括视觉障碍儿童、听觉障碍儿童、智力障碍儿童、自闭症儿童、脑瘫儿童、肢体障碍儿童、语言发展障碍儿童等各类特殊儿童。

起初,特殊儿童的学前教育并没有受到人们足够的重视,一直到20世纪中后期,随着世界经济的飞速发展,以美国为首的西方国家才逐渐认识到应及早地发现特殊儿童的特殊性,对可能产生的不良影响及时进行预防、教育、治疗和康复等,并开始在特殊学校开设学前班,在普通幼儿园增设特殊班或创设融合班。② 同时,普通学前教育的发展,也为特殊儿童学前教育的多元化办学形式打下了良好的基础。我国在1994年颁布的《中华人民共和国残疾人教育条例》第十条就规定:"残疾幼儿的学前教育,通过下列机构实施:(1)残疾幼儿教育机构;(2)普通幼儿教育机构;(3)残疾儿童福利机构;(4)残疾儿童康复机构;(5)普通小学的学前班和残疾儿童、少年特殊教育学校的学前班。残疾儿童家庭应当对残疾儿童实施学前教育。"此外,还可以成立以检查、鉴定为主的培训中心、测查中心等,协同多方面专业人士对特殊儿童进行学前教育。

国外的学前教育多由政府、社会团体和私人共同兴办,我国的学前教育除政府主办外,也充分发挥单位、社会办学的积极性。近年来,还不断地出现了私人集资办幼儿园的现象。民政部门和残疾人联合会也积极参与到特殊儿童的学前教育中来。为了培养特殊教育的幼儿教师师资,有些幼儿师范学校和高等师范学校学前教育专业也都开设了相应的特殊教育课程。③ 此外,国家也分拨资金大力支持特殊儿童的学前教育发展,2014年,我国启动实施《特殊教育提升计划(2014—2016年)》,实施残疾人事业专项彩票公益金助学项目,为全国1.1万人次家庭经济困难的残疾儿童享受普惠性学前教育提供资助。各地也积极多渠道争取资金支持,对2908名残疾儿童给予学前教育资助。④

(二)特殊儿童的基础教育⑤

1. 义务教育

1986年4月我国颁布了《中华人民共和国义务教育法》,这是我国首次把义务教育用

---

① 方俊明.特殊教育学[M].北京:人民教育出版社,2005:81.
② 雷江华.学前特殊儿童教育[M].武汉:华中师范大学出版社,2008:2.
③ 方俊明.特殊教育学[M].北京:人民教育出版社,2005:81.
④ 2014年中国残疾人事业发展统计公报[残联发(2015)12号][EB/OL].(2015-12-11). http://www.cdpf.org.cn/zcwj/zxwj/201503/t20150331_444108.shtml.
⑤ 这里的基础教育主要是指"九年义务教育和高中阶段教育"。

法律的形式固定下来,适龄的儿童和少年都必须接受九年义务教育,该法的制定标志着我国基础教育发展到了一个新阶段。2015年修订通过的《中华人民共和国义务教育法》第六条规定:"国务院和县级以上地方人民政府应当合理配置教育资源,促进义务教育均衡发展,改善薄弱学校的办学条件,并采取措施,保障农村地区、民族地区实施义务教育,保障家庭经济困难的和残疾的适龄儿童、少年接受义务教育。"这样,特殊儿童的基础教育就纳入我国义务教育范畴,帮助他们完成义务教育是发展我国特殊教育的中心任务。

目前我国特殊儿童义务教育的发展格局是:以大量随班就读和特教班为主体,以特殊学校为骨干,使我国特殊教育从过去举办特殊学校单一的办学形式,转变为多种办学形式,为特殊儿童入学提供更多的机会,加快特殊儿童义务教育的发展步伐。2014年我国普通小学、初中随班就读和附设特教班招收的学生3.80万人,在校生20.91万人,分别占特殊教育招生总数和在校生总数的53.78%和52.94%。①

2. 高中教育

我国特殊儿童高中教育的安置形式主要在特殊学校和普通高中班级里随班就读。从表7-2可以看出,我国近十年来特殊教育学校的高中教育发展较好,总体来看,高中班(部)的数量、在校生人数都在稳步上升,仅在2010年和2014年出现一些小的波动,聋校高中数量和在校生人数增长较快,相比之下,盲校高中数量增长相对缓慢,这和我国视觉障碍学生的数量有关。

表7-2 2004年—2014年我国特殊教育高中发展概况②

年份	特殊教育普通高中班(部)	在校高中生	聋校高中数	学生数(聋)	盲校高中数	学生数(盲)
2004	53	2416	41	2083	12	333
2005	66	3891	49	3187	17	704
2006	69	4192	54	3385	15	807
2007	83	4978	68	4047	15	931
2008	95	5464	76	4458	19	1006
2009	104	6339	84	5197	20	1142
2010	99	6067	84	5284	15	783
2011	179	7207	145	6198	19	1009
2012	186	7043	121	5555	22	1488
2013	194	7313	125	5704	27	1609
2014	187	7227	/	6173	/	1054

(三)残疾人的职业教育

我国残疾人的职业教育主要有准备式(或庇护式)模式和支持式模式两种。准备式职业教育是在学校教育阶段就开设专门的职业教育课程,在文化教育中逐步渗透职业教育的理念和培养他们的职业劳动技能,使学生掌握初级的职业教育技能,为将来接受更高级的职业教育和就业打下良好基础。这是目前我国残疾人职业教育采取的主要方式。支持

---

① 中华人民共和国教育部.2014年全国教育事业发展统计公报[EB/OL].(2015-08-25). http://www.moe.gov.cn/jyb_xwfb/gzdt_gzdt/s5987/201507/t20150730_196698.html.
② 根据中国残疾人联合会公布的中国残疾人事业发展统计公报整理。

式职业教育则根据市场需求和残疾人的自身特点,为他们提供相关训练,并提供现场辅导和跟踪支持,其最核心的观念就是在竞争性的条件下,通过各种支持帮助他们就业。① 在这种模式下,开展残疾人职业教育与培训的机构主要有四类:教育、劳动、民政、卫生等部门举办的普通职业教育与培训机构;部分特殊教育学校在完成九年义务教育后开设的中等职业教育课程;各级残联建立的残疾人职业教育与培训机构;社会力量开办的机构等。② 据统计,截至2014年,我国残疾人中等职业学校(班)197个,在校生11671人,毕业生7240人,其中5532人获得职业资格证书。全国残疾人职业培训基地达到6154个,其中残联兴办2211个,依托社会机构兴办3943个,38.2万人次城镇残疾人接受了职业培训。③

(四)残疾人的高等教育

随着社会的进步和特殊教育的发展,高等特殊教育的产生、发展已成为必然,它体现了社会的文明程度和整个教育体系的发达程度。我国残疾人的高等教育自20世纪80年代起步以来,在国家一系列政策、法律法规的指导下,至今已初步形成雏形。

1989年5月,国务院办公厅转发国家教委等部门《关于发展特殊教育的若干意见》中指出:"当前和今后一个时期发展特殊教育的基本方针是:着重抓好中等教育和职业技术教育,积极开展学前教育,逐步发展中等教育和高等教育。"在后来颁布的《教师法》《残疾人教育条例》《教育法》《职业教育法》《高等教育法》等法律中都明确提出要保障残疾人接受高等教育的权利,而在2008年新颁布的《中华人民共和国残疾人保障法》也规定:"逐步发展高级中等以上教育","普通高级中等学校、中等职业学校和高等学校,必须招收符合国家规定的录取要求的残疾考生入学,不得因其残疾而拒绝招收;拒绝招收的,当事人或者其亲属、监护人可以要求有关部门处理,有关部门应当责令该学校招收"。2015年4月教育部和中残联印发了《残疾人参加普通高等学校招生全国统一考试管理规定(暂行)》的通知,维护残疾人的合法权益,保障残疾人平等参加普通高等学校招生全国统一考试。

从总体上看,我国残疾人高等教育的安置方式主要有四种:① 普通高等学校招收残疾青年(其中大部分是肢体残疾和轻度的盲、聋青年)和正常学生一起学习。② 普通高等学校建立特殊教育学院(如长春大学特殊教育学院)或开设特殊教育系或专业,主要招收盲、聋残疾青年学习各种专业。③ 一些独立设置的残疾人中等职业学校采取与高校合作成人教育的方式,举办一些专业的大专班,招收残疾青年。④ 成人高等教育的形式。残疾人通过职工大学、自学考试函授等渠道接受高等教育。④ 安置方式的多样性,也为更多的残疾人接受高等教育提供了机会,有利于我国整体国民素质的提高。现在,我国残疾人高等教育已初步形成了在普通高校就读为主,在专门的特殊教育学院就读为骨干,以成人教育和远程教育等方式就读为辅助的格局。截至2011年年底,经教育部批准,我国实施单考单招政策招收残疾人的高等院校18个,在校生近5000人,年招生计划约为1349人。近30年来通过单考单招政策圆大学梦的残疾人达

---

① 许家成.残疾人职业教育的准备式和支持式模式[J].中国特殊教育,1998(2):32.
② 张韦韦.关爱特殊人群:残疾人接受职业教育[J].教育与职业,2007(3):84.
③ 2014年中国残疾人事业发展统计公报[残联发(2015)12号][EB/OL].[2015-12-11]. http://www.cdpf.org.cn/zcwj/zxwj/201503/t20150331_444108.shtml.
④ 曲学利,等.中国的残疾人高等教育[J].教师博览,2007(12):41.

3000多人。① 此外,近些年来随着国家对残疾人高等教育的日益重视,越来越多的残疾学生也能参加普通高考,与正常学生一起竞争,以优异成绩被普通高校录取,如2015年宁夏盲人考生黄莺被武汉理工大学社会工作专业录取,②吉林高位截瘫女孩李斯雯被北京师范大学心理学专业录取。③ 录取高校表示会在学习、生活等方面根据学生需要给予他们特殊的照顾。

此外,还有更高层次的硕士、博士教育,在经济发达国家已屡见不鲜,只是我国还比较少。尽管如此,我们相信,随着我国经济的发展、社会的进步,残疾人对教育的需求会逐步增大,残疾人的高等教育也会越来越受到国家的重视,在教育层次、模式和质量上都会进步。

二、各类特殊学校教育体制

特殊学校教育体制,是指由政府、企业事业组织、社会团体、其他社会组织及公民个人依法举办的专门对残疾儿童、少年实施义务教育的机构的教育体制。目前我国的特殊学校主要有盲校、聋校、培智学校和综合性特殊教育学校。

(一)盲校的教育体制

起初,盲校的学制基本上执行普通小学的学制,20世纪50年代,教学计划里规定盲校的学制在普通小学的六年之外,还可加半年预备班。课程上,除没有图画课外,其他的应包括普通小学的全部科目;"文化大革命"期间,各地普通小学学制缩短为五年,盲校学制也随之改为五年,课程设置和课时安排都受到干扰;20世纪80年代,教学计划规定盲校的学制为五年制和六年制,各地可根据具体情况选用相应的学制。课程上增设"思想品德"课、"认识初步"课等。五年制和六年制盲校小学教学计划课程设置、教学内容和教学要求相同,但课时方面五年制比六年制多一些;20世纪80年代末,国务院办公厅转发国家教委等八个部门《关于发展特殊教育的若干意见》中,对盲校的学制作过以下规定:"盲童的初等学校(班)和初级中等学校(班),原则上实行五、四制,如有需要也可以实行六、三制;先普及五年或六年初等教育,有条件的地方可适当发展四年或三年制初级中等教育。"④

2007年发布的《盲校义务教育课程设置实验方案》,规定盲校整体设置九年一贯的义务教育课程,低、中年级阶段以综合课程为主,高年级阶段设置分科与综合相结合的课程。一般情况下,视障儿童的入学年龄与当地普通小学相同,在特殊情况下可适当放宽。每学年上课时间为35周,每周按5天教学,每课时原则上为45分钟,低年级阶段,应在每节课的中间安排5分钟的休息或活动。

(二)聋校的教育体制

聋校的教育体制和盲校一样,也经历了一个不断发展变化的过程。20世纪50年代,教学计划规定的学制为十年,教学分为口语教学班级(设置十门学科课程)和手势语教学班级(设置九门学科课程),以单一的学科课程为主;20世纪80年代,教学计划规定的学制分为全日制六年制和全日制八年制,开始把德育列入课程,开设了"思想品德"课和"班团队活动",开始了学

---

① 陆莎,傅王倩. 论社会公平视野下的残疾人高等教育[J]. 中国特殊教育,2014(3):13.
② 楚天都市网. 宁夏20岁盲人姑娘黄莺被武汉理工大学录取[EB/OL].(2015-07-25). http://news.ctdsb.net/shengnei/2015/0725/283089.shtml.
③ 新浪教育. 北师大心理学专业录取吉林截瘫658分女孩[EB/OL].(2015-07-23). http://edu.sina.com.cn/gaokao/2015-07-23/1432479007.shtml.
④ 刘英杰. 中国教育大事典(1949—1990)(上)[M]. 杭州:浙江教育出版社,1993:787-788.

科课程和活动课程相结合的课程总体模式;20世纪90年代,教学计划则规定为九年,各个学校统一实行,不再按教学方法或学制的不同而分别实行。注重特色课程的设置(如"兴趣活动")和课程的总体规划,越来越重视德育问题,把它渗透到教学的全过程。而且学科课程与活动课程的安排也更加科学合理,活动课程占总课时的16.89%。[1]

2007年发布的《聋校义务教育课程设置实验方案》,规定聋校课程在小学阶段(一至六年级)以综合课程为主,初中阶段(七至九年级)以分科与综合课程相结合。每学年上课时间为35周,每周按5天教学,每课时40分钟。

(三)培智学校的教育体制

与盲校和聋校相比,我国培智学校起步相对较晚。1959年7月旅大市(现大连市)为适应"大跃进"的需要和解决智力落后儿童的前途问题,作为一项社会福利事业试办了智力培育学校,至1963年8月停办。真正意义上的培智学校还是在改革开放以后,1984年在上海第二聋哑学校内建立了附属的辅读学校。1984年北京西城和宣武分别建立了独立的培智学校。从1984年起国家特殊教育统计中开始出现了弱智学校的数字。当时是4所弱智学校。[2] 20世纪80年代中期,国家教委初等教育司制订的教学计划规定,培智学校的学制可以实行九年制或六年制。教学上注重个别教学或分组教学。各培智学校(班)都要加强音乐、美术和体育教学。[3]

2007年发布的《培智学校义务教育课程设置实验方案》,规定培智学校应根据学生的发展需求,课程设置以生活为核心,整体设计九年一贯的培智学校课程体系,构建一般性课程和选择性课程。一般性课程是对学生素质最基本的要求,包括生活语文、生活数学、生活适应、劳动技能、唱游与律动、绘画与手工、运动与保健等;选择性课程则包括信息技术、康复训练、第二语言、艺术休闲、校本课程等。每学年上课时间为35周,每节课上课时间一般为35分钟,可根据学生的年龄、智力残疾程度和课程的性质进行适当调整。

(四)综合性特殊教育学校

综合性特殊教育学校招收多种残疾类型的学生,如视觉障碍、听觉障碍、智力障碍等,但不同障碍类型的学生一般不会混在一起上课,而是分开教学。因此,综合性特殊教育学校的教育体制是由学生的障碍类型所决定的,如视觉障碍学生的教学还是要遵循盲校的教育体制。

三、我国特殊学校教育体制改革

(一)我国特殊学校教育体制面临的挑战

1. 早期教育:发展难以满足社会需求

发展特殊儿童的早期教育具有十分重要的意义,可以使他们的缺陷得到补偿、改善,并提高能力,为以后接受教育创造条件,但目前我国学前特殊教育的对象多以聋儿为主,[4]其他特殊儿童的教育并未得到足够的重视。公办的学前教育机构数量有限,多存在于经济较发达的城市,农村、偏远地区极少。虽然民办的学前教育机构在一定程度上补充了学前特殊教育发展的不足,但在教师、经费、教学等方面都亟须加强监管。如民办教育机构里教师的流动性较强,他们的专业化水平得不到有力保证,而且机构的经费来源比较有限,它们维持生

---

[1] 黎梅娇.我国三个时期聋校教学计划的比较研究[J].中国特殊教育,2003(3):43.
[2] 朴永馨,等.弱智儿童教师手册[M].北京:联合国教科文组织资助出版,2004:4-5.
[3] 刘英杰.中国教育大事典(1949—1990)(上)[M].杭州:浙江教育出版社,1993:791-792.
[4] 刘颂,等.中国的学前特殊教育[J].教师博览,2007(12):38.

存的费用都需要家长来承担,但高昂的费用让很多家庭都难以承受,以致许多学前特殊儿童滞留在家,失去了接受早期教育和康复的机会。

2. 基础教育:深入发展受阻

随着国家对特殊教育事业的日益重视和顺应国际特殊教育的发展趋势,越来越多的特殊儿童得以进入普通学校随班就读。"融合"也成为我国制定相关政策法规的主要导向。但在实际中,特殊儿童随班就读困难重重,如相关支持服务体系难以跟上、普通教育教师态度不积极、师资力量跟不上、各方力量不协调等。

特殊学校的教育在国家重视和政策驱动下近些年来取得了长足进步,但各类特殊儿童的课程建设、特殊学校的教学、特殊教育质量监测、特殊学校文化内涵建设等都是需要我们长期关注的问题。

特殊儿童高中教育面临的最主要的问题在于如何提高普及化程度。目前,我国主要针对视障学生和听障学生开展高中阶段的教育,其他残障类型学生的高中教育发展缓慢。智障学生也有开展高中教育的必要,西方国家在相关支持体系下,智障学生甚至能上大学,关键在于我们应如何正确处理文化课程和其他课程(如职业课程、校本课程)的关系,分清孰轻孰重,相信教育会对智障学生起潜移默化的作用。

3. 职业教育:投入严重不足

我国残疾人职业教育面临的最主要问题是投入严重不足,主要表现在经费、人员配备、科研、政策支持等方面,以致职业教育的相关设施配备率低,不少设备简陋、专用器材少,与现代职场要求差距很大。有些学校由于缺乏足够的经费支持和足够的办学空间,无力开设职业教育的相关课程。由于教育对象的特殊性,资本运作的内在动力不足,企业的参与程度也低,多渠道的投入主要来自公益和社会福利性质方向,从而制约了学生职业知识、技能的发展,使职业教育的收效(帮助学生就业)甚微。[1]

4. 高等教育:资源配置不够

在我国,高等特殊教育的整体规划和学科专业建设并没有得到国家的相关政策导向和统一的宏观指导与管理。即使有的高校接受了专门学生,也没有专门为他们提供最大的帮助或使他们获得最佳支持(这也是残疾人大学生水平较低的因素之一),而且不仅在普通学校,在那些专门招收残疾人的高校所设的系、科也存在这种现象。[2] 此外,高等特殊教育的专业设置也非常传统、单一,难以满足市场上对人才的需求,再加上专业的师资和经费不足,缺乏相应的理论研究支持,高等特殊教育的发展任重道远。

(二)对策

1. 加大学前特殊教育投入,规范管理体制

国家重视学前特殊教育的发展,一方面要加大对学前特殊教育的投入,通过开设公立学前特殊教育机构、支持社会团体和私人办学、培训家长和教师等形式,使更多的学龄前特殊儿童可以参与到早期教育中来。在增加教育投入的同时,也要合理运用教育经费,如果不改变一谈到特殊教育经费投入,就是要投入多少多少钱用于建大楼或购买设备,似乎特殊教育只有大楼和设备这些硬件,那么特殊教育的质量就永远不可能得到提高,残疾儿童的教育需

---

[1] 李天顺.落实十七大精神 关心特殊教育 进一步推进特教学校职业教育的发展——在全国特殊教育学校职业技术教育工作现场经验交流会上的报告[J].现代特殊教育,2008(1):12.

[2] 曲学利,等.中国的残疾人高等教育[J].教师博览,2007(12):42.

求不可能得到满足。对于城市和发达地区,特殊学校建设已基本完成,应该逐渐完成向教育质量和效益的转变。在特殊教育学校建立残疾儿童管理和质量监控体系,让每个残疾儿童都学有所得。[①] 此外也不能忽视我国广大的农村、偏远地区,从某种程度上来说,那里的人们更需要通过教育来改变落后和贫困。而美国在1965年开始实施的"开端计划"(Head Start)就值得我们学习和参考,它旨在向贫困家庭的幼儿与残疾儿童(以三四岁为主)免费提供学前教育、营养与保健等。

另一方面要规范学前特殊教育的管理体制,虽然我国在各类政策法规中都积极提倡发展特殊儿童学前教育,但对它的管理体制却缺乏明确规定。因此,国家不仅要建立相关的政策法规,规范学前特殊教育机构的行为,如教学目标与内容、教师聘任制度、家长的权利与义务等,还要加大监管力度,制止乱收费行为,保证教育的公平与和谐。[②]

2. 逐渐变革融合的理念,深化对融合的认识

要成功实施一项活动,成员对活动的认识和态度至关重要,其重要性丝毫不亚于其他左右活动成败的因素。[③] 随班就读教师对融合教育理念的认识程度,是实现真正的融合教育的关键。教师只有树立民主的教育观和形成正确的教育价值观,才能真诚接纳残疾学生,在传统教学模式基础上为残疾学生做出相应的调整和改变。提升教师对融合理念的认识,关键在于教师的主观能动性,在实践中去发现融合的意义和价值,扭转过去的判断。外在力量只能通过培训弥补教师基本知识技能的缺失,加上支持体系的建构提升随班就读质量,帮助教师逐渐变革融合的理念,深化对融合的认识。

3. 深化特殊教育课程改革,发挥校本课程的作用

当前,我国正在研制三类特殊学校课程标准,结合2007年颁发的课程设置实验方案,无疑会为特殊学校教学提供一个可供参照的蓝本。虽然国家是课程发展的主力,但地方和学校也逐渐成为课程发展的重要力量。特别是学校也会从各自的实际需要出发,对课程施加不同程度的影响,这集中体现在校本课程的开发上。校本课程既是学校特色的体现,又是教师和学生共同建构的过程,满足学生个别化的需要。

4. 普及高中教育,提升特殊教育整体水平

随着社会的发展进步,义务教育已满足不了残疾人发展的需要,他们也要像普通人一样接受高中教育,因此,目前应大力普及高中教育,能使特殊学生未来有机会接受更高级别的教育。一方面我们要让更多的特殊学校开展高中教育,提升特殊教育水平;另一方面,还要开展其他各类特殊儿童的高中教育,满足更多儿童接受高中教育的需要,提升我国特殊教育水平。

5. 加大职业教育投入,进行资源整合

政府要重视残疾人职业教育的发展,加大投入,划拨经费时充分考虑到特殊学校开展职业教育的需要,安排一部分特殊教育补助费支持学校发展职业教育,如扩展职业教育教学空间、购入专门设备、聘请专业教师、开展相关课题研究等。财政、残联、卫生等机构要制定相应的政策,建立机制,加大整合力度,充分利用社会投入,推动共建共享,提高资源的使用效

---

① 彭霞光.中国特殊教育发展面临的六大转变[J].中国特殊教育,2010(9):6.
② 雷江华.学前特殊儿童教育[M].武汉:华中师范大学出版社,2008:49.
③ Ryan,T.,et al. Elementary supervision and the supervisor:teacher attitudes and inclusive education[J]. International Electronic Journal of Elementary Education,2012(3):563-571.

率,并做好残疾人职业教育的宣传工作,改变人们对残疾人就业的偏见,让更多企业单位参与进来,使残疾人职业培训更有针对性。①

6. 重视高等特殊教育发展,配置发展资源

高等特殊教育的发展,最重要的是要得到政府的大力支持,应该将残疾人高等教育纳入国家整个教育发展体系中来,设立专门机构,统一领导,从全局和长远来加以统筹规划,制定相应政策。②在明确高等特殊教育发展意义的基础上,中央各部门、地方当局予以充分重视,高等特殊教育才能获得长足发展。在西方发达国家,这一方面就得到了很好的体现,由于国家的重视,高等院校为了支持残疾学生接受高等教育,帮助他们完成学习,高等院校特别是普通高等院校需要为他们提供各种服务,包括租赁房子、特殊的书籍、家庭教师、帮助记笔记的人或者其他支持等,在一些情况下,甚至可以为他们变更课程。③ 随着社会的发展,残疾人的高等教育已经成为衡量一个国家的特殊教育,乃至整个教育发展水平的重要指标之一,只有意识到了这点,支持高等特殊教育发展的各项资源,如专业设置、师资、经费、科研成果等才会及时跟上去,满足残疾人接受高等教育、过有品质的生活和就业的需要。

第3节 特殊教育管理体制

一、特殊教育管理体制概述

特殊教育管理体制,是指国家对特殊教育实行领导和管理的基本体系与制度,其实质在于明确管理者的权限范围及其相互关系。④ 它是整个特殊教育体制赖以运转的保证,主要包括特殊教育行政体制和特殊学校管理体制。

特殊教育行政体制,主要是国家对整个特殊教育系统进行的宏观的整体的管理,包括国家对特殊教育领域里的学前特殊教育、义务教育、职业教育、高等教育等进行的管理。特殊学校管理体制相比较于特殊教育行政体制来说,则是微观的管理体制,主要解决学校内部教育管理的问题。两者相互统一、相互联系,虽然学校管理体制有自己的一套规范,但总体上看它是与特殊教育行政体制的规范相统一的,即统一于国家的大政方针中。

二、特殊教育行政体制改革

(一) 中央与地方的关系

我国现行的教育体制实行民主基础上的集中制,教育体系由国家主管,国家负责教育大政方针的制定。作为我国教育事业有机组成部分的特殊教育,和普通教育一样,由国务院下设的教育部主管,教育部下设基础教育二司管理残疾儿童少年的特殊教育工作。具体到地方,则由地方各级教育行政部门按照中央的部署和方针政策进行管理,可以有一定的自主权,但仍受中央领导和管辖,不能逾越于中央教育行政部门之上。

---

① 李天顺. 落实十七大精神 关心特殊教育 进一步推进特教学校职业教育的发展——在全国特殊教育学校职业技术教育工作现场经验交流会上的报告[J]. 现代特殊教育,2008(1):13.
② 余慧云,等. 我国高等特殊教育研究综述[J]. 中国特殊教育,2006(4):68.
③ 方俊明. 特殊教育学[M]. 北京:人民教育出版社,2005:514.
④ 杨颖秀. 教育管理学[M]. 长春:东北师范大学出版社,2001:48.

总体上来看,我国在高度集中统一的计划经济体制下形成的教育行政体制,最突出的问题在于如何处理好中央集权和地方分权的关系,中央集权往往把教育统得过严、过死,制约了地方的自主权。随着我国经济的发展,教育日益复杂化、专业化,中央把特殊教育管理权更多地下放到地方,能够充分发挥地方组织灵活多变的特点,发挥他们的积极性和主动性,多元化发展特殊教育。此外,地方对特殊教育的管理也需要得到中央在政策、经费投入等多方面的支持,所以中央最重要的是加强宏观调控,从整体把握特殊教育的发展趋势,制订切实可行的方案支持地方发展特殊教育。

(二) 政府与特殊教育行政部门的关系

当前,政府主管我国的整个教育体制,教育部下设的基础教育二司是特殊教育的具体实施部门,但基础教育二司不仅管特殊教育,还管理学前教育和普通高中教育。因此,为了促进我国特殊教育事业的发展,我们建议特殊教育也需要像"高等教育""师范教育"一样,作为一个专门的管理机构独立出来。这样,残疾人的职业教育、高等教育就可以归特殊教育司统一管理,而不用教育部下设的"职业教育与成人教育司"和"高等教育司"的管理,避免了管理上的混乱,真正发挥政府统筹教育的作用,统领全局,更好地把握特殊教育的整体发展。

(三) 特殊教育行政部门之间的关系

在我国,虽然管理特殊教育的主要行政部门是教育部下设的基础教育二司,但还有很多与特殊教育相关的管理工作却不在基础教育二司管辖范围之内,如从总体上看,特殊教育的发展经费主要由财政部划拨,特殊教育相关的人事聘任和调动要经人事部门审查批准等,这样把整个特殊教育的管理复杂化了,让更多的行政部门和行政人员参与进来,拨发越来越多的行政经费,一个环节没处理好就易导致各部门间互相扯皮,工作效率低下等。中华人民共和国成立以来,我国虽然对行政部门进行过几次调整改革,但由于没有从转变职能上做起,没有从直接管理向间接管理转变,因而始终没能摆脱精简—膨胀—再精简—再膨胀的循环[1],不利于特殊教育的发展和管理的规范性。因此,避免这种现象的方法是加强政府的综合统筹协调能力,从总体上把握各行政部门的发展,处理好彼此关系。

(四) 政府与特殊学校的关系

长期以来,政府与特殊学校内部管理的界限就不清楚,一方面政府对学校的一些事情管得过严、过死,许多不该管、管不了、管不好的事情都要管,干涉学校事务,更重要的是,这些事情经政府管理后并没有出现什么成效;另一方面,一些有关学校发展的决策权不在学校,而在政府,这就使得学校内部往往处于责权失衡的状态,缺乏生机和活力[2]。因此,要处理好政府和学校的关系,最主要的是要明确政府和特殊学校的管理职责所在。对政府而言,它应由对特殊学校进行的直接行政管理,转变为运用决议、决定、规划、规定等行政手段和法律、经济等多种手段,对特殊教育进行宏观管理。对特殊学校而言,既然实行校长负责制,那么校长就是整个学校的管理者,学校在贯彻国家大政方针的基础上,应积极发挥各级职能部门的优势和积极性、主动性,增加学校自身活力,做出自己的特色。

---

[1] 周在人,等.教育行政学[M].南京:南京师范大学出版社,1997:322.
[2] 周在人,等.教育行政学[M].南京:南京师范大学出版社,1997:332.

三、特殊学校管理体制改革

（一）含义

特殊学校管理体制（见图7-3）是由特殊学校的内部管理机构和一定的特殊教育规范结合而成，它是整个学校形成和运行的保障。学校内部管理机构主要包括学校的决策机构，它是指学校里以校长或党委书记为首的领导班子；学校的执行机构，指的是学校的各职能部门、教研组和各年级组等；学校的咨询机构则是指校务委员会；学校的监督反馈机构则多是指党团组织和工会。特殊教育规范，包括学校的各种规章制度，如机构的规章制度、工作的规章制度和人事规章制度等，它们共同规范特殊学校的管理体制。特殊学校的决策机构和一定的规范结合就构成了特殊学校的领导体制；执行机构和一定的规范结合就构成了学校的执行体制；咨询机构和一定的规范结合就构成了学校的咨询体制；监督反馈机构和一定的规范结合就构成了学校的监督反馈机制。

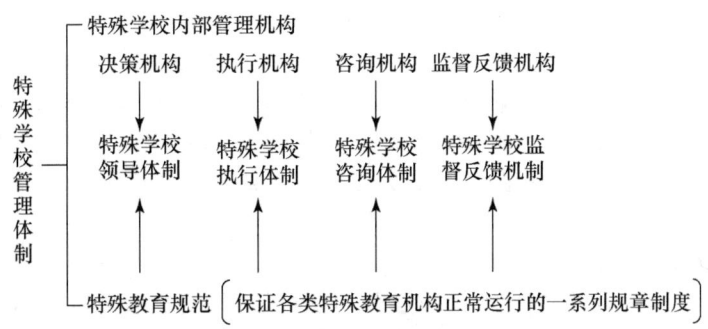

图 7-3　特殊学校管理体制结构图

因此，特殊学校管理体制是特殊学校管理机构和管理规范的结合体或统一体，由特殊学校领导体制、执行体制、咨询体制和监督反馈体制四部分组成的有机整体，其中领导体制是核心。①

（二）改革

特殊学校作为我国实施特殊教育的主要形式，其管理体制直接影响到我国特殊教育的发展，当前我国特殊学校和普通学校一样在管理方面也存在一些问题，需要我们在如下方面进行改革。

1. 明确领导体制

明确领导体制，即特殊学校要明确是采用党政分工的领导体制，还是采用党政合一的领导体制。虽然我国在1998年12月施行的《特殊教育学校暂行规程》中明确规定特殊学校实行校长负责制，但有些学校是由校长、书记两人共同参与学校的领导工作，这实质上是党政分工的领导体制。它的主要特征在于有两个领导主体，形成两条系统。这种领导方式的好处在于让党和行政部门共同参与到对学校的领导管理工作中来，有利于他们相互监督、共同谋划学校发展，但弊端在于学校的机构设置过多，两个人共同领导，工作中易产生矛盾和摩擦，反而不利于学校的统一领导管理。所以，相比较而言，学校使用党政合一的领导体制更

---

① 孙绵涛.教育行政学[M].武汉：华中师范大学出版社，1998：158.

好些,因为单一的领导主体,不仅可以提高学校的整体运作效率,明确各职能部门的责任,使各部门都各司其职,而且有利于从全局把握学校的发展趋势,使各部门都按一条清晰的思路发展下去。①

2. 理顺执行体制

理顺执行体制,是指特殊学校要明确学校的教研组、年级组在执行体制中的地位和作用,而不要一味把权力集中在职能部门,大小事包办,这使得教研组、年级组应承担的责任与所拥有的权力极不相称,不利于学校高效率运作。特殊学校要理顺执行体制,促进学校和谐快速发展,就一定要精简机构,限制职能部门的权力,扩大教研组、年级组的权力,自主执行校相关领导决议,而职能部门则起参谋服务的作用。②

3. 加强咨询体制

加强咨询体制,是指特殊学校要建立并完善校务委员会,真正发挥其咨询的作用。虽然有些学校设立校务委员会,但并未真正行使其职能,甚至有些时候学校的咨询工作是由相关的职能部门为校领导出主意而完成的,这不利于学校决策的民主化与科学化。所以,为加强咨询体制,学校应建立由校领导、教师、学生、家长、社区代表等共同组成的校务委员会,定期或不定期地就学校重大问题进行讨论,为学生和学校发展出谋划策,这在特殊学校显得尤为重要。考虑到目前我国的特殊教育发展还比较薄弱,一些特殊学校的办学经验不足,难以跟上现阶段我国经济、社会的发展速度,我们更需要多方面采纳发展意见,集思广益,供校领导决策时参考。③

4. 改善监督反馈体制

改善监督反馈体制,是指学校变消极监督为积极监督;变事后监督为事前监督、法律监督。④ 特殊学校的监督部门和党团工会组织要加强学校各项事务的监督力度,用国家的法律法规、学校的各项规章制度来规范学校的行为。此外,还要及时了解学校相关情况,并能向上级领导或有关部门反馈相应信息,防患于未然。

 **本章小结**

特殊教育体制是由特殊教育的机构体系与特殊教育的规范体系所组成,其中特殊教育机构是特殊教育体制的载体,特殊教育规范是特殊教育体制的核心。我国特殊教育体制的沿革主要包括特殊教育机构的沿革和特殊教育规范的沿革。其中,特殊教育机构的沿革包括实施机构和管理机构(行政机构和学校内部管理机构)的沿革。

我国特殊学校教育体制主要包括特殊儿童的学前教育、特殊儿童的基础教育(包括义务教育和高中教育)、残疾人的职业教育和残疾人的高等教育。我国特殊学校教育体制面临的挑战主要有早期教育的发展难以满足社会需求、基础教育的深入发展受阻、职业教育的投入严重不足及高等教育的资源配置不够。因此,我们应加大学前特殊教育投入,规范管理体制;逐渐变革融合的理念,深化对融合的认识;深化特殊教育课程改革,发挥校本课程的作

---

① 孙绵涛.教育行政学[M].武汉:华中师范大学出版社,1998:159.
② 孙绵涛.教育行政学[M].武汉:华中师范大学出版社,1998:159.
③ 孙绵涛.教育行政学[M].武汉:华中师范大学出版社,1998:160.
④ 孙绵涛.教育行政学[M].武汉:华中师范大学出版社,1998:160.

用;普及高中教育,提升特殊教育整体水平;加大职业教育投入,进行资源整合;重视高等特殊教育发展,配置发展资源。

特殊教育管理体制,是指国家对特殊教育实行领导和管理的基本体系与制度,其实质在于明确管理者的权限范围及其相互关系。它是整个特殊教育体制赖以运转的保证,主要包括特殊教育行政体制和特殊学校管理体制。特殊教育行政体制改革要求我们正确处理好以下几个关系:中央与地方、政府与特殊教育行政部门、特殊教育行政部门之间、政府与特殊学校。特殊学校管理体制改革则需要我们在以下几方面进行改革:明确领导体制、理顺执行体制、加强咨询体制及改善监督反馈体制。

思考与练习

1. 什么是特殊教育体制?它主要包括哪些方面?
2. 我国特殊学校教育体制面临哪些挑战?应如何解决?
3. 简述特殊教育管理体制的含义,并就特殊教育管理体制的改革谈谈你的想法。

第8章 中观组织：特殊教育学校

 **学习目标**

1. 了解特殊教育学校的类型。
2. 了解融合学校的发展趋势。
3. 掌握我国随班就读的特点。

特殊教育学校是特殊学生接受系统教育的主要场所，它经历了从无到有和不断发展的过程，而推动这一进程的是人类文明、哲学理念、社会经济和政治的发展。从近代慈善性质的隔离制教育机构，到贯彻义务教育精神的特殊教育学校，再到体现残健融合的回归主流运动推动下形成的混合学校，最后到体现以人为本的融合学校，都是人们为特殊儿童不断探索的教育安置机构，其典型组织形式依次为专门学校、混合学校和融合学校。

第1节 专门学校

为特殊儿童开设的专门学校有聋校、盲校、培智学校和综合性特殊教育学校。这些专门学校是对特殊儿童进行有组织、有目标、专门化和系统化教育的场所。这类学校有丰富的资源，有从事特殊教育的专业人员，有专门的设备，在一定程度上可以满足特殊儿童的特定需要。

一、特殊教育专门学校的历史溯源和宗旨

在中世纪，欧洲人倾向于对产生身体或智能障碍的原因做宗教解释，认为残疾人是受魔鬼或邪恶的控制，将患有身体或智力障碍的人看作社会的包袱，因此残疾人遭到嘲笑、遗弃甚至被杀死。[①] 到了18世纪，民主、自由和平等的思潮促进了对残疾人安置方式的改变。1770年，法国传教士莱佩(Charles-Michel de L'Épée)创办了世界上第一所聋校，法国教育家阿羽依(Valintin Hauy)于1784年在巴黎创立了第一所盲校，第一所招收智力落后儿童的学校是由法国的塞甘(Edouard Seguin)于1837年在巴黎创立的。[②]

美国牧师加劳德特(Gallaudet)于1817年在康涅狄格州开办了美国第一所聋人寄宿学校，美国华盛顿的加劳德特大学——世界上唯一的聋人文理科大学就是为了纪念他而建立。1832年，豪(Samuel Howe)创立了珀金斯盲校，并成功教导了既盲且聋的学生。[③]

---

① 〔美〕艾里克·J.马施，大卫·A.沃尔夫.儿童异常心理学[M].孟宪章，等译.广州：暨南大学出版社，2004：5.
② 许天威，徐亨良，张胜成.新特殊教育通论[M].台北：五南出版社，2004：11,298.
③ Marilyn Friend. Special Education, Contemporary Perspective for School Professionals[M]. New Jersey: Prentice Hall-Pearson Education (US),2005：6.

我国的特殊教育专门学校也是从建立聋校和盲校开始的,1874年英国牧师穆·威廉(William Moore)在北京开办了启明瞽目院,专门收容教育盲童;1887年美国传教士梅尔斯夫人(Annette Thompson Mills)在山东登州成立启喑学校;1916年,实业家张謇在江苏省南通市创办的南通盲哑学校是第一所由中国人建立的特殊学校。

招收特殊学生的专门学校是在工业革命时代的民主、自由和平等的人文主义思潮影响下建立的,当时的社会思潮使人们逐步关注社会中的残障者,并从同情、保护、慈善的角度为他们提供了教育机会。

与18世纪以前人们对身体和智能残障者的态度相比,为他们开办专门的学校是一种社会进步。但在最初的特殊教育机构中,儿童被看作是低能的,是需要给予保护的客体,因而他们被安置在隔离制的环境下。在当时特殊儿童参与社会生产的机会有限,他们不需要掌握复杂的知识技能,同时对特殊儿童的鉴定、测查主要是凭直观的感性认识来进行的,因此专门学校成为体现人道关怀和社会福利的场所。随着全民教育和教育公平理念的发展,专门学校成为实施残障儿童公平教育的主要手段,指导开办专门学校的哲学思想是:隔离但平等。在这个哲学理念的引导下,许多国家包括中国的特殊教育机构都以专门学校为主。

二、专门学校中的特殊教育

专门学校的组织形态和普通学校有很多共同性,如组织机构、教育教学管理、教学时限、学生管理等,而专门学校的特殊性主要体现在学生、教师、教学设备以及课程设置上。我国公立特殊教育专门学校主要有四类:聋校、盲校、培智学校、综合性特殊教育学校,而民办机构则主要针对某类特殊儿童,兼顾其他特殊儿童,如自闭症康复学校、听力语言康复中心等。

专门学校在我国的特殊教育中有着很重要的地位。首先,这类学校是唯一能够给特殊儿童提供连续性教育的机构。在公立性质的专门学校中,特殊儿童可以接受从学前教育到义务教育、再到高中或职业教育的系统的教育,避免了教育的中断。其次,专门学校所开设的课程,有助于学生学到适应未来社会所必需的知识和技能。如聋校的听力语言康复训练、培智学校的生活和交流训练、自闭症康复中心的行为矫正等,对特殊儿童在主流环境中的适应极为重要。第三,专门学校还是进行特殊教育研究的主要场所,专门学校利用专业人员优势和教育对象优势,能将特殊教育的研究和实践结合起来。第四,专门学校负担着进行家长培训和社会培训的任务。将特殊教育推及家庭和社区,使学校教育同家庭教育、社会教育融为一体,才能促进学生全面适应社会。专门学校举办的家长培训班和社会志愿者及相关人员的培训,促进了家庭和社会对特殊教育的了解,也提高了学校教育的效果。最后,专门学校也是进行社会公益宣传的主要场所。作为彰显我国社会文明的窗口之一,专门学校一直都在对外交流和公益宣传中起着重要作用。

(一)特殊学校学生

到专门学校就读的学生必须经过评估和诊断,以确定其属于哪一类别的障碍或具有何种水平的智能状态。这就形成了以招收聋生为主的聋校,以招收盲生为主的盲校,以招收智力落后儿童为主的培智学校等,部分国家还设有招收智力超常或有特殊才能学生的学校。综合性特殊教育学校则招收两种以上不同类别的特殊儿童,学生在一个校园里生活学习,但在不同的班里上课。

在专门学校中,学生很快就会产生归属感,因为他们在身体或智能上很相似,都有独特的交流方式并可以互相理解,不用担心会产生和普通人比较以及沟通带来的压力和困惑。聋生使用手语交流,形成并传承独特的聋人文化;智力落后儿童用彼此能理解的语言和行为互动并乐在其中;而智力超常儿童的求知欲和潜能在集体中得到激发和挑战。不同类别的学生形成了属于他们自己的"圈子",但这种归属感给他们带来的快乐和满足会使人们误以为只有专门学校才是适合特殊学生的教育场所,而将特定类别的特殊儿童送到特定的专门学校是最佳的安置方式。针对部分残疾程度较重、行动不便、有严重功能障碍的儿童难以进入全日制专门学校接受特殊教育训练的情况,则需要根据情况开展送教上门服务。

知识小卡片 8-1

送教上门模式①

《特殊教育提升计划(2014—2016)》中要求:"县(市、区)教育行政部门要统筹安排特殊教育学校和普通学校教育资源,为确实不能到校就读的重度残疾儿童少年提供送教上门或远程教育等服务,并将其纳入学籍管理。"送教上门就是教师深入到特殊学生家庭,为他们提供教育教学。一些残疾儿童由于各种原因不能入校,随着年龄增长,有的已错过最佳教育期。因此,"送教上门"是为这些儿童提供教育的有效途径。送教上门具有以下特征:一是教师主动走进孩子家里,实施个别化康复与教育;二是教师自带训练器材和书籍,义务提供服务;三是接受服务的孩子大多是重度残疾儿童,有的家庭困难或离校太远而不能入校;还有部分学校把在校学困生教育也纳入"送教范围"。特殊教育学校可以发挥师资、设备、资源等优势,为学区内因各种因素无法到校的重度残疾儿童提供送教上门活动。学校为学生建立学籍档案,让重度残疾学生也享有九年义务教育权利。教学方式为根据学生自身情况,为其制订个别化教育计划,提供每周一次或两次的送教上门活动,在家庭中为学生教导生活数学、语文以及艺术课等。教材采用学校中同水平学生采用的教材。在适当的情况下,可以开展在家上学学生与在校就读学生的集体活动。如在学校中举办运动会、文艺表演活动时,将重度残疾儿童接到学校一同参加集体活动。

(二) 特殊学校教师

专门学校中的教师以及从事特殊教育的相关专业人员(如听力评估师、语言治疗师、物理治疗师、职能治疗师等)都需要获得相应的职业资格。其中特殊教育教师是最主要的专业人员,由于目前特殊教育教师资格制度尚未健全,新教师往往是普通师范生或少量特殊教育专业毕业生,因此在执教前还需要接受岗前培训。特殊教育教师不仅要了解普通教育教学理论和方法,还要掌握必要的特殊教育理论以及和特殊学生沟通的技巧和方式,如手语、盲文、行为矫正、康复训练等。目前我国研究制定了《特殊教育教师专业标准(试行)》,这一标准对于进一步完善教师队伍建设、引领特殊教育教师专业成长、促进特殊教育内涵发展具有重要意义。

目前已经有部分特殊学校聘任了和部分学生具有同样生理障碍的、具有执教资格的特殊人士作为特殊教育教师,如聋人和盲人教师。残疾人教师的优势是他们更容易和特殊学

---

① 史恩胜,吴岚.送教上门:特教学校功能的创新实践[J].现代特殊教育,2015(2):46-47.

生进行沟通。他们和特殊学生有相同的交流方式,相似的生活处境和生活经历,因此能够以自身的经历给学生积极的示范,能够很容易地帮助学生认同学校的教育环境和教育方式,学生也更愿意将自己的困惑和问题向有相似经历的教师倾诉,教师也很容易察觉学生的一些潜在问题。有感知或运动障碍的身残志坚的残疾人教师常常能够成为学生学习的榜样和参照标准,有助于增强学生的学习动机,激励学生树立起生活的信心,确定正确的人生发展方向。另外,特殊儿童生活在相对隔离的环境里,很少真正参与社会生活,缺少社会经验,但残疾人教师有在主流社会中生活的经验,他们可以成为帮助特殊学生适应社会的桥梁。这些教师还是群体亚文化的传播者,他们了解所属群体的文化传承和思想动态以及社会互动状况,他们以较高的知识水平和文化素质将信息去芜存菁传达给学生,从而保证群体亚文化的良性传播。

特殊教育教师需要不断学习新的教育理论和训练方法,使知识结构深化和精致化。专门学校中的特殊教育教师在长期的执教生涯里能够熟悉某类学生的特点,获得本专业领域丰富的实践经验,许多教师由此逐渐成长为本领域内的专家,这让他们更容易获得职业认同感和成就感。

与普通学校教师相比,在专门特殊学校从事特殊教育工作的教师更能理解学生的处境并给予学生人性的关怀。专门学校的班额较小,为实施小班教学提供了条件,教师和学生个体互动的时间比普通学校长,特殊儿童的生理状况也要求教师在生活上的关心和帮助,教师在频繁的互动中了解了学生的生理障碍以及常见的心理问题,进而能够设身处地地去理解关怀学生。表8-1 为 2010 年—2014 年我国特殊教育专门学校情况统计表。

表 8-1 2010 年—2014 年我国特殊教育专门学校情况统计表

年度	2010 年	2011 年	2012 年	2013 年	2014 年
盲校学生数	9213	9930	9639	8860	8807
聋校学生数	88202	85929	81546	71614	68082
培智学校学生数	67093	74647	83918	92870	104422
专任教师总数	39650	41311	43697	45653	48125
特殊教育学校数	1706	1767	1853	1933	2000

(三)特殊设施

专门学校中的教学设施、设备以及环境布置是根据特殊儿童的残疾类型和生理特点而规划设计的,因此需要一些特殊的设施和设备。第一类特殊设施、设备主要是围绕学生的缺陷而设计的,如校园中的无障碍设施。盲生需要特别布置的教室、阅览室以充分利用和保护残余视力,还需要借助盲文书籍、盲文打字机、助视器以及其他触摸式设备来帮助学习;肢体障碍学生需要一些符合他们生理特点的特殊器械来实现自我料理和辅助学习;聋生需要在隔音室进行语言训练和听力测评,使用无线调频助听设备获取信息和更好地学习。第二类特殊设施是为了实现缺陷补偿而设计的。如聋校充分利用聋生的视知觉,上下课的音乐或铃声伴以红色信号灯,课堂教学要尽可能使用直观教具和信息技术手段使教学内容可视化,提供多种学具和学习设备让学生动手操作;盲校则利用学生的听觉和触觉能力,为盲生提供有声读物、盲人门球和乒乓球设备,为电脑配备盲文点字显示系统,支持盲文点字显示器的输出并给予全程的语音提示,安装读屏软件使盲生方便地操作计算机,帮助他们获取计算机网络上的信息资源。

在发达国家的专门学校,还设有游泳治疗室、物理治疗室、动物治疗室和多感官治疗室等,以充分利用健康器官补偿学生的生理缺陷,发掘他们的潜能。

有的国家还为超常和特殊才能学生设置了专门学校,这类学校为超常学生创设了富有趣味性和挑战性的环境,也为不同特质的超常儿童提供了不同的学习资源和设备,方便学生深入地学习和探索。

(四)特殊课程

我国当前的特殊教育课程注重满足特殊儿童的需要,帮助他们克服身体或智能上的障碍,并能够针对他们的身体障碍进行相应的职业培训,使他们能够适应社会,顺利就业。

盲校的小学和中学阶段开设定向行走、体育与健康、社会适应、综合康复等课程,以帮助盲生增强体质,适应环境,克服盲态,培养他们的自立和自理能力;开设声乐、乐器等课程,进行早期的审美能力和艺术潜能开发;高中阶段则开设针灸、按摩、编织、电脑、钢琴调律等职业培训课程,帮助他们确定将来的职业方向,并培养相应的职业技能。

聋校的学前和小学阶段开设有听力语言课程、沟通与交往课程,目的是为了开发聋生的残余听力,使他们能够在一定程度上使用口语,并保持聋人特有的手语交流方式;高年级的职业教育课程较好地利用了聋生的生理补偿,除了美术、陶艺、木器制作、手工编织、缝纫等课程外,许多学校还开设电脑、舞蹈、服装设计、工艺美术等课程,为他们将来继续深造打下基础。

案例 8-1

美国海丝·怀特斯通①

海丝·怀特斯通生于1973年,在一岁时因发烧导致重度听力障碍。她的母亲没有丧失信心,决心通过康复训练来使孩子学习讲话,最初母亲为海丝选择了通过"声觉语言方式"来运用口语进行交流。母亲依照美国1975年颁布的94-142法案申请当地学区为七位聋儿开设了专门的聋儿教育项目,但很快海丝就退出了该项目,原因是她的母亲后来发现这个项目不能给海丝提供她所需要的必要帮助。

在上小学时,她的母亲坚持海丝应该留在普通班级里跟班,但校方极力要求对海丝降级。在母亲的努力下,海丝取得了很大的进步,能够适应学习的要求。

在参观了聋儿中心学校后,海丝接受了专门的语言和学习能力评估,专家们建议海丝进入特殊学校学习。她的母亲这时才了解到聋儿学校在口语方面也是极为重视的,于是同意了。

14岁时,海丝又回到家乡的学区,进入了普通班接受中学阶段的学习。

在即将中学毕业时,她们又去参观了一所为听力残疾学生提供手语等特殊服务的大学,海丝要进入这所大学就要先掌握手语,她所在的中学为学生们开设了"英文手语",她的母亲这时也确信手语不再会妨碍海丝的口语交流,便支持了这项主张。

海丝看到了有声世界和无声世界的相互隔膜,决心做一座桥梁来沟通聋人和听力健全人。最终海丝获得了1995年美国小姐的称号。这是有史以来第一位聋人得此桂冠。

---

① 〔美〕达芙妮·葛雷,格雷格·刘易斯.无声世界的骄傲——95美国小姐海丝·怀特斯通[M].康蕊,等译.北京:华夏出版社,1997:75-246.

启示

从美国聋人海丝·怀特斯通的教育历程看,特殊教育专门学校、混合学校、融合学校等不同的教育机构都可以在一定程度上满足特殊儿童的学习需要,关键在于如何发现特殊儿童的特殊教育需要,并采取积极措施来确保其公平受教育机会、照顾个体差异。

海丝早期进入普通小学学习的经历,说明将特殊儿童融入普通班级,有助于促进其回归主流社会。在普通学校的学习对她的学习与成长起到积极促进作用。通过语言矫正学习,海丝具备了一定听力言语水平,她在普通班学习期间其他同学都十分关心和照顾她,她的班主任说:"班上其他孩子是海丝和老师之间天生的翻译。"而且海丝的小伙伴比起成人来,更容易与海丝沟通。

另一方面,多种形式的特殊教育安置模式可以为特殊儿童提供补偿缺陷、挖掘潜能、满足个体差异化需求的教育服务。特殊教育专门学校有特别设计的课程、教材、教法和教学组织形式及教学设备,可以对特殊儿童因材施教,提供专业化的特殊教育和康复训练,这有利于特殊儿童的成长。从海丝2岁到高中毕业,她一直都在接受语言矫治师的口语矫正训练,使其利用残余听力学会倾听和学习口语表达。[1]

因此,特殊教育专门学校仍有存在的必要,但应适应时代变革的要求,特殊教育学校应积极转变职能,成为区域特殊教育发展的支持中心、资源中心和教师培训中心。

培智学校的课程设置以"生存"和"生活"为两大目标,注重学生的生活自理能力、人际交流能力和社会适应能力的培养,所以生活适应、生活语文以及性教育课程对这些学生来说是必不可少的,职业技能课可以为智力落后儿童初步进入社会做好衔接。

超常儿童和特殊才能儿童的课程设置主要有加速和丰富两种模式。加速是指跳级或在某一特定学科上加快学习速度,或将标准课程压缩到较少的时间内完成;而丰富则是通过增加其他的学习内容来扩展学生的知识广度、深度和理解力。[2] 不管是哪一种课程模式,主要目的都是为了确保课程内容的广度和深度适合学生的学习能力和知识水平,满足学生的特殊需求。

三、专门学校所面临的质疑和挑战

当前的特殊教育发展仍滞后于社会的发展,社会大众缺乏对特殊人群和特殊教育的正确认识,从专门学校毕业的特殊儿童在社会适应、就业、人际交往等方面出现了许多问题。例如,聋人犯罪现象日趋严重、盲人就业渠道狭窄、智力落后学生成年后依然不能自立等,特殊教育专门学校的教育与社会脱节,残疾学生缺乏自我保护、职业规划和社会保障等方面的知识。因此,把特殊儿童安置在专门学校中的做法是否符合教育公平的要求,引起了广泛关注和一些质疑。

(一)隔离制特殊教育学校不利于教育公平的实现

尽管专门学校所倡导的哲学理念是"隔离但平等",但由于用医学标准给一部分儿童戴

---

[1] 毛赛群,兰继军.美国聋人海丝·怀特斯通的成长历程对我国聋儿教育的启示[J].绥化学院学报,2013(9):109-113.

[2] 〔美〕路得·特恩布尔,等.今日学校中的特殊教育[M].方俊明,汪海萍,等译.上海:华东师范大学出版社,2004:355-356.

上特殊的标签,将他们安置在隔离的教育环境中,这些儿童便被排斥在主流社会之外。一些经过教育和训练不再需要特殊服务的轻度障碍儿童依然被安置在专门学校中,在学校期间特殊儿童缺少与社会的互动,在接受教育后也无法融入社会生活。

目前为特殊儿童设立专门特殊学校,都普遍存在着教育起点低的问题,部分学校实行的实际上是放慢速度的普通教育,对于少数能力较高的特殊儿童来说也不能体现教育公平。专门特殊学校采用的是集中教育的方式,学校数量不足,地域分布不均,学校布局不合理,对大多数特殊儿童来说不能够就近方便入学,只能寄宿到学校里,这使他们和主流社会的距离更远,也增加了主流社会对特殊教育的不了解甚至误解。

随着教育民主化进程的深入,专门特殊学校实施的隔离式教育的弊端越发明显。终身教育思想的实施需要实现学校教育、家庭教育和社会教育的统一,而目前多数特殊学生只能在有限的时间内接受有限的学校教育,这种不完整的、不连续的教育将会在一定程度上阻碍特殊儿童的终生教育进程,也将加剧教育的不公平。

(二)特殊教育学校停留在慈善性水平上

为特殊儿童设立特定的学校是在人道主义哲学思想影响下而形成的制度,特殊儿童被视为需要帮助的弱势群体,并采取将特殊学生安置在隔离制学校中给予特别照顾的措施。在计划经济时期,特殊教育学校成为社会福利的一个部分,但却未能惠及所有特殊儿童。这种"慈善模式""福利模式"是解决特殊儿童入学问题的一种思路,但却不能有效地提高教育质量和生活质量。随着社会保障制度和教育公平制度的进一步完善,对特殊儿童实施教育已经被明确为基本的人权,而非仅仅是慈善事业或社会福利的形式之一。这就对教育理念提出了更新的要求,由只注重形式上的入学,到尊重特殊人士作为社会成员的价值和发展的潜能。

长期以来,国家在发展特殊教育事业的进程中,存在着对特殊教育工作定位不清、特殊教育立法滞后、特殊教育办学经费的财政支持力度不足等问题。专门的特殊教育学校办学中涉及多个政府部门的管辖范围,在教育行政主管部门却只在义务教育管理机构下设特殊教育管理处室。这样就不利于引导社会大众对特殊教育的关注从慈善向教育权转变。

(三)专门学校的特殊教育服务对开发潜能重视不够

目前多数特殊教育学校采用集体教学模式,课程体系采用的是缺陷补偿课程模式,课程功能相对单一,课程培养目标、课程设置注重克服障碍、补偿缺陷,而不是发展学生的特长和潜能。即使处在同一个教学班里的学生也存在着不同的障碍程度,个体差异明显,有发展障碍的高智能儿童、特殊才能儿童或超常儿童可能会被忽略,这就造成了特殊儿童需要和能力之间的矛盾。

以智力落后儿童为例,一些轻度智力落后儿童被普通学校所拒绝接收,只能到培智学校学习,而培智学校中许多学生都是中、重度智力落后,学生差异极大,因此所提供的教育服务不足以满足轻度智力落后儿童的需要,大部分课程进度太慢,知识面太窄,知识深度不足,有些课程对他们来说并非必须,而他们需要的课程学校却没有开设,使其发展受到限制。

依据多元智能理论的观点,每个人都有其发展的潜能,学校教育理应尽可能地发掘学生的潜力,提供合适的教育,使其得到最大的发展。如部分高功能的自闭症儿童在拼写、阅读、算术、音乐或绘画方面有一定的超常才能,仅仅将其教育停留在补偿性的功能训练水平上是不够的,还应该及时地对其特殊才能予以回馈和干预,以免错过发展的关键期。

(四)专门学校的特殊教育忽视与社会的衔接

长期以来,专门学校遵循的福利模式使专门学校更注重满足学生的基本需要而非发展需要,使特殊教育和普通教育的距离加大,也使得特殊教育专门学校和社会之间的隔离更深,使特殊教育相对滞后于普通教育和现实生活的发展。专门学校中的特殊教育往往忽视学校教育后的社会适应问题,长期坚持的封闭式教育使学生毕业离开学校后难以适应社会,也无法获得有质量的就业。

通过对以上专门学校存在的隔离式教育、慈善事业模式、对学生个体差异及潜能的忽视以及不尽如人意的教育效果等分析,表明必须对专门学校的教育进行改革,转变服务模式,以更好地为特殊人群服务。

四、专门学校的前景

社会政治、经济、文化的发展将会促进融合教育的推广,也将有更多的特殊儿童到普通学校去接受教育,但专门学校依然有其存在的价值,而其服务内容和形式则会发生很大的变革。一方面,其服务对象逐步转为重度或极重度残疾儿童;另一方面,该类机构将向多功能的教育资源中心过渡。特殊教育学校功能的拓展和延伸,将增加以下服务领域或职能:① 组织、培训专业教师或其他专业人员;② 成立家长学校提供家长培训服务;③ 开发推广新的教学方法和各类学习资源和工具;④ 为普通学校教师提供知识和技术支持;⑤ 为个别学生提供短期或业余的辅导与帮助,使融合教育更顺利;⑥ 为重度残疾儿童提供长期和持续的教育支持;⑦ 帮助学生进入社会劳动力市场。① 可见,专门学校并没有改变其教育目的,改变的只是服务的专业性和精细程度,特殊教育专门学校将在很长时期内存在和发展。

案例 8-2

专门学校如何融入社会——以宁波达敏学校的教育协作理事会为例②

传统的培智学校是封闭式办学,学校基本不与社会发生直接联系,而社会包括政府部门也往往只是在助残日才会主动来到培智学校开展活动。这种办学和管理体制限制了培智学校对社会资源的充分利用。达敏学校为建立现代学校制度,使学校融入社会,探索成立教育协作理事会,推进学校管理制度的改革。

教育协作理事会是指在不改变学校现有的办学所有制,不过度干预校长的办学自主权的前提下建立的,对学校办学重大事务进行咨询和审议的外部监督组织,是学校与家长、社区建立长期密切联系、协调与合作的平台。

教育协作理事会的主要任务是:①以社区、学校、家长三结合的模式为切入口,构建关心支持培智学校教育的社区、学校互动的支持平台,突破传统的单一学校办学的模式,引入社区各方人士协作、参与达敏学校的社区教学,为智障学生今后走入社区生活、学习、工

---

① Susan Peters. Inclusion As a Strategy for Achieving Education for All[M]. Lani Florian. The Sage Handbook of Special Education, section 2, chapter 9. London: SAGE Publications, 2007: 123.
② 刘佳芬. 培智教育社区化的达敏实践研究[M]. 杭州: 浙江科学技术出版社, 2010: 101-110.

作搭建平台。②在社区各方人士的协助下,学校以教学活动为纽带探索出新时期如何合理整合社区、家校资源,既促进学校发展,又对建设和谐的社区大家庭起到重要的作用,以提高全体市民的文明素质。③充分发挥各理事人员的作用,共同参与以达敏学校为点的智障教育教学,为建设和谐社区作出贡献。④鼓励理事会成员积极参与活动,充分发挥理事会联络各社区人士的作用,尽自己所能为智障学生在社区学习提供方便,并且积极对学校的教育教学工作提出建议。

达敏学校社区教育协作理事会由鼓楼街道、社区干部、社区企业负责人、达敏学校校长、教师代表、学生家长代表、社区各界志愿者等人员组成。理事会设名誉理事长若干名,常务理事会设理事长1名,副理事长2名,常务理事若干名。常务理事对学校社区教育教学的协作工作进行研究、审议、部署、实施,重大决策需提请理事会会议讨论通过。常务理事会下设秘书长2名,具体负责"特殊学校社区教育协作理事会"的执行和协调工作,其职能是落实常务理事会制订的计划、有关协约以及确定的相关工作,并根据"理事会"的规章对日常工作进行协调、管理和服务,以保证"特殊学校社区教育协作理事会"有效运行。理事会成员若干名,负责根据理事会的章程协调各社区机构、单位以及各企业的关系,为智障学生在社区学习提供无障碍通道。

教育协作理事会成立后,围绕为智障学生的社区生活和学习搭建平台为依托,积极开展协作理事会活动,收到了较好的工作成效。达敏学校也积极向社区开放自己的人力、物力资源,使学校、社区获得了双赢。

第2节 混合学校

混合学校是能够接收一些特殊儿童在普通班级就读并提供一定教学服务的学校。在这类学校里,肢体残疾学生、聋生、盲生或轻度智力落后学生在教师和同学的帮助下,能够与普通学生在同一个班级内学习,这在一定程度上实现了让残疾学生回归主流的目的。

一、混合学校的宗旨

20世纪60年代末在美国掀起的"回归主流"(mainstreaming)运动,主张让特殊儿童到普通学校就读。研究者认为对特殊儿童进行隔离教育是不公正的,教育的目标是让所有的儿童公平地接受教育,普通学校应该为不同学生提供所需的相应的服务,不管他们的智力程度、身体特征如何。特殊儿童被安置在主流教育系统中意味着他们和普通儿童享有平等的社会地位。[①] 特殊教育研究发现轻度特殊儿童在普通学校比在专门学校有更好的发展,这引导人们关注特殊儿童的潜力而不是障碍。同一时期欧洲一些国家也纷纷提出一体化教育思想,都强调让特殊儿童在普通学校就读的重要性和可行性。这些因素促使一些轻度障碍的儿童被安置在普通学校的普通班或特殊班中学习,形成了混合学校。

混合学校的目的主要是实现特殊儿童教育安置的"非隔离性",让特殊儿童回归主流,或

---

① 〔美〕路得·特恩布尔,等.今日学校中的特殊教育[M].方俊明,汪海萍,等译.上海:华东师范大学出版社,2004:20-21.

实现一体化(integration)。让一部分特殊儿童到普通学校就读是特殊教育理念的一次重大改变。"所有的儿童都是平等的受教育者"的理念推动了教育公平的发展。各类特殊儿童都应该和同龄儿童享有同样的权利和人格上的尊重,到普通学校学习就是他们应享有的平等受教育的权利。

我国也明文规定了特殊儿童有到普通学校就读的权利。1994年国家教委颁布的《关于开展残疾儿童少年随班就读工作的试行办法》规定:"普通学校应当依法接收本校服务范围内能够在校学习的残疾儿童少年随班就读,不得拒绝。""学校应当安排残疾学生与普通学生一起学习、活动,补偿生理和心理缺陷,使其受到适于自身发展所需要的教育和训练,在德、智、体诸方面得到全面发展。"2006年修订的《义务教育法》也对特殊儿童的随班就读进行了明确的规定。目前在普通学校附设特殊班和特殊儿童在普通班随班就读已经成为我国特殊教育发展的主体。

二、混合学校中的特殊教育

各类特殊儿童回归主流或接受一体化教育,在普通班或普通学校的特殊班接受教育,是特殊教育的一大进步。混合学校同时提供普通教育和特殊教育,这增加了教育和管理的难度;而特殊儿童要适应普通同龄人的生活和学习,这对他们也是一个很大的挑战。特殊儿童在混合学校中要不断适应环境,而混合学校又要从教师、班级设置、教学条件和设施以及课程安排等方面来完善混合学校中的特殊教育。

(一)学生

在混合学校里,特殊儿童只占学生的少部分。一般在一个普通班随班就读的特殊儿童为1至2人,最多不超过3人。在混合学校里就读的特殊儿童大多数属于轻度障碍或经过一定的培训和训练已经准备好适应普通学校教育环境的中度特殊儿童。这些特殊儿童能够较快地适应普通班的环境,能够不依靠太多的帮助(特殊教材、设备或教师)学习,并能够和其他学生互动。

从知识学习角度来看,混合教育有其积极意义。在普通班级里,特殊儿童和普通学生使用同样的教材;混合学校的教学信息更新快、教材教法灵活,使特殊儿童有机会在学业上取得和普通学生同样的进步;混合学校丰富的环境刺激在障碍补偿方面也有着专门学校无法企及的优势,如正常的语言环境对聋生的语言发展和阅读理解更有利,富有挑战性和回应性的学习氛围和丰富多彩的课程设置有利于发掘特殊儿童的潜力。在生活方面,特殊儿童能够就近入学,在学生阶段可以连续享受家庭和社区生活,这有利于毕业后的社会适应;长期在主流环境中和普通人群互动,有助于提高他们的社会交往能力,也有利于其心理健康发展。混合教育除了上述优势以外,也给特殊儿童带来了一些挑战,特殊儿童在混合学校中需要正视自身的障碍,努力调节自己以适应普通学校的环境。

对于普通学生发展而言,混合学校也具有积极意义。普通学生在混合学校中可以接触到不同类型的儿童,如果教师给予正确的引导,就可以很好地培养学生的爱心、耐心和平等意识,认识到个体的独特性,培养人文情怀。

特殊儿童的发展前景取决于他们在混合学校的表现和自己的兴趣选择,在完成义务教育后可以继续更高层次的学习,部分学生还参加普通高考而进入大学学习。但目前还存在着一些问题,导致部分在混合学校受过教育的学生最终又回到特殊教育专门学校进行高一级的学业或接受职业教育。

(二) 教师

混合学校中的教师配备因学校条件而异。条件并不完善的学校仅仅能做到把特殊儿童安置在普通班由普通教师负责教学；条件较好的混合学校除了普通教师还配备了资源教师。能够在普通班里就读的特殊儿童多数属于轻度障碍，有些学生并不需要很多的特殊教育服务，完全可以和普通学生一样学习；而有的特殊儿童则需要特殊教育专业人员定期或偶尔的辅助和指导，普通教师负责完成平时的大部分指导工作。在教学中普通教师起主导作用，他们熟悉普通学生的心理和普通教育教学，如果能够为他们提供特殊教育的知识技能的培训，则有助于这些普通教师进一步了解特殊教育和一体化的意义及基本做法。普通教育教师应该认识到学生的多元化和差异性，从心理上接受特殊儿童在普通班里上课，同时还必须引导正常儿童的非歧视心态。但国外的一些调查发现，67.3%的普通教师并不赞成特殊儿童到普通班上课。

有条件的学校建设资源教室，配备专门的资源教师，可以对随班就读的特殊儿童进行康复训练。资源教师可以发挥自身在特殊教育方法、特殊儿童心理知识、手语、盲文手段等方面的优势，在教学中起辅助作用，主要方式有随班辅导、巡回指导或将特殊儿童部分时间抽离出普通班到资源教室进行额外辅导。

(三) 特殊设施

混合学校的特殊教育条件也会因为政策法规、财政拨款、所处地域以及学校管理者对特殊教育的支持程度的不同而有所差异。条件较好的混合学校能够提供较好的硬件设施，如无障碍设施、助听设备、助行设备、盲文教材以及各类必要的特殊教育教具等；在班额方面，学校也会适当减少班级人数，以减轻教师的教学负担。

混合学校为适应特殊学生进入普通班级学习的要求，需要建设专门的资源教室。资源教室是在普通学校或特殊教育学校建立的集课程、教材、专业图书以及学具、教具、康复器材和辅助技术于一体的专用教室。混合学校可以安排特殊学生大部分时间在普通班学习一般课程，部分时间在资源教室内接受资源教师的指导。资源教室具有为有特殊教育需求学生提供咨询、个案管理、教育心理诊断、个别化教育计划、教学支持、学习辅导、补救教学、康复训练和教育效果评估等多种功能。资源教师则利用资源教室的设备以及校内外一切可利用的资源为特殊学生和普通班教师提供服务与协助。通过这种安排使特殊学生潜能得到最大程度的发挥、缺陷在发展中得到补偿，同时发展其社会适应能力，使他们得以在普通班级顺利地随班就读。资源教室的功能还可以延伸到对普通班级中其他学习上或行为上有困难的学生。因此，资源教室可以作为普通教育与特殊教育之间的桥梁。

接纳的氛围是混合学校实施特殊教育的重要条件。学校管理者、教师和普通学生对特殊儿童的接纳程度和态度影响着其教育效果。特殊儿童和学校、教师及普通学生之间存在双向互动关系，这个关系影响着特殊儿童在环境中的适应。教师如果能引导普通学生以共情、开放的心态接纳和帮助特殊儿童，不但会提高特殊儿童的自我概念和自尊以及学习的动机，而且也能培养普通学生善良、助人的道德品质，特殊儿童的优异表现也能够激励普通学生的学习积极性；反之，教师和普通学生如果对特殊儿童采取排斥、嘲笑甚至欺辱的态度，既挫伤了特殊儿童的自尊心和自信心以及学习热情，又不利于自身素质的提高。

(四) 课程

混合学校里所有的学生使用同样的课程和教材。特殊儿童在学习常规课程方面可能会有困难和滞后,因此需要为特殊儿童制订个别化教育计划,一些混合学校通过对特殊儿童学习进度进行灵活处理,如加强课余辅导等方式来促进其学习。

三、混合学校存在的问题

在普通学校设立特教班或接收特殊儿童进入普通班随班就读是我国采取的一种在短时间内普及特殊儿童义务教育的特殊教育安置形式。很多农村贫困地区的特殊儿童通过这种方式就近入学,它对特殊儿童少年义务教育的普及作出了很大贡献。但是我国混合学校教育模式即随班就读还处在发展的初级阶段。很多学校完全不能提供特殊儿童所需要的基本的教育服务。在教育实践中特殊儿童的随班就读有很多不尽如人意之处,难以兼顾普通教育和特殊教育,也使混合学校步入困境。

(一)特殊教育理念落后

很多普通学校的管理者和教师对特殊教育认识不够。他们认为普通学校是满足"正常"儿童的教育需要的,接收特殊儿童只是出于政策的考虑或同情,教育者和学校管理者甚至家长对特殊学生的成就预期较低。他们认为特殊儿童不能达到普通学生的学业成就,再加上升学和评比压力,导致在实践中,一些学校把特教班和随班就读的特殊学生排除在学校常规的管理范畴之外,对特殊儿童的档案建设、教育教学计划的执行、教学常规的管理和教学质量的评估等都处于一种散漫的状态。

在普通学校安置特殊儿童的目的是为了使他们获得相应的教育服务,而不是仅仅将特殊儿童放在普通班级中。目前许多混合学校中的随班就读缺乏对特殊儿童的有效教育和帮助措施,随班就读往往流于形式,成为"随班就座"。因此混合学校必须进行适当的调整,才能适应特殊儿童学习的需要,如对师资、设备设施的调整和借鉴特殊教育技术的运用等。

混合学校中的教师没有足够的特殊教育知识和技能,特殊儿童也得不到职业治疗、物理治疗、言语治疗等相应的服务和支持。许多混合学校提供的课程并没有考虑到特殊儿童的多元性和每个学生独特的学习方式。其结果是,尽管学生在普通学校里接受了所有的教育,但仍不能帮助他们获得独立生活、争取公平机会和融入社会的能力。再加上学校、教育者甚至家长对学生的成就预期较低,认为随班就读只是为了学生方便就学,特殊教育只是普通教育的点缀,特殊儿童不可能达到普通儿童的学业成就等观点,导致混合学校的特殊教育服务不到位。

(二)特殊儿童不被教师和同学完全接纳,受到不同程度的歧视和排斥

在混合学校中特殊儿童仍然会受歧视和被隔离,特别是部分特殊学生被标签化,被时时处处与其他儿童区分开来或被有意无意地错误分类。学校有时只是将特殊儿童进行简单的分类,放入特殊班中;也可能将原本没有障碍、学业成就较低的学生贴上诸如智力落后或"差生"的标签,将其排除在普通课堂以外,这些原本没有障碍的学生被当作"另类"而无形地被隔离。对特殊儿童进行诊断不是为了贴标签,而是通过描述学生的特点,为教育教学训练等提供参考,而且许多特殊儿童往往有许多伴随性的障碍或问题,不能简单地用大分类概括其特性,而应该根据其特点和需要提供相应的辅导。

混合学校为普通教师和学生提供了接触、了解特殊儿童的机会,但并非所有普通教师和学生都接纳并公平地对待特殊儿童。很多特殊儿童因为没有接受到合适的教育、积极的行为矫正措施以及相应服务设施的支持,其行为可能影响到班上其他学生的学习,这进一步加

深了教师和同学对他们的误解和排斥。所以很多在普通班的特殊儿童没有归属感,自我概念和自信心也比较低。

混合学校接纳特殊儿童并让他们接受常规化教育,使他们有和普通儿童平等学习和参与主流社会生活的机会,这比起单一的专门学校是一个进步。但是,仅仅变换教学场所并不能解决所有问题,关键是是否能为特殊儿童提供适当的服务。混合学校的特殊教育往往是两极化的:办得好,就能发挥特殊儿童的潜能,使他们具有良好的社会适应能力和职业发展前景;办得不好,甚至都不能满足特殊儿童的基本需求。

案例 8-3

一位小特奥领袖在普通学校的失败经历[①]

以下是宁波达敏学校的一名毕业生的日记(经作家润色)。

小学一年级时,我成绩还不错,后来因为拖班级的分数,经常被老师批评,因为不合群,受到同学的白眼,我的课桌摆在教室的最角落里。我对读书产生了恐惧。

转到新学校后,老师对我们很好,我被表扬了,我能站在台上唱喜欢的歌,做了特奥领袖,有了很多朋友,拿到第一份成绩单非常兴奋。校长发现我说话好,让老师在课堂上给我开口的机会,教我朗诵,有客人来校,我代表同学们讲话,得到了表扬,我十分开心,全校同学都羡慕地看着我。老师发现了我的另一特长——打乒乓球,我也喜欢上了我的同学们。

谁能想到这样一段日记出自一个曾经的普通小学"麻烦学生",她在普小时经常做恶作剧,如给粉笔盒里放个癞蛤蟆,把老师吓一跳;哪个同学得罪了她,书包里就会被放入一些脏东西(包着唾沫的纸巾、假蛇、泥土等);总把别人的饼干、铅笔等放到自己的包里;当家长问她为什么偷拿东西时,她说:"他们欺负我,我解解气!"

点评

这是一个轻度智障儿童在普通学校和特殊教育学校的不同经历,同样是这样一个爱做恶作剧的"麻烦学生",在特殊教育学校里得到老师的耐心关照,每当有进步时都能得到老师奖励,渐渐地她的优势被挖掘出来了,她自己开始转变了,不再做恶作剧,而是用积极的行动来改变同学们对她的看法,以争当特奥领袖。因此简单地把特殊儿童安置在普通班级里,只是形式上将残疾学生和普通学生混合在一起,并没有针对其特殊教育需要给予适当的关注与支持,故而很难取得理想的教育效果。

(三)师资力量和教学资源不足

混合学校中面临的最大挑战是教育方法的选择,即在普通班里进行个别化教育。但问题在于多数普通班班额大、人数多,教师没有精力为特殊儿童制订个别化教育计划,而且,对特殊儿童过多的特别照顾会间接地造成对其他学生的不公平待遇,所以在混合学校仍然要求特殊儿童适应普通儿童适用的教学方法,而没有得到专门针对他们设计的教育计划。很多特殊儿童,在去普通学校就读之前,不得不在专门学校进行一定的培训,为回归主流而准备,以达到能够在普通学校受教育的标准,适应普通学校的教育环境。

[①] 钱利娜.一个都不放弃[M].宁波:宁波出版社,2014:143-180.

我国大多数的混合学校特别是农村学校并不具备特殊教育所需的师资力量和教学资源。现有的师范院校要么只是单独设立特殊教育专业,要么完全忽略对在校师范生开设特殊教育类的课程,因此绝大多数普通学校教师并没有掌握特殊教育的知识和开展随班就读的规范要求。新世纪初有研究者对西部六省进行调查,发现81.4%的随班就读教师没有经过特殊教育培训,而到了2010年,另有研究者对上海市进行调查,也发现63%的随班就读教师没有接受过特殊教育培训。目前我国农村地区普通教师都很缺乏,更不用说配备特殊教育资源教师或巡回指导教师了。普通班班级人数过多,考试压力大,普通教师更是无暇顾及特殊儿童的特殊需求。另外,因为经费不足,大部分学校的特殊教育教学的设施设备严重欠缺,这也给教师的教学带来困难。

案例 8-4

随班就读工作开展早期教师们的观念与态度[①]

某小学最初主要是通过接收特殊儿童在普通班随班就读和设立特殊班来开展一体化教育的,但远没有达到融合教育层面。当该校进行深入变革,转变为融合学校时,反思教师们早期接触随班就读时的观念与态度,发现的确存在诸多认识上的偏差。

(1) 对特殊儿童的认识不足。融合前,老师们将特殊需要儿童理解为有智力障碍的儿童,对其认知有偏差,大部分教师建议将其送入特殊学校。

(2) 难以照顾个别差异。虽然很多教师承认学生之间存在差异,但由于缺乏特殊教育训练,难以真正做到照顾。普通教师不论对待什么样的学生大都使用一本教案,对于教学内容、教学方法、教学目标都是一样的。

(3) 对学生的期望较低。通常教师只会对成绩好、各方面表现好的学生表现出高期望,对这些学生表现出积极的情感、和蔼的态度,但是对于随班就读的学生则期望较低。

(4) 带有功利性的教育价值观。由于对于教师评价方式的单一化强化了教师功利性的教育价值观念,大多数教师认为只有教出好的学生,自己的工作才有价值。

(5) 教学方法手段单一。当普通教师遇到有特殊需要的儿童时,大多采取的方式是补习,根据学生自身情况掌握一些简单的基础知识与生活技能,结果效果并不明显。

(四) 特殊教育普及性和连续性不够

目前我国的随班就读生和普通学校的特殊班学生大多只限于特定类别的轻度残疾儿童,许多脑瘫、自闭症、多重残疾儿童仍处于无学可上的境地,原因是特殊学校和普通学校都无法为他们提供所需要的帮助。

地区差异也是影响混合学校普及的另一个因素,在经济较发达的大中城市、沿海地区,随班就读发展较快,教育质量较高,而在经济落后的农村或偏远地区则发展慢,品质也低。[②] 目前我国的特殊儿童在小学的人数多于在初中的人数,而能读到高中、大学的特殊儿童更是

---

① 梁松梅,贺春兰,朱振云.融合教育新模式——北京市朝阳区新源西里小学的探索[M].北京:人民日报出版社,2010:160-179.

② 于慧慧.我国发展全纳教育面临的困难和挑战[EB/OL].(2006-12-19). http://www.happyonline.com.cn/n825c48.aspx.

少数。这说明混合学校提供的特殊教育的连续性不够,这也意味着在学习的过程中不断地有学生流失。

(五)社会支持系统不完善

在普通学校里实施特殊教育不仅需要教育行政部门和学校的努力,还需要政策的保障、经费的支持、专业的协助和整个社会的支援配合。

目前我国尚没有制定单独的《特殊教育法》,只在《残疾人保障法》《教育法》《义务教育法》《残疾人教育条例》等法律法规中涉及特殊儿童教育问题,立法的滞后也让财政拨款无法落实,混合学校的特殊教育工作在操作上困难重重。

混合学校既缺乏专门学校在特殊教育领域的专业性和教育经验,又很难得到专业机构或专家的指导和支持,这也是造成我国随班就读和特殊教育班教育效果不佳的原因之一。例如20世纪80年代末、90年代初曾经有特殊教育学校附设在普通小学内,最初被作为成功典范在全国同行中进行现场交流,但后来由于管理不到位,特殊教育班的教育形式开始走下坡路。直到新世纪国家开展中西部地区特殊学校建设项目之后,特殊教育学校从原小学中才分离出来。

专门学校因为其特殊性容易得到一些社会捐款与援助,而混合学校里的特殊教育却不容易受人关注,学校也很少主动协调各方面力量来帮助特殊学生发展。很多普通学生的家长因为不了解特殊教育,纷纷反对特殊儿童在普通班里上课。这些因素都使混合学校中的特殊教育处在孤立无援的境地。

四、混合学校的前景

回归主流和一体化教育的推广过程中,人们发现由于缺乏有效的配合措施和必要的协助方案,普通学校中的特殊教育效果并不理想,甚至对学生的社会适应产生不利影响。所以只是将特殊儿童放置到常规环境里对他们并无助益,混合学校必须做出改变,采取措施,帮助他们适应环境。如将特殊教育培训纳入普通教师培训体系;普通班接纳更加多元化的特殊儿童;改良课程与教育策略以满足特殊儿童的需要;随班就读教育向两端延伸,下接幼儿教育,上接高中、大学;减少班额、改革考试评价制度和教师评估制度;采取个别化教育计划,兼顾普通儿童和特殊儿童等。

当文明发展到一定程度,教育发展到一定水平,混合学校将会被逐步完善,特殊教育将回归到普通教育,实现特殊教育和普通教育的融合,每个学生都能得到所需要的教育,进而获得最大限度的发展。特殊儿童与主流环境由只合不融达到部分以至完全的融合,混合学校就会发展到融合学校。

第3节 融合学校

融合教育或全纳教育(inclusive education)思想要求学校要面向所有学生开放——不论其是否存在身心障碍,都要为所有学生提供最适合的教育,使每一位学生都得到最大限度的发展。实施融合教育的机构就是融合学校。

一、融合教育的理念

20世纪80年代末期,人们开始反思一体化或回归主流运动的种种不足之处。如只有部分特殊儿童得以在普通学校接受教育,重度和多重残疾儿童只能滞留在隔离机构里;在普通学校中的特殊教育条件和效果远没有达到人们的预期;特殊儿童被按医学分类贴上标签,对教育没有太多指导意义,并带来负面影响。

融合教育的理念认为:所有的人都是平等的;所有的人都能学习;所有的教师都能教所有的学生。融合和一体化或回归主流之间有显著的差别。一体化或回归主流,要求特殊儿童必须调整自己,以达到主流环境所要求的标准才会被安置在普通学校里,而融合是一种权利,所有的儿童都有在正常环境中受教育的权利。特殊儿童和普通儿童一样,都应享有平等的受教育机会,通过融合使他们在同一个场所里受教育、被接纳、被尊重、被爱,并对环境产生归属感。特殊儿童理所应当地成为学生中的一部分,而非享有特权。

融合教育理念逐渐走向成熟,推动了融合教育的实践。1994年,世界特殊需要教育大会通过的《萨拉曼卡宣言》提出:每一个儿童都有受教育的基本权利,必须给予他实现和保持可接受水平的学习之机会;每个儿童都有独一无二的个人特点、兴趣、能力和学习需要;教育体系的设计和教育方案的实施应充分考虑到这些特点与需要的广泛差异;有特殊教育需要者必须有机会进入普通学校,这些学校应该将他吸收在能满足其需要的、以儿童为中心的教育活动中。如果能够切实按照这一方针实施融合教育,创建反对歧视、欢迎特殊人士的社区,建立融合性社会,实现人人受教育,就可以为所有儿童提供有效的教育,提高整个教育体系的效益,从根本上改善教育的成本—效益比。

融合教育理念的发展经历了两个阶段。

第一阶段的融合教育主张对特殊儿童进行无歧视的功能性鉴定和评估。即从特殊儿童的生理、认知、情绪、行为、沟通等方面进行很具体的诊断,明确其所需要接受哪些相关的教育和服务;还主张将重度和多重特殊儿童融合进普通学校,普通学校在不牺牲普通儿童利益的情况下主动做出改变以适应有特殊需求的儿童。这样,特殊教育成为特殊需要教育,特殊儿童重新被定义为特殊需要儿童。

第二阶段的融合教育主张学生的多元化存在和差异性。融合教育是一种教育改革,它既不属于特殊教育,也不是慈善事业,而是属于普通教育的范畴。专门学校只关注特殊学生,混合学校主要关注普通学生,而融合学校则关注所有学生。对于融合教育而言,特殊儿童首先是儿童,儿童的发展有共同的规律。当然差异也是客观存在的,在共同发展规律基础上不同儿童的发展速度、发展水平不同。每个儿童都是特殊的,独一无二的,共性和个性都是融合教育需要考虑的因素,最终实现根据每个儿童的特点和实际需要提供适合的教育。

由此可见,融合教育既是一种充满人文精神的教育理想,也是社会发展到一定程度的必然结果。融合学校就是实现这一理想的试验田,融合教育的发展推动了教育公平原则下的教育效果最大化。

二、融合学校中的融合教育

融合学校是为所有学生提供合适的教育,使学生能够持续发展的场所。融合学校的教育对象包括各类特殊儿童,通过详细的评估、多领域的教育合作、适当的教育计划以及灵活的课程设置,保证他们在这个场所里的学习和成长。和专门学校、混合学校相比,融合学校既消除了隔离,又满足了特殊儿童的需要(见表8-2)。

表 8-2　专门学校、混合学校和融合学校的比较

	专门学校	混合学校	融合学校
理念	隔离但平等	回归主流	教育公平
对象	可能有特殊需要的学生	普通学生为主	所有学生
教育者	医生、心理学家、特殊教育工作者、家长	普通教师、资源教师	各种教育力量的团队合作
教育环境	满足特定类别儿童需要	满足大多数儿童需要	满足所有儿童需要
教育特点	侧重缺陷补偿和满足需要	重视认知，忽视情感、技能	发展潜能，使教育效果最大化
学校发展	可能会成为专业资源中心	发展到融合学校	提升质量，实现双赢

（一）融合学校里的特殊儿童的权利和受教育状况

融合学校不拒绝任何一位特殊儿童。每一名儿童不论其个体特征如何，都是学校中平等的一员。特殊儿童应能够就近入学，使他们不脱离家庭环境和生活社区，确保他们在家庭和社区内融合的时间。特殊儿童所在地的学校应接收他们并提供必要的接送服务。

入学前后以及学习过程中对特殊儿童进行评估，可以确定其需要或不再需要特殊教育服务，评估也可在儿童在某个领域有大的变化时进行，以帮助确定下一步的教育计划。应当严格按照测量规范和评估程序进行评估，评估的目的不仅仅是为了根据其身心障碍将其划分类别，而是根据其能力、需要特点确定其所需的服务和教育措施。评估的主要领域有生理、认知、行为、沟通、社会适应、情绪状态和发展。特殊儿童同时也要参与普通学生都参加的学业成就测试等。

根据特殊儿童的差异性特点，需要为他们制订个别化教育计划（individualized educational plan，IEP）。个别化教育计划并不是针对某一类学生或是某一教育安置形态下的学生来拟订，而是为每一位身心障碍且有特殊教育或相关服务需求的学生而拟订的。[1] 融合学校鼓励学生学习的自主性，做自己学习的主人，帮助学生在可行的情况下制订学习计划和规划人生目标。

融合教育要求特殊儿童和其他儿童加强合作学习和共同活动。特殊儿童不是接受帮助的对象，而是合作学习平等的参与者和建构者。合作小组中的每位成员各有所长，一起分担学习任务，贡献并共享学习资源。对于超常儿童来说，这种学习更能挑战他们的创造力和独创性。调查结果表明，普通儿童的学业进展并不会因为班里有特殊儿童而受到负面影响，在融合教育的环境中，普通儿童会做得更好。[2][3] 特殊儿童和其他儿童都能从共同活动中获益，前者在融合中学会生存、学会关心、学会沟通；后者对特殊需要人群有了更深刻的理解和尊重，变得更宽容，更有责任心。合作学习和共同活动可以弱化竞争，增强合作，促进所有学生的发展与进步。

融合还要求特殊儿童在社会中的融合。他们和其他儿童一样充分地参与到社区生活中，共享教育资源和参与社会活动，学习生存的能力并为家庭和社会作出一定贡献。融合不是以牺牲普通儿童的利益为前提的，而是为了让所有的儿童都能得到最合适的教育。在融合学校，丰富的教育方式和学习机会，承认差异、接纳差异、尊重差异、利用差异的环境，可以使每名儿童在多样性的群体中受益。

---

[1] 林宝贵.特殊教育理论与实务[M].第 3 版.台北:心理出版社,2012:342-343.

[2] Buysee, V. & Bailey, D. B. Behavioral and Developmental Outcomes in Young Children with Disabilities in Integrated and Specialized Settings: A Review of Comparative Studies [J]. The Journal of Special Education, 1993: 419-35.

[3] Sharpe, M., York, J. & Knight, J. Effects of inclusion on the academic performance of students in general education classrooms: A preliminary study [J]. Remedial and Special Education, 1994(5): 281-287.

（二）融合学校中的教育者队伍

在融合学校中，从事教育的是一个团队，这个团队融合了学校管理者、教师、家长、学生、社区、专业人员、志愿者等。在这个团队里，没有哪一类人员可以独自满足儿童的所有需要，所有人都是团队中的合作者，用自己的专业知识对儿童进行系统的教育。

1. 学校管理者

学校管理者负责建设学生档案，管理教学常规，确定教育时段和方式，督促执行教育教学计划，评估和考核教育教学质量，负责组织团队，安排对教师的培训，安排协调团队成员之间、学校与学校之间以及学校与社区之间的交流与合作。

2. 教师

教师是实施融合教育的关键因素。教师应当有正确的学生观，将特殊儿童首先看作是儿童，和普通儿童一样有共同的基本需要，也有特殊需要，认识到所有儿童的发展潜能既有相似性，又有差异性，要以发展的眼光平等地看待所有儿童，看待儿童在能力和需要上的差异。

融合学校的教师职责有以下几方面。

（1）制订个别化教育计划，满足每一个学生的特殊需要

教师需要进修特殊教育课程，掌握特殊儿童心理与教育的有关知识，能够根据特殊儿童的差异制订个别化教育计划，及时调整课程和教学方法，能够识别不同儿童的不同的学习方式，遵循学生发展的规律开展教学，把握适当的教育时机。教师的教学实践不但要符合儿童的实际水平，还要提出挑战性目标，使特殊儿童和普通儿童都能从课程中获益。

（2）和家长密切联系配合，制订家庭服务计划，使教育效果最大化

通过融合教育，教师逐渐积累出与各类特殊儿童相处的经验，能够在教学中向学生、家长和专业人员学习，不断更新自己的教育理念，并帮助家长在家中对孩子进行个别化教育和训练，增强教育效果。

知识小卡片 8-2

英国的特殊教育需要协调员[①]

2001年英国颁布的《特殊教育需要实务守则》中明确规定，政府在公立的全纳学校中都要委派一名特殊教育需要协调员提供特殊需要支持。特殊教育需要协调员的具体职责包括：(1)特殊教育需要协调员必须了解儿童的特殊需要，经常与家长、专业课教师、社会工作者、特殊教育工作者面谈，并以报告的形式进行总结，要有出色的沟通能力。(2)在特殊教育需要相关的事务方面，如政策的实施、资金的使用等，特殊教育需要协调员能够领导、动员其他同事，并能够共同合作，进一步收集信息、提出建议、给予协助。(3)特殊教育需要协调员要确保个别化教育计划的适用性。特殊教育需要协调员必须确保需要额外支持的儿童都有个别化教育计划。特殊教育需要协调员可以参与或不参与个别化教育计划的制订，但需要向其他同事提供支持，帮助检查个别化教育计划是否有效，并且在策略和教学方法方面给出建议。(4)特殊教育需要协调员要负责对有特殊教育需要的儿童的相关信息进行维护，确保记录的准确性并不断更新。特殊教育需要协调员还要了解《资料保护法》，及时检查记录信息。

[①] 贾兆娜，兰继军. 英国特殊教育需要协调员制度对我国的启示[J]. 现代特殊教育，2013(2)：33-34.

(3) 避免对特殊儿童形成标签效应

教师应引导其他普通儿童接纳特殊儿童,引导他们之间进行互相帮助,特别是在学习上的互助。教师要注重发挥普通儿童的作用,帮助他们理解特殊儿童"特殊"的原因,教育普通儿童尊重差异性和多样性;培养普通儿童对特殊儿童的积极态度,鼓励他们与特殊儿童共同学习、游戏和活动。

(4) 合理安排活动,活动应有各种材料,使学生都有机会参加

合理安排教学,使所有儿童都能从中获益,得到发展。教师应认识到每个儿童在发展过程中都会出现发展不平衡的现象,避免将儿童都会发生的问题看作是障碍带来的结果,在评价时应关注儿童是否在原有的基础上得到发展,而不是拿他们的弱项和其他群体进行比较。同时还要避免为儿童们树立双重标准,不因特殊儿童有"障碍"而在学习或活动中降低要求,这样不但不会帮助特殊儿童,反而会对他们的成长造成负面影响。

3. 家长

家长是最了解自己孩子的人。儿童在学校里的时间远远比不上在家里的时间,家长有更多的机会和儿童交流,帮助儿童巩固所学,将学校的学习延续到家庭和社区,持续推动儿童的发展。家长也是儿童学习的动力之一,家长的期望值影响儿童的学习效果。

家长是融合教育中的合作者。特殊儿童的早期干预、评估和鉴定、教育安置等都需要家长的同意和参与才能进行。家长了解家庭可以给儿童提供哪些资源和支持,通过家校沟通,使教师了解特殊儿童的病史、训练史、特点、需要和家长对教育的期望等,帮助学校进行评估,家长还可以参与个别化教育计划制订,建立儿童的成长档案,配合教师制订家庭服务计划,帮助儿童学习。

培训家长是融合学校教育工作中的重要环节,通过培训使家长认识到自己孩子的需要和长处,从而能够更好地帮助儿童发展。家长之间还可以建立互助俱乐部,互相进行信息交换,获得情感支持。

4. 各类专业人员

融合学校中的专业人员包括特殊教育专家、物理治疗师、职业治疗师、听力康复和言语矫治师、医疗养护和体能训练人员、心理咨询和评估人员、翻译等。每一类专业人员都有各自的优势,任何一类人员单独工作都不足以满足学生的需求,所以,各专业人员之间要建立起学科内的合作以及跨学科的相互学习。这种多学科的融合使一所学校为各种特殊儿童提供的服务更加完备和细致。

专业人员的团队合作有助于融合教育目标的达成,是融合教育效果的决定因素。专业团队的形成可以发挥各自专业领域的优势,为特殊儿童提供多元服务,提高教育效益。如在学区教育管理者的安排下,特殊教育专家可以为学区内所有的融合学校提供教育信息、进行教育指导及培训教师;学校管理者则安排校内教师、专业人员之间的信息交流和合作及任务分配;评估人员定期评估学生在时间段内的发展;各类治疗师、矫治师、训练人员等可以对特殊儿童提供其所需的治疗和训练并及时向教师反馈训练进度;教师根据不同来源的信息和反馈调整个别化教育计划。

团队合作还能确定哪些服务需要优先提供。这对于年幼儿童、超常儿童和多重残疾的儿童尤为重要。团队合作也是各专业人员相互学习的平台,有助于提高他们各自的专业水平,团队成员有很多机会相互学习和交流,教师、家长及其他专业人员为教育专家提供实践

中的反馈,帮助专家通过研究提升理论,专业人员的信息共享也丰富了教师的教学方法,使教师了解了更多和学生相处的技巧。

（三）融合学校的教育环境

融合学校应为特殊儿童创设最少受限制的环境(least restrictive enviroment)。对特殊儿童来说,最少受限制的环境就是要消除环境中的各种限制,使具体有形的交通、建筑、设施、设备、人员和课程等环境因素,以及态度、教学和气氛等无形因素都能够为促进特殊儿童接近并利用社会资源、参与社会活动而服务,从而减少他们被孤立和区别对待的倾向。最佳的融合教育环境要有无障碍设施,提供职业治疗、言语治疗、物理治疗人员及设备,医疗健康和护理服务,家庭训练等。

融合学校要提供使所有学生都感到安全和方便的使用空间,不至于增强学生的无能感,如对噪声和光线的要求、特殊器械的使用、安全的环境设置和无障碍设施等。这样的学习环境应该面向所有学生而不仅仅只是为了特殊儿童。不能为特殊儿童提供一种条件而为其他学生提供另一种,一旦环境设施和学生的活动产生矛盾,首先要改变的是环境,而不是学生。

融合学校应促进特殊儿童真正融入日常的教学和活动,在态度上,教师和其他学生要有宽容和接纳的态度,能够理解特殊儿童并将他们看作是集体成员,而不是忽视、拒绝或排斥特殊儿童。在教学中,教师要照顾所有学生的需要,例如班里有聋生,教师就应该站在讲台前,让所有学生能看见,声音洪亮;语言简洁;提示或重复重要的信息,与学生进行目光交流;讲话时运用手势和面部表情;检查学生理解情况,让学生重复教师的话,或用自己的语言表达;鼓励举手提问;鼓励学生用手势表达等。

（四）融合学校的课程

传统的特殊教育学校从特殊儿童的认知、情感、交流和身体缺陷出发,重视课程的功能性和职业性,着重于对缺陷的补偿和对在家庭、社区、工作、休闲、学校中所需技能的培养。而融合学校的课程从学生的认知特点、潜力、兴趣和学习方式出发,兼重基础学科知识的学习和潜能的开发。

根据学生的差异性,融合学校的课程具有多样化特点。融合教育的课程目标和教学策略都有一定灵活性,教师可以通过调整课程目标和教学方法来设计所有学生都可以接受的课程。[1] 融合学校并不排斥功能性课程,但这些课程同时也要适用于普通学生,如学习理财、短途旅行和理智购物。课程设置不应以牺牲普通学生的利益为代价,而是要让所有的学生都从中受益。

三、融合的困难和融合学校的可持续发展

从融合教育的理念提出开始,就存在各种争议,融合教育并不为所有的人所接受。在一些特殊教育较为先进的国家也并非所有的特殊儿童都能进入融合学校。2008年美国中小学各类特殊儿童中,有58%在普通班学习,21.7%通过资源教室学习,15.1%在特殊班学习,3%在特殊学校学习,在看护机构以及医院和家庭照看的均为0.4%。[2] 事实上,美国特殊儿

---

[1] 〔美〕路得·特恩布尔,等.今日学校中的特殊教育[M].方俊明,汪海萍,等译.上海:华东师范大学出版社,2004:128.

[2] 张朝,于宗富,方俊明.中美特殊儿童融合教育实施状况的比较研究[J].比较教育研究,2013(11):100-104.

童的安置是根据儿童的障碍程度和教育机构所能提供的最少受限制环境来安排的。① 美国特殊儿童的安置形式见图 8-1 所示。

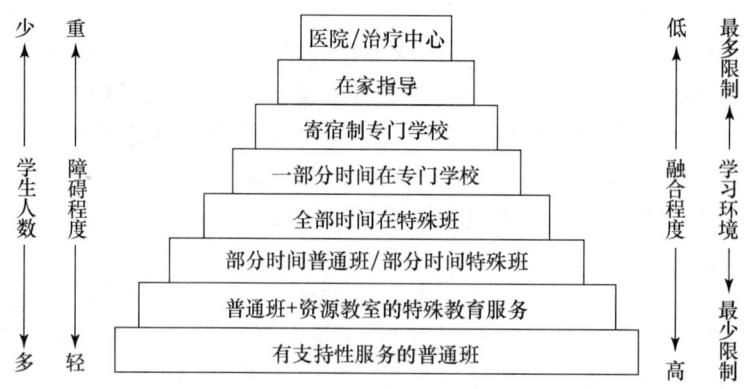

图 8-1　美国特殊儿童的安置形式

目前还没有一种教育场所能够满足所有特殊儿童的需要。特殊儿童的教育安置中的关键因素是特殊儿童能够享受到适合的教育，而且可以根据需要在不同的教育机构之间进行流动。完全的融合教育却相对比较僵化，需要相应的政策法律支持、教育经费支持、师资力量支持，消除学生、家长、教师和教育专家、残疾人组织对融合的负面态度等。例如，聋人团体希望聋生在聋校学习聋人手语并接受聋文化的熏陶，而在融合学校里则缺少这一机会。

随着社会文明的进步，教育会继续向一个良性的方向发展，这就是面对全体、更公平、更有效、更人性化。特殊教育已经从隔离走进融合，下一步应努力使融合学校走一条可持续发展的道路。比林斯利（Billingsley）针对融合教育的结果提出了一种三个领域的概念，即成员资格、关系和发展。成员资格是指特殊儿童同其他人互动并成为群体中的成员；关系是指特殊儿童同其他人的互动关系，是平等还是接受帮助，是否有机会帮助他人；发展是指教育效果的最大化。② 融合学校要是能够一直保证所有学生在这三个领域的机会，使学生顺利过渡到社会生活，实现终身融合，融合学校就能够持续发展。

四、在我国发展融合学校的措施

我国大陆地区自 20 世纪 80 年代开始推行特殊儿童在普通班级随班就读，在一定程度上解决了部分特殊儿童入学的问题，但目前随班就读工作还停留在融合教育的初级阶段。要在已有的随班就读制度的基础上向真正的融合教育发展，对普通学校进行重构使之成为融合学校，还需要做大量的工作。

首先，要大力推广融合教育理念。目前社会还有很多人对特殊儿童不了解，存在着对特殊人群的歧视、偏见和排斥。多数普通学校尚未接受融合教育的理念。因此首要任务是大力推广融合教育理念，促使教育公平的理念深入人心。通过宣传和引导让人们认识到特殊

---

① Richard M. Gargiulo. Special Education in Contemporary Society：an Introduction to Exceptionality [M]. second edition. Wadsworth：Cengage Learning,2005：71-72.

② Billingsley F., GallucciC., Peck C. A., Schwartz I. S., Staub D. "But those kids can't even do math"：An alternative conceptualization outcome for inclusive education [J]. Special Education Leadership Review,1996(1)：43-55.

儿童也是社会中的一员,他们有平等接受教育的权利,身心障碍并不等于无能,只要经过适合的教育,特殊儿童也可以成长为社会物质文明和精神文明的建设者。特殊儿童回归普通学校对普通学校的改进也有积极意义,特殊儿童和普通儿童一起接受教育也可以使普通儿童从中受益。

其次,健全特殊教育和融合教育的法律法规。目前我国大陆尚没有制定专门的《特殊教育法》,只在《残疾人保障法》《教育法》《义务教育法》《残疾人教育条例》等法律法规中涉及特殊儿童教育问题。由于立法的滞后,特殊教育对象只限盲、聋、智力落后三类特殊儿童,而自闭症、学习障碍、多重残疾、超常儿童教育都没有相应的法律保障。要发展融合教育,必须先行立法,明确特殊儿童的定义、评估、服务和教育等方面的规定,保证特殊儿童受教育的权利和应该享受的支持与服务,为融合教育提供法律和政策保障。

第三,为融合学校的发展提供经费支持,改善教学条件。许多新产品、新技术的面世给特殊儿童的学习和生活带来很大改变。人工耳蜗、导盲仪、盲人阅读器、全自动电动轮椅等可以帮助残疾人克服身体缺陷,现代信息技术的广泛应用也要求学校有充足的经费提供相应的无障碍设施和教学设备。

最后,大力培养符合融合教育要求的专业人员。融合学校的发展必须要有掌握评估、训练、辅导技术的专业人员参与,并对普通教师进行融合教育的普及培训,将融合教育理念纳入普通教师培训体系中,使广大普通教师在上岗时能够适应差异化教育的基本要求,使班里差异显著的各类特殊儿童能够与普通儿童一样获得进步。

总之,随着普通学校日益贯彻以学生为中心、接纳多元和差异的趋势,传统学校将向融合学校转变,融合学校也将成为我国特殊儿童学习的主要场所。

案例 8-5

迈向融合学校的新源西里小学

新源西里小学1983年9月建校,1984年2月被市、区选定为普通小学附设特殊教育班试点校,开始了融合教育的探索,融合教育探索历经四个阶段。①

第一阶段:从1984年至1998年,办学思路是"普教特教并行并重"。打破了普特教的围墙,实行普特教一元化管理,开始了最初的基本形式上的融合教育。此时学校有普教班13个,学生450名左右;有2个特教班,10多名弱智学生。

第二阶段:从1998年至2003年,办学思路是"普教出精品、特教出特色"。探索出特殊儿童融入普教班的全日制融合、部分时间制融合、活动融合三类融合形式。在全纳理念指引下,建构融合教育模式,学校形成了融合的环境,融合的学校管理,融合的普特教师队伍,具有融合的课程,融合的活动,浓厚的融合教育学校文化氛围,从形式上的融合进入了内涵的融合,走上了内涵发展的特色发展道路。2003年起,从特教班融入普通班,或者部分课程或活动融入的特殊学生有3名。

---

① 新浪教育.新源西里小学:特殊儿童如何融入普教班.(2013-05-13). http://edu.sina.com.cn/zxx/2013-05-13/1514379954.shtml.

第三阶段:从2003年至2011年,学校的办学思路是:在全纳教育理念的支撑下,普教出精品、特教出特色、师生共发展、学校成典范。通过优化育人环境、优化学校管理、优化师资队伍、优化办学条件,推进普教与特教相融合,实现教育优质化。学校开创了普教班、特教班、资源教室三位一体的支持系统,特殊儿童的安置形式更加完善,更加科学,得到更有力的支持。从2004年起,特教班扩展到9个(普通班一直保持在9个左右),特殊儿童增至80~90人。

第四阶段:从2011年起,学校的办学思路是:从融合走向个性化支持,实现"让教育回归本源"。学校开始重新审视融合教育走过的道路,不断淡化"融合"的概念,更加注重教育的"本源",通过开展能够为学生发展提供个性化支持的教师专业化建设、课程建设、课堂教学改革、家长专业化建设、学生社团建设、学生活动等一系列研究和建设,在积极心理学理论支撑下,通过学校特色文化创建、支持服务资源开发、课程改革,打造"高接纳、高参与、高快乐"的师生成长乐园。2010年,普通班学生有360名,特殊学生超过100名,其中有47名特殊学生参与融合。①

 **本章小结**

特殊教育学校是特殊学生接受系统教育的主要场所,其典型组织形式依次为专门学校、混合学校和融合学校。

为特殊儿童开设的专门学校有聋校、盲校、培智学校和综合性特殊教育学校。专门学校存在的弊端是:隔离制特殊教育学校不利于教育公平的实现;特殊教育学校停留在慈善性水平上;专门学校的特殊教育服务对开发潜能重视不够;专门学校的特殊教育忽视与社会的衔接等。

混合学校是能够接收一些特殊儿童在普通班级就读并提供一定教学服务的学校。混合学校的目的主要是实现特殊儿童教育安置的"非隔离性",让特殊儿童回归主流,或实现一体化。混合学校存在的问题主要是:特殊教育理念落后;特殊儿童不被教师和同学完全接纳,受到不同程度的歧视和排斥;师资力量和教学资源不足;特殊教育普及性和连续性不够;社会支持系统不完善。简单地将特殊儿童与普通儿童混合在一起的教育效果并不理想。混合学校需要进一步完善。

融合教育或全纳教育思想要求学校要面向所有学生开放——不论其是否存在身心障碍,都要为所有学生提供最适合的教育,使每一位学生都得到最大限度的发展。实施融合教育的机构就是融合学校。融合学校是为所有学生提供合适的教育,使学生能够持续发展的场所。融合学校的教育对象包括各类特殊儿童,通过详细的评估、多领域的教育合作、适当的教育计划以及灵活的课程设置,保证他们在这个场所里的学习和成长。和专门学校、混合学校相比,融合学校既消除了隔离,又满足了特殊儿童的需要。目前,融合教育的理念还存在许多争议,融合教育并不为所有人所接受。在一些特殊教育较为先进的国家也并非所

---

① 梁松梅,贺春兰,朱振云.融合教育新模式——北京市朝阳区新源西里小学的探索[M].北京:人民日报出版社,2010:23-27.

有的特殊儿童都能进入融合学校。随着社会文明的进步，教育会继续向一个良性的方向发展，这就是面对全体、更公平、更有效、更人性化。特殊教育已经从隔离走进融合，下一步应努力使融合学校走一条可持续发展的道路。在我国发展融合学校需要做大量工作：首先，要大力推广融合教育理念；其次，健全特殊教育和融合教育的法律法规；第三，为融合学校的发展提供经费支持，改善教学条件；最后，大力培养符合融合教育要求的专业人员。特殊教育学校总体发展趋势是贯彻以学生为中心、接纳多元和尊重差异，逐步向融合学校转变。

 **思考与练习**

1. 什么是专门学校，专门学校的特殊教育是如何进行的？
2. 结合我国的社会经济发展状况，分析目前在我国开设专门学校的必要性和发展前景。
3. 混合学校的特殊教育是如何进行的？
4. 分析我国特殊儿童随班就读的利与弊，谈谈如何提高随班就读的效果。
5. 融合教育是怎么产生的？为何要在我国推广融合教育？
6. 融合学校的特殊教育是如何开展的？
7. 参考美国的融合教育模式，思考我国现阶段推行融合教育的可行性。

第9章 微观组织：特殊教育班级

学习目标

1. 了解特殊教育班级的组成。
2. 了解特殊教育班级形式。
3. 掌握特殊教育班级运行过程各个环节。

特殊教育班级是对特殊学生实施教育的最基层单位，特殊教育的班级与普通学校单纯按照年龄分班的形式有很大的不同，它更突出学生的身心特点、知识层次、能力程度等方面的要求，加强特殊教育班级管理对于促进特殊学生的身心和谐发展有重要意义。

第1节 班级概述

一、班级的概念

班级是教育者为实现一定的教育目的，有计划地将年龄和知识层次、能力程度相同或接近的教育对象编班分级而形成的有固定人数的教育单位。

班级的构成要素有教育者、受教育者、班级活动的物理环境和班级活动的心理环境等四个方面。教育者包括班主任、学生干部、学科教师、团队工作者、生活辅导教师、教育教学管理人员等。受教育者包括学生个体、小组、全体学生等。班级活动的物理环境包括教室、训练室、体育设施、资源教室、职业训练模拟教室等。班级活动的心理环境包括合理的期待、双向的沟通、处理教师压力与情绪、营造合作的同伴关系等。

二、班级的组成

（一）教育者

1. 班主任

班主任是班级管理的直接组织者，对于班级管理起着举足轻重的作用。1998年教育部发布的《特殊教育学校暂行规程》中明确规定："特殊教育学校要在每个教学班设置班主任教师，全面负责管理、指导班级工作。班主任教师要履行国家规定的班主任职责，加强同各科任课教师、学校其他人员和学生家长的联系，了解学生思想、品德、学业、身心康复等方面的情况，协调教育和康复工作。"因此，班主任的职责不仅是管理特殊学生的日常学习生活，而且要对其全面发展等情况进行总体指导。

2. 学生干部

学生干部本身也是受教育者，但在班级管理中是班主任的重要助手。合理的工作安排可以起到锻炼学生干部能力的作用，更好地发挥其优势和特长。对于学生助手的作用，教育

家们早有论述,如夸美纽斯主张一个教师可以同时教几百个学生,办法是每十人分一个组,由一名学生协助教师管理;贝尔-兰卡斯特提出的导生制,由教师选择一些高年级成绩优秀的学生作为导生,教师先向导生传授知识,再由导生转教其他学生。[①] 陶行知倡导小先生制,指出"好的先生不是教书,不是教学生,乃是教学生学"。这些观点都注意到了从学生中选择助手的积极作用。学生干部是上述教师助手中的特殊类型,既是受教育者,又是协助教师进行班级管理的助手,对学生干部本身来说,其独特经历有利于其生活经验和管理能力的提高;对于班级管理来说,班主任和教师得以从具体的工作中摆脱出来,发挥学生的主体性和积极性,提高班级管理效率。但是在一些中小学存在着学生干部的"官本位"思想,特殊教育班级应该避免形成学生干部与普通学生的对立,可以实行学生干部的岗位轮流制或者将活动分解为每个学生都可以参与的任务模块,从而起到促进特殊学生民主参与的作用。

3. 学科教师

学科教学必须与学生的生活结合起来,必须与班级的活动结合起来,必须与学生的特点结合起来。因此学科教师不是单纯讲授某个学科知识的教书匠,教书与育人是不可分割的。在传统教育管理思想中,思想政治、心理健康等工作是德育教师和班主任的事情,学科教师只做好本学科的教学工作,这是不符合学生成长规律的。学科教师在教学中可以渗透思想教育、心理健康教育和社会常识教育,这样学生所学的就不再只是抽象的知识,而是直接获取的生活经验,有利于学生融入社会,更好地应用所学的知识与技能。

4. 团队工作者

共青团、少先队是我国青少年教育中的特有组织,对于培养学生的集体主义观念有积极的作用,共青团、少先队的工作要想深入人心,为学生所喜爱,就必须与学生的生活经验结合起来。在班级中建立共青团或少先队的基层组织,有利于调动学生参与团队活动的积极性,也可以促进学生自我管理能力的提高,从中选拔优秀的学生进一步提高其管理和人际协调能力。特殊学生在感知或理解方面存在障碍,传统思想教育中的大道理不易为其所接受,而传统团队活动也远离特殊学生的生活,使他们对团队活动所宣讲的道理和抽象概念无法理解,至多只能是囫囵吞枣地不加选择地接受,其效果是不佳的。通过丰富多彩的团队活动,将团队建设目标与学生的日常生活经验结合起来,使他们通过切身体验形成概念、明白道理,从而达到良好的育人效果。

5. 生活辅导教师

特殊教育学校中有很多学生需要寄宿在学校,另外走读的学生中也有部分需要在学校午休,这就需要加强生活辅导教师的队伍建设。生活辅导教师不是单纯的保姆,他们要负责寄宿学生的日常生活、食宿、安全、课余时间安排等,这也是教育教学活动不可缺少的补充环节。生活辅导教师从日常生活规范和行为习惯、学生宿舍人际关系、安全防范、环境卫生、饮食卫生等方面对寄宿和托管的特殊学生进行管理。通过生活辅导教师的帮助,特殊学生可以学习到社会生活规范,形成良好的生活习惯和提高生活自理能力,形成良好的人际关系,学会支配课余时间和生活费,这些能力对于他们将来走入社会是非常有帮助的。

6. 教育教学管理人员

学校校长、教导主任、年级组长、学科组长等参与教育教学管理的人员均是班级管理的间接成员。学校教育教学管理人员通常不直接和具体班级的学生打交道,而是通过制度建

---

① 刘新科.班级管理概论[M].西安:陕西师范大学出版社,1996:33.

设、课程课时的协调、学校总体活动安排、业务指导、协调后勤教辅部门人员等方式对班主任进行管理和指导,由班主任落实并具体实施学校的相关政策、规定,学校教育教学管理人员通过监督、检查、考核等方式对班级管理进行评价,使班级管理工作纳入学校总体管理体系中,共同实现预定的教育教学目标。

此外,学生家长和校外机构中从事教育活动的人员也对班级工作起着间接的影响。家校合作是特殊教育的重要内容,对于发挥最大合力促进特殊学生的全面发展具有重要意义。尤其是低年级阶段或者中重度障碍学生的家长还可能在校陪读,在协助自己孩子参与班级活动的同时,还会辅助其他儿童、班级教师,也能对班级管理、班级活动提出一些合理意见与建议。校外机构中的相关人员也可以通过项目合作、行业交流的形式参与特殊教育学校的班级管理活动。

(二)受教育者

特殊学生是班级活动的主体,在开展班级教学或组织班级活动时,教育者要尽可能保证所有特殊学生都能参与进来,根据学生特点、教学需求选择适合的教学组织形式,在促进集体发展的同时兼顾学生的个体差异。

1. 学生个体

班级授课制强调集体教学,但学生个体之间的差异却不容忽视,对于特殊教育班级来说更是如此。孔子所倡导的因材施教原则历来为教育家们所关注,个别教育计划在特殊教育中已经得到广泛的应用,多元智能理论更启发教育工作者要多关注学生与众不同之处。学生的个体差异并不意味着必须进行一对一的教学,在集体教学中完全可以实现照顾差异,[①]可以根据具体学生的特点提出与其他学生不同的教学目标、使用灵活多样的教学方法、及时有效地进行反馈和强化、满足特殊学生的独特需要、采用变通的方法进行评价等,实现照顾差异、因材施教。

2. 小组

若干名学生个体在班级构成一个小组或群体,有人针对学生的差异主张实施分层教学,也就是将不同程度的学生看作是一个群体,对不同水平的群体采取相应的教学策略和要求。小组合作学习则强调将学生按异质分组,组内成员互相帮助,共同完成学习任务。小组合作学习强调对小组总体的评价,组内成员之间要建立相互依存关系,每个成员不仅要自己主动学习,还有责任帮助其他成员进步,通过小组内的交流、沟通、配合实现积极互动,培养学生的合作精神。

3. 全体学生

面向全体学生是素质教育的基本精神之一。传统的集体教学模式过分偏重于将班级内的学生看作是同一水平的集体,教学目标、措施、方法和要求整齐划一,在考试指挥棒的指引下,容易导致学习难度按照中上水平学生的情况来定,结果使绝大多数学生处于被动学习局面,本身有学习困难或身心障碍的学生就更容易被淘汰。要实现面向全体学生又照顾个别差异的目标,既要有统一要求,又要增加班级活动的灵活性。从基本教学常规和行为规范上来说,要求全体学生都能做到,并通过活动不断增强团队合作意识和集体的凝聚力,促进班集体的形成和完善。而在知识、技能等方面应针对个体差异制定不同目标要求,允许学生有

---

① 华国栋.差异教学论[M].北京:教育科学出版社,2001:76.

表达自己需要和情感的方式。

(三) 班级活动的物理环境

1. 教室

特殊班级的教室规划应根据学生的需求,按照教室生活化、空间弹性化、设施安全化、设备实用化、感受温暖化、环境无障碍化等原则进行规划设计,以利于学生的学习与活动。[①]

在教室的生活化上,例如,为了配合智障学生的生活化教学,教室应尽可能设置多种功能,如有可能,可以参照套房式安排,将教室分出客厅、餐厅、厨房、浴室、厕所等,以便于对学生进行生活自理能力的训练。

在空间的弹性化上,为了发挥教室空间的功能,应使教室内的设备等能够移动或有多种功能,有时不同课程的要求不同,课桌椅应具有合并、拆开、方便移动等特点,以便于组织小组教学。教室内座位的排列是值得关注的重要环境因素之一,传统的教室内座位排列是秧田式的,这样的排列方式不利于调动学生参与的积极性。结合特殊学生的特点可以进行适当调整,如聋生的课桌按马蹄状排列,或为了便于小组合作而将座位排成圆桌型等。除了座位的排列方式外,在教室内还可以用白板、书柜等分隔空间,形成不同的教学区域,方便小组或个别教学。每个教室应附设或划分出个别训练室(区、角等)。不同的教室空间布置可以暗示学生不同的行为表现,对于智力落后教育班级的教室应布置为多功能式,在教室中区分不同区域,要求学生有不同的行为。在独立阅读区内学生可以自由阅读,但要保持安静,不能损坏图书;在集体教学区,学生必须注意听讲,不随便下座位和说话;在独立作业区,应当独自完成作业,不能东张西望和随便讲话,有问题举手要求教师帮助;在游戏运动区,学生应和睦游戏,而不得打架斗殴和高声喧哗。[②]

在设施的安全化上,教室应该减少类似讲台、窗台、桌子等有棱角的结构或家具,尽量将尖角和凸起处改为圆滑型;地板不应太滑;教室灯光色彩要柔和(部分视觉障碍学生对此有特别要求应予以考虑);室内悬挂物和装饰物应牢固地钉在墙上,避免掉下砸伤学生;门窗尽量做成推拉式,门口尽量不要有门槛,教室应有两个出口,平时不应上锁等。

在设备的实用化上,要充分考虑学生的特点,如听觉障碍学生的教室布置一般为马蹄型,使所有学生都能面向教师,同时也可以比较方便地看到同伴讲话时的口型和表情动作等,教室内安装木地板便于学生通过触觉感知信息,黑板正上方安装灯光提示装置以便提醒学生上下课时间。

在感受的温暖化上,应努力营造温暖、舒适的氛围,适当选用明亮、温暖的色彩布置教室环境。受标签效应的影响,传统的特殊教育学校、班级名称、标牌等对残疾学生有一定的负面影响,因此可以用更为人性化的名称来标记,如将同一年级的不同班分别称呼为"太阳班""月亮班""星星班"等,使学生产生温馨感。

在环境的无障碍化上,教室位置应方便学生进出,如有肢体残疾学生随班就读的普通班级教室应按无障碍要求进行改造,在教学楼出入口增设坡道,教室门的宽度、课桌之间的宽度要便于通过轮椅、拐杖等,尽量将教室安排在一楼或有电梯直达的楼层;视觉障碍学生的教室前用盲道铺设,方便学生行走和确保安全,课桌应宽大一些以便于学生放大字课本和点字课本,教室内课桌椅、门窗开启位置应相对固定;智力落后儿童和自闭症儿童的教室应尽

[①] 简明建,邱金满.特殊班的班级经营[M]//林宝贵.特殊教育理论与实务.台北:心理出版社,2000:502-507.
[②] 肖非,刘全礼.智力落后教育的理论与实践[M].北京:华夏出版社,1996:221-226.

可能去掉棱角分明的结构或家具,必要时用软的装饰物包裹住棱角处;教室周围环境不宜过于吵闹,减少噪音干扰,教室内需要经常移动的桌椅应将支架或桌脚用软垫包裹起来,以免发出刺耳的声音影响本班或其他班级学生。

2. 训练室

美术教室、音乐教室、律动教室、物理治疗室、言语治疗室、个别训练室等,是特殊教育学校和班级正常运行所必需的训练场所。不同的训练室有不同的功能,它们在特殊学生发掘潜能和缺陷补偿等方面发挥了重要作用,部分训练室还是实施个别化教学的重要场所。训练室布置温馨,开展的教学活动也深受特殊学生喜欢,因此应该通过增设不同功能的训练室、完善仪器设备等措施将训练室的作用发挥到最大化。

3. 体育设施

运动康复是特殊学生身心康复的重要途径,操场等体育场地是不可缺少的。有条件的学校应当配备塑胶跑道,乒乓球台、篮球架、单双杠等器材应牢固,避免有尖锐的突起物。例如,以色列特别重视特殊教育,在一些特殊教育学校里专门配备了游泳馆等设施,方便学生进行游泳康复训练。在特殊学生中开展体育活动和特奥项目具有重要意义,不仅可以促进学生的身体机能康复,还能提升特殊学生的自信心,培养健全人格。所以,在班级活动中要加强体育活动的组织,在物理环境上为特殊学生的体育锻炼提供设施,方便学生在课余时间进行体育锻炼或备赛训练。

4. 资源教室

通常资源教室设在普通学校,以方便随班就读学生或特殊班学生的康复训练,实际上特殊教育学校也可以考虑设置资源教室,将部分康复训练活动安排在资源教室中。在资源教室中应配备必要的补偿训练器材、教具、教学参考书、计算机及其软件等,并委派特殊教育教师、行为矫正师、心理辅导师、语训师、医生等专业技术人员做好康复训练。我国台湾地区学者认为资源教室的实施内容包括直接服务、间接服务、个案管理以及其他相关服务。直接服务是指直接对学生进行教学、辅导、评估以及转衔服务等;间接服务是指对普通班教师、家长等提供咨询、在职教育及推动融合教育等;个案管理则包括拟订个别化教育计划、建立个案资料、必要时报请学校召开个案会议及联结校内外资源等。[①]

5. 职业训练模拟教室

职业适应是特殊学生适应社会的重要方面,职业训练是特殊学生走向社会、独立生活的必经途径,特殊教育学校的职业训练应当从基础教育阶段就逐步渗透,传统的特殊教育学校职业培训比较单一和陈旧,近年来在特殊教育学校中学段还出现了重知识教育、攀比考入大学的人数和比例的倾向,职业教育存在着被边缘化的危机。要对特殊教育学校的职业教育进行改革,必须加强职业教育的基础条件,应当将职业训练模拟室作为职业训练的重要实践、实习基地。职业训练模拟教室应当尽可能参照真实的职业环境配置相应的设备,结合特殊学生的感知特点和认知特点进行必要的调整,做好职业防护,确保特殊学生行动和操作时的安全。根据创新残疾人职业教育的要求,应大力拓宽特殊学生的职业领域,对视觉障碍学生从单一的按摩专业扩展到音乐类(如钢琴调律、声乐、器乐等)、手工艺类(雕刻等)、社会服务类(心理咨询、社会工作、法律等);对听觉障碍学生从单一的美术类、缝纫类扩展到体育类、舞蹈类、种植养殖类、电脑软硬件、广告制作、打印喷绘、表演等领域;对智力障碍学生可

---

① 林宝贵.特殊教育理论与实务[M].第3版.台北:心理出版社,2012:427.

以开设汽车清洗、家政、餐厅服务、手工制作等专业。学校应根据重点职业教育类别和领域分别设置相应的职业训练模拟教室。

（四）班级活动的心理环境

1. 合理的期待

特殊班学生间的异质性很高，教师应了解并尊重其个别差异，对每位学生做合理的要求与期待。不要对全班学生有齐头式的标准，或对学生期望过高或过低，以免造成学生的压力或学习低落，而影响学习动机。教师对学生的合理期望、宽容、赏识等态度和行为可以很好地促进学生行为的改善。专制式、放任式的教师管理风格不利于学生身心发展，而民主式管理有利于学生的积极性和凝聚力的培养。

2. 双向的沟通

在开展以班级为单位的集体心理辅导中，要做好教师与学生心与心的交流和沟通，通过营造和谐心理气氛，以积极情感感染学生。[①] 特殊班级的学生也有自己的意见，教师应避免上对下的单向式沟通，除了要让学生有沟通的渠道外，还要多尊重他们的意见与感受。教师利用或创造与学生双向沟通的机会，才能使师生之间有良性的互动。

在班级管理中教师应多用激励的方法，如目标激励、奖励激励、考评激励、竞赛与评比激励、教师行为激励、尊重和关怀激励、榜样激励、情感激励等，[②]这些都是促进班级心理环境建设的重要内容，有助于改变在班级建设中过多关注物理环境而忽视心理环境的不良倾向。

3. 处理教师压力与情绪

教师非"圣人"，自然也有倍感压力或情绪低潮的时候，尤其是特教老师，常有成就感不易获得或陷入教学瓶颈之叹。因此应避免将负面情绪带给学生，需做好自我调适。2015年8月教育部颁布《特殊教育教师专业标准（试行）》，该标准将"具有良好的耐挫力，善于自我调适，保持平和心态"作为特殊教育教师个人修养与行为的重要内容。在特殊教育教师职业压力应对方式上，有研究者的调查表明特殊教育教师在遇到压力和困扰时采用最多的应对方式是解决问题，其次是转移注意和求助，第三是合理化，采用幻想、压抑、退避和自责等应对方式的人相对较少。[③]

4. 营造合作的同伴关系

特殊学生由于身心方面的障碍，在日常生活中容易受到嘲笑和歧视，导致其心理压力大、有自卑心理、自信心不足等不良心理行为倾向，因此他们更需要得到心理上的关怀。可以从特殊学生的人际关系、学习行为、情绪控制、自我观念等方面入手加强班级心理环境建设，促进其心理健康发展。教师要营造学生之间的合作关系，避免让学生成为"独行侠"，彼此漠不关心。因此，透过合作学习或设计其他活动，让学生了解合作的重要性，享受合作的快乐，便可使同伴间产生正面的互动，此外，还可增进其社会技巧与人际关系。[④]

三、班级规模

班级本身就是工业化的产物，体现了对教育规模扩大的要求，因此早期的学者们希望班

---

① 王伟忠.聋校班级心理辅导课的沟通艺术[J].中国听力语言康复科学，2004(4)：41-43.
② 徐朝辉.激励理论在聋校班级管理中的应用[J].中国特殊教育，2005(3)：26-31.
③ 王玲凤.特殊教育教师的职业压力、应对方式及职业倦怠[J].中国特殊教育，2010(1)：55-59.
④ 简明建，邱金满.特殊班的班级经营[M]//林宝贵.特殊教育理论与实务.台北：心理出版社，2000：509.

级尽可能地大,如夸美纽斯提出只要教学内容、进度、难度一致,一个教师可以同时教几百个学生。但受教室、设备、教学条件等限制,班级的规模不能无限制地扩大。在信息化时代,班级的扩大有了可能。

对于特殊教育的班级而言,班级规模应当控制在一定范围内。1998年颁布的《特殊教育学校暂行规程》做出了明确的规定:"特殊教育学校应根据有利于教育教学和学生心理健康的原则确定教学班学额。"具体到各专门的特殊学校来看,1993年颁布的《全日制聋校课程计划(试行)》规定:"义务教育阶段聋校班额以10—14人为宜。"1987年《全日制弱智学校(班)教学计划》中规定:"由于弱智儿童个别差异较大,弱智学校(班)的班级人数不宜过多,每班学生以不超过12人为宜。"2007年新出台的《盲校义务教育课程设置实验方案》中也规定:"盲校每班班额以8—12人为宜,如有视力残疾兼多重残疾学生,班级人数可适当降低。"2007年颁布的《残疾人中等职业学校设置标准(试行)》规定:"设置残疾人中等职业学校,要有基本的办学规模。常设专业一般不少于4个,在校生一般不少于200人,班额原则上为15—20人。"

有特殊儿童随班就读的班级,应适当减少班级内的学生人数,以确保教育质量。1994年国家教委发布的《关于开展残疾儿童少年随班就读工作的试行办法》中规定:"在普通学校随班就读的残疾儿童少年每班以1—2人为宜,最多不超过3人。"普通学校在接纳特殊儿童随班就读后,应适当减少同班中普通学生的人数,以确保教师有精力做好普通学生和随班就读生的教育教学工作。

第2节 班级形式

一、同质按类编班

所谓同质按类编班是指特殊教育学校内或普通学校附设的特殊班是按特殊学生的类别和障碍程度编班的,如在综合类特殊教育学校中,听觉障碍、视觉障碍、智力障碍、自闭症等特殊儿童分别被安排在不同的班级里。这里的"同质"并非强调班内学生无差异,而是从类别上看,同一班的学生都属于同一类别的特殊群体。同质编班的做法在进行大规模特殊学生教育的普及阶段是比较可行的,但某个学校或某年度入学的实际情况各不相同,特定对象的特殊儿童人数可能不足以达到分班的最低要求,通常这样的班级是不考虑年龄差别的,而主要是根据入学时的身心状态来区分的。

同质按类编班有利于教师针对特定群体的特点进行相应的教育,但容易导致对特殊儿童个体差异的忽视。如在听觉障碍学生班里,有的学生可能口语较好,有的则口语较差甚至没有经过早期口语训练,教师在教学中就不能简单地一刀切,过分追求教学进度和教学内容的统一。

特殊学生的分类与程度分级是编班的重要依据,但目前还存在部分学校将自闭症学生和智力落后学生、轻度智力落后学生与重度智力落后学生、低视力与盲生混合编班的现象。个别农村地区的特殊教育学校由于学生人数较少,有时临时将智力落后、听觉障碍学生都放在一个班里。这种做法实际是比较机械地考虑了年龄分班或按入学时间等因素,应当加以改进。

二、异质编班

与同质编班相比较,异质编班在形式上并无大的差别,但在具体的教学活动中强调和突出了学生的个体差异,实行以个别化教学和分组教学为特色的差异化教学方式。2007 年颁布的《培智学校义务教育课程设置实验方案》中指出:学校应全面推进个别化教育,为每个智力残疾学生制订和实施个别化教育计划。应将课堂教学与个别教育训练相结合,针对学生的个体需要安排一定时间的个别训练,为有需要的学生提供补救教学,满足不同学生的发展需求。《盲校义务教育课程设置实验方案》中也规定盲校应对有个别矫正需要的学生实施个别矫正。特殊教育的班级授课制中增加了个别化教育环节,一方面,这丰富了班级授课的内涵与形式。一般意义上的班级授课制要求全体学生学习同样的内容,保持同样的进度,甚至在教学评价上也是追求同一个标准,这样虽然方便了教学,但却无法体现学生的个体差异。特殊儿童本身的个体差异比较大,每个学生的发展特征和发展潜力都不同,因此个别化教育就发挥了其积极的作用。另一方面,根据若干特殊儿童共同的特征,组织分组教学也可以在一定程度上照顾到学生的差异。个别化教育与分组教学在普通学校中的实施往往会受考试评价机制的限制而无法得到落实,而在特殊教育学校中适当对学生进行分组教学,可以将个别化教育的要求与统一的班级活动有机地结合起来,更好地适应特殊儿童的个体差异。

三、弹性编班制

在国外的基础教育学校中,有的实施了弹性编班制,使学生固定在某个年级和班级的同时,允许学生跨年级学习不同的科目,这样易于满足学生的不同需求。《全日制弱智学校(班)教学计划》还提出有条件的弱智学校的某些学科,还可试验把不同年级(班)的实际水平、接受能力相同或相近的学生组织在一起上课,充分发挥学生的学习潜力,争取较好的学习成绩。

在教学实践中允许学生根据实际情况跳级或留级,实际上是弹性编班的另一种形式,但我国义务教育法明确禁止让受义务教育的学生随意留级。实践证明,简单地将学生做留级处理,留级后成绩不一定更好,甚至会更差,留级生也是一种标签,容易受歧视,使留级学生产生自卑感。而且仅仅留级而不改变教学,学生重复学习,学习兴趣和积极性降低,导致学习效率更低。《关于开展残疾儿童少年随班就读工作的试行办法》也规定:"残疾学生一般不留级。智力残疾学生可视其具体情况,在小学阶段适当延长其学习年限。"

对部分学习优秀的学生鼓励其跳级,这在特殊教育学校中还不多见,今后随着教育质量的提高,可以允许少数非常优秀的特殊学生适当地跳级,从而加快特殊群体中的人才培养。

四、特殊学生在普通班级的随班就读

随班就读指在普通学校的普通班级里吸收残疾学生与普通学生一起接受教育的形式。1988 年国务院《关于发展特殊教育的若干意见》中提出:"各地要充分利用现有小学,积极招收虽有一定残疾,但可以在普通班学习的残疾儿童入学。"1994 年国家教委发布的《关于开展残疾儿童少年随班就读工作的试行办法》中明确规定了随班就读的对象、入学、教学要求、师资培训、家长工作、教育管理等工作的基本要求。2014 年颁布的《特殊教育提升计划

(2014—2016年)》中也明确提出要扩大普通学校随班就读规模,尽可能在普通学校安排残疾学生随班就读,全面推进全纳教育。随班就读的工作逐渐走上正轨,在实践中随班就读形成了三个层次,即"招得来""留得住""学得好"。第一个层次代表形体式随班就读,这一措施解决了残疾学生的入学问题,但由于教师水平、教学设施、教学理念等限制,学生只是在形体上在普通班级里,容易流向"随班混读"。第二个层次是社会溶入式随班就读,实现了残疾学生和普通学生一起活动,残健学生有互动和交流,相互增进理解。第三个层次是教育效果式的随班就读,残疾学生不仅实现形体上随班,与同伴友爱相处,相互交流,并且在教师的精心指导下完成学习目标,学有所得。[①]

五、其他形式

（一）按智龄、成绩、能力分班

通常班级是按学生的生理年龄分班,在特殊教育学校部分学生存在着较大的智力水平的差异,为此有人提出以智力年龄作为分班依据,但美国的西蒙兹调查发现四年级智龄为九岁的106名儿童中,生理年龄跨度为9年(6~15岁),学生之间的其他特征差异太大,无法在一个班内统一。另有学者倡导按成绩或能力分班、分组教学,一种做法是不考虑年龄而按学生能力或学习成绩标准分班;另一种是先按年龄分班,然后在班内按学生能力或成绩进行分组教学。在国内,部分学校错误地理解了按能力分组教学的精神,曾经流行将学生按成绩分为快慢班,一些重点学校还建立了所谓的"火箭班",这种做法容易导致部分学生被人为贴上"差生"标签,甚至导致整个班的学生被看作是落后的,导致学生成绩下滑和产生严重的自卑心理。

（二）复式班级

在我国边远地区和学龄人口较少的农村地区,还曾经存在过复式班。所谓复式班是将不同年级的学生安置在同一个教室内,在一个单元的教学时间内,只有一位教师负责课程教学。复式教学也在一定程度上体现了差异教学的要求,教师会根据不同年级学生的情况安排不同的课程,如高年级学习数学的同时,低年级学生则在做语文的练习,当高年级教学任务暂告一段落时,教师又开始对低年级学生进行教学。这样在同一个教室内,由一名教师,面向人数不多而跨若干年级的若干名学生,同时组织若干门课程。复式教学兼有优点与缺点,虽然教学对象差异大,但有利于以大带小,以小促大,共同进步;教师教的科目多、备课难,但有利于教师全面掌握各门课程,能从课程内部联系出发正确处理教材;学生自主作业时间过长,但有利于培养学生的自学和自我控制能力等。目前复式教学点已经非常少了,但这种教学组织形式对于特殊学生的教育却有一定的启发,对于特殊教育班,教师可以将能力不同的学生分成几组,在教学活动中提出不同的教学目标和要求,同时很好地分配个别或小组指导的时间,使其他学生有事可做;对于随班就读班级,教师在对随读生进行个别或小组辅导时,也可以安排其他学生参与教学活动。这样就充分地利用了课堂的有限时间,提高教学效率。

（三）虚拟班级

随着信息技术的广泛应用,不同地区甚至不同国家的青少年可以通过网络视频的方式

---

① 陈云英.随班就读的课堂教学[M].北京:中国国际广播出版社,1996:41.

实时地进行交流,因此建立虚拟课堂也成为可能。虚拟课堂可以实现特殊学生与普通学生教育资源的共享,也有利于开阔特殊学生的视野,提高其与人交流与沟通的能力,在虚拟课堂中不同教学点的学生在教师指导下共同学习同样的教学内容或进行讨论,超越了时空限制,可以使没有行政归属关系的班级之间组成大的学习团体,也就形成了虚拟班级。

第3节 班级运行过程

一、班级组建阶段:入学教育

特殊学生在入学后都需要一段时间的适应过程,在这一阶段教师的首要任务是完成班级的组建工作,通过入学教育使特殊学生适应学校的基本规则,遵守班级制度,为班级的良好运行打好基础。

普通学生在幼儿时期就通过多种感觉途径学习和模仿成人的行为,且多数普通学生都经过了幼儿园的生活,已经初步获得了集体生活的常规技能和心理准备。而对于一些特殊学生来说,由于早期缺乏及时的康复训练、早期教育环节缺失、家庭教育不当等原因,在入学后存在着许多问题,如生活自理能力缺乏、不懂得遵守纪律的要求、缺乏与人合作的意识、自我约束能力差以及由于其不良行为受到教师批评后的副作用等。因此入学教育是不可缺少的环节。

新入学的特殊学生往往缺乏基本的生活常规,部分聋生、盲生还要在校住宿,因此教师在班级管理中应做好以下工作:① 规范行为习惯,培养自理能力。班主任应首先从常规教育抓起,培养学生良好的生活习惯、规范的行为习惯。② 开展各项活动,培养自立能力。对新入学特殊学生除了要做好知识教学以外,还要通过各种活动来培养自理、自立的能力。③ 加强安全防范,确保学生平安。特殊学生在校住宿,容易出现各种安全隐患,因此需要加强安全教育与防范。[1]

二、班级发展阶段:以人为本

班级是学校的基本单位,班级管理直接关系着教育教学的效果,对于特殊学生来说,班级管理的难度相对也比较大。特殊学生存在的感官缺陷或认知能力的缺陷,以及伴随的行为问题等,使班级的常规和教师要求很难马上被接受并得到执行,这些不良的课堂行为在随班就读的课堂中有时还会得到消极的反馈,教师对其予以批评,导致行为更加严重。但是通常教师们所认为的特殊学生在班级中的行为问题来源于其身心障碍本身,实际上这些行为更多的是在不良的环境作用下形成的。因此做好班级管理工作对于提高特殊教育的质量有着积极的作用。

(一)人的因素在班级管理中的作用

从教师、学生干部、学生三者来看,教师在班级管理中起着主导作用,学生干部起着助手作用,学生的自我管理则起着主体作用。特殊教育教师在班级管理中的作用则主要是榜样示范作用、管理指导作用和心理辅导作用等。[2] 根据罗森塔尔效应,教师的期望与积极暗示

---

[1] 邱丽萍. 聋校新生班级管理工作浅谈[J]. 湖北教育(政务宣传),2005(6):55-56.
[2] 肖非,刘全礼. 智力落后教育的理论与实践[M]. 北京:华夏出版社,1996:218.

对于学生的成长起着积极的作用,一些聋儿教育的实践也发现赏识教育是促进特殊学生成长乃至超越的关键因素。特殊教育班级中的学生存在特定的身心缺陷,个别学生还会有严重的行为问题,如果教师采取冷漠、批评等消极态度,会对特殊学生产生消极的心理暗示,导致其行为问题更加严重,而如果教师采取积极接纳、宽容、鼓励、合理期望、通过强化反馈行为等方式对待学生,就可以使特殊学生产生情感共鸣,并愿意接受教师的教育、管理。

学生干部在班主任指导下开展班级活动,在班级中起着模范带头作用,各负其责做好日常工作,并在教师和学生中起到上传下达的作用。教师的主导作用、学生干部的助手作用只是做好班级管理的一个方面,起决定性作用的是学生的主体作用,因此在班级管理中要注重培养特殊学生的主体意识和自律意识。

(二)班级常规管理

1. 学习活动管理

学习过程的基本环节有预习、上课、课后复习、作业练习、系统小结等。通过常规学习活动的管理,要促进特殊学生的学习能力的提高和学习习惯的养成,有意识地培养特殊学生的自学能力和信息获取能力,为其终身学习奠基。

上课是学习活动的重要方式,课堂需要注意一些常规:如课前做好准备的好习惯,如教室卫生、课桌摆放、擦黑板、准备学习用具等;在教师上讲台后,学生起立问好;上课中集中注意力,专心听讲,不做小动作;发言要举手、回答问题要起立等;课间不要追逐打闹。

学习不仅是学知识,更重要的是形成良好的学习习惯,学习动机、学习兴趣等非智力因素在学生的学习中起着重要的作用。班级学习活动管理首先要激发学生的学习动机,使学习有强大的动力;通过灵活多样的教学方法、学科竞赛、课外科技活动等方式调动学生的学习兴趣;指导学生掌握科学学习方法,帮助学生学会观察、思维、记忆等;培养自学能力和学习习惯,促进学生主动学习。

2. 思想政治教育与心理健康教育管理

思想政治教育要根据特殊学生的年龄特点和接受能力来组织,避免过于空洞的说教,而要尽量与学生的生活实际结合起来。班会、团队活动、节日纪念活动等是思想政治教育的常规性教育活动,在组织这些活动时,应将思想教育融入丰富多彩的活动中,对学生起到潜移默化的促进作用。

班级管理的心理环境是促进学生进步的重要条件,加强对特殊学生的心理健康教育,多挖掘其心理活动中积极健康的一面,从人际关系、学习心理、自我概念等角度入手帮助特殊学生实现心理的健康发展。

思想政治教育与心理健康教育要根据学生的实际特点,突出重点,采用特殊学生所能接受的方式进行。如智力障碍学生的班级要从自我服务做起,突出安全教育,培养学生学会与不同身份的人打交道,在社会交往中做好自我防范;听觉障碍学生的班级应加强对学生认识社会的教育,鼓励他们向优秀的听觉障碍者学习,对于社会存在的聋人犯罪团伙和成年聋人的诱惑要有所防范,正确认识当前的主要任务,避免学生上当受骗而离校出走等;对视觉障碍学生的班级则应加强人际交往,帮助学生形成理性的认识,培养积极的自我概念。

3. 文体、课外活动的管理

课外活动属于隐性课程,对于丰富学生的知识经验,提高学生学习兴趣,加强人际交往能力和组织协调能力有非常重要的意义。文体活动是丰富学生业余生活、提高学生艺术修养、培养学生健康向上的生活方式的重要途径。文体和课外活动在具体实施中可以结合特殊学生各自的特点、学校的文体设施等条件、职业技能和生活技能培养的需要进行选择。通过组织竞赛、表演、展览等方式促进文体活动的推广,调动学生参与的积极性。

4. 卫生及生活习惯的管理

做好班级卫生有利于保障学生健康生活,养成良好生活习惯。首先,要求学生坐、立、走、读书、写字时注意仪表,举止文明,穿着整洁。其次,要加强个人良好卫生习惯的培养,对智力障碍学生而言个人卫生习惯本身就要列入课程中。再次,做好教室、宿舍等学习生活场所的卫生,积极维护学校环境卫生。第四,应加强安全防范,帮助学生养成良好的安全行为习惯,增强安全意识,做好饮食卫生安全、交通安全、使用水电时的安全、体育课和实验课上的安全工作等。最后,应注重社会交往中的良好习惯的培养,包括文明用语、礼貌待人、遵守纪律、遵守社会公德等。在日常生活习惯的基础上,形成良好的生活方式。

（三）班级安全教育

1. 制定和完善以人为本的安全规章制度

班级安全教育的开展需要结合实际情况完善制度建设,制定合适的安全细则,规范师生行为的同时还需要制定相应的奖罚措施,完善激励机制。班主任应从思想上重视安全,在"安全第一,预防为主"的原则下制定安全准则,同时把制定的细则落实到日常教学工作中。对学生而言,则要自觉地遵守学校的规章制度,如住宿的听觉障碍学生在外出时应认真履行相关请销假手续,防止一些听觉障碍学生私自外出发生意外。

2. 开展安全教育活动,营造具有安全文化的环境

传统的安全教育严肃有余,却失之活泼,在当代信息技术普及的情况下,开展安全文化教育可以采取多种形式,如开展安全动漫大赛,通过影片、海报、安全事故情景剧等形式生动活泼地开展安全教育,聘请社区警察为校外辅导员,定期开展灭火演练,在课程教学中选取安全主题等。安全文化教育还应考虑学生的具体特点,如新生在入学后首先对其进行安全行为规范训练,对高年级学生可以采取案例分析、现场模拟、参与讨论等方式进行。另外,还可以在学校设立校园安全文化周,通过开展安全知识竞赛、进行安全讲座等活动,使安全文化深入人心。做到时时讲安全、处处讲安全、人人讲安全、事事讲安全。

3. 形成安全意识,树立积极向上的处世观念

通过制度层面的完善,物质层面的实施执行,最终形成安全意识,使安全文化的内涵内化为个体所有。安全文化形成的文化氛围和价值导向在帮助学生建立安全意识的过程中,无形地也带给学生一种处世的态度和观念,通过日常的学习、活动和交流将安全观念传达、渗透到学生的价值观中,给特殊学生带来积极乐观面对生活的心态和处世观念。

4. 根据不同类型特殊学生的特点,体现校园安全文化的差异性

（1）共同性的措施

近年来,在部分普通中小学曾经发生过群体性踩踏事件、校车引发交通事故、不法分子闯入校园行凶等重大安全事故。例如,2010年3月,福建省南平实验小学门口发生重大凶杀案,致8名学生死亡,5人受伤。因此,安全教育必须时刻注意。根据教育部等十部门联合制定的《中小学幼儿园安全管理办法》(以下简称《办法》),安全管理工作应包括:构建学校安全工作保障体系,全面落实安全工作责任制和事故责任追究制,保障学校安全工作规范、有序进行;健全学校安全预警机制,制订突发事件应急预案,完善事故预防措施,及时排除安全

隐患,不断提高学校安全工作管理水平;建立校园周边整治协调工作机制,维护校园及周边环境安全;加强安全宣传教育培训,提高师生安全意识和防护能力;事故发生后启动应急预案,对伤亡人员实施救治和责任追究等。特殊教育班级管理应按照《办法》的精神,切实落实安全责任制,确保学生在和谐、平安的校园中愉快成长。

(2) 针对听觉障碍学生的校园安全文化活动

对于听觉障碍学生而言,最为突出的问题是受社会上一些听觉障碍者的诱骗而出走,或被胁迫从事盗窃等违法犯罪活动。因此,聋校应针对听觉障碍学生的特点开展正面教育,提高听觉障碍学生的社会化程度,增强自我保护意识,树立优秀听觉障碍者的良好榜样,使他们有学习和奋斗的目标,从而杜绝学生出走、被诱骗等事件的发生。

(3) 针对视觉障碍学生的校园安全文化活动

视觉障碍学生的生活自理和定向行走能力是走向社会的重要前提,在校园中要充分考虑视觉障碍学生的行动特点,减少潜在的障碍和人身伤害隐患,同时要加强对视觉障碍学生的心理疏导,避免个别学生因琐事而钻牛角尖、产生心理障碍等。在教学中应增加应对危险和紧急突发事件训练,使他们在有保护的条件下体验和预演危险来临时应如何有效地躲避,确保自身安全,如火灾、交通意外、拥挤等情况下的正确逃生和自我保护方式等。

(4) 针对智力障碍学生的校园安全文化活动

对于智力障碍学生应特别强调加强生活自理和自我保护能力的训练,智力障碍学生容易受到社会上不法分子的侵犯,因此,在平时的训练和学习中,应教给他们一些生活和社会常识。如教会学生如何安全地过马路,对于陌生人的主动接近行为应学会说不,特别是还要教会智力障碍学生在遇到走失等情况时,如何寻求帮助等。

三、班集体的形成阶段

班级在不断发展完善中,达到优化阶段,逐步形成了具有凝聚力的集体。班集体形成的标志有以下几方面。

1. 有明确的奋斗目标

共同的奋斗目标是班集体前进的方向和动力,集体的奋斗目标应符合社会道德要求,适应特殊学生的特点,目标具有吸引力,由易到难,学生通过努力能够实现。

2. 有健全的组织机构和素质良好的学生干部

学生干部和积极分子是班级的核心和骨干力量,培养积极分子,选拔学生干部,将使班级形成健全的组织机构,确保信息畅通和班级活动顺利实施。

3. 有严格的规章制度和健康舆论

规章制度是对学生的外部约束,但随着学生参与班级活动,逐渐转化为学生的自觉行为和自我约束,并内化为自觉行动。班级舆论对于学生价值观的形成有着重要作用,可以通过班级公约、树立榜样等方式培养积极的班级舆论。

4. 集体成熟度高,有良好的心理气氛和自我管理能力

集体的成员对集体目标有共同的认识,能自觉维护集体荣誉,集体凝聚力强,全体学生积极参与集体建设,具有高度的集体责任感,能围绕班级目标共同努力。

四、班级异常行为处理

在班级中,经常发生一些异常行为,影响课堂教学和班级的秩序。为此教师应加强对行

为矫正技巧的训练,使他们能够做好应对这些异常行为的准备。过去部分特殊教育师范院校只在智障教育专业开设行为矫正课程,而事实上,在盲、聋生中也存在着以下严重的行为问题:无理、语言蔑视;易怒;神经过敏;情绪抑郁;紧张、焦虑;表情过度;不服从、抗命;破坏欲;懒惰;轻率、粗鲁;易退缩、气馁;自私;做事不专心;好争吵;易受暗示;胆怯;粗心大意;爱幻想、做白日梦;好抱怨;过分指责别人;说别人坏话;妒忌;搬弄是非;说脏话、粗话;不想学习;逃学;不守纪律;活动过度;课堂尖叫;吸吮手指;羞怯;被动;害怕遭遇危险;依赖;爱哭泣;偏食;自我习惯性动作,如自言自语、手舞足蹈等;乱扔纸屑;反常的卫生习惯,酷爱整洁,床铺整理得干干净净,但却常常在垃圾堆里拾东西吃;无故喊叫等。① 因此,特殊教育师范院校的各个专业都应开设行为矫正课程,使特殊教育教师在面对常见的问题行为时,有能力采取相应的行为管理措施加以矫正。

(一) 多动

多动症儿童表现出过度的、毫无目的的机械活动,似乎老是在"走",当他们坐下时,两脚还在不停地动。另外也会伴随注意力差、冲动等行为,他们无法静静地听讲,注意力极易分散,常不假思索就开始行动,在课堂上突然地大声喊叫,做游戏时从不排队等候。

针对儿童的多动行为可以采取以下措施:① 改变行为目标,先鼓励他完成一个近期行为目标,逐渐提高要求。② 改变儿童在活动中的反应速度,增加他们对随意活动的控制,抑制运动神经对肌肉的兴奋作用,同时减少过度的活动。③ 不要过多限制其活动,可以允许儿童通过做俯卧撑等替代性活动来发泄多余精力。④ 在学习时适当遮挡周围,减少分心。⑤ 改变学习进度,放慢步子,上短课或布置较短时间能完成的作业。⑥ 帮助儿童看到努力带来的愉快结果,促使其形成积极态度。⑦ 明确什么是可以接受的行为,给行为设置清晰的标准。⑧ 向儿童表示真诚的关心和帮助,以创设一种良好的气氛。⑨ 组织角色游戏,让儿童在游戏中承担或模仿一种与他平常在课堂上表现不同的角色。

(二) 抑郁

抑郁儿童往往萎靡不振、自卑、冷漠、对未来很悲观、缺乏动机。有抑郁症的儿童应受到更多的关注,因为他们更易受挫。

对不同的抑郁表现可采取的措施有:① 克服自卑感。给儿童指派一个特殊的任务,承担某项职责,告诉他这项工作的重要性,并对他的帮助表示感谢,在儿童完成任务后给予表扬。② 克服退缩行为。课堂上,只要儿童举手,不管是提问还是答题,立刻给予回应,如果使他等很长时间,良好行为就会减少。③ 克服信心不足、泄气的行为。鼓励他不要总说"我不会""我不知道",而要求他学会说"我要试一试"或"也许我可以做出来"。④ 克服不愿与同伴交往的行为。在课堂上教师应尽可能表现出友好、温和的态度,儿童会不时地观察教师并模仿教师的行为,从而对教师的行为做出积极反应,并加以效仿。

(三) 退缩

产生退缩或逃避的原因是儿童对某个特定的社会情景感到焦虑,为了摆脱这一焦虑,他们就在可能的情况下试图避免类似场景,这种心理若得不到及时矫正最终会发展为社会隔离。退缩儿童的最大困难在于缺乏与其他儿童交往的能力,而不是与成人交往的困难,对这类儿童实施干预时应增加其与同伴的交往。梅晨保(1977)把示范法与自我指导法结合起来

---

① 王辉.试论特师的专业课程设置问题——非弱智教育专业也应开设"行为矫正"课程[J].中国特殊教育,2000(3):47-49.

用于治疗社会性孤独儿童。在观看了一部有关儿童是如何开始相互交往的影片后,这些儿童先是模仿训练者的动作,在训练者出声的指导下演练影片中的情节,然后由他们在自我言语指挥下不出声地表演。可以让儿童用内心的自言自语表达以下内容:① 希望开始与人交往。② 担心遭到别人拒绝。③ 自我辩论,进行内心斗争。④ 下决心加入伙伴群体中去。⑤ 开始接近。⑥ 打招呼。⑦ 要求加入,征求大家同意(或请求帮助)。这样做比单纯的示范法效果更好,因为学生在这一心理过程中学会了自我指导。

(四) 攻击

有攻击行为的儿童表现出许多暴力行为、破坏性行为、不听话等,一般的纪律约束对他们收效甚微。教师应观察记录攻击行为的形式(如打斗、喊叫、威胁等),确切记录行为发生时间、地点、完整经过,以了解攻击行为是否与特定环境有关。

在改变攻击行为的过程中,有两个目标行为:① 减少攻击行为。② 增加社会可接受的替代性行为并及时给予正强化。多种行为矫正策略都是有效的,如使用代币,当儿童获得一定数量的代币后,可用来换取其他原级强化物。但不宜使用体罚,这种方法通常对攻击性儿童没有用,反而会使他们的行为更加严重。可以采取隔离法,即在很短的一段时间里,让儿童独自呆着,隔离时要告诉儿童为什么处罚他(如打人),否则可能同时抑制目标行为以外的其他行为。当攻击行为发生后,还可以采取取消强化物的方法,行为越严重,惩罚也应越强烈。饱厌疗法有两部分内容:积极活动和补偿活动。目的是温和而又坚决地引导儿童做出正确反应,必要时可以用身体接触,手把手地强迫他为自己的不良行为做出补偿。如一个儿童疯狂地踢打家具,则要求他必须把所有东西收拾好,而且还必须把他没有弄乱的地方也打扫干净。

五、班级评估

班级评估是对班级管理工作质量状况的全面衡量。班级发展水平的评估可以从十个方面进行:① 班集体的指向性;② 班集体的结构;③ 班集体的舆论和道德水平;④ 班集体的纪律性;⑤ 班集体的凝聚力;⑥ 班集体的学习活动;⑦ 班集体的社会积极性;⑧ 班集体的个性和创造性;⑨ 班集体的自主性;⑩ 班集体的工作成就和声誉。班级评估不仅应由学校管理人员来进行,而且还需要调动班主任、任课教师和全体学生参与,同时学校的教辅人员和家长也应该作为重要的信息来源。班级评估应当建立在激励和引导班级工作的基础上,通过评估后的反馈促进班级管理工作上一个新的水平。因此,班级管理评估不应等同于课程成绩的排名,在一些普通学校里,班主任为了使班级排名更好一些,通过特意安排或开假证明的方式,将部分所谓的"差生"诊断为智力落后学生,以便在学校评估时将这些学生的成绩排除在外。这些不正确的做法严重地违背了特殊儿童随班就读政策的本质,对学生及其家长都带来极大的心理压力,违背了教育公平精神。因此班级评估应该采取多元化的方式,更多地从发展的角度来对其进行评估。

本章小结

特殊教育班级是对特殊学生实施教育的最基层单位,加强特殊教育班级管理对于促进特殊学生的身心和谐发展有重要意义。

班级的组成人员包括班主任、学生干部、学科教师、团队工作者、生活辅导教师和教育教学管理人员等教育者,还包括学生个体、小组、全体学生等不同层次的受教育者。班级活动的物理环境包括教室、训练室、体育设施、资源教室和职业训练模拟教室等。班级活动的心理环境也对班级有着重要的影响。

班级的形式主要有：同质按类编班、异质编班、弹性编班制和特殊学生在普通班级的随班就读等，也有一些学校在尝试按智龄、成绩、能力分班，或者组织复式班级，随着信息技术的广泛应用，还会出现虚拟班级。

班级运行过程包括三个阶段，即班级组建阶段、班级发展阶段、班集体的形成阶段等。班级组建阶段应侧重对特殊儿童的入学教育，班级发展阶段则应突出以人为本的要求，发挥人的因素（包括教师、学生干部、学生）在班级管理中的作用，做好班级常规管理，同时要加强班级安全教育，促进校园安全文化氛围的形成。班集体形成的标志是：班级有明确的奋斗目标；有健全的组织机构和素质良好的学生干部；有严格的规章制度和健康舆论；集体成熟度高，有良好的心理气氛和自我管理能力等。

在班级中，经常发生一些异常行为，影响课堂教学和班级的秩序。为此教师应加强对行为矫正技巧的训练，使他们能够做好应对这些异常行为的准备。

班级评估是对班级管理工作质量状况的全面衡量。班级评估应当建立在激励和引导班级工作的基础上，应采取多维角度、更多地从发展的角度来对其进行评估。

 **思考与练习**

1. 班级的构成要素有哪些？
2. 特殊教育班级的物理环境有哪些？
3. 特殊教育班级的规模应多大比较合适？
4. 特殊教育班级有哪几种形式？
5. 如何开展特殊教育班级的入学教育？
6. 如何处理班级中的异常行为？

第4编 特殊教育方法论

第10章 特殊教育的教学方法

学习目标

1. 理解特殊教育各教学方法的概念、理论基础。
2. 理解特殊教育各教学方法的特点。
3. 通过案例分析掌握特殊教育各教学方法的实施方法或步骤。
4. 掌握特殊教育各教学方法应用的注意事项,了解和初步学习如何运用特殊教育的教学方法。

教学方法是为实现既定的教学目标,在教学过程中师生共同活动时所采用的一系列办法和措施。[①] 教学方法是教学实践中不可替代的表现形式。对于特殊教育工作者而言,了解、认识教学方法,进而掌握并灵活运用教学方法,是很好地履行教学职责、体现自身工作价值的重要方面,同时也是提高教学质量的重要保障。

第1节 工作分析法

一、概述

（一）概念

工作分析法(task analysis)指将复杂的教学目标分析并精简成一连串的教学小单位的过程,对于每一个教学目标的分析,必须以学生现阶段的能力为起点,更必须与系统化教学流程密切配合。[②] 工作分析法基于行为主义的理论,认为将复杂的教学内容化整为零地逐步呈现,有利于学生的学习;特别强调将一个教学目标,细分为若干程式化的小步骤,再将小步骤依次串联,再加上一些有效的教学技巧,以达到教学目的。工作分析法也可将达成该教学目标的各种行为或活动加以列举,然后分析其顺序与需要程度,区分教学的重要性与先后性,为教学决策提供参考。

[①] 郑金洲.教学方法应用指导[M].上海:华东师范大学出版社,2006:4-5.
[②] 林千惠,赖美智.工作分析教学法[G]// 内地与香港学术交流:弱智教育培训资料汇编.香港:匡智会,1998:16-23.

(二) 理论基础

工作分析法基于行为主义的观点,强调运用系统分析的原理分析教学目标或教材,将其细分成更小的单元,并结合学生当前的知识或能力水平而循序渐进地进行教学。

人类的基本知识与基本技能都由许多的次级知识或次级技能组成;教师采用科学方法将某项知识或技能细化,分成若干次级知识或次级技能,然后有系统地安排教学层次,每一层次再以若干具体明确的行为目标来表示,按照编订的学习层次,则可逐步指导儿童学习。

(三) 适用范围

适合于中重度智力落后儿童、学习困难儿童的教学。

适合于生活自理能力、认知、职业技能等方面的教学。

二、工作分析法的实施

(一) 工作分析法的类型

在使用工作分析法时,首要的步骤在于系统分析某项教学目标的教学子单元,以确定教学的层次。常用的分析方法包括范围程序分析法、阶层分析法、工作列举法三种。

1. 范围程序分析法[①]

范围程序分析法,从终点行为入手,将终点行为当成主要工作,然后分析达到主要工作所需要的次要工作,而次要工作的复杂程度应仅次于主要工作。然后再将次要工作当成主要工作,按照如前所述的方式加以分析,如此继续不断分析下去,直到该次要工作已成为学生的起点行为为止。

例如,将"求生能力"当成主要工作分析,找出次要工作。假设该能力之下有一项次要工作为"安全技能",则把"安全技能"当成主要工作加以分析,而"安全技能"之下又有几项次要工作,假设"打电话"为其中一项,继续分析"打电话"之下的次要工作组成,包括"辨认时间""拨电话""找出数字"等,其分析程序如图 10-1 所示。

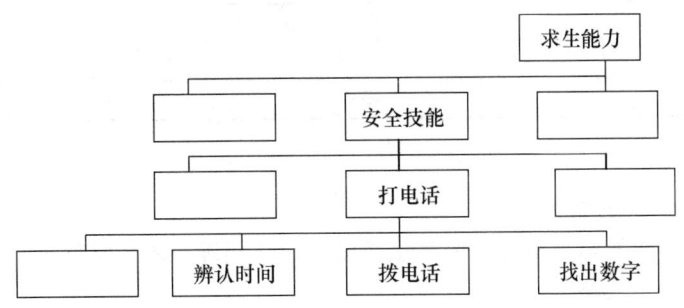

图 10-1 范围程序分析法实例

2. 阶层分析法

阶层分析法基于某个具体的终极行为,再进一步分析其先前能力与完成步骤。阶层分析法主要适用于确定达成最终目标的各个子目标之间的先后顺序。一般按照从终极目标往前倒推的方法来进行,首先确定学生的终极目标,寻找达成终极目标的先前必备能力,然后

[①] 毛连塭.特殊儿童教学法[M].台北:心理出版社,1999:74-79.

再分析该必备技能达成前所需要的先前技能,依此原则继续分析,直到将复杂的工作分析至最简单的行为(一般为儿童现有的表现水平,即教学起点)为止,由此建立各子行为之间的逻辑顺序与隶属关系即构成了学习阶层。① 例如,如图 10-1 已经分析出了"辨认时间"为"安全技能"的某项终极行为,接着应进一步对该行为进行阶层分析,找出学生学会"辨认时间"所需要的必备行为步骤,具体参见案例"看钟表说时间"。

一般而言,程序教学需要借助阶层分析法来分析与编写教学内容的逻辑顺序,以确定不同子单元教学内容的教学层次与步骤。

3. 工作列举法

工作列举法指列举完成某项工作所需的各种行为或活动,分析这些行为或活动的顺序与难易程度,然后根据学生的能力水平以决定教学内容与方式。② 下面以智力落后儿童的汽车修理员职业训练为例说明如何应用工作列举法。汽车修理员固然需要许多工作技能,清理或更换火花塞是其中的一项简单且重要的工作。教师可先将工作的各种步骤列出,然后分析该步骤所需的能力与学习的难易程度,如表 10-1 所示。

表 10-1 工作列举分析表

职业名称:汽车修理工作
工作项目:清理与更换火花塞

顺序	工作步骤	工作所需能力	难易程度
1	找到火花塞的位置	记忆	容易
2	取下火花塞	操作	容易
3	辨别火花塞的商家与款式	分辨	√
4	试验后决定清理或更换	问题解决	较难
5	清理	操作	容易
6	调整	操作	较难
7	更换	操作	√
8	接上线	记忆、操作	较难
9	检查	分辨	很难
10	整理工具	操作	√

注:√表示难易程度视情况而定。

(二)工作分析法的教学策略

工作分析法需要教师具备有效的教学策略才能达到理想的教学效果。③ 一般而言,包括以下几项重要的教学策略。

1. 连锁策略

把某种行为目标按照先后顺序排列成一连串的教学步骤,进行连锁教学。教学步骤的顺序以及连贯性非常重要。教学步骤的距离、大小与起点都取决于学生的能力。连锁策略分为正向连锁法、逆向连锁法。

---

① 张丽芬.工作分析及其在教导上的应用[J].教育心理与研究(台湾),1990(13):231-264.
② 毛连塭.特殊儿童教学法[M].台北:心理出版社,1999:74-79.
③ 张家玲.工序分析法[G]//内地与香港学术交流:弱智教育培训资料汇编.香港:匡智会,1998:16-23.

（1）正向连锁法：指根据工作分析所列的步骤，从第一步开始进行训练；完成第一步后再训练第二步，直到达到最终目标，如图10-2所示。

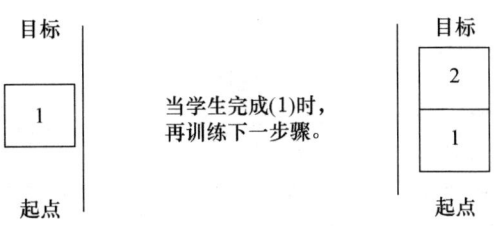

图10-2 正向连锁法示例

（2）逆向连锁法：指根据工作分析所列的步骤，从最接近目标的步骤开始进行训练，每次都完成目标，完成后再逐步后退到起点，如图10-3所示。

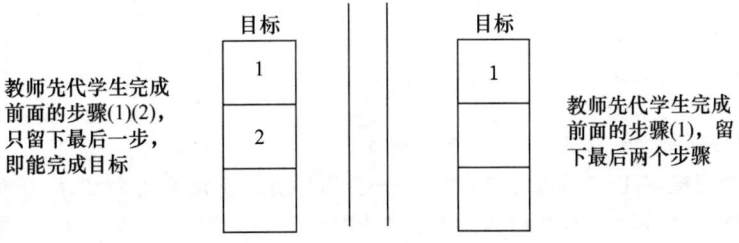

图10-3 逆向连锁法示例

正向连锁法适合于简单的技能训练，而逆向连锁法较为适合复杂的技能训练。在逆向连锁的教学中，学生从完成最后一个步骤倒退至全部步骤，由简到繁的教学进度可以使学生获得成功感和保持较好的学习兴趣。

2. 塑造法

塑造法的目的在于逐步增加学生行为的准确程度，使学生的行为与最终的教学目标越来越接近。该方法常用于小肌肉动作的训练。例如，以穿针训练为例，先用一根针眼较大的针和粗绳进行练习，待前一个行为目标学生能独立完成后，逐步减少针眼与绳子的尺寸，直到学生能将细线穿过缝纫针的针眼。

3. 分辨学习法

分辨学习法（errorless discrimination learning）特别适合于培养学生分辨的能力，如分辨颜色、形状等。为了提高学生对特定学习内容的正确反应，教师在教授时一般采用增加干扰条件的数量或程度的方法。例如，在"辨认圆形"的教学中，教师出示方形、三角形、扇形、圆形等多种形状的图形，要求儿童指出圆形。

4. 逐步减少提示

教师的提示一般包括身体协助、示范、口头说明、手势等，当学生开始掌握目标行为后，教师可逐步减少提示的程度，即从协助最多的提示开始，逐渐减少提示，直到学生可以独立完成该行为。

（三）工作分析法的运用实例

案例 10-1

看钟表说时间①

1. 先分析看钟表说出时间所需要的次级能力目标：（1）辨别分针与时针；（2）读出小时的数字；（3）读出分钟的数字；（4）读出"几点几分"。

2. 分析个案已有的能力水平：该个案会读写数字，教学起点行为定为"找出钟面上数字的位置与理解各数字在钟面上的意义"。

3. 每项次级能力目标之下的步骤与顺序，具体如下：

（1）把数字 1—6 写在钟面的准确位置。
（2）把数字 7—12 写在钟面的准确位置。
（3）把数字 1—12 写在钟面的准确位置。
（4）读出短针所代表的时间：12 点—3 点。
（5）读出短针所代表的时间：4 点—6 点。
（6）读出短针所代表的时间：9 点—12 点。
（7）辨别短针与长针。
（8）将长针拨到 12，读出 1—12 的小时数。
（9）看钟面写数字 1—12，同时完成"五个一数"，即看到 1 说 5，看到 2 说 10，依此类推。
（10）拨动长针，同时"五个一数"，从 5—30。
（11）拨动长针，同时"五个一数"，从 30—60。
（12）指着钟面数字，儿童能说出短针与长针对准某个数字时分别代表的时间。如指着 3，儿童能说出短针指向 3 时是 3 点，长针指向 3 时是 15 分钟。从 1—6 练习。
（13）如上步骤，从 7—12 练习。
（14）长针固定在 1 的位置，拨动短针说出几点 5 分，如 1 点 5 分，2 点 5 分，依次顺序练习。
（15）长针固定在 3 的位置，拨动短针位置说出几点 15 分。
（16）长针固定在 6 的位置，拨动短针位置说出几点 30 分。
（17）长针固定在 9 的位置，拨动短针位置说出几点 45 分。
（18）长针固定在 12 的位置，拨动短针位置说出几点 60 分。

三、评析②

（一）优点

1. 符合特殊儿童的学习特点

工作分析法可帮助教师分析学习目标，同时可了解学生的学习行为的过程，较能控制影响学习的各种因素，同时还可以克服学生注意力较弱、记忆力较差、毅力差、思维能力有限等学习特点。

2. 帮助学生获得学习成就感

工作分析的核心在于将教材或教学目标分解为更容易学习的小单元，让学生按部就班学

---

① 毛连塭.特殊儿童教学法[M].台北：心理出版社，1999：78-79.
② 李翠玲.特殊教育教学设计[M].台北：心理出版社，2001：172-173.

习,这种由易到难、由简单到复杂的教学组织顺序能避免学生因学习难度过大而遭遇失败的后果,既能使学生在前期较容易的活动中获得成就感,也能激发学生继续学习的兴趣与动力。

3. 动作技能方面的教学效果较好

因动作技能教学常常具有工作分析的特点,如分解动作,以及由易到难、由简到繁的教学顺序,教师示范与指导等,所以工作分析法在特殊学生生活自理能力培养、职业操作技能训练等包含动作技能的教学领域具有良好的教学效果。

(二) 注意事项

(1) 因工作分析法通常采用个别指导的方式,所以较难适用于班级或大团体教学。

(2) 不适用于较难细分步骤的教学内容。

(3) 不适用于单一反应的教学(如背诵乘法口诀)和重视思考的教学。

第2节 直接教学法

一、概述

(一) 概念

直接教学法(direct instruction),由恩格尔曼(Engelmann)和贝克(Becker)于1969年提出。该教学法基于行为主义理论,强调运用工作分析方式编制程序化的教学内容以及系统化安排教学进程。[1] 教师在运用直接教学法时,采用组织精密、系统层次分明的教材与教法,直接预防与补救学生学业及其他技能缺失,因此,直接教学法是一种注重教学组织、层次分明的程序教学方法,具有高度结构化的特点。经过了多年的实验研究与发展,直接教学法已被证实是适用于普通教育与特殊教育的一种有效教学方法。

(二) 理论基础

直接教学法主要建立在操作条件反射的理论基础上,其主要观点如下:第一,强调教师观察与诊断学生已掌握的知识和技能,由此作为起点行为进行教学,学生可以学会教师所要教授的基本知识和基本技能。第二,强调系统分析知识系统,以此决定教学的层次、组织形式与教学方法。第三,重视教学过程中的师生互动,以此选择有效的教学方式,即不只分析教什么,更重视如何教。[2]

此外,直接教学法的主张者认为所有学生都可以学习,不论学生是否存在残疾,教师都应负起教学责任;对于特殊学生的教学不能采取减少内容或降低难度的方法,而应在有限的时间内学习更多的知识和技能,才能赶上普通同龄人的水平。[3]

(三) 适用范围

适用于智力落后儿童、学习困难儿童的补救教学。

适用于数学、阅读、语言、社会技能、生活技能等课程领域中事实性知识、程序性知识的学习。[4]

---

[1] 卢台华. 直接教学法在智能不足数学课程实施之探讨[J]. 教与学(台湾),1985(4):16-17.
[2] 毛连蕴. 特殊儿童教学法[M]. 台北:心理出版社,1999:47-48.
[3] 毛连蕴. 特殊儿童教学法[M]. 台北:心理出版社,1999:47-48.
[4] 〔美〕理查德·I. 阿兰兹. 学会教学[M]. 丛立新,等译. 上海:华东师范大学出版社,2007:250-269.

二、直接教学法的实施

（一）基本步骤

1. 确定教学目标

决定教什么的问题。包括选择优先的教学内容,采用工作分析法决定最终的教学目标和各阶段的教学目标。

2. 决定评价工具

决定该部分学习内容的评价目的、评价工具和评价方式。采用非正式的评价与正式测试以了解学生的学习状况。

3. 决定激励的方法

了解学生的喜好以确定合适的强化物,如选择强化物的性质与决定强化物的运用顺序,提高学生参与学习活动的兴趣与动力。②

4. 确定教学方式

直接教学法重视严谨的教学设计,具体包括以下内容。①

（1）确定行为目标：采用具体、可观察的行为表述学习目标以及确定通过率或正确率（至少为80％）。

（2）发展学生的问题解决策略：主张发展学生解决日常生活中实际问题的策略,而避免依靠背诵、机械记忆的方式。

（3）确定必要的先前知识或技能：分析在教授该学习目标之前,学生需要掌握哪些必备的简单知识或简单技能。

（4）决定教学顺序：按照由简单到复杂、由容易到困难、用处多的先于用处少的原则安排教学顺序,确保学生只有学会了前一阶段的知识技能才能进入下一阶段的学习。对于相互矛盾的复杂技能最好不要同时教授。

（5）设计教学组织形式：包括教师与学生的活动内容与方式,预测学生可能出现的错误,指出改正错误的过程,并说明如何诊断学生的缺失,从而实施补救教学。

（6）选择教学范例：选择典型的正反实例以帮助学生理解和掌握所教的内容。

（7）实施教学：教师进行直接教学。

（8）提供充分的练习与复习：包括教师指导下的练习、学生独立练习、系统的后续复习等。

5. 实施教学

直接教学法非常强调教师的教学技巧,认为在不同的时期需要呈现不同的教学技巧,同时需要根据诊断结果来决定教育行为。此外,教师需要建立温馨的教室氛围以及良好的师生关系,主动表达对学生的关心,以消除学生的恐惧感。教师要能在每一天的每一分钟使每个儿童获得最大量和最有效的学习,而且教师的角色也是临床诊断师,他们对儿童行为的反应总是预先准备好的。

具体而言,在实施直接教学时,教师需要灵活运用以下教学技巧。①

（1）小组教学：基于对学生知识与技能的评估进行同质分组,每个小组4～7人。能力越低的小组人数安排应越少,以增加对学生的个别辅导与互动。

（2）齐声回答：对于同一个问题,教师重复问两次,并要求小组学生齐声回答,一方面提

---

① 蔡文标.直接教学法的理论及其在身心障碍学生教学上的运用[J].人文及社会科学教学通讯(台湾),2001(5):139-157.

高学生的参与程度与注意力,另一方面避免不会的学生去重复他人的答案。

(3) 清晰的反应讯号:采用拍手、敲黑板、点头、弹指等方式,提示学生何时一起回答问题,以避免学生参差不齐地回答问题。

(4) 快速的节拍:教师应控制教学速度,遵循先慢后加快的原则,同时给予必要的停顿时间以让学生思考;这种快速的节拍控制可帮助学习落后的学生很快达到应有的水平。在时间安排上,每堂课一般包括多项教学活动,每个活动的时间以不超过15分钟为宜。

(5) 座位安排:座位安排以避免学生分心为原则,小组围成半圆形面对墙壁或教室角落就座。此外能力越差的学生越应就座在小组中间,提高学生本人的注意力与教师对其的关注。

(6) 监控:教师除了听取学生的回答、观察学生的眼睛与嘴形外,还需要采取个别测试的方式,以确定学生是否专心或者学会了。同时教师每天都要进行评估与记录,以了解学生的错误类型、学习速度、作业情况,以便尽早安排补救教学。

(7) 纠正错误:教师在纠正学生错误时,应遵循"示范——引导——测验——分辨①——再测验"的步骤。在辨别时,只有当学生连续答对三个问题后,教师才能终止纠正错误的教学。最后在整个教学活动结束之前,再次测试学生出现错误的地方,以确认学生是否改正了错误。

(8) 激发学生的学习动机:教师须采取有效策略以提高学生的学习动机,如表扬、奖励等。

(二) 案例②

案例 10-2

教学内容:三位数除以两位数
个案基本情况:资源教室的两位轻度智力落后学生,五年级学生 A,五年级学生 B
教学流程:
1. 诊断学生的错误类型(见表 10-2)

表 10-2 学生的错误类型

学生 A 错误类型	例子	学生 B 错误类型	例子
1. 列式计算时对不齐数字	11)137 　11 　 37 　 33 　　4　 (商 13)	1. 列式时被除数与除数的位置混淆	145÷35 145)35
2. 乘法口诀出错	25)125 　110 　 15 (商 4)	2. 判断商的规则错误,即余数大于除数	14)188 　14 　 48 　 28 　 20 (商 12)
		3. 减完一位后没有继续除	12)588 　48 　 10 　　0 　 10 (商 40)

---

① 分辨指教师同时呈现一组材料,要求学生从中辨别特定的物品或概念。如教师在教完汽车的定义后,出示一组图片,要求学生逐一指认哪些是汽车,哪些不是汽车,以衡量学生是否掌握了汽车的定义。
② 李冠颖.直接教学法在资源班教学补救教学的实例运用[J].特教通讯(台湾),2008(7):19-23.

2. 针对学生的错误类型设计教学

整个教学活动主要由4节课完成，每节课的具体教学目标、进度以及教师的教学策略见表10-3。

表10-3 教学设计示例表

	教学流程	学生A的学习目标	学生B的学习目标	直接教学策略	时间（分）
第一节课	1. 复习九九乘法表	熟练背诵九九乘法口诀			10
	2. 教师示范说明三位数除以两位数在列式计算的摆放位置		被除数与除数的摆放位置	说明教学目标 程序教学 反映讯号（请说） 齐声回答 大量练习 立即反馈	5
	3. 教师在黑板上提供例子，学生写作业（教师示范一题，学生写一题）	提供画有格线的练习纸	同上	反映讯号（请说） 齐声回答 大量练习 立即反馈	10
	4. 学生写作业，教师巡视	同上，提供空白的练习纸	同上	大量练习 立即反馈	10
	5. 复习当天的教学重点与注意事项	同上	同上		5
第二节课	1. 两人比赛背诵乘法口诀	熟练背诵乘法口诀			5
	2. 教师出示四道横式题目，要求学生列式	被除数与除数的摆放位置	被除数与除数的摆放位置	形成性评价 立即反馈	5
	3. 教师示范说明三位数除以两位数"判断商时，余数不能比除数大"（商为十位数）	二位数除以一位数	判断商，余数不能比除数大	说明教学目标 程序教学 反映讯号（请说） 齐声回答 大量练习 立即反馈	15
	4. 教师在黑板上示范一题，学生练习纸上写一题	同上	同上	反映讯号（请说） 齐声回答 大量练习 立即反馈	5
	5. 学生独立写作业，教师视察	同上	同上	大量练习 立即反馈	8
	6. 教师提问当天的教学重点				2

续表

	教学流程	学生A的学习目标	学生B的学习目标	直接教学策略	时间(分)
第三节课	1. 评价前两节课的学习目标 教师出示四道题	乘法口诀 列式对齐数字	被除数与除数的摆放位置 判断商,余数不能比除数大	形成性评价 立即反馈	10
	2. 教师说明三位数除以两位数的规则"减完一位继续除"	所有数字位数对齐	减完一位数后继续除	说明教学目标 程序教学 反映讯号(请说) 齐声回答 大量练习 立即反馈	10
	3. 教师在黑板示范一题,学生写一题	同上	同上	反映讯号(请说) 齐声回答 大量练习 立即反馈	5
	4. 学生独立写作业,教师巡视	同上	同上		10
	5. 教师归纳当天的教学重点,并针对此节课学生的错误再次说明				
第四节课	1. 教师示范一题,学生写一题	综合评价前三节课的学习目标达成情况	综合评价前三节课的学习目标达成情况		20
	2. 学生独立完成				20

3. 教学效果分析

第四节课学生A的5道题错了2题,有一题列竖式时抄错了数字(5写成了3),另一题的错误是没有把商的个位数0写上去。学生B的5道题错了2道,问题都是忘记将减下的余数继续除,说明学生B还未完全掌握该规则。学生B的进步表现在已能正确摆对除数与被除数的位置,也能正确判断余数不能比除数大的规则。第四节之后,教师继续给予练习作业,到第八节课至第十节课再次评价时,两位学生都已经能正确完成5道题中的4道。

三、评析

(一)优点

1. 较好适应了学生的个体差异

直接教学法的精髓在于能有效诊断个别学生的学习困难并提供针对性的补救教学。细化的教学内容、紧凑的教学进度、充分的练习可提高学生的学习效率与成就水平,避免学生因缺乏有效指导而花费过多的时间等待提示或者低效的自我摸索。许多研究表明,直接教学法这类高度结构化的补救教学能有效避免儿童的学业失败,使儿童在获得学业成功的同时增加其自信心。

2. 充分发挥教师主导性的有效教学方法

直接教学法重视教师的主导地位,如从简单到复杂教学内容安排,从示范、提示到逐渐撤销的教师提示方法,立即的过程性反馈、严密的课堂组织等做法无一不反映出这一特点。[1]研究表明,直接教学法是一种"以教师为中心"的有效教学方法,可显著提高学生的学习效率与学习成就。[2]

(二)注意事项

1. 不适合进行概念性知识、开放性教学目标的教学[3]

直接教学法非常适合于基本知识和基本技能方面教学,因为这些内容适宜做细致的工作分析以确定循序渐进的教学程序。但对于需要概念理解、高级思考(如问题解决能力)或者需要学生去探究、发现的教学内容,则应考虑采用直接教学法以外的其他教学法。

2. 影响学生的学习主动性

教师在直接教学法中是儿童行为的训练者与强化者,而儿童是被动的接受者。儿童经常将成功归于教师或自身之外的其他因素,而将失败归于自身,在一定程度上影响了儿童自主学习的动力与能力。

第3节 概念教学法

一、概述

(一)概念

概念是引导学生思考的基础,教学中运用概念分析法,有助于学生发展更高层次概念,同时学习知识的基本原理。概念教学教授学生某个学科领域的关键概念,理解与掌握这些概念是学生进行高级思维,与他人沟通交流的基础。当前,概念教学法作为一种可有效发展儿童概念与归纳推理能力的教学方法而得到了广泛重视与运用。

在融合教育日益发展的今天,越来越多的特殊学生进入普通班级就读。怎样才能提高对特殊学生的教育效果,成为不少研究者与教师思考的问题。目前有两种主要观点:其一,以汤姆林森(Tomlison)为代表的学者主张采用组织严谨的直接教学法,强调基本知识的准确、系统教授;其二,哈伯曼(Haberman)、斯莱文(Slavin)等认为特殊学生的教学也应采取概念教学法等,以提高学生的更高层次的能力,如问题解决、批判思维等,从而调动他们的学习积极性与提供从事复杂、有意义的学习活动机会。[4] 教师在实践工作中倾向于结合两种观点

---

[1] 蔡文标.直接教学法的理论及其在身心障碍学生教学上的运用[J].人文及社会科学教学通讯(台湾),2001(5):139-157.
[2] 〔美〕理查德·I.阿兰兹.学会教学[M].丛立新,等译.上海:华东师范大学出版社,2007:250-256.
[3] 〔美〕罗伯特·斯莱文.教育心理学:理论与实践[M].姚梅林,等译.北京:人民邮电出版社,2004:162-174.
[4] 〔美〕理查德·I.阿兰兹.学会教学[M].丛立新,等译.上海:华东师范大学出版社,2007:53-55.

来开展教学,保障特殊学生获得基本知识与基本技能的基础上发展他们的高级思维能力。

(二)理论基础[1]

概念教学法的理论基础非常广泛,这是因为人类概念发展的特点及其与大脑工作的关系吸引了大量学者的研究兴趣。其中,概念与人类高级思维的关系、儿童概念思维的发展特点是主要的理论基础。

概念不等于简单给物体归类,对类别有所认识,也不等于学习给各类物体和观念冠以新的标签或名称。概念学习是建构知识的过程,是将信息整合进综合的、复杂的认知结构的过程。个体掌握了概念就能对物体和观念进行分类,并能推导出规则与原理,从而为人类高级思维的发展提供基石。

人类从生命的早期就已开始了概念学习与建构的进程。美国心理学家布鲁纳提出了一套关于儿童在不同的成熟阶段如何学习概念的理论:① 动作学习模式,即通过动作学习;② 图像学习模式,即通过形成心理图像学习;③ 符号学习模式,即通过抽象的符号来学习。随着儿童渐渐长大,他们会更多依赖图像学习模式和符号学习模式。一般而言,7岁以下儿童主要依靠动作来学习概念,7—11岁儿童仍然依靠动作学习模式,但也开始使用图像模式来学习概念。儿童晚期和少年早期仍然使用图像学习模式,但越来越依赖抽象符号。而实证研究也表明,儿童可以在早期学习概念,早期概念的学习会使以后的学习变得容易。

(三)适用范围

适用于各类特殊学生。

适合于各学科中的概念性知识教学。

二、概念教学法的实施

(一)概念分析[2]

教师选择了某个单元、某节课中的关键概念进行教学,接下来需要对概念进行分析,以找出概念的属性和儿童对此概念的认知特点,选择正例与反例,为后续的教学设计奠定基础。概念分析的方法主要包括两种:概念属性列举分析、概念错误类型分析。

1. 概念属性列举分析

概念至少具有一个以上的属性,其属性包括两种:① 必备属性:决定该概念例子的属性,若没有这个属性,就会变成反例;② 可变属性:任何例子中一个属性虽有变化,但绝不会引起变化而变为反例。

基于属性的分析找出具体实物,即正例与反例来帮助学生理解概念。概念分析提出的反例数量至少等于必备属性的个数。如"椅子",必备属性为"有靠背",因此,至少提出一个反例,如"凳子"。概念分析提出的正例数量根据可变属性而定,每一个可变属性至少应有两种范例,一种是典型的范例,另一种是非典型的范例。例如,"椅子"的可变属性包括腿的数量、座位的数量、材料、有无把手、能否摇动。根据每个可变属性寻找正例,如列举不同腿数的椅子,各种座位数的椅子,木质、皮质或金属制等不同材质的椅子,固定座位或可摇动的椅子,有两个把手、一个把手、无把手的椅子等。表10-4为"三角形"概念属性列举分析,表10-5为"昆虫"概念属性列举分析。

---

[1] 〔美〕理查德·I.阿兰兹.学会教学[M].丛立新,等译.上海:华东师范大学出版社,2007:275-281.
[2] 毛连塭.特殊儿童教学法[M].台北:心理出版社,1999:177-238.

表 10-4 "三角形"概念属性列举分析

概念名称：三角形	
必备属性	可变属性

(1) 三个角、三个顶点
(2) 三条边,都为直线
(3) 三内角之和等于 180°
(4) 任意两边之和大于第三条边
	(1) 三个角的关系
	    a. 三个角相等
	    b. 两个角相等
	    c. 三个角各不相等
	(2) 三条边的关系
	    a. 三边等长
	    b. 两边等长
	    c. 三边各不相等
	(3) 当其中两角都小于 90°时,另一角
	    a. >90°
	    b. =90°
	    c. <90°

必备属性反例	可变属性正例
(1) 五边形 (2) 正方形 (3) 扇形 (4) 梯形 (5) 钝角不闭合图形	(1) 三角相等 三边等长 (2) 两角相等 两边等长 三角不等 三边不等

表 10-5 "昆虫"概念属性列举分析

概念：昆虫		
属性	必备属性	可变属性
无脊椎动物有：		
(1) 六只连在一起的腿	√	
(2) 一对触须	√	
(3) 身体分为头部、胸腔、腹部	√	
昆虫在某些部分有所不同：		
(4) 腿的大小		√
(5) 长腿的方式		√
(6) 有内部骨骼或外部骨骼		√
(7) 身体形状,细长或粗短		√

续表

概念：昆虫		
属性	必备属性	可变属性
(8) 翅膀大小（或无翅膀）		√
(9) 移动方式，飞行或爬行		√
(10) 身体的颜色		√

正例教学

蚱蜢、蚂蚁、蜜蜂、蝴蝶

反例教学

蜘蛛、蚯蚓

测验

苍蝇、蜗牛、瓢虫

2. 概念错误类型分析

学生学会概念之后，如果能对所有例子正确归类，同时能正确判别反例，我们由此可以判定儿童已经具有正确的概念，否则就会出现概念错误的情况。儿童概念错误一般有以下三种类型。

(1) 过度归类

学生并没有真正了解概念，常常把不属于该概念的例子认为属于该概念，这种情况称为过度归类。如学生常常把菱形认为是梯形，这是对梯形的过度归类，造成难以区分反例，尤其是"似是而非"的反例更容易混淆。如图10-4所示，内圈是梯形的正确概念，菱形在内圈之外，不属于梯形概念的范畴。

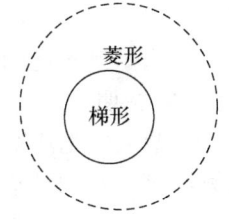

图 10-4　过度归类示意图

(2) 归类不足

图 10-5　归类不足示意图

当学生没有真正掌握某概念时，还可能出现把属于概念的例子当成反例，即归类不足。例如学生认为菱形不是平行四边形，就平行四边形的概念而言，存在归类不足的错误。如图10-5所示，外圈是平行四边形的正确概念范畴，学生却把菱形排除在平行四边形之外，只认为内圈虚线部分才是平行四边形的正确概念。此时，菱形可以说是平行四边形概念的"似非而是"的反例。学生无法将概念的最边缘地带正确归类，所以才会出现这种错误。

(3) 错误概念

如果学生同时出现上述两种错误，既有过度归类的问题，又有归类不足的问题，此时称为错误概念，或迷思概念（misconception）。如图10-6所示，学生把菱形认为是梯形（过度归类），同时又认为菱形不是平行四边形（归类不足）。

（二）实施步骤①

概念教学法一般分为如下四个步骤。

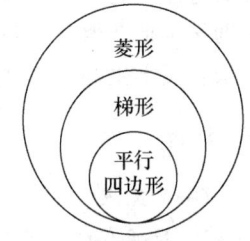

图 10-6　错误概念示意图

---

① 〔美〕理查德·I.阿兰兹.学会教学[M].丛立新,等译.上海：华东师范大学出版社,2007：288-297.

1. 阐述目标,创设情境

教师解释学习目标和课程步骤,并让学生做好学习准备。教师可以简单复习,就前一天学习的内容提问,或者讲一个能将课程内容与学生先前知识联系起来的有趣故事,或者教师简要介绍本次教学的步骤,告诉学生学习这些概念的重要性,通过这些方式引导学生进入学习状态。

2. 引入正例与反例

正例与反例的引入都是为了帮助学生理解概念的关键属性。因概念教学法包括直接陈述法与概念获得法两种策略,所以该阶段的具体程序因教学策略的不同而有所变动。

（1）直接陈述法教授概念时的步骤

直接陈述法采取从规则到实例的演绎方法教授概念,常用于学生对概念了解较少的情况。

① 命名概念并介绍定义;

② 指出概念的关键属性并出示正反例,帮助学生理解关键属性。

（2）概念获得法教授概念时的步骤

概念获得法适合于当学生已经对概念有了一定了解的情况,此时教师要求学生判断特定例子是否属于某类概念的典型例子,帮助学生学习用归纳法推导概念的名称及其属性。

① 出示例子,包括某概念的正例与反例。最恰当的例子用"是"标明,而精心挑选的反例用"否"标明。

② 启发学生猜测概念的属性,记录下学生的假设与意见。教师通过提问或继续提供正反例,要求学生对他们的假设再进行思考与验证。

③ 当学生认真考虑并发现了概念的关键属性后,教师才给出概念的名称与定义。

3. 检查学生的理解水平

教师出示新的正反例,要求学生判断新例子的性质,并让学生说明判断依据;或者进一步要求学生自己举出正例、反例,通过以上方式来检测学生对概念的理解水平。

4. 分析学生的思维过程和学习内容整合过程

概念教学的目的在于帮助学生分析自己的思维过程,并整合新掌握的概念知识。为了完成这个过程,教师要求学生回忆并叙述分析概念的思考过程,鼓励他们讨论与交流如下问题,比如,采用什么标准来区分正反例？这个概念与其他已知的概念有何关系？他们关注概念的整体还是某个关键属性？可变属性对概念的掌握有什么影响？……这些问题一方面可帮助学生把新概念学习整合到已有的认知结构中,另一方面通过讨论与评价自己的思维过程来发展学生的元认知能力。

三、评析

（一）优点

1. **教师有效引导儿童主动建构知识的教学方法**

概念教学不在于向儿童传达大量的信息,而是基于对儿童的概念认知特点与儿童已有知识背景的理解与分析,提供系统的、有组织的概念学习活动,帮助学生建构知识,并将新掌握的信息整合进综合的、复杂的认知结构的过程。

2. 有助于发展儿童归纳推理等高级思维能力

概念教学本质上是帮助学生学习归纳信息的能力,使学生通过学习和运用特定学科领域的关键概念,分析、假设、验证、推导分类的标准与原理,而在此过程中,学生也增进了对自身思维过程的认识与调控,这都有助于发展儿童高级思维能力,为儿童学习或解决更为复杂、新异的知识或问题的能力与素质提供了必要的条件。

(二) 注意事项

1. 选择与提供适宜的正反例,保证学生对概念的清晰、完整理解

概念教学要求教师具备广泛、熟练运用正反例的能力,以保证学生通过正反例的判断来正确、清晰理解概念的关键属性。因而正反例的选择成为概念教学最困难的备课任务。一般而言,教师在选择正反例时可参考如下几条原则:由易到难或者由典型到非典型呈现例子,帮助学生在概念抽象性与儿童已有知识和经验之间建立有意义的桥梁;选择完全各不相同的例子,帮助学生把注意力关注于概念的共同属性;比较与对照正反例,帮助学生理解概念的关键属性与可变属性。[1]

2. 基于儿童对概念的已有发展水平采取相应的概念教学策略

直接陈述法与概念获得法是概念教学的两种主要策略,两种教学策略中教学的程序、教学重点、教师的作用、学生参与方式与程度均存在显著差别。具体而言,直接陈述法基于儿童较少了解相关概念的前提,采取从规则到实例的演绎方法,强调概念的名称与定义,通过严密、层次分明的课堂教学以强化学生的概念理解;概念获得法基于儿童具有一定概念了解的基础上,采取从实例到规则的归纳方法,强调学生亲自发现与了解概念,通过讨论、交流等方式鼓励学生探究与表达观点。因此,概念教学需要细致分析儿童已有的概念发展水平,以此为基础来选择与运用适宜的教学策略。

第4节 学习策略教学法

一、概述

(一) 概念

学习策略指促进各种学习情境中信息的接受、运作、整合、储存和检索的各项技术、原则或规则。学习策略既包括具体策略的执行方法,也包括对此执行过程的调节、修正与评价。[2] 只有当学生掌握了学习的技巧与策略,而且知道在不同的学习情境下哪些策略有用的时候,他们才能成为高效的终身学习者。然而,学生通过日常学习的练习与实践活动而自然获得学习策略的过程较为漫长,只有少部分自我领悟能力高的学生才能自发获得。[3] 因此,从20世纪80年代以来,研究者致力于开发策略训练方案,即学习策略教学(learning strategies instruction),旨在帮助学生发展有效的学习策略,增强学生对策略运用的意识性和敏感性,促进学生自主学习能力的发展。学习策略教学的探讨已成为当前国内外教育心理学界研究的前沿课题和热点问题。而随着对学习困难研究的深入,不少研

---

[1] 〔美〕B.乔伊斯,等.教学模式[M].荆建华,等译.北京:中国轻工业出版社,2002:169-191.
[2] 杜晓新.学习困难儿童学习策略训练模式的构建与实践[D].上海:华东师范大学博士学位论文,2005:3-4.
[3] 刘电芝,黄希庭.简单策略教学提高小学四年级儿童的计算水平及延迟效应[J].心理学报,2008(1):47-53.

究者将学习策略教学运用于学习困难儿童,指导他们学会学习以及监控自己的学习活动,以改善其低效学习的现象。

(二)理论基础

无论是过去还是当代认知发展理论的一个重要的问题就是研究儿童目标指向的行为,即策略。从过程的角度来看,策略是一种目标指向的程序,影响后继认知操作;从知识背景的角度看,它也是一种知识,一种特殊的程序性知识。[①] 策略运用的自主性、灵活性也在一定程度上反映了智力活动目的性的增强。智力目的性的变化表现为解决问题时自觉性和定向性的发展,而最终表现为环境适应性的增强。[②] 最近的认知研究支持这样的观点:当学生观察、参与、讨论、反思和实际应用新学习的知识时,可以促进学习和保持。当教师帮助学生使用策略并将其策略性知识应用到其他学业或非学业的情境时,他们就是在帮助学生提高学习过程的独立性。[③]

学习困难儿童在认知与学习过程中自我监控水平低下是导致其学习效果不良的重要原因之一。学习困难儿童需要成为有策略的学习者,而不是随意采取自己已有的策略或技巧,以帮助他们能清楚认识和调节自身的学习过程。麦坎恩(McCann)等人的研究也证实,当部分学习障碍学生被教授了正确有效的学习策略后,他们可以达到班上普通学生的学业水平。[④]

(三)适用范围

适用于各类特殊儿童(尤其是学习困难儿童)。

适用于一般学习策略、学科学习策略的指导与教学。

二、学习策略教学法的实施

(一)学习策略的类型

教师应根据学生的能力水平与课程要求,选择适宜的学习策略进行教学,以发展学生的策略知识与运用能力。学习策略的类型一般包括以下三类。

1. 一般学习策略[⑤]

根据人类大脑信息加工的过程,一般学习策略可分为以下三部分。

(1)获取与理解信息的策略

① 注意看/听和做笔记的策略:指培养学生良好的注意力与课堂行为的策略。

② 阅读策略:指学生如何有效阅读理解数学、化学等其他学科课本的策略,包括摘录重点、自问自答、澄清疑虑、预测下文等。

③ 转述策略:指学生用自己的语言表达学习内容的重点以增加理解力。

④ 自问自答策略:使用自我询问,而后自我作答的方式检查理解和记忆的程度。

⑤ 视觉想象策略:阅读完材料后,想象材料内容的画面,帮助自己理解和记忆。

---

① 辛自强,俞国良.问题解决中策略的变化:一项微观发生研究[J].心理学报,2003(6):786-795.
② 林崇德.教育与发展[M].北京:北京师范大学出版社,2002:396-400.
③ [美]David A. Sousa.有特殊需要的脑与学习[M]."认知神经科学与学习"国家重点实验室,脑与教育应用研究中心,译.北京:中国轻工业出版社,2005:21-33.
④ 钮文英.拥抱个别差异的新典型:融合教育[M].台北:心理出版社,2008:367-368.
⑤ 钮文英.拥抱个别差异的新典型:融合教育[M].台北:心理出版社,2008:368-373.

⑥ K-W-L策略：即针对某主题，学生以自我提问的方式厘清学习状况，K（Know，亦即"你知道什么？"）指学生已经知道了哪些和该主题相关的先前知识，W（What，亦即"你想学什么？"）指学生在该主题中将要学习和了解的知识，L（Learned，亦即"你已经学会了什么？"）指学生通过该主题的学习而获得的知识。

(2) 存储信息的策略

① 记忆策略：包括复述策略（指多次重复与练习）、精细加工策略（指对学习材料进行深加工与赋予意义，如联想法、谐音转换法、举例法等）、组织策略（指对学习材料进行系统分析以归纳整理，如列大纲、图示等）。

② 整理策略：采用概念图、故事图等方式整理学习材料的重点与框架。

(3) 表达和展现能力方面的策略

① 写作业的策略：注意作业要求、组织相关思路、注意书写整齐。

② 错误监控策略：学生自我核查作业对错的方法，一般与具体课程的特点相关。如做加法计算时，用和减去其中一个加数来核查答案是否正确；再如用汉字的部首知识检查字词是否书写正确。

③ 考试策略：包括考试时间安排，寻找关键词来回答问题、先做容易的题目、仔细阅读题目要求、检查答题情况等。

(4) 其他学习策略

① 上课策略：指学生如何有效参与课堂学习的一般策略，包括课前、课中、课后的具体行为策略。

② 资源使用策略：指学生使用字典、百科全书、网络等方式寻找资料的策略。

③ 问题解决策略：指学生采用一定步骤解答问题的策略，一般包括界定问题、分析问题、寻找解决方法、执行与验证解决方法等步骤。

2. 学科学习策略[①]

学科学习策略指和特定学科知识相联系、适合特定学科知识的学习程序、规则、方法、技巧及调控方式。

(1) 语文课程的学习策略

① 字词分析策略：从语音、语义、字形等方面分析字词以增进学生的了解和提高记忆。

② 写句子策略：指学生如何表达完整与达意的句子，包括选择句型、寻找词汇、核查词汇的适宜性、寻找句子的主语和动词。

③ 段落与主题写作策略：包括思考内容、排序标题和细节、写作草稿、核查错误等具体步骤。

(2) 数学课程的学习策略

数学课程的学习策略应根据具体课程内容而定，例如在解决数学问题时，可采用转述问题、整合分析问题、问题解决计算与监控、执行计划等策略；再如在计算四则运算时，可遵循找出计算符号、阅读问题、作答与检查计算过程、书写答案等步骤。

3. 元认知策略

元认知策略指对自身认知能力、过程的评价、监控与调整能力，这是对自我认知的再认识能力。对于元认知策略教学，研究者有两种做法。

[①] 钮文英.拥抱个别差异的新典型：融合教育[M].台北：心理出版社，2008：370-373.

（1）与特定学科技能或策略相结合，以发展学生灵活、主动的学科策略运用能力，如上述的学科学习策略。

（2）与行为管理相结合的"认知行为改变技术"，又称自我管理策略，旨在发展学生的积极的自我概念与自我管理策略，具体包括：①

① 整理学习材料与规划学习空间的策略。

② 管理学习时间的策略。

③ 应对学习压力与焦虑的策略。

④ 遇到学习困难时寻求帮助的策略。

⑤ 监控、奖励和指导自我行为的策略：包括自我观察、自我觉察、自我记录、自我计划、自定标准、自我改变、自我评价、自我奖励、自我交谈等具体策略。

（二）学习策略教学的基本步骤

学习策略教学法的主要过程包括三个阶段：② 第一阶段，教师找出学生需要学习的学习策略以及学习的理由，确定使用该学习策略的时机和情境；第二阶段，教师根据学生的学习风格与元认知能力，设计适当的教学计划，把课程要求与特定的学习策略结合起来，协助学生学习与运用该学习策略；第三阶段，帮助学生将学习策略运用到其他情境，鼓励学生自我监控策略运用的情况。

休梅克（Schumaker）、登顿（Denton）等人则将学习策略指导法的过程分为以下八个具体步骤：③

① 前测：教师先对学生实施前测，以了解学生当前已有的学习行为。教师随后和学生共同讨论前测（学习表现）的结果，并设计特定的策略，同时和学生约定特定学习策略的学习契约。

② 说明：教师对学生说明特定的学习策略。

③ 示范策略：教师示范特定的学习策略，同时口头说明。

④ 学生口头重复策略：学生大声说出特定学习策略的步骤，学生必须在没有教师协助下达到100%的正确率，即学生能经过自我教导法熟练掌握特定学习策略的全部步骤和过程。

⑤ 学生在简单的学习任务中运用新策略：教师提供学生熟悉的、简单的材料，协助学生实际练习新学的特定学习策略。其练习过程从引导式练习到独立练习循序渐进。教师在学生练习的过程中，要适时给予支持性的反馈。

⑥ 学生在普通学习任务中运用新策略：学生把新学会的学习策略运用到班级课程的学习活动中。如同步骤5一样，教师协助学生从引导式练习到独立练习，循序渐进。在策略训练后一周内，策略指导教师要与各科教师经常联系，了解学生近期各科的学习内容，了解这些学习任务中哪些适用该策略，并及时与学生沟通，检查其应用该策略的意识和水平。本步骤的目的在于协助学生发展和类化学习策略。教师在学生的练习过程中要适时给予支持性反馈。

---

① 邱上真.特殊教育导论[M].台北：心理出版社，2002：109-112.
② 杨坤堂，林美玉，等.学习障碍儿童[M].台北：五南图书出版公司，1995：426-432.
③ 杜晓新，王和平.学习困难儿童学习策略训练模式的比较与研究[J].外国中小学教育，2002(1)：18-22.

⑦ 后测：教师对学生实施后测，评估学生的学习进展情形，以了解学生特定学习策略的熟练程度。

⑧ 迁移学习：教师观察与评估学生在新学习情境或活动中学习策略迁移和应用的成效。迁移与应用是评价学习策略指导法的最高指标。

学习策略教学法的步骤可采用如图 10-7 所示的流程示范。①

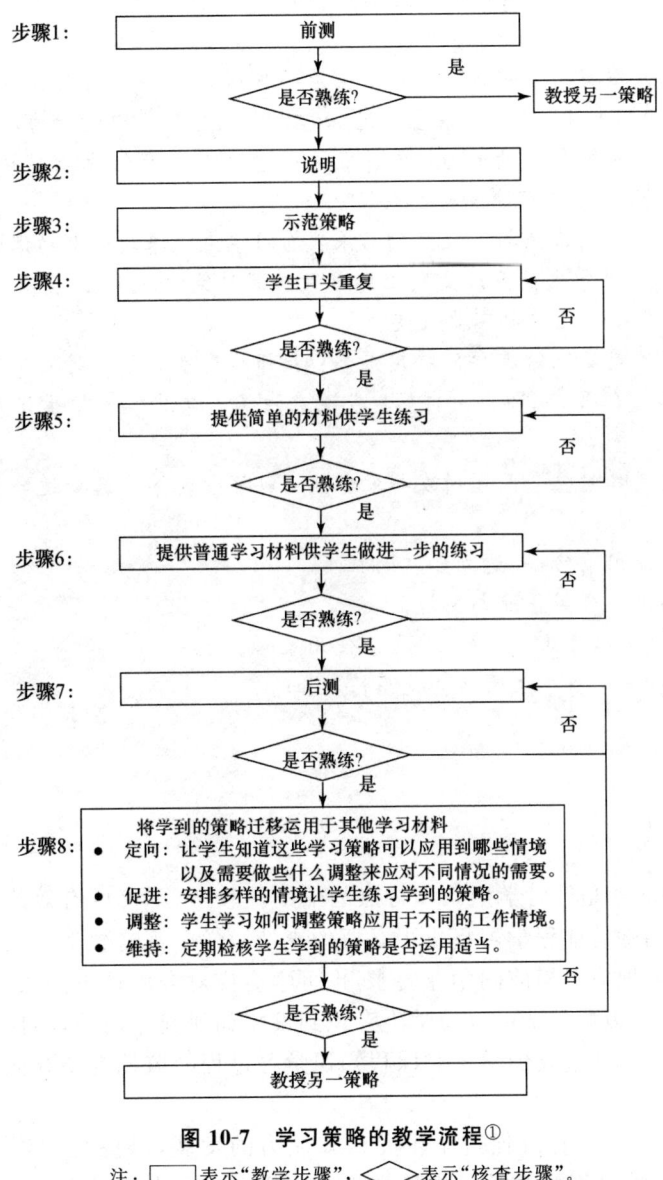

图 10-7　学习策略的教学流程①

注：▭ 表示"教学步骤"，◇ 表示"核查步骤"。

---

① 钮文英.拥抱个别差异的新典型：融合教育[M].台北：心理出版社，2008：378.

（三）案例

案例 10-3

自我控制训练（以注意力不集中为例）①

1. 承认问题：告诉学生他有注意力不集中的问题或询问学生是否知道自己有注意力不集中的情况。

2. 学生接受问题行为的辨认：询问学生是否知道什么样的行为是注意力集中，什么样的行为是注意力不集中；教师可亲自示范注意力集中与不集中的行为，并让学生分辨。

3. 列出学生积极或负面的行为：告诉或询问学生个人有何优点或缺点，让学生知道自己并非一无长处，只是若有缺点就要改正。

4. 分辨改变缺点的价值与不改变的后果：询问学生上课或者做功课时注意力不集中会有怎样的后果，如果学生愿意改变则上课或做功课时集中注意力，会有怎样的好处。

5. 做改变的策略：决定要不要改变。

6. 学生学习改变缺点所需要的特定策略：教师利用录音带定时或不定时发出提示信号，学生一听到提示信号，立即自问自答：我现在注意力集中吗？学生记录注意力的自评结果。

7. 确定特定策略对整个问题所发挥的作用：教师帮助学生选择适合学生使用的有效策略。

8. 学生练习使用策略，并达到熟练的程度。

9. 教师帮助学生分辨作业与情境的要求。

10. 学生练习根据作业、情境的要求来使用策略。

11. 教师评价与了解学生策略的使用情况。

三、评析

（一）优点

（1）学习策略教学是针对学生认知特点的辅助性教学，不仅可有效改善学生的学习策略，而且也为一般的知识课程学习提供了必要的支持。学习策略教学可以帮助学生学会如何学习，使他们更好地应对当前的学业要求，也可学会应对今后在不同条件、不同环境中遇到的相似任务。学习策略教学可以使学生意识到策略如何起作用的，为何起作用以及这些策略可以运用在何处，通过改善学生对课程知识学习过程的监控与调整而提高学生的学习效率。

（2）学习策略教学可有效促进学生元认知能力的发展，以提高学生学习成效与提供积极的学习体验。学习策略教学可指导学生学习在复杂的任务中反思自己的思维过程，并且学习运用具体的学习策略去反思，这种通过思考、控制以及有效地运用自己思维的过

---

① 邱上真. 特殊教育导论[M]. 台北：心理出版社，2002：110-111.

程即发展了学生的元认知能力。而研究也表明元认知策略可显著提高学生的学习成绩。[①] 同时,学习策略的自主运用与监控可增强学生对学习的主控感,发展学生积极的自我效能感。

(二)注意事项

(1)学习策略教学应与课程知识的学习相结合,提供足够的练习以熟练巩固,以增强策略运用的迁移性。为了保障与提高策略教学的效果,当前的学习策略教学强调学习策略与课程学习任务相结合,让学生在具体的课程学习中掌握学习策略,再将掌握的学习策略迁移到其他的、更广泛的学习活动中,这样一方面增强学习策略的巩固程度,另一方面提高学习策略的迁移性。

(2)学科学习策略与一般策略应与元认知策略相结合,以提高学生使用策略的灵活性。元认知训练应贯穿在整个策略教学中,在不同的策略教学阶段,向学生提出不同的问题,促使学生围绕问题来检查自己的学习活动以增强对策略运用条件、特点、结果的自我监控与调节。比如,面对问题,选择何种策略比较合适?这种策略的使用条件如何,是否符合当前问题?策略的使用程序如何?使用后,该策略的效果如何?使用无效的原因是什么?应该重新选择什么策略?等等。

本章小结

特殊教育的教学方法发展经历了两个明显的阶段:第一阶段,特殊儿童和普通儿童完全采取相同的教学方法;第二阶段,针对特殊儿童的个别差异而采取适宜的教学方法,这些方法,有些来自普通教育,有些则拓展应用到普通教育,有些则普遍适用于特殊教育与普通教育,有些则只适用于特殊教育。[②]

当前,基于教育哲学、教育心理学等的理论发展与教育实践成果,普通教育领域的教学方法呈多样化趋势,诸如讲述法、演示法、练习法、自主学习、合作学习、探究学习、角色扮演法、讨论法、问题教学法等。鉴于上述普通教育领域常见的教学方法也广泛运用于特殊儿童教学实践,并且已被多部专业书籍详细论述,因此本章没有重复性介绍。相反,本章将视角更多转向针对特殊儿童的身心特点而设计的教学方法,包括行为主义取向的工作分析法、直接教学法,认知理论取向的概念教学法、学习策略教学法等。这是因为在教学实践中,教师常常也需要根据特定的教学目标以及特殊儿童的身心特点,采取一些特殊的教学方法,以提高教学的有效性。

基于以上思考,本章重点介绍了行为主义取向的工作分析法、直接教学法,认知理论取向的概念教学法、学习策略教学法,较为系统地分析了上述四种教学方法的基本概念、理论基础、实施方法或步骤、运用案例,并在此基础上,评析了各教学方法的优点与注意事项,以期增进对特殊儿童教学实践工作的参考价值。值得指出的是,教师在实际教学中,应充分分析学生的认知特点、教学内容与教学目标,并在此基础上选择与灵活运用多种教学方法,以期达到最佳的教学效果。

---

① 〔美〕罗伯特·斯莱文.教育心理学:理论与实践[M].姚梅林,等译.北京:人民邮电出版社,2004:148-156.
② 毛连蕴.特殊儿童教学法[M].台北:心理出版社,1999:8-10.

 **思考与练习**

1. 工作分析法在实际教学中需要教师灵活运用哪些教学策略?
2. 直接教学法具有哪些突出特点?该教学方法有何优缺点?
3. 请采用概念属性列举分析的方法找出某一具体概念(来自数学、科学、历史、语文、英语等课程的概念均可)的属性,并以此设计概念教学中需要使用的正例与反例。
4. 学习策略教学有哪些基本步骤?教师在每个步骤中的作用如何?

第11章 特殊教育的评估方法

 学习目标

1. 理解特殊教育各评估方法的概念、类型。
2. 理解特殊教育各评估方法的特点。
3. 通过案例分析掌握特殊教育各评估方法的实施方法或步骤。
4. 掌握特殊教育各评估方法应用的注意事项,了解和初步学习运用特殊教育的评估方法。

教育评估是特殊教育教学的重要环节,不仅是诊断特殊儿童个别教育需要的基础,而且也是特殊教育课程设计与教育教学成果评估的关键工具。了解和掌握特殊教育的多种评估方法,将更加有利于特殊教育工作者客观、全面理解学生的需要,优化课程与教育教学活动,从而提高教育教学的科学性与有效性。

第1节 标准化测验评估

标准化测验评估常见于学生的生理、心理发展水平以及学科成就的测评,这是测量学中运用最长久的评估方法。为了确定学生是否需要特殊教育与相关服务,以及所需教育与服务的性质和程度,教师和家长必须了解某个学科或某个领域的发展状况,通常的做法是将学生的特征与表现量化,并与特定同龄组学生的表现或某一特定标准比较,以了解学生的发展水平。

一、标准化测验评估概述

(一)概念

标准化测验评估是指借助标准化的测验工具,按照统一的程序实测、评分与解释分数,以了解儿童某项能力或学习成就水平的评估方法。一般来说,它对学生学过的内容或完成的任务做出终结性评价,[①] 不仅可以回答学生测验分数的多少,或者他的表现与同龄组的学生相比较如何,还可以回答该学生在某学科或某领域的能力或学业成就处于何种水平。例如在智力落后儿童的鉴定中,我们需要获知儿童的智商分数,以了解儿童智力与同龄人相比处于何种水平,从而初步判断儿童智力发育是否落后;在学习障碍的鉴定中,我们往往需要该儿童在标准成就测验(阅读或数学)的得分,然后依据特定的诊断标准(差距标准或某一分界点),以确定儿童是否需要接受专门的教育干预。

---

① 王海芳.学生发展性评价的操作与案例[M].北京:中国轻工业出版社,2006:86.

(二) 类型

测验性评估根据测验分数解释方式的不同,可分为常模参照评估与标准参照评估。

1. 常模参照评估

常模是指某年级、某年龄或具有某种共同特征的被试团体,在某一测验上实际达到的平均水平。常模参照测验,是以已建立的常模为标准,衡量学生在特定团体中的相对位置,并以此来解释分数的意义。常模参照评估的分数通常为导出分数,即将原始分数进行转化后的得分,如百分位数、年级当量分数、标准分数等,这些分数可表明每个学生在常模团体中的相对位置。比如,某个学生的瑞文推理测验的百分位数为90%,由此可知,他的智商高于90%的同龄儿童。

常用的常模参照评估工具主要包括如下四种类型:其一,智力测验,如韦克斯勒儿童智力量表(WISC-R)、斯坦福-比纳智力量表、考夫曼儿童评估量表、希-内学习能力测验等;其二,成就测验,如斯坦福诊断性数学测验第四版(SDMT-4)、韦克斯勒个人成就测验(WIAT-Ⅱ)、伍德科克阅读掌握测验(Woodcock Reading Mastery Tests)等;其三,认知能力测验,如工作记忆测验、注意力测验、威廉斯创造力测验等;其四,情绪与行为测验,如阿肯巴克儿童行为量表、儿童行为评估系统、儿童孤独症筛查量表等。

2. 标准参照评估

标准参照评估没有制定常模,但确定了一些判断的标准,如掌握/未掌握,合格/不合格,以此来解释测验结果。标准参照评估的分数呈现方式通常是学生在每个目标上做对的题目数,并根据确定的标准来解释学生的成绩,[①] 比如是否合格或通过。例如,教师资格考试等资格类测验都是标准参照评估,这些测验主要确定谁达到了从事某类工作的最低资格,而不是确定谁处于某领域工作人员的前20%。因此,标准参照评估的主要用途在于了解儿童的能力或知识的掌握水平,并为教师的教学提供参考。

3. 常模参照评估与标准参照评估的比较

常模参照评估与标准参照评估各有其优缺点,两者都是特殊儿童评估中不可缺少的评估方式。常模参照评估强调评估结果与其他儿童做比较,以了解个体在群体中的相对位置,因此,其评估过程需严格遵守指导手册所规定的标准程序。[②] 标准参照评估则注重将个体的评估结果与某一特定标准做比较。由于评估结果仅与特定标准(精熟度)做比较,因此,评估过程的标准化要求低于常模参照评估。常模参照评估主要用于儿童的鉴定,能按照一定比例筛选某类儿童以及对其分类;标准参照评估主要用于了解儿童对教学目标的掌握情况,能对儿童的学习困难进行个别评估。[③] 表11-1详细反映了两类评估报告在内容与分数解释等方面的差异。

[①] 〔美〕罗伯特·斯莱文.教育心理学:理论与实践[M].姚梅林,等译.北京:人民邮电出版社,2004:379.
[②] 胡永崇.特殊儿童教育评量的难题与因应[J].特教园丁(台湾),1995(11):33.
[③] 韦小满.特殊儿童心理评估[M].北京:华夏出版社,2006:31-32.

表 11-1 常模参照评估与标准参照评估的报告格式比较①

常模参照评估		
姓名：林芳	年级：二	学年：2003—2004 年
科目	成就水平	努力程度
算术	3	2
阅读	2	2
体育	F	3
音乐	P	1
美术	P	2
成就水平的编码：		努力程度的编码：
1＝高于年级水平		1＝高于年级水平
2＝处于年级水平		2＝处于年级水平
3＝低于年级水平		3＝低于年级水平
P＝合格，F＝不合格		
标准参照评估		
数学概念		通过日期（85％的精熟度）
A. 加法的性质		9/24
B. 十位数		10/1
计算技能		
A. 加法		
两位数加法		10/5
10—19 数数		10/5
B. 测量		
会看钟表		10/1
理解币值		10/7

二、标准化测验评估的实施

标准化测验是标准化测验性评估的主要工具，因此有必要了解标准化测验的编制与运用原则。

（一）标准化测验的编制步骤①

标准化测验编制一般包括 10 个基本步骤，这是编制适用于一定范围的评估测验的最低要求。

1. 确定使用测验分数的目的

根据测验的使用目的来选择不同性质的项目，将有助于提高测验的适用性。如果测验的目的在于区分不同能力的受试者，测验则由中等难度的项目组成，以利于受测者的分数变动最大化；如果测验的目的在于筛选具有某一特定能力的人群，如数学能力低下的学生，则测验的大多数项目相对受测总体而言则较为简单，以利于筛选出有困难表现的学生。

---

① 〔美〕L. 克罗克，J. 阿尔吉纳. 经典和现代测验理论导论[M]. 金瑜，等译. 上海：华东师范大学出版社，2004：73.

2. 确定可代表该结构的行为

为了证实、精炼或者拓展所要测量的结构的概念,测验编制者需要进行如下一项或多项活动:整理与参考已有研究的结构分析;收集开放性问题的反应,以进行测量结构的内容分析;依据专家判断,以获取测量结构的信息;根据教材设置一组教学目标,以反映测验项目应侧重的特定内容以及受测者可完成的任务性质。

3. 准备一套测验的详细说明,确定步骤2的每种行为的项目比例

编制测验的双向细目表,分析和考察测验内容的权重分布,即测验的内容效度分析。例如,某小学数学测验的多项内容在"知识、理解、应用、分析、综合、评价"等多级认知目标上的分配比例,及每项内容所占整体的比例。

4. 编写最初的项目

根据测验目的及测验结构,选择最佳行为测验的项目形式,如主观项目或客观项目,具体编写规则,请参见测量学专业书籍。

5. 项目核查

当测验项目初步完成后,编制者应寻求相关领域的专家或同事进行必要的核查,以查找测验的项目是否具有关联性以及符合测验目的、语言表达是否精确达意、用语是否存在偏见或歧视等问题,以便于进一步修改和完善。

6. 初步项目试测

在大规模正式实测前,寻找少量被试进行预试验,了解被试的测试反应和了解其对测试的评价,必要时进行测验项目修改。

7. 正式施测

选择有代表性的大样本,实施正式测试。

8. 确定项目分数的统计特性,在适当条件下,删除不满足预定准则的项目

将正式施测的结果进行统计分析,如了解项目的难度与区分度等,以剔除不理想的个别项目,使测验项目变得更优良。

9. 设计测验的最终形式,分析测验的信效度

确定测验项目的最终形式,并就正式测试结果进行测验的信效度分析。

10. 编制测验实施、评分及分数解释指南

最后在项目编排、施测条件、评分标准、分数解释等方面进行标准化处理,以保障测验的质量。

(二) 标准化测验的运用原则

1. 根据评估目的选择合适的测验工具[①]

标准化测验都有各自的特殊用途与适用范围,因此,在实施标准化测验评估前必须认真考虑评估的目的与内容,以此来选择合适的测验工具。选择测试时应重点注意以下几点:第一,测验自身的用途与使用范围,即该测验主要用于了解儿童(哪一年龄范围)哪方面的发展特征。第二,尽可能选择信效度较高的测验,以保证测验的可靠性和有效性。当然,有些测验虽然没有提供信效度信息,但实践证明它们能准确反映儿童的特征,这种测验也可以选用。第三,注意测验性质与评估目的之间的匹配性问题。评估目的究竟是特殊儿童的筛查、

---

① 韦小满.特殊儿童心理评估[M].北京:华夏出版社,2006:137-143.

鉴定还是服务于教学工作，应特别根据测验的具体内容以及测试方法来选择符合评估目的的测验，避免只根据名称或类型而选择测验的现象。

2. 认真按照指导手册实施测验

无论是团体测验还是个别测验，施测人员都必须认真遵循测验指导手册实施测验，切实保障测验过程的严谨性与测验结果的客观性，具体要求包括：其一，熟悉测验的结构、内容与使用方法，尤其是分测验的题目数量与分值、不同年龄儿童的测验起始位置与测验终止位置、评分方法等；其二，准备与核查测验所需的材料，一般包括主试测验手册、测验用具、记分纸、笔，或者其他测验特别需要的工具（比如秒表、笔）等，保障测验前所有用具和材料准备齐全；其三，熟练掌握指导语与施测方法，用相同的方式陈述测试要求与呈现测试材料；其四，施测前，主试应和前来测试的儿童先熟悉一段时间，比如聊天或做游戏等，以消除儿童的陌生感与紧张感，使儿童能配合主试要求并以轻松、积极的心态参加测试。

3. 根据测验指导手册，客观评分和谨慎解释测验结果

对照测验指导手册的评分标准，将儿童的表现量化为原始分数，再根据常模表将之进一步转换为量表分数，使儿童的表现可以与常模或特定标准比较，以了解儿童能力或成就的发展水平。对于测验报告的具体分值，主试应在充分了解所用测验的局限性以及充分考虑可能影响测验结果的儿童的过程性表现的基础上，采取比较容易理解的语句向相关人员解释儿童的发展状况，例如儿童的优劣势、可能的教育建议、有待进一步核查或确认的地方等。

三、评析

（一）优点

1. 了解儿童相对于常模或特定标准的能力发展或成就水平

标准化测验评估的目的在于量化儿童的能力或成就特征，并将该儿童与同龄儿童或特定标准做比较，从而便于了解儿童发展的性质与程度。同时，标准化测验评估的结果除了有助于了解儿童的个体间差异之外，也可分析儿童的个别内差异，即儿童不同能力之间的优劣势。

2. 为特殊儿童的筛查、鉴定工作提供重要参考信息

基于标准化测验的评估主要功能是进行特殊儿童的筛查与鉴定工作。筛查测验提供的信息可确定儿童是否发育迟缓，进而确定其是否需要进一步的评估，而鉴定可确定特殊儿童的类别以及接受特殊教育的适应性。

（二）注意事项

1. 尽可能选择专门的特殊儿童测验

一般而言，标准化常模参照测验大都以普通学生为实测对象，当运用于特殊儿童时，有时容易出现两种问题：第一，以中等能力的普通学生为常模而编制的量表，往往对于处于两个极端的学生缺乏鉴别力。例如，一般的智力测验难以获知中重度智力落后儿童的真实智商分数。第二，这些量表较少考虑到特殊儿童的身心特点，因此难免会出现低估他们实际能力或发展水平的现象。相反，像希-内学习能力测验、孤独症儿童行为、盲人学习能力倾向测验等量表是专门为特殊儿童设计的，这类测验除了提供特殊儿童常模外，而且在编制过程中充分考虑了特殊儿童的特殊性，所以在选择标准化测验时尽可能选择此类专门测验。[1]

---

[1] 韦小满.特殊儿童心理评估[M].北京：华夏出版社，2006：137-143.

2. 对于一般的标准化测验,应根据特殊儿童的身心特点适当调整施测方法

当前,鉴于专门的特殊儿童测验较为有限,因此人们更多使用经过了精心选择或适当改变的普通测验来了解特殊儿童的能力或成就水平。[1] 在测验内容上,根据特殊儿童的特点而加以选择,如在做智力测验时,听力残疾儿童、语言障碍儿童、自闭症儿童等可以使用瑞文推理、托尼非语言智力测验等非语言测验;视力残疾儿童则使用无视觉材料而以口语为主要交流方式的量表,如韦克斯勒儿童智力量表的言语分测验,等等。在测验方式上,可根据特殊儿童的感官条件或生理条件加以适当调整。例如,在测试的交流途径上可采取放大字体、盲文呈现题目、口头陈述题目、手语陈述题目等方法。[2] 在测试程序上,可将测验再分成几个部分,让儿童有更多的时间休息和调整注意力;在测验需要计时的题目时,采取一些变通做法以了解儿童完成任务的情况,比如,对于某些肢体残疾儿童,可取消计时说明,或者让特殊儿童在没有限时的条件下完成任务,但主试记录时限内儿童完成任务的情况。在测试过程中,主试应多给予鼓励与支持,以激发与维持特殊儿童参与测试的兴趣。

标准化测验针对特殊儿童的特点调整了施测方法,虽然增加了评估特殊儿童的可能性,但是由于改变了标准化测验的情境,所以会造成原有的测验指导手册不再适合解释该特殊儿童的测试分数。对于这种情况,最好采取其他方法来谨慎解释分数,比如,与同类残疾儿童之间的比较,儿童前后测的分数比较等。[3]

第2节 动态评估

一、动态评估概述

动态评估是国外近二三十年发展起来的一种新的心理测量方法,它是对传统静态评估重结果导向、评估结果容易引发"标签"、评估与教学之间缺乏直接联系等问题的反思。动态评估方法考虑到人的能力会随经验的积累而有所改变,强调运用互动的方法对个体的潜能进行评估,从一种动态、纵向的角度反映儿童的学习过程。[4]

(一) 概念

以色列教育心理学家费尔斯坦(Feuerstein)最早使用动态评估一词。动态评估指在教学前、教学中与教学后,采取调整评估情境的方式对儿童的认知能力进行持续评估,以了解教学与儿童认知改变的关系,并确认儿童经教学后可以达到的最大可能的潜能表现。维果斯基的"最近发展区"观点为动态评估的核心概念。维果斯基认为儿童独立解决问题的实际水平和在有经验的成人指导或同伴的合作之下解决问题的高水平之间的差距为该个体的最近发展区,儿童的认知能力存在一个发展空间,因此,不仅要测量个体已经发展成熟的认知技能,而且更要考虑正在逐渐成熟的处于发展过程中的认知技能,而儿童的实际已发展的能力与最近发展区的区别更能预示儿童的发展潜能。[5]

---

[1] 韦小满.特殊儿童心理评估[M].北京:华夏出版社,2006:137-143.
[2] 胡永崇.特殊儿童教育评量的难题与因应[J].特教园丁(台湾),1995(11):31-35.
[3] 韦小满.特殊儿童心理评估[M].北京:华夏出版社,2006:137-143.
[4] 范兆兰.动态评估理论与应用研究:智力测验的新进展[D].南京:南京师范大学博士学位论文,2006:1.
[5] 范兆兰.动态评估理论与应用研究:智力测验的新进展[D].南京:南京师范大学博士学位论文,2006:92.

动态评估当前已被广泛应用于以下方面：其一，鉴定学习困难学生；其二，预测儿童能力的持续发展；其三，提供有关学业问题的补救教学方法。[1]

（二）类型

动态评估是一系列具有共同基本假设的认知能力测验的统称，包含多种研究取向。目前国外形成了五种最有代表性的动态评估模式（类型）。

1. 学习潜能评估模式

学习潜能评估模式（Learning Potential Assessment Device，LPAD）由费尔斯坦（Feuerstein）依据认知结构可改变理论和中介经验学习理论为基础提出的评估模式。[2]

该评估模式面向学业不良儿童，采用"前测—教学—后测"的范式，以智力测验的部分项目（如图形推理、记忆广度）为材料进行评估，以评估儿童从教学中获得的能力。其教学介入方式是采用"非标准化临床介入"的训练技巧，[3]主试首先引导儿童接触问题，展示思维的过程，教授解决问题的方法、策略，然后过渡到观察被试独立解决问题，[4]以了解儿童认知功能的缺陷或可塑性。

2. 测验—训练—测验评估模式[5]

测验—训练—测验评估模式（Test-Train-Test Assessment）由布道夫（Budoff）开发的标准化动态测验，用于鉴别被错误分类的智力落后儿童。该测验包括12个非语言材料的子测验，可单独或根据需要组成为 Budoff 学习潜能成套测验工具（Budoff Learning Potential Test）。

该模式运用"测验—训练—测验"的程序，来评估儿童从训练中所获得的能力。其训练介入方式采取"标准化教学"，首先协助儿童了解学习的要求，同时给予鼓励和称赞，然后引导儿童检查解题策略。

3. 渐进提示模式

渐进提示模式（Gradual Promoting Assessment，GPA）由坎佩恩（Campione）和布朗（Brown）提出。该模式采用逐步提示直到问题解决的方法，经过"前测—训练—迁移—后测"的程序，评估儿童的学习速率和迁移程度。[6] 在该模式中，学习速率和迁移程度由解决问题和实现迁移所需的"教学提示量"来反映，分别指"教学阶段所需的提示量""在迁移阶段所需的提示量"。教学提示量的具体做法是以学科作业为材料，事先建构一套标准化的提示系统，提示系统的编制按照一般、抽象的思考提示，然后逐渐趋向详细且明确的提示，[7]不同级别的提示赋予不同的权重。最后儿童所需的提示量总分则反映儿童的认知能力，提示量愈多则表示其能力愈低。

逐渐提示模式适用于学习困难儿童以及来自非主流群体的社会弱势儿童。[8]

4. 连续评估模式

连续评估模式（Continuous Assessment）由伯恩斯（Burns）等人1987年提出。该模式

---

[1] 范兆兰.动态评估理论与应用研究：智力测验的新进展[D].南京：南京师范大学博士学位论文，2006：1.
[2] 范兆兰.动态评估理论与应用研究：智力测验的新进展[D].南京：南京师范大学博士学位论文，2006：6.
[3] 王辉.特殊儿童教育诊断与评估[M].南京：南京大学出版社，2007：413-416.
[4] 范兆兰.动态评估理论与应用研究：智力测验的新进展[D].南京：南京师范大学博士学位论文，2006：72-73.
[5] 范兆兰.动态评估理论与应用研究：智力测验的新进展[D].南京：南京师范大学博士学位论文，2006：80-83.
[6] 范兆兰.动态评估理论与应用研究：智力测验的新进展[D].南京：南京师范大学博士学位论文，2006：95-96.
[7] 范兆兰.动态评估理论与应用研究：智力测验的新进展[D].南京：南京师范大学博士学位论文，2006：6.
[8] 王辉.特殊儿童教育诊断与评估[M].南京：南京大学出版社，2007：413-416.

结合了"中介经验学习理论"与"渐进提示"两种动态评估观点,目的在于检验不同教学介入的效果,确认有效介入的成分。它认为有效的中介学习可促进儿童的认知发展,以教学、阅读等领域为材料,采取"前测—训练—再测—训练—后测"的程序,分两大阶段评估学生的认知能力和缺陷。第一阶段分为两个步骤,首先使用"静态测验"评估学生的一般能力,然后实施"渐进提示",并测量学生的"独立表现"水平。如果第一阶段未达到预定的标准,就进入第二阶段的训练或渐进提示,之后给予静态评估,以评估学生的学习能力和迁移能力。[①]

5. 极限评价模式

极限评价模式(Testing-the-Limits Assessment)由卡尔森(Carlson)和威特(Wiedl)于1979年提出,重点评估儿童在不同测验情境中的成绩差异。

该模式采用"测验中训练"的标准化介入环节,来了解学生的实际智力,分析学生人格因素和测验情境的互动关系,以评析不同实测情境介入的最佳表现与介入策略的有效程度。其"测验中训练"的标准化介入环节指对儿童正确反映的固定反馈方式,依次出现标准教学、解决问题之中和之后的言语指导、解决问题之后的言语指导、简单的对错反馈、精细反馈(给予对错反馈与指出原因)、精细反馈并给予解决问题之后与之中的言语指导等7种环节。卡尔森和威特认为通过不同层次的反馈,可以充分调动儿童的元认知过程,影响儿童解决问题过程的认知策略,因而可提高儿童的测验成绩;如果经过长期的补偿训练,还可显著提高儿童的自我管理能力。

一般而言,在上述各种动态评估模式中,"渐进提示模式"因具有如下两个突出特点:其一,提供较为客观的测评分数,其二,能对儿童的学习迁移过程进行质的分析,所以被更多运用在教学评估与学习困难学生的补救教学中。[②]

二、动态评估的实施

(一) 实施原则

1. 符合鉴定、诊断、教学的多重目的[③]

评估人员采用动态评估的目的在于三个方面:分析儿童的学习潜能,为特殊儿童鉴定提供更为全面、准确的信息;了解儿童的认知过程与认知特点,为教学干预提供详细、有效的信息;在评估人员与儿童的不断互动中,检验和发现适宜的教学干预策略。

2. 采用个别测验方法

动态评估通过互动的方式了解儿童的学习潜能,只有采用一对一的测验方法,才能全面分析儿童的学习过程与学习结果。

3. 以儿童自身作为评估参照标准[④]

动态评估重在比较与分析儿童在不同情境和不同时间的表现,例如儿童在不同的协助条件下的表现以及所需要的协助是否减少,因此,动态评估是以儿童自身作为参照标准,以分析儿童个体的纵向发展过程。

---

① 陈丽如.特殊儿童鉴定与评量[M].台北:心理出版社,2001:128-129.
② 张世慧,蓝玮琛.特殊教育学生鉴定与评量[M].台北:心理出版社,2005:203-204.
③ 邱上真.特殊教育导论[M].台北:心理出版社,2002:204-207.
④ 王辉.特殊儿童教育诊断与评估[M].南京:南京大学出版社,2007:415.

4. 关注儿童的思维过程与元认知能力

动态评估尤为关注儿童的学习过程,并以此为契机评价与促进儿童的认知发展。因此,在评价进程中应采取多种方法,如访谈、观察、示范等方式竭力了解儿童的过程性表现,如策略、方法、步骤等,同时引导儿童认识和反思自身的认知过程,即元认知能力,以便全面了解儿童的认知特点,并为改善其认知能力提供有效信息。

5. 设计中介干预系统

中介干预环节在动态评估中发挥关键作用,[①]该系统虽然在不同评估模式中表现为提示序列、教学或训练的标准程序等,但目的都是为了发现儿童"最大可能的表现水平"。如何设计与开发符合特定领域的中介系统,不仅要求评估人员具有一般的心理测量知识技能,而且还应深入探讨特定领域的学科知识。

(二)实施案例

案例 11-1

数学文字题错误类型的动态评估[①]

评估内容:小学五年级数学障碍学生的数学文字题的错误类型

1. 提示系统:

试题举例:甲桶有 $4\frac{4}{5}$ 公升油,比乙桶少 $1\frac{3}{4}$ 公升,两桶共有多少公升油?

答案:$11\frac{7}{20}$ 公升

(1) 语言提示:请学生将题目念一遍,主试接着念出(解释)学生不懂的字词。

(2) 提示与解释关键字:"甲比乙少,也就是乙比甲多。"

(3) 将题目简化或者作图说明,帮助学生理解题意以及寻找文字题的类型。

(4) 简化题目:"甲有 2 元,比乙少 1 元,两人共有多少元?"

作图说明:

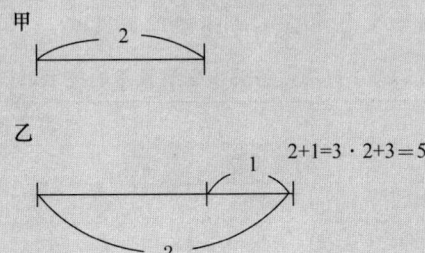

(5) 用横式列出运算步骤;

$$4\frac{4}{5} + 1\frac{3}{4} = \Box \cdots\cdots 乙$$

[①] 朱经明,蔡玉瑟. 动态评量在诊断小学五年级数学障碍学生错误类型之应用成效[J]. 特殊教育研究学刊(台湾),2000(18):173-189.

$$4\frac{4}{5} + \square = (\quad) \cdots\cdots 甲乙共有$$

(6) 用竖式列出运算步骤：

先通分

$$4\frac{4}{5} = \square \qquad 1\frac{3}{4} = \bigcirc$$

$$\square$$
$$\bigcirc$$
$$+\square$$
$$\overline{(\quad)}$$

2. 提示系统与错误类型的关系（见表11-2）

表11-2 提示系统与错误类型的关系

正确解答所需的提示级别	错误类型	建议的补救教学内容
完全不会	基本计算能力缺乏	
语言提示	阅读认字困难	
关键字提示	数学语言理解困难	
简化或图解题目	题型类化与理解力有限	
横式列出计算步骤	具备基本计算能力，但缺乏将文字信息转化为数学符号的能力	
竖式列出计算步骤		

案例 11-2

阅读理解动态评估①

评估内容：中学一年级学生自问自答的阅读理解策略

表11-3 自问自答阅读理解策略的提示系统

自问策略	自答策略
简单反馈	简单反馈
提示基本发问句型	厘清题意
提示基本发问句型与文章大意概念图	口头提示线索
实例说明与一次示范（见图11-1）	口头提示线索并呈现文章大意概念图、语意关系图（见图11-2）
实例说明与两次示范	直接说明答案或提供相关经验
直接教学	

---

① 徐芳立. 提示系统对增进中学一年级学生自问自答策略与阅读理解能力之成效[M]//邱上真. 特殊教育导论. 台北：心理出版社，2002：210-212.

记叙文基本发问句型卡

字面层次

1. 故事中主要(曾经)提到哪些……(如人物、地点、事件等)
2. 故事发生在？(时间、地点)
3. 故事中,为什么？(文中提及)
4. 故事中的……(事件、问题)过程如何(或如何解决的)？

推理层次

1. 由……可知……(全文、段落、句子)主要的意思是什么？
2. 请解释为什么……(文中无明显的因果关系)
3. 文中哪些句子或例子可以说明(主人公的个性、情绪、感受;事件;道理)？
4. 故事中"……"这句话什么意思？或"……"比喻什么？

评价层次

1. 如果你是……你会……？
2. 请用自己的经验举例说明……
3. 你同意故事中的……吗？为什么？请说出你的理由。
4. 从故事中的……你学到什么？

说明文基本发问句型卡

字面层次

1. 请说明……的意思。(定义、原理)
2. 为什么……？(由文章中的字词可以找到答案)
3. 作者如何描述(或认为)……？
4. 作者举了哪些例子说明……？

推理层次

1. 从文中的……可知……(全文、段落、句子)主要的意思是什么？
2. 请列举类似的例子说明……的意思。
3. 请解释为什么……？(文中并没有明白写出来的部分)
4. 请比较……的异同(或优缺点)。

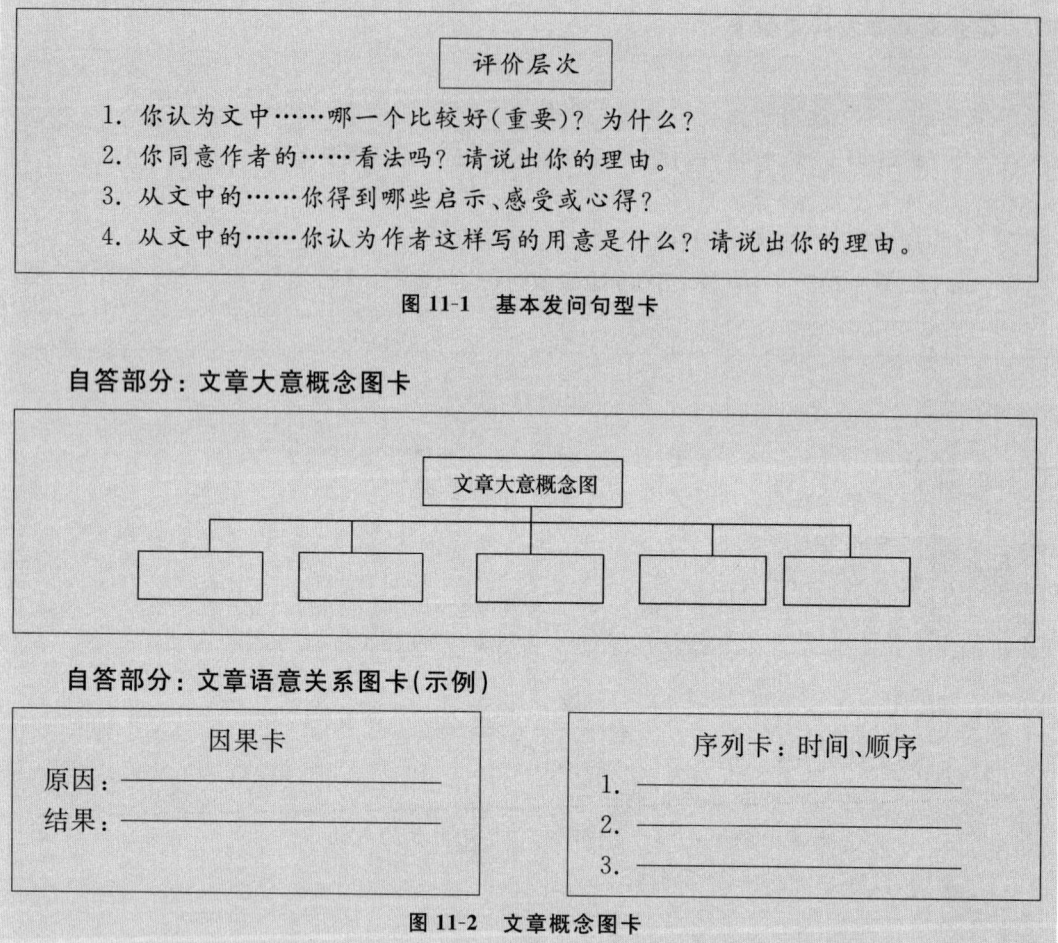

图 11-1　基本发问句型卡

图 11-2　文章概念图卡

三、评析

（一）优点

1. 评估与教学紧密结合

动态评估与静态评估最大的区别在于静态评估用准确可靠的数字指出个体在认知功能的缺陷,而动态评估却指出了个体认知缺陷的具体表现,以及怎样克服这些认知缺陷。[①] 因此,动态评估能为教学提供更有价值的参考信息。

2. 以成功为导向的学习过程

传统静态评估一般采取"全或无"的评分方式,即答对得全分、错误得零分,因而这种评分方式不容易区分"部分理解或解答正确"与"完全不理解题意"两种表现,也难以针对学生的不同情况提供针对性的辅导与帮助。动态评估对不同表现的儿童提供不同程度的支持与协助,帮助他们正确解答题目,因而能给予学生成功的机会与经验,减少因挫折而导致学习动机低下的现象。

---

① 范兆兰.动态评估理论与应用研究:智力测验的新进展[D].南京:南京师范大学博士学位论文,2006:37-39.

3. 弥补标准化测验低估特殊儿童或文化不利儿童的现象[①]

特殊儿童或文化不利儿童往往因缺乏相关知识或学习经验,而在测验中需要较多的协助与详细指导,传统静态评估的测试过程往往难以提供上述支持,因而容易出现低估其学习潜能的现象。动态评估注重提供中介系统以反映学生的学习过程,能有效发现他们的学习潜能,从而可弥补传统静态评估的不足,更好地体现了文化公平性,因而被称为"无歧视的认知评估方法"。

(二)注意事项

1. 动态评估的程序对评估者提出了较高要求

动态评估需要评估者与学生保持充分的互动,以准确诊断学生的困难之处、提供适当的介入方法、记录学生的测验表现并计分,这就对评估者的互动能力、评估技术提出了较高要求,以保证评估的质量。

2. 评估成本较高

动态评估为个别测评,并且遵循"评估—教学—再评估"的过程,借助评估者与学生的互动以了解学生的学习潜能与适宜的教学干预,因此评估者需要投入大量时间、精力和人力,这是一种成本较高的评估方法。

第3节 课程本位评估

课程本位评估(Curriculum-Based Assessment,CBA)直接使用学校的课程进行评估,不仅可随时、灵活了解学生的学习状况,而且评估结果有助于教师决定"是否"或"何时"应该改变个别学生的教学计划,从而提高教学质量。课程本位评估在评估与教学之间建立了有效的桥梁,目前已经成为补救教学情境下应用最广泛的评估方法之一。

一、课程本位评估概述

(一)概念

课程本位评估的出现,源自于教育界对传统的标准化常模参照测验的反思。标准化常模参照测验的评估结果,主要是发挥特殊儿童鉴定的功能,但无法进一步提供有意义的信息以详细了解学生的学习状况与形成针对性的教学方案。强调以实际授课为标准来评估学生学习成就的课程本位评估因此应运而生。20世纪70年代,明尼苏达大学学习障碍研究所首先提出课程本位评估的方法。后来,这种方法被广泛运用于对阅读、数学运算、拼写和书面表达等课程的教学效果的评价。[②]

课程本位评估,简而言之,指根据学生的上课课程内容,评估学生的学习结果。为了区分与学校课程有关的其他测验或评估,塔克(Tucker)于1987年提出了课程本位评估的三个基本条件:① 测验材料来自学生所学的课程教材;② 可直接评估并重复施测;③ 评

[①] 张世慧,蓝玮琛.特殊教育学生鉴定与评量[M].台北:心理出版社,2005:208-209.
[②] 韦小满.特殊儿童心理评估[M].北京:华夏出版社,2006:363-364.

估的结果用于教育决策。[1] 课程本位评估是一种形成性评价,以了解学生的学习结果。[2] 其本质是一个学科基本能力的动态侦测者,即可随时掌握学生某些方面或能力的学习或掌握状况。

(二) 类型

目前常见的课程本位评估包括以下三种。

1. 基于流畅性的课程本位评估模式[3]

基于流畅性的课程本位评估模式(Fluency-based CBA Model)注重考查学生单位时间内的正确反应次数,如学生在1分钟内答对20道加法题。该评估模式能直接反映学生的进步情况,可作为教师长期观察学生与调整教学的依据。经研究发现,这是一种操作简单、信效度较为满意且能敏感反映学生在短时间进步状况的评估模式。目前这是运用最为普遍的课程本位评估模式。

2. 基于正确性的课程本位评估模式[4]

基于正确性的课程本位评估模式(Accuracy-based CBA Model)事先将教学内容设计成测验题目,以了解学生的起点行为,并以此决定适合于学生的教学层次。例如,将正确率在90%以上设定为"独立层次",表示学生已经熟练掌握相关教学目标,教师必须设定难度更高的教学内容;正确率在90%～70%设定为"教学层次",表示这些教学目标正适合学生目前的水平;正确率低于70%设定为"挫折层次",表示这些教学目标对学生太难,目前不适合进行这方面的教学。此三个层次的数值可以根据课程内容的难易程度而调整,而三种层次的区分主要为教师拟订教学目标提供精确信息。该模式目的在于检查教学内容对于个别学生的难易程度,并以此来挑选教材和对学生进行分组。该模式是教师最常使用、最为熟悉的方法,因此在一般学校中较易推行与使用。

3. 标准参照的课程本位评估模式

标准参照的课程本位评估模式(Criterion-reference CBA Model)将课程中所要教授的知识技能,按照难易程度或先后顺序排列,然后将每项知识技能写成对应的行为目标,接着再根据行为目标编写测验,同时拟订通过标准。这样,教师可以根据学生完成测验的表现,来判断其是否熟练掌握每项知识点或技能,以此进行教学设计与决策。该模式将课程目标作为教学目标,同时以此标准评估学生的能力水平和进步情况,因此,这是一种将测验、教学和评估紧密结合的评估方法。[5] 例如,林德(Linder)于1991年开发的基于游戏的跨学科评估(Transdisciplinary Play-Based Assessment,TPBA)是国外特殊幼儿早期评估中运用最为广泛的工具之一。跨学科小组通过结构化的游戏情境来观察儿童在认知、社会情感、交流、语言以及感觉运动方面的发展情况,然后小组成员共同鉴别儿童的优劣势,并提出后续干预的内容(即基于游戏的跨学科干预)。

---

[1] 林素真.小学一年级国语文课程本位测量不同版本朗读测验之比较研究[J].台湾彰化师范大学特殊教育学报,2004(20):1-24.
[2] 叶靖云.学习困难学生之辅导[J].教育实习辅导季刊(台湾),1995(5):59-63.
[3] 王辉.特殊儿童教育诊断与评估[M].南京:南京大学出版社,2007:439-440.
[4] 王辉.特殊儿童教育诊断与评估[M].南京:南京大学出版社,2007:439-440.
[5] 〔美〕朱迪斯·班杜拉-乌兹.特殊需要婴幼儿评估的实践指导[M].钱文,刘明,译.上海:华东师范大学出版社,2005:252-254.

二、课程本位评估的实施

（一）实施步骤①

课程本位评估的模式虽然较多，但大致遵循相同的步骤，具体如下。

1. 选择评估的主题与范围

选择课程教材，确定待评估的课程主题与范围。

2. 采用行为目标的方式叙述学习内容

分析学习所需的能力，以行为目标叙述学习内容。

3. 排列学习目标的顺序

按照难易程度排列学习目标，以此决定教学的顺序和评估学生的能力表现。

4. 确定学生的起点行为，决定适宜的达标标准

将学生的表现直接与学习目标作比较，评估学生目前的表现水平，以决定教学层次。

5. 进行教学

根据学习目标设计教学活动，并实施教学。

6. 评估学习状况

根据行为目标编写相应的测试，以了解学生的学习状况，为调整教学作参考。

7. 整理学生成绩

整理多次重复测评的学生成绩，以了解学生学习状况的纵向变化，例如采用折线图或直方图等方式呈现学生的学习变化。

（二）实施案例②

案例 11-3

1. 教学主题：购物
2. 教学目标
(1) 能辨别常见食品和日常用品。
(2) 会看或写购物单。
(3) 能自己去附近的超市。
(4) 能在超市找到自己想买的物品。
(5) 会按价钱付钱。
(6) 能把买好的物品带回家。
3. 评估学生的起点行为
(1) 会认读常见超市物品的实物和图片。
(2) 能独立前往学校附近的超市。
(3) 认识元、角、分的面值。
(4) 会点数 20 元以内的钱币总额。
(5) 知道购物的基本流程：取购物筐—挑选物品—收银台付钱—取物。

---

① 陈丽如. 特殊儿童鉴定与评量[M]. 台北：心理出版社，2001：134-135.
② 韦小满. 特殊儿童心理评估[M]. 北京：华夏出版社，2006：363-364.

4. 设定达标标准

设定75分为通过标准(总分100分)。

5. 进行教学

通过示范、观看录像和图片、模拟情境教学、社区商店参观与实地购物等方式逐级教授6个教学目标。

6. 评估学习状况,整理成绩

教师根据每周的教学内容和教学目标编制了1个小测验,在周五施测,将学生每次测验的分数记录在表11-4中,并以图11-3整理学生的成绩。

表11-4 学生的测验成绩记录表

	第1周	第2周	第3周	第4周	第5周	第6周	第7周
(1) 能辨别常见食品和日常用品	40	60	75	85	80	90	95
(2) 会看或写购物单		25	50	65	70	65	70
(3) 能自己去附近的超市			30	50	65	80	90
(4) 能在超市找到自己想买的物品					35	60	55
(5) 会按价钱付钱					25	55	50
(6) 能把买好的物品带回家						60	80

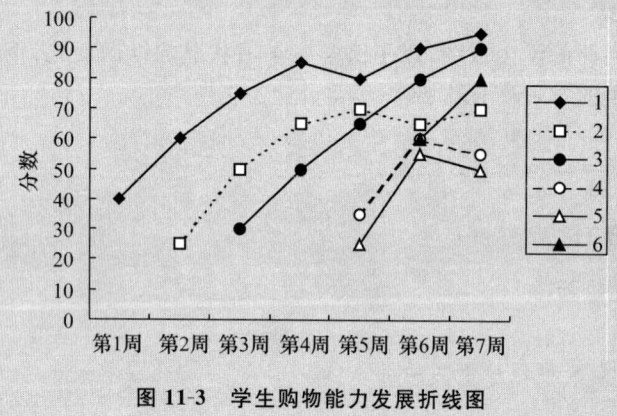

图11-3 学生购物能力发展折线图

三、评析

(一) 优点

1. 内容效度高

因为课程本位评估以教师的教学内容作为评估范围,所测为所教,因而测验具有较高的内容效度。

2. 编制过程简单易行

因为题目内容少,答题方式比较单一,而且教师只要了解测验编制的基本概念,就可以掌握编制工作。

3. 评估与教学紧密结合

课程本位评估遵循"评估—教学—评估"的程序,可持续、灵敏反映学生的学习状况,如学生的进步与困难,教师依据这些信息评估教学效果与调整教学工作,从而可有效提高教学效率和质量。

（二）注意事项

1. 测验质量有待提高

由于课程本位评估受制于编制者的设计能力与实测过程，编制与测试过程往往达不到标准化测验的严格标准，在一定程度上影响了测验结果的客观性，因此其信效度还有待进一步改进。

2. 注意适用的对象与范围

课程本位评估强调学生学习特定的教学内容并要求学生达到一定的能力标准，一般而言，这种评估方法的适合对象为轻度残疾或学习障碍学生，但不太适合学习能力较弱的中重度残疾学生，建议运用于后者时应作适当调整。此外，课程本位评估的优势在于改善不利于学生学习的教学因素，但对于那些无心学习、缺乏学习动机的学生，其干预效果还有待继续考察。

第4节 功能性评估

近年来不少研究者认为以往的行为改变技术孤立看待儿童的问题行为，强调减少儿童问题行为的频率，而忽视了分析行为的原因、意义和目的等相关因素，难免会出现问题恶化或问题行为转移等不良后果，因而大力提倡注重分析行为的根本功能来有效处理儿童的问题行为，即功能性评估。功能性评估（Functional Assessment）强调每一种行为都具有其所代表的意义和功能，我们既要关注行为外在的表现，更要挖掘行为的功能。

美国1997年的《残疾人教育法》规定：转介特殊学生之前，学校必须实施功能行为评估，并根据功能性行为评估结果制订与实施相关的干预方案，[1]此做法肯定了功能性行为分析对于特殊儿童教育的意义。目前，该评估方法已被推广适用于所有学生的行为问题。

一、功能性评估概述

功能性评估是一种收集行为资料、分析其功能并以此选择干预策略的过程。它的目的是通过有效资料的收集与分析，确定行为的特定功能以提高行为干预的效果。[2] 功能性评估也是一种应用性行为分析，于20世纪90年代广泛应用于特殊儿童的问题行为研究与实践。

功能性评估的出现源自特殊教育界对传统行为改变技术的反思。传统行为改变技术聚焦于学生外显的问题行为，力图通过奖励来增加学生的良好行为，或者运用惩罚（如隔离）来降低不良行为，但这种做法无法有效阻止类似行为的再次发生。于是，人们开始重视了解个体与其行为背后的功能。正向行为支持开始受到重视与广泛应用，该方法倾向于事先采取策略加以预防，以积极建立学生适当的行为；而正向行为支持必须基于问题行为的功能性评估结果，才能保证干预的有效性与长久的干预效果。[3]

功能性评估假设每一种行为都有存在的价值与沟通的目的，即使个案采用不适宜的表

---

[1] 侯祯塘.特殊儿童行为问题处理之个案研究：以自闭症儿童的攻击行为为例[J].台湾屏东师院学报，2003(18)：155-192.

[2] 张正芬.自闭症儿童的问题行为辅导：功能性评量的应用[J].特殊教育季刊(台湾)，1998(65)：1-7.

[3] 刘文英，林初穗.教师实施行为功能评量与正向支持计划对特殊教育孩童问题行为处理的成效研究[R].台湾"行政院"科学委员会专案辅助之研究计划(NSC93-2413-H-415-013)成果报告，2004.

达方式,评估者都应重视并了解个案行为的沟通意愿。功能性评估重视环境因素,因此其重点不是消除不良行为,而是强调找出问题行为背后的原因、情境与后果之间的关系,以及发展新的替代行为取代问题行为,这在某种程度上体现了更为积极和正向的教育观念。

二、功能性评估的实施

(一) 资料收集方法

功能性评估的资料收集方法主要包括:访谈法、直接观察法与功能性分析。

1. 访谈法

实施功能性评估的首要方法在于与个案本人,或者了解个案的人员直接接触与交谈,以收集与个案问题行为相关的资料。访谈的主要目标在于确定哪些事件与个案的特定问题行为有关联。访谈的内容一般包括如下几项:① 问题行为是什么?② 问题行为发生之前,正发生什么事件和情境或身体条件,可以准确预测问题行为的发生?什么事件和情景,可以准确预测不会发生问题行为?③ 了解问题行为发生时的特定情境,什么行为后果在维持问题行为?④ 寻找适宜的替代行为,即何种替代行为可产生与问题行为相同的后果?⑤ 从先前无效、部分有效或短暂有效的行为支持策略中,可以获得哪些启示?

2. 直接观察法

直接观察法指通过在日常生活中系统观察个案,以完整收集相关资料和针对性地分析问题行为。直接观察法一般由教师或父母来完成。最常见的为 A—B—C 行为分析法、功能性评估观察表、行为沟通分析法等。在通常情况下,观察者直接记录问题行为发生的时间、前提事件、行为后果以及他们对于此行为功能的看法。直接观察法是直接获得行为资料的有效方法,但需要花费大量时间来收集和分析资料。

3. 功能性分析

功能性分析指系统操作与问题行为有关或无关的特定因素,以找出行为所代表的真正功能。功能性分析有两种具体的实施方法:其一,操作目标行为发生的行为后果,这是使用频率较高的方法;其二,操作结构性变量,如任务的难度、任务长度、活动中提供的注意水平等。功能性分析是功能性评估中最为精确与严谨的方法,该方法需要明确找出环境事件与问题行为间功能性关系,因而对评估者提出了较高的能力要求。

(二) 实施步骤

功能性分析的主要目的在于分析问题行为的功能、环境与问题行为功能的关系,即找出行为的前提事件(Antecedent, A)、目前行为表现(Behavior, B)、行为后果(Consequence, C),并从中归纳出目标行为的前提事件、行为后果之间的关系,简称 A—B—C 行为分析法。具体而言,功能性评估包括以下四个步骤。①

1. 清晰描述问题行为

描述问题行为时,应以操作性的语句描述该行为,包括行为出现的频率、持续时间等。

2. 探讨问题行为带来的后果

探讨与分析问题行为对于个案的功能与意义。每种问题行为都有其存在的功能,如表 11-5 即一般问题行为带给个案的意义。

3. 探讨问题行为的前提事件

探讨情境中的事件,以发现环境中导致问题行为产生的刺激。

---

① 陈丽如.特殊儿童鉴定与评量[M].台北:心理出版社,2001:142-143.

4. 找出适当的对策

找出适当的对策,以预防问题行为的出现,改变个案的不良行为反应。

表 11-5 问题行为对个案可能具有的功能①

行为功能	举例分析
语言,沟通的需要	用哭声表达不喜欢的意思
引起注意	哭,或打自己的头,父母或教师将会表示关注或阻止
获得特定的事物	哭就有饼干吃
获得感官刺激	自伤行为,如咬手、撞头等,以获得感官上的快感
逃避感官刺激	如,个案对触摸敏感,或讨厌过多的肢体活动,以问题行为来逃避
逃避厌恶事件	如,个案讨厌刷牙,当父母提出刷牙要求时,个案就哭闹打头,父母因此撤回要求
发泄情绪	发泄伤心、生气、焦虑、挫折等不适应的情绪
多重功能	多重因素的组合

(三) 实施案例

案例 11-4

异食行为的功能性行为评估②

个案甲,女,无口语表达能力,24 岁,重度智力落后。她的食欲与进餐情况正常,但在幼时有吃小石头的习惯。近年来,她喜欢拆下和食用家具的螺丝、铁钉等。此外,她偶尔吃一些碎布或纽扣。她 17 岁时接受了腹部手术,清除了不少异物,其中包括助听器的电池。她的动作相当灵敏,所以在吃异物时往往无法被他人及时发现与制止。最近的 X 光检查又发现她的肠胃中存在许多金属。

1. 正确描述问题行为

(1) 异食行为的主要表现:个案目前异食的种类为螺丝、铁钉、碎布、纽扣,其中最喜欢前两项。

(2) 异食行为的经验:喜欢拆下家具的螺丝、铁钉并吃下。

(3) 异食行为的发生频率:平均每天至少 3 次,尤其是无人注意她的时候更为频繁。

2. 探讨问题行为带来的后果

个案在吃下螺丝或铁钉后可以很快吸引他人的注意。

3. 探讨问题行为的前因

个案在没有人注意她时,如果有随手可得的金属物品,吃入异物的情况明显增加;经过医学检查发现当个案血液中的锌浓度明显降低时,个案异食的情况特别严重。

4. 找出适当的对策

经过实验发现过度矫正法、差异增强法等策略无法有效预防异食行为的出现。但如下三个方法可有效控制个案的不良行为。

(1) 清除个案生活环境中金属物品。

(2) 安排个案参加持续有目的的活动,如操作物品、与他人互动等。

(3) 监控并维持个案血液中锌的浓度比例。

---

① 陈丽如.特殊儿童鉴定与评量[M].台北:心理出版社,2001:142-143.
② 陈丽如.特殊儿童鉴定与评量[M].台北:心理出版社,2001:147.

案例 11-5

哭闹行为的功能性行为评估[①]

个案乙,男,11岁,中度智力落后,有口语交流能力,经常哭闹。

1. 问题行为的界定与记录

每周随机抽取4个时间段用录像方式记录儿童的教室表现,并整理儿童的哭闹行为发生时间、场景、强度、记录方式(见表11-6)。

表 11-6 个案问题行为的界定

行为	定义	易发生的时间	强度	记录方式
哭闹	小声或大声哭泣,有时伴有摔东西的动作	早自习与第一节课	哭闹时会乱踢桌子、椅子、敲打门窗等,有时会想拿东西砸同学	哭闹的持续时间

2. 问题行为的功能性评估

针对个案问题行为访谈后获得初步问题行为的功能假设,再由教师与研究者经过4周的观察与讨论后,得出个案问题行为的功能结论,此外针对个案的问题行为提出改变后的替代行为(短期目标)与适宜行为(长期目标),即等值性行为路径图(见图11-4)。降低问题行为的策略见表11-7。

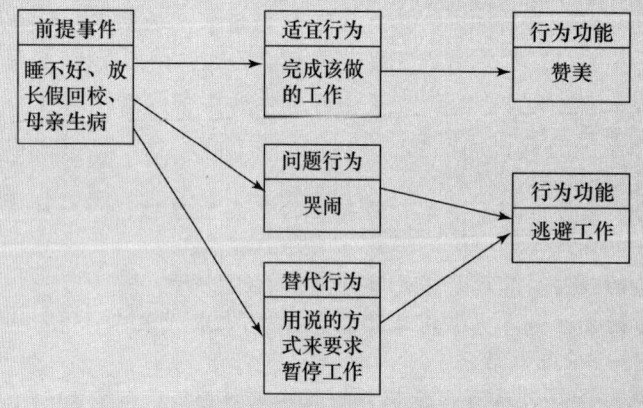

图 11-4　个案哭闹行为的等值性行为路径

表 11-7　降低问题行为的策略

事前情境策略	行为策略	行为功能策略
1. 如果早晨来校时很疲倦,先让他趴在桌面上休息1分钟 2. 如果早上来校时很疲倦,先让他洗脸	先教导个案用说的方式要求暂停工作	1. 如果个案没有哭闹且完成工作,则给予强化 2. 个案哭闹时忽视且仍要求其完成该做的工作

[①] 刘文英,林初穗.教师实施行为功能评量与正向支持计划对特殊教育孩童问题行为处理的成效研究[R].台湾"行政院"科学委员会专案辅助之研究计划(NSC93-2413-H-415-013)成果报告,2004.

3. 干预结果分析

教师根据上述干预策略，采纳 A—B—A 倒返实验设计，包括基线期（2 周）——间隔 4 周——干预期（5 周）——间隔 2 周——追踪期（1 周），基线期、干预期每周收集 4 次资料，追踪期每周收集 1 次资料，共计 20 次。以儿童哭闹持续的时间为统计量，干预结果如图 11-5 所示。

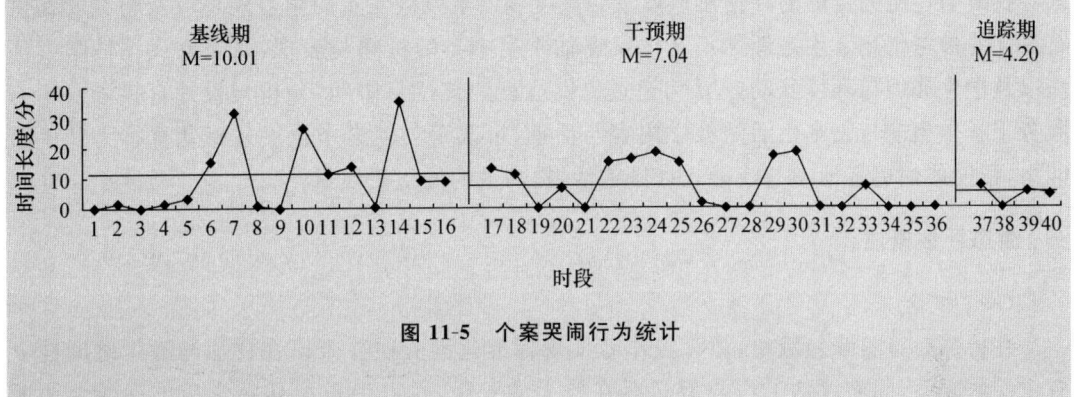

图 11-5　个案哭闹行为统计

三、评析

（一）优点

1. 为深入了解儿童的问题行为提供客观、准确的信息

功能性评估注重分析儿童行为的前提事件、目前行为表现与行为后果，并从中归纳出目标行为的前提事件、行为后果之间的关系，为分析儿童问题行为的功能、环境与问题行为功能的关系提供了丰富、客观的信息。

2. 有助于提高儿童问题行为干预的有效性

功能性评估的主要目的在于根据问题行为的功能找出适合行为的处理方法，探讨改变问题行为的有效策略，因此评估结果可直接服务于行为干预方案的制订工作。并且功能性评估注重正向与支持性的态度对待儿童的问题行为，减少了惩罚的使用频率，从而可提高问题行为干预的有效性。

（二）注意事项

1. 评估过程较为费时费力

功能性评估需要对儿童的问题行为进行较长时间的观察与记录，这种较为费时费力的评估过程会在一定程度上影响功能性评估的应用范围。

2. 对评估者提出了较高的能力要求以保证评估质量

为了保证功能性评估的客观性与科学性，评估者需要熟练掌握访谈法、直接观察法与功能性分析等多种评估技术，才能全面、细致分析儿童问题行为的性质、形式、频率等。只有经过专门培训与实践锻炼的评估者，方能胜任该评估工作的要求，以保证评估结果的质量。[①]

[①] 陈丽如. 特殊儿童鉴定与评量[M]. 台北：心理出版社，2001：146-147.

第5节 生态评估

生态评估(ecological assessment)是近十年中重度和多重残疾教育领域最重要的评估工具。标准化测验以中等能力群体作为常模,中重度和多重残疾儿童往往无法适用,同时这种以寻找缺陷特质为目的的评估难以发现中重度和多重残疾儿童的学习能力以及为教学提供有意义的参考信息。生态评估不是仅仅评估学生本身的特殊与表现,而是重视评估学习环境以及学生如何与环境互动,[①]认为通过提供适宜的支持与协助,分析与设计直接来自于与服务于学生当前与未来生活的教学内容与活动,可改善与促进中重度残疾儿童行为和生活能力,帮助他们更好地参与或融入社区生活,提高他们的生活质量。

一、生态评估概述

(一)概念

在特殊教育实践领域中,教育工作者发现标准化测验往往难以在评估与教学之间建立有意义的联系,因而评估工作与教学存在较大的差距,这以中重度残疾学生的教学尤为明显。20世纪70年代生态评估策略开始运用于特殊儿童学习需要的考察工作。[②] 生态评估是通过观察与评估,对学生在家庭、学校及社区环境中表现出来的各种能力进行分析,以此设计教学目标与教学内容的过程。[③]

(二)理论基础

布鲁芬布鲁纳(Brofenbrenne)认为环境是一个极其复杂的系统,可分为四种系统:微系统、中介系统、外部系统和宏系统。微系统是生态系统中最基本的单位,指个体之间相互作用的社会环境,如家庭、学校等;中介系统指微系统的联系网络,如儿童父母与学校的互动;外部系统指影响微系统生存和发展的团体或机构的总称,如儿童父母的工作场所或其与朋友的互动;宏系统指整个社会的舆论、观念和文化背景,如社区或整个社会大环境。其生态环境理论为中重度残疾学生的生态评估与教学提供了有价值的指导。

生态评估首先肯定学生(无论能力强弱与否),只要能提供适宜的支持协助,他们都会有能力且可能在不久的将来实际参与生活中(学校、家庭或社区)的各项活动。[④] 任何详细且全面的教育评估都必须评估学生的学业、智力及社会功能,并且继续不断地细致考察学生的多重生活环境以精确评估它们对学生学业成就的影响。此外,生态评估与生态课程的出现,充分考虑了中重度残疾学生的学习特征,由于这些学生的概括、推理和迁移能力较弱,因此教学应充分考虑零推论(zero-degree inference)的原则,即在实际情境中考察学生的学习需求与进行教学,以提高学生的生活适应能力。

---

① 邱上真.特殊教育导论[M].台北:心理出版社,2002:216-217.
② 陈丽如.特殊儿童鉴定与评量[M].台北:心理出版社,2001:119.
③ 李翠玲.生态评量在多重障碍儿童教育之意义与应用[J].云嘉特教(台湾),1997(7):29-35.
④ 陈昭仪.生态评估在教育上的应用[J].教育研究资讯(台湾),1997(3):132-143.

二、生态评估的设计与实施

(一)资料搜集方法

在实施生态评估的过程中,其资料搜集方法主要包括直接观察,记录分析,访谈和心理、教育测量,[①]其内涵见表 11-8。

表 11-8 搜集资料所采用的方法

方　　法	内　　涵
直接观察	有计划地观察学生,并记录观察结果
记录分析	根据原有的记录表或其他现存资料加以分析汇总与整理
访谈	与学生本人、同伴、家长、教师或其他关键人员进行会谈
心理、教育测量	采用正式或非正式的测量工具

由此可见,生态评估的方法是以学生为中心,强调对学生与其周围环境互动关系的了解,通过观察、记录、访谈以及正式或非正式的测量工具,搜集学生在环境中的发展情况,以便为教师设计教学方案提供参考。

(二)评估内容

虽然生态评估会随每个学生所生活的时间、空间而不同,但评估的主要内容一般包括以下七个方面:

(1) 居家生活;
(2) 沟通能力;
(3) 社区生活能力;
(4) 娱乐与休闲能力;
(5) 职业能力;
(6) 社交、人际关系;
(7) 功能性课程。

(三)运用原则[②]

生态评估的目的在于为中重度残疾学生设计功能性课程,因此在运用生态评估结果时应遵循以下六条原则。

1. 强调功能性

运用生态评估设计课程时应以个案为中心,内容必须以个案的实际需求为出发点。因此生态评估非常适合于中重度残疾学生的教育教学。

2. 兼顾个案的生理年龄与心理年龄

通过生态评估为个案设计教学,目的在于帮助个案在自然环境中具有适宜的行为,因此,课程设计的内容应兼顾个案的生理年龄与心理年龄。一般而言,个案的生理年龄决定了课程的内容,即个案从事的活动应尽量符合同年龄儿童的行为特征;个案的心理年龄决定了

---

① 陈丽如.特殊儿童鉴定与评量[M].台北:心理出版社,2001:119.
② 张世慧,蓝玮琛.特殊教育学生鉴定与评量[M].台北:心理出版社,2005:228-229.

课程难度,即课程难度应充分考虑个案的心智水平,通过改变环境、提供支持辅助等方式促使个案尽最大可能参与活动。

3. 依据评估结果进行教学

生态评估的目的是评估学生个别化的学习需求,因此教学应紧密结合生态评估的结果。

4. 注重在自然环境中教学

由于中重度残疾学生的概括、迁移能力较弱,因此依据生态评估结果而设计的教学,应尽可能在自然情境中进行,而且由于注重学生在自然环境中的行为能力,因此可提高残疾学生与普通人交往互动的能力,从而提高他们将来在融合环境中的适应能力。

5. 辅助需求的评估

一般而言,若有适宜的协助与辅助支持,残疾人士的生活适应能力会有大幅度提高。因此,辅助器材与辅助程度的评估,可帮助个案更顺利地参与自然环境中的活动。

6. 应用于职业能力的评估

残疾学生在工作场合常常出现适应困难,如果应用生态评估来实际了解他们的能力与工作要求的匹配情况,以此设计相关的职业指导与辅助服务,应可培养他们适宜的工作能力。

(四)实施步骤[①]

1. 搜集资料

通过访谈、观察、测验、记录等方式搜集资料,如直接观察、学生记录、教师自编测验、翻阅学生作品或作业表现等。其中访谈的对象包括学生、家长或雇主等关键人物。

编制生态评估表通常是执行整个生态评估的第一步,一份完整的生态评估表,不但要包括与学生现阶段的学习关系密切的各种环境(如教室),更必须对学生在未来发展中所可能接触到的各种环境(如工作环境)做清楚交代。通常生态评估表的填写必须与家长、教师、同学、朋友或同事等合作。如果生态评估表所列举的环境过多,则需要先依据优先顺序加以筛选。

2. 进行生态分析

通过实地进入个案现在及未来可能的生活环境,进行实地评估,以了解个案的生活问题与需求。在评估过程中,可根据个案的情况,设计生态评估内容,以便于评估方案的开展与记录。分析的内容包括以下几个方面。

(1)领域:家庭/个人、社区、职业、休闲生活四大领域。

(2)主要环境:找出选定的领域中,包含个案的主要生活环境,例如学校、家庭、社区、工作场所等,包含目前和未来的环境。

(3)次要环境:找出主要环境中个案常常去或喜欢去的地方,例如学校的音乐教室、家中的厨房、小区的公园等。

(4)活动:分析在次要环境中个案常常做或喜欢做的各种活动,如弹奏音乐教室内的乐器。我们并不需要针对每个环境的每项活动进行分析,而是选择与未来教学最具有关联性

---

① 庄妙芬.生态评量/生态教学在中重度智障者教学之应用[R].台南师范学院演讲内容,1994年11月2日.

的项目进行分析。

（5）能力：首先评估个案目前各方面的表现、进行活动时所需要具备的能力；再评估进行活动时需要的辅助，包括个案需要的协助训练以及辅助，并将其纳入教学计划中；然后以工作分析的方式将活动分成若干个小步骤。工作分析通常包括两个步骤：其一，根据一般人，如个案的家人、同学从事这些活动时所表现出来的各种行为进行工作分析；其二，让个案实际进行各种工作的操作，再将其表现与前一项步骤的工作分析记录做比较，进行差异分析。

通过生态分析，可以得到以下两项结果：第一，一系列经过工作分析后的活动名称及内容；第二，针对每一项活动所做细节分析的结果，这份结果必须同时注明学生所需的各种协助，而这些关键能力，自然成为教学方案的重点教学目标。

3. 细列教学目标

根据生态分析的结果将儿童的表现、需求，用教学目标一一列出，来符合个案未来的需求，制定教学目标时可遵循下列原则。

（1）在不同领域都重复出现的技能；
（2）目前环境所必需的技能；
（3）未来环境所必需的技能；
（4）可应用在多种场合的技能；
（5）有与普通儿童互动的机会；
（6）可提高儿童独立生活的能力；
（7）可帮助儿童进入最少受限制的环境，即可扩大儿童参与生活的能力；
（8）符合儿童生理年龄、心理年龄与当前的能力水平；
（9）儿童有参与该活动的意愿；
（10）教室以外，儿童周边的人员也可参与的活动。

4. 设计教学内容

根据前一项教学目标，设计教学内容。

5. 实施教学

根据设计的教学内容进行逐一教学，在实施教学时可采用如下策略。

（1）拟订正强化系统；
（2）使用提示（如口语、动作提示、身体协助）；
（3）运用渐隐策略，促使学生产生自发行为；
（4）运用连锁策略，如正向连锁法、逆向连锁法；
（5）遵循渐进的原则；
（6）遵循部分参与的原则；
（7）遵循最少帮助的原则；
（8）善用团体、分组、一对一的教学；
（9）提供与普通儿童互动的机会，使其在互动中模仿、学习适当的行为。

（五）评估实例[1]

案例 11-6

学生丙，女，17岁，重度智力落后。教师决定采用生态评估的方法设计教学内容，为制订丙的IEP提供依据。教师通过观察、家庭访谈、社区调查及访谈学生丙生活中的重要人员（包括家庭成员、社区相关人员等），了解学生丙当前生活中的问题及其在实际生活中的需求，以此编制了如表11-9所示的生态评估的教学设计表（部分摘要）。

表11-9 生态评估记录表

学生：丙　　评估者：A老师　　被访谈者：母亲　　日期：

主要环境	次要环境	活动	时间	环境中其他人的表现	学生目前的表现			教学重点	辅具或环境调整	教学优先顺序(1,2,3)
					独立	少量协助	完全不会			
家庭	卧室	起床	6:30	妈妈叫起床		△		主动起床		2
	浴室	洗漱	6:40 7:00	口头提示			X	学习刷牙步骤	粘贴刷牙步骤的图片	1
	厨房	进餐	7:10	提醒不弄脏衣物		△		饭前自行戴上围兜，饭后自行取下围兜	将围兜放置在某一位置	3
社区	候车点	等候班车	7:50	有时需提醒才出门	○					
……										
社区	超市	购买饮料	16:30	工作人员帮忙取物和点钱			X	购物交流用语，喜欢饮料的名称，在他人帮助下付钱		2 1 3

注：○ 独立完成；△ 需少量提示或协助；X 完全不会

三、评析[2]

（一）优点

生态评估是目前中重度障碍教育中非常实用的教学评估方法。其优点如下。

1. 具有功能性

生态评估完全以特殊儿童在生态环境中的行为表现为重点，因此评估与评估后的教学具有功能性。

2. 强调个别化

注重不同学生的个别化需求，无障碍程度限制，各个学生都可以经过个别化评估取得适

---

[1] 台湾双溪文教基金会，北京市特殊教育研究会.中重度弱智教育"课程"规划（第一部分）[R].1998年5月.整理自该资料的生态评估内容.

[2] 陈丽如.特殊儿童鉴定与评量[M].台北：心理出版社，2001：122-124.

当的评估结果。

3. 提供学生潜能的评估

生态评估可挖掘更利于学生参与环境的条件,发现学生的潜能,以帮助学生成功且长久生活在最少受限制的环境中。

4. 评估与教学紧密相关

评估提供其他传统诊断方法所无法搜集到的教育资料。其目的是为教学铺路,其结果是设立教学目标与方案。

(二)注意事项

1. 评量较为费时费力

生态评估为个别化评估,常常需要深入儿童的生活环境进行评估,与其重要他人进行访谈,要完成评估需要相当多的时间和精力,这是教师遇到的最大问题。

2. 生态环境难以成为教学情境

评估是在每个学生的生态环境中进行,基于零推论的原则,适当的教学情境也必须在个案的生态环境中,因此需要安排户外教学,而行政上的协调困难,或情境的限制,使得生态环境难以成为教学情境,影响教学的效果。

3. 个别化的教学难以完全掌握

由于评估结果注重个别化的教学原则,而每个学生的行为表现、适合的教学模式都不同,并且教师一堂课需要面对多名学生,这都会造成个别化教育实施的困难。

4. 辅具的设计

辅具设计往往不是特教教师的专长,因此常常需要其他专业人员的帮助。但专业人员间难以取得适当的配合,使得辅具的设计与使用不尽理想,而影响评估的功能。

本章小结

当前特殊教育评估具有三种取向:第一,学生特征的评估,强调学生的身心特点,如智力、心理加工能力、生理神经发展等。第二,教学需求的评估,强调评估结果与教学的相互结合,因此评估的重点在于了解学生现有表现符合教学目标的程度与特定的教学需求。例如,学生目前适应行为的发展程度、特定学科能力的表现水平。教学需求的评估,其评估结果可作为制订教学计划的根据。第三,学习生态环境的评估,注重与学生学习有关的各种生态环境因素的评估。例如,家庭的支持程度、学生学习或行为问题与教师行为的关系、问题行为的前因与后果的分析等。学习环境的评估,其评估结果可作为教师调整教学或学习生态环境的依据。① 这反映了当前教育评价领域从心理模式向更广泛的教育评价模式发展的重要趋势,同时也体现了当前教育评价重视全面的评价内容、多元的评价功能的特点。

本章针对特殊教育评估的三种取向,重点介绍了基于标准化测验的评估、动态评估、课程本位评估、功能性评估、生态评估等特殊教育领域常见的评估方法,较为全面介绍了各种评估方法的概念、类型、实施,并且评析了各评估方法的优点与注意事项。值得指出的是,本章虽然没有涉及档案袋评估、表现性评估、真实性评估等近年来广为运用的其他"质性"评估方法,但是鉴于这些评估方法在全面评价学生以及促进学生发展方面的独特价值,读者可参

---

① 胡永崇.特殊儿童教育评量的难题与因应[J].特教园丁(台湾),1995(11):31-35.

考相关书籍以增加对它们的认识与理解,并结合上述评估方法以更好地服务于特殊儿童的鉴定、诊断与教学工作。

 **思考与练习**

1. 使用标准化测验评估时有哪些注意事项?
2. 与传统静态评估相比,动态评估具有哪些特点?
3. 简述课程本位评估的基本条件与类型。
4. 简述功能性评估步骤。
5. 简述生态评估的运用原则。

第 12 章　特殊教育管理方法

 学习目标

1. 掌握特殊教育管理方法的含义。
2. 了解特殊教育管理方法的特点。
3. 了解特殊教育各种行政方法的优缺点。
4. 了解特殊学校各种管理方法的优缺点。

从事任何工作我们都要明确做什么和怎么做,前者解决的是从事工作的目的、任务问题,后者解决的是实现目的、完成任务的方法。特殊教育的管理也需要一定的方法,为了更有效地管理特殊教育,完成特殊教育要求的任务和达到一定的目的,我们需要遵循一定的规律,掌握正确的管理方法。

第 1 节　特殊教育管理方法概述

特殊教育管理方法就是用以达成特殊教育的管理目标、实现管理过程的方法。它和特殊教育管理原则有着不可分割的联系。特殊教育管理原则是方法的基础,是它必须遵循的指导原理;而特殊教育管理方法是实现管理原则的手段。因此,我们需要对特殊教育管理的方法有一个基本的认识,以便在特殊教育管理的实际工作中更好地贯彻管理原则的要求。

一、含义

特殊教育管理方法是为达到一定的管理目标所采取的措施、途径和手段。它是实现特殊教育管理任务的必然要求,也是特殊教育管理思想、原则的运用和体现。我国特殊教育管理方法主要包括两部分:特殊教育行政方法和特殊学校管理方法。其中,特殊教育行政方法一般包括法治方法、组织调度方法、经济方法和激励方法;特殊学校管理方法一般包括行政管理方法、思想教育方法、经济管理方法、法治方法、咨询参与方法和数理统计方法。特殊教育管理者要有效地完成特殊教育的管理任务,不仅要有正确的特殊教育管理目标和明确的特殊教育管理指导思想,而且要努力掌握特殊教育管理的方法。毛泽东同志曾经形象地用过河与桥或船的关系描述和论证方法的重要性:"我们不但要提出任务,而且要解决完成任务的方法问题。我们的任务是过河,但是没有桥或没有船就不能过。不解决桥或船的问题,过河就是一句空话。不解决方法问题,任务也只是瞎说一顿。"

我们在特殊教育管理工作中经常遇到这样的情况:管理者的热情很高,干劲很足,目标明确,就是缺乏必要的方法作为指导,使特殊学校的工作无法正常开展,甚至引发很多矛盾,影响特殊教育管理的效能。其中的原因在于:一是管理者对特殊教育管理方法缺乏正确的

认识,认为做事情只要有热情,有能力就能干好;二是对管理方法在实践操作中的具体运用缺乏必要的灵活性,只会照搬,不会改造;三是管理者知道特殊教育管理方法对特殊教育管理工作的重要作用,但是苦于知识有限,不知道采取何种方法。

因此,我们在选择特殊教育的管理者时,一定要注意特殊教育管理者运用方法的能力,不能仅仅根据管理者的热情和干劲来选择。有热情和干劲,只能说明管理者有"好心"将特殊教育办好,但是有"好心"的人并不一定会成为一个"好人"(管理者)。一个好的管理者必须具有"好心"和"好脑","好脑"就是用来想好办法的。实践证明:特殊教育管理者只要方法运用得对,就会使特殊教育管理工作事半功倍;反之,事倍功半。

二、特点

特殊教育管理方法具有以下三个特点。

(一) 目的的明确性

方法是为实现一定目的、完成一定任务服务的。特殊教育管理是一种具有明确目的的活动,不同的特殊教育管理目标必然要求特殊教育的管理者运用不同的特殊教育管理方法来完成。一般来说,在国家层面上,特殊教育管理者要确保国家特殊教育的各项事业有序发展应该强调法治方法,要提高特殊教育相关行政部门及工作人员的工作效率和一致性应该强调组织调度方法,要保证特殊教育经费的合理使用应该强调经济方法,要激发特殊教育相关工作人员的积极性应该强调激励方法;在特殊学校层面上,特殊学校管理者在执行任务的过程中应该强调行政管理方法,在育人的过程中应该强调思想教育方法,在调动教师积极性方面应该强调经济管理方法,在规范学校各项行为的过程中应该强调法治方法,在采取决策的过程中应该强调咨询参与方法,在对日常事务管理过程中应该强调用数理统计方法收集特殊学校管理的详细资料等。

(二) 种类的多样性

特殊教育管理方法按照不同的标准有不同的分类。按照层次分类,主要有哲学方法、一般方法和具体方法;按照信息沟通的特点分类,主要有权威性沟通方法、利益性沟通方法和真理性沟通方法;按照特殊教育管理方法的精确程度分类,主要有定性方法和定量方法;按照管理的推动方式分类,可以分为物质方法、精神方法和政令法制方法等;按照管理需要分类,可以分为数量统计、预测、决策、反馈、激励等;按照管理手段分类,可以分为目标管理方法、计划管理方法、程序管理方法、制度管理方法等;按照管理对象分类,可以分为管理时间的方法、管理人的方法、管理财物的方法、管理信息的方法和管理质量的方法等;按照运用时序分类,可以分为传统管理方法和现代管理方法。

(三) 选择的灵活性

"管理有法,又无定法。"特殊教育管理方法在具体运用时不但要受到目标和内容的制约,而且要受到具体时间、地点、对象等因素的制约。因此,特殊教育管理者要针对不同的对象、不同的时间,因地制宜地选取不同的方法。例如,同样是采用奖励的方法,有时发奖金,有时则发纪念品,有时则进行精神激励,有时则将精神奖励和物质奖励结合起来使用。

三、方法论基础

运用特殊教育管理方法要十分注意管理方法的科学性,而科学的管理方法是建立在科学的方法论基础上的。一般来说,特殊教育管理方法的方法论基础主要有马克思主义唯物辩证法、"旧三论"(系统论、信息论、控制论)和"新三论"(耗散结构论、协同论、突变论)。

(一) 马克思主义唯物辩证法

特殊教育管理方法是以一定的哲学思想体系作为指导的。在我国,特殊教育管理方法的主要方法论基础是马克思主义唯物辩证法。马克思主义哲学辩证唯物主义和历史唯物主义既是科学的世界观,又是科学的方法论。它的内容非常丰富和广泛,诸如实事求是,一切从实际出发,具体问题具体分析的方法;统筹全局,分析矛盾,处理整体工作和局部工作、中心工作和一般工作关系的方法;制订和执行计划时,原则性和灵活性相结合的方法;检查和总结工作时,分清主流和支流、成绩和错误,促进事物向有利方向转化的方法;等等。对我国各行各业的管理工作,包括特殊教育管理工作,具有极大的指导意义。

(二) 系统论、信息论和控制论

系统论、信息论和控制论是马克思唯物辩证法在具体学科的体现,因此它们也是特殊教育管理方法的方法论基础。

系统论的渊源是辩证法,强调总体、系统。动态地把握事物,既是唯物辩证法的具体运用,又能描述系统间的差异、作用和变化。它包括系统哲学和系统方法两部分。系统论的基本理论包括四个方面:① 整体的功能不等于部分功能的总和;② 系统的结构决定系统功能;③ 任何系统都是一个运动的动态过程;④ 最优化是系统论的出发点和最终目的。

信息论首先是由美国数学家香农(Shannon)提出的。他在1948年发表的《通讯的数学理论》(*A Mathematical Theory of Communication*)[①]中提出了信息在通信过程中的作用,为信息论奠定了基础。信息论研究问题的基本方法,是把系统的运动过程看成是信息的输入、传递和转换过程。因此,在运用信息论的方法来处理问题时,要用联系、转化的观点来研究信息的输入、加工处理、转换、传递等整个系统运动的过程。在特殊教育管理工作中,运用信息论的方法必须建立完善的信息收集渠道和信息反馈制度,重视民主的交流。

控制论是辩证唯物论和现代科技成果的产物,不仅提供了对事物进行控制的科学方法,而且为认识和改造事物提供了新的思维方法。控制论研究问题的基本方法是把研究的对象看成是一个整体,把研究对象受周围环境作用看成是通过特定通道实现"信息输入",把研究对象对周围环境作用下的反应看成是通过特定通道来实现"信息输出"。利用信息输入、输出观察试验,来研究事物的方法,称为反馈方法。在特殊教育管理工作中,通过各种管理方法来管理特殊教育,应注重做好反馈工作。

(三) 耗散结构论、协同论和突变论

耗散结构论、协同论、突变论,被称为"新三论"。它们都起源于不同的自然科学:耗散结构论起源于生物学和理论物理学;协同论起源于光学;突变论起源于数学。

耗散结构论是1969年由比利时自由大学教授普里戈金(Ilya Prigogine)所提出来的。他对耗散结构的含义作了如下解释:"一个远离平衡态的开放系统,当其中某个变量达到一定的临界值时,通过涨落发生突破,即非平衡突变,就有可能从原来的混沌无序状态转为一种空间、时间或功能有序的新状态,这种远离平衡的非线性区形成的宏观有序结构需要不断

---

① Shannon, C. E. A Mathematical Theory of Communication[J]. Bell System Technical Journal, 1948(3):379-423.

与外界交换能量才能维持,并保持一定的稳定性。"① 根据耗散结构论的观点,特殊教育管理者在进行管理时,一定要使所建立的管理系统是一个开放的系统,使之加强与外界的物质、能量与信息交换,特别是信息交换,形成一个经济和信息的输入和输出流,这样才能使管理系统保持稳定而处于有序状态。

协同论是原联邦德国斯图加特大学理论物理学教授赫尔曼·哈肯(Hermann Haken)提出的。协同论是研究各种系统和运动现象从无序到有序转变的共同规律,力图阐明在具体性质极不相同的系统中产生新结构和自组织的共同性,揭示合作效应引起的系统自组织的作用。协同论告诉我们,系统之间可以通过协同形成优于部分运动之和的整体宏观效应,即 $1+1>2$;而如果相互制约,也会使整个系统的力量削弱,使整体功能从"内耗"中泄漏出去,即 $1+1<2$。这就是说,协同可以提高效率,而不协同就会降低效率。

突变论是法国数学家雷内·托姆(Rene Thom)在1968年提出的。他认为,系统从一种稳定状态进入不稳定状态之后略作变化而进入另一种稳定状态,就发生了突变。因此,突变论研究的是系统从一种稳定状态到另一种稳定状态。突变论为我们提供了描述事物突变现象的数学模型。事物由通常的"渐变"过程发展到一定程度,到了一定临界点,"渐变"的一般平滑过程就会突然中断,新的质变突然出现,这种现象叫"突变"。

第2节 特殊教育行政方法

特殊教育行政方法是国家为完成特殊教育任务,实现特殊教育行政职能,依据一定的管理理论和手段所采取的措施和手段。特殊教育行政方法主要包括法治方法、组织调度方法、经济方法和激励方法。

一、法治方法

法治方法就是依法治理特殊教育的方法,它规定了国家机关在管理特殊教育方面的职权和职责,保证了各种国家机关在组织和调控特殊教育方面职能的实现,使特殊教育事业真正做到有序发展。它要求建立系统健全的特殊教育政策法规,严格依法办事。

教育法规,是把体现统治阶级意志的教育宗旨、方针、政策法律化、规范化,以实现国家对教育的领导与控制。长期以来,我国有关特殊教育的法律法规不但比较零散和有限,而且彼此之间缺乏有机的整合和衔接,尚未形成有机的整体和合理的体系,所以当务之急是国家立法机关应尽快制定《特殊教育法》,完善我国特殊教育法制体系,使我国的特殊教育真正做到有法可依。

法治方法具有权威性、强制性、规范性、稳定性、可预测性等特点。其优点主要体现在:① 易于高度统一,集中领导,处理共性问题;② 责权清楚,赏罚分明,权威性大,便于管理;③ 能清楚预见后果,有效地调节行为。缺点主要体现在:① 缺乏弹性和灵活性,不便于处理一些突发性问题;② 限制较多,不利于调动下属积极性。②

教育法律是统治阶级意志的体现,其实质是依靠上层建筑的力量来影响教育,控制教育的管理。特殊教育法律也不例外,但法律并不是万能的,它只能在有限的范围内(合法与违

---

① 尹毅夫.管理学[M].北京:企业管理出版社,1992:272.
② 王世忠,雷江华,曹晓宁,欧阳琼.学校管理概论[M].武汉:中国地质大学出版社,2004:110.

法)调整和控制特殊教育的活动。事实上,在法律方法作用范围以外还存在广泛的领域,还有大量的特殊教育管理工作要做。此外,法律方法本身也有某些局限性,易导致管理系统呆化、僵化,不利于特殊教育管理者根据具体情况发挥自身的主动性、创造性等。目前,我国教育立法和教育司法中都存在着不少问题,特殊教育法律方法在我国特殊学校管理中的作用也十分有限,在这种情况下,我们更不能无限制地扩大法律方法的作用范围。[①]

二、组织调度方法

组织调度方法是依据特殊教育行政组织中的上下级关系而直接对特殊教育行政部门或人员直接进行管理的方法。它有力地保证着整体意志的统一和行动的统一。

正确实行组织调度方法,要建立领导者与被领导者,上级与下级之间的正确关系。下级服从上级的原则是实行组织调度方法的有力保证。运用这一原则,对于领导者或上级来说,要能了解、体察下情,他的决策、指示应是正确的,有什么情况,应及时与下级沟通,这样才能使下级心悦诚服地接受领导。对于被领导者或下级来说,应有一种积极与领导者或上级合作的态度,这样才能有利于上级或领导的决策和指示顺利地贯彻执行。

正确地运用组织调度的方法,不仅要注意建立和健全各项特殊教育行政活动的规章制度,从制度上来保证组织领导的渠道畅通,而且要明确各级组织机构的权力和责任,要制定各级机构工作人员的岗位责任制,要制定各种特殊教育行政工作的工作制度。在特殊教育行政活动中要克服不按制度办事的倾向,制定规章制度不是为了做表面文章。那些不落实在行动上的规章制度定得再多、再全也是不起作用的。[②]

三、经济方法

经济方法是制定科学的特殊教育财政政策,规定特殊教育经费的投入使用,从而对特殊教育进行管理的一种方法。特别是随着我国市场经济的发展,特殊教育领域的经济活动日益增多,特殊教育管理的经济方法的运用也越来越广泛,了解该方法的特点及其实施具有十分重要的意义。

经济方法具有利益性、间接性、多样性等特点。首先,这种方法的最大作用是把员工的个人利益与他们的工作绩效直接联系起来,使大家看到自身工作的利益所在,有利于激发他们的工作积极性。其次,经济方法有利于消除平均主义,促进员工之间的有效竞争。最后,运用经济方法体现了管理者对员工物质生活的关心,拉近了管理者和员工的距离。

但经济方法在特殊教育管理上的运用很有限,因此在运用经济方法时应注意以下问题:首先,要正确对待员工的物质利益要求。在肯定大家物质利益要求合理性的基础上,充分分析各方面的原因和条件,积极满足他们合理的要求。对不合理的要求也要尽量通过教育的方法来解决,切忌采用简单粗暴的方法。其次,坚持按劳分配原则,反对搞平均主义。运用经济方法的目的是调动大家工作的积极性,而平均主义无法达到这一目的,只有实行按劳分配的原则才能真正达到这一目的,但按劳分配原则的正确实施,是建立在对大家劳动成果进行科学、客观评价的基础之上,而且要从实际出发,在拉开物质待遇差距的同时,也要考虑他们的心理承受能力。最后,经济方法要与其他方法结合使用。如果在特殊教育管理过程中,

---

① 葛金国.学校管理学[M].合肥:中国科学技术大学出版社,1996:279.
② 孙绵涛.教育行政学[M].武汉:华中师范大学出版社,2002:81-82.

过分倚重经济方法而不积极与其他方法结合运用,那么经济方法就无法正常发挥其作用。

为有效地管理特殊教育,政府要采取的最主要的经济方法是保证特殊教育经费的投入与合理配置使用。首先,国家应充分认识到特殊教育的重要性,加大特殊教育的投入力度。随着社会的进步和人们对残疾人态度的转变,特殊教育已经得到了社会大众的普遍关注和重视,而且也成为衡量一个国家文明程度的主要标准。但如果没有足够的经费保障,那么特殊教育是难以发展起来的。根据2006年第二次全国残疾人抽样调查主要数据公报,我国目前有各类残疾人8296万人,其中学龄儿童约有800多万,因此,增加政府的教育投入迫在眉睫。中央和地方财政作为特殊教育经费的主要来源,对教育投入有重大的责任和义务,这是发展特殊教育的基础所在。其次,积极拓宽特殊教育资金的投入渠道,鼓励和吸收社会力量参与特殊教育,做好相关的宣传工作,加大实施"扶残助学项目""彩票公益金助学项目"等有利于特殊教育的社会事业。最后,在加大经费投入的同时,还要合理配置资源,应当确立新的资源配置的理念:在发展特殊教育中缩小差距,坚持公正,在照顾各地历史和现实的实际差距时,应当将逐步缩小地区差距、城乡差距作为努力的方向。这样,针对目前我国特殊教育发展的地区差异,党和政府应在教育资源的配置上基于公平、公正的原则,教育经费的投入、学校的布局、教育的增量部分应向残疾人群倾斜,多考虑边远贫困地区的发展,使公共教育资源的配置能够满足残疾人这一"最为有利群体的最大利益"要求。[①]

四、激励方法

激励方法是指在特殊教育行政活动中运用思想政治工作和行为科学的激励理论,激发、调动特殊教育人员积极性的方法。它主要包括思想政治工作模式和行为科学激励模式。[②]

思想政治工作模式的主要特点是从提高人的思想认识入手,把社会的需要、进步的理论、党的政策转化为群众个体的思想观念与信念,变为群众的自觉行动来调动人的积极性。运用这一模式主要通过提高特殊教育人员的思想认识,使他们树立科学的世界观和人生观来调动其积极性。当然,最重要的是不但要他们掌握马列主义、毛泽东思想和邓小平理论,而且要把深入细致的思想工作与合理满足人民群众的需要结合起来调动特殊教育人员积极性,注意发挥满足特殊教育人员物质生活需要在形成高尚的精神需要中的作用。

行为科学激励模式的重要特点是通过满足个人的需要来达到激励人的积极性的目的。运用这种模式要注意以下几点:首先,重视需要在人的积极性中的作用。行为科学的激励理论认为,人的积极性是由人的需要引起的,需要是人的积极性的根源,要调动人的积极性,就必须研究和满足人的需要,这样才能从根本上调动特殊教育人员的积极性。其次,要对特殊教育人员当前的需要有一个总的评价,有一个正确的看法,从而采取相应的措施,使激励收到预期的效果。第三,要认真分析特殊教育人员的需要,并针对这些需要采取不同的激励措施。要使对特殊教育人员积极性的激励收到成效,不仅要了解、分析特殊教育人员的需要,还要掌握他们某一时期的优势需要,这样才能有针对性地做好工作;要使特殊教育人员保持旺盛的斗志,就要使他们不断有所追求,这样才能使特殊教育人员的积极性具有稳定、持久的力量。第四,利用目标的作用,使特殊教育人员认清目标的意义,帮助他们分析实现目标的可能性,使之树立信心。第五,在满足特殊教育人员的需要时,还要使他们具有公平

---

① 庞文,等.我国特殊教育经费投入的数据分析与讨论[J].中国特殊教育,2008(12):17.
② 孙绵涛.教育行政学[M].武汉:华中师范大学出版社,2002:83-86.

感。人们对需要的满足感,不仅与自己劳动后所取得的报酬有关,而且还与他和处于同等情况下的其他人相比较是否感到公平有关。如果主观上觉得公平,人就会产生一种满足感,从而有利于激发人的积极性;反之,人的积极性的发挥就会受到阻碍。因此,根据这一理论,要激发特殊教育人员的积极性,就必须真正做到按劳取酬,改变特殊教育人员中平均主义吃大锅饭的现象,以及特殊教育人员的收入普遍低于其他行业的现象。

第3节 特殊学校管理方法

特殊学校管理者要切实扮演好自身的角色,就必须学会管理,学会运用各种管理方法。一个灵活掌握了管理方法的特殊学校管理者,必然能使特殊学校的各项工作有条不紊地进行,能运用多种管理方法来解决特殊学校管理工作中的具体问题。这样就能努力使一所特殊学校办好,从而赢得良好的社会声誉。"有什么样的校长,就有什么样的特殊学校"就是明证。特殊学校管理方法包括行政管理方法、思想教育方法、经济管理方法、法治方法、咨询参与方法、数理统计方法等。

一、行政管理方法

行政管理方法是特殊学校管理者依靠以校长为首的各级组织机构和自身的权力,通过发布命令的方式,直接对师生员工产生影响作用的管理手段。一般采取命令、指示、规定、计划、规章制度等方式对特殊学校进行管理。

行政管理方法的理论基础是德国政治经济学家和社会学家马克斯·韦伯(Max Weber)的科层组织理论。韦伯认为,科层组织包含着每个复杂组织中所具有的某些特点和规范,管理者可以最有效地应用于各种复杂组织。当组织中的职位被人填充以后,就形成了"官僚结构"。这个结构中,每个人员都占据了一个明确说明了职责权限的职位。各个职位都在等级制内。行政管理的基本依据是职务和职权。上级有对下级指挥控制的权力,下级有对上级听命服从的义务。从行政方法本性上说,行政组织中的人员是一种不带任何感情色彩的工作关系,上级对下级的安排与领导没有任何个人倾向。工作绩效主要取决于个人的业务能力。

按照上述思想,特殊学校也是一种科层组织。特殊学校中各级各类组织及其人员的职责和权限有严格规定,各层次之间的关系明确,各类成员的能力也是胜任工作的。由于职责和权限,职务和能力相称,特殊学校管理的秩序容易形成,行政管理方法的有效性也就有了保证。行政管理方法的本质特征是以权力为基础,依靠组织权威直接指挥下级的活动。

行政管理方法具有权威性、强制性、时效性、垂直性、稳定性等特点。其优点主要体现在:① 能统一行动,便于集中领导;② 有助于充分发挥特殊学校行政的管理职能;③ 在特殊学校中会经常发现新情况、新矛盾,设置以校长为首的行政组织,有助于去处理各种特殊的突发事件。缺点主要体现在:① 片面强调行政过程的方便,容易将管理过程简单化;② 容易造成独断专横,不考虑实际情况;③ 信息传递慢,容易失真;④ 因人而异,具有一定的随意性。因此,特殊学校管理者要掌握行政管理方法的特点,发挥其长处,避免其局限性。

特殊学校管理者在运用行政管理方法时要注意以下问题:首先,正确对待权威问题,反对独断专横和家长式作风。特殊学校管理者要正确认识和对待权威的作用,注意提高自身的素质,不能仅仅依靠职位权力来实施行政管理,更应该依靠非职位权力为实施行政管理创造良好的条件;能根据特殊学校的实际情况,听取下属和专业行家的意见,不能独断专横。其次,健全特殊学校内部组织系统,有令则行,有禁则止。特殊学校管理者要健全特殊学校内部组织系统和有关规章制度,保证组织内部节制有度、职责分明、信息畅通,既能令行禁止,又能调动下属的工作积极性。第三,发扬民主,健全咨询、监督反馈制度。特殊学校管理者要发挥教职工代表大会的作用和功能,充分发挥教职工的积极性和主动性。为此,特殊学校管理者要健全特殊学校的咨询、反馈制度。

二、思想教育方法

思想教育方法是特殊学校管理者凭借管理和科学的力量,运用精神观念的宣传方式,对特殊学校成员的思想认识、道德情感和外部行为产生影响作用的管理手段。一般运用做报告、讨论、谈心、家访、典型示范、劳动竞赛等方式来实现对师生员工进行特殊教育的目的,能够营造管理者与教职工、学生之间的平等气氛,引起共鸣,从而达到调动人的积极性的目的。

特殊学校管理的核心是对人的管理。在同样的条件下,人的思想状况不同,工作绩效大不一样。思想教育方法的实质正是通过提高或改变人的精神面貌,调动人的积极性,进而提高人们工作的效率和质量。

思想教育方法具有启发性、长期性、广泛性、科学性、艺术性、目的性等特点。其优点主要体现在:① 能提高师生员工的思想认识水平,并指导各项活动;② 能激发师生员工的工作和学习热情,促使其发挥内在潜能;③ 一旦奏效,影响深刻持久。缺点主要体现在:① 见效慢,不能"立竿见影";② 对特殊问题的处理显得作用有限;③ 约束性比较差。

因此,特殊学校管理者在运用思想教育方法时要注意以下问题:首先,理论联系实际,接触具体实际,解决实际问题。思想教育方法的核心是通过说服的方式对特殊学校师生员工进行思想教育,提高他们的思想认识。但是在说服的过程中,一方面要理论联系实际,通过事实和实例来教育特殊学校师生员工;另一方面要通过思想教育,解决他们的具体问题,不能"只说不做"。其次,思想教育要与民主、公平相互适应。特殊学校管理者在思想教育过程中,不能存在行政长官意识,采取一种居高临下的姿态与被管理者进行交谈,而要采取民主与公平的方式对被管理者进行教育,平等对话,倾听被管理者的心声,解决他们的实际问题。第三,要把表扬和批评相结合,并以表扬为主。特殊学校管理者要运用好表扬与批评对教职工的作用。一般来说,表扬要公开进行,这样可以调动教职工的积极性;批评不要在公开场合进行。因为每个人都会顾及自身在公众中的形象,所以要以表扬为主。第四,身教与言教相结合,严于律己,宽以待人。特殊学校管理者对教职工的思想教育工作一定要做到身教与言教相结合。古语云:"其身正,不令而行;其身不正,虽令不从。"特殊学校管理者只有在教职工中起到表率作用,做到言行一致,表里如一,才能通过自身的榜样作用来调动教职工的积极性。

三、经济管理方法

经济管理方法是指特殊学校管理者运用经济手段刺激组织行为,形成动力,以物质利益作为杠杆来调节管理效果,调动人们积极性的方法。一般运用工资、奖金、福利、罚款等来实现对师生员工的管理。

众所周知,物质利益是人们工作的基本动因之一。经济管理方法的实质是物质利益原则,即运用经济手段不断调整各方面的物质利益关系,把个人利益与国家利益结合起来,从而提高个人工作的积极性和责任感。

经济管理方法具有利益性、调节性、制约性、多样性等特点。其优点主要体现在:① 排除主观性、随意性的影响,则易于调动人的积极性;② 便于分权管理,发挥各方面的积极性;③ 能较好地处理各方面的物质利益关系。缺点主要体现在:① 容易产生"拜金主义",产生副作用;② 时效较短;③ 具有一定的局限性,影响人的积极性。因此,特殊学校管理者在运用这一方法时要正确使用办学自主权,在坚持按劳分配,克服平均主义的同时,根据特殊学校工作的特点,完善各种岗位责任制。

特殊学校管理者在运用经济管理方法时要做到:首先,制定工作条例,使责、权、利三者相结合。特殊学校管理者应通过制定相关的工作条例,如"教师奖惩条例"等,来明确教师的责、权、利,并在实际执行过程中严格按照工作条例来实施各种经济奖励和惩罚,以使教职工树立责任意识、权利意识和利益意识。其次,建立科学的评价体系,提倡公平竞争,将效果与经济利益挂钩。特殊学校管理者要利用物质利益来调节教职工的行为,还必须建立科学的、统一的考评标准,来指引教职工的各种教学、管理行为,并将他们的工作效果与经济利益挂钩。在中小学,有很多经济纠纷是因为考评标准不一致而引起的物质利益分配不均,导致教职工之间因没有得到相应的物质利益而矛盾重重。再次,把握限度,克服"一切向钱看"的不良现象。特殊学校管理者在实际运用物质利益对教职工进行奖惩时,要注意把握一定的"度",抓住主要环节和时机。如果特殊学校管理者仅仅依靠经济方法来刺激教职工的积极性,就容易导致教职工产生"一切向钱看"的功利主义思想。最后,注意与其他方法结合使用。经济管理方法不能单独使用,它应该和思想教育方法等结合起来使用。只有这样,才能使它长期发挥效用。

四、法治方法

特殊学校管理中的法治方法是指运用法律规范、纪律章程和各种行为准则进行管理的方法。运用法治方法的方式主要包括制定法律、法规、规章、条例、纪律、准则等来调节人们的行为。

法治方法具有权威性、强制性、规范性、稳定性、预见性等特点。其优点主要体现在:① 易于高度统一,集中领导,处理共性问题;② 责权清楚,赏罚分明,权威性大,便于管理;③ 能清楚预见后果,有效地调节行为。缺点主要体现在:① 缺乏弹性和灵活性,不便于处理一些突发性问题;② 限制较多,不利于调动下属积极性。

法律属于上层建筑的范畴,法律对特殊学校管理活动的作用体现在两个方面,它既可以起促进作用,也可以起阻碍作用。如果法律、法规符合社会活动的客观规律,就可以起到促进作用,否则就会产生阻碍作用。因此,特殊学校管理者在运用法治方法时要注意以下问题。

首先,加强法制观念和法制知识的学习宣传,做到知法、懂法、守法。法律是靠国家的强制力保证实施的。然而在法律实施的过程中,仅有国家强制力是不够的。只有包括特殊学校管理人员在内的全体人员对依法治校有清楚的认识,优良的立法,严格执法和自觉守法才有可能实现。依法治校当前面临的最重要任务是特殊学校师生员工思想观念的转变和法律意识的提高。由于历史与现实的诸多原因,我们面对的是人治型观念的现实,整个社会法制观念淡漠而人治思想深厚。社会上有很多人,其中不乏特殊学校管理人员,对特殊教育法律仍有片面甚至错误的看法,对依法治校在思想上还缺乏正确的认识。依法行使国家权力的观念尚未达成普遍共识,致使有些人对实际工作中出现的置国家特殊教育法律于不顾,滥用职权的现象视而不见,甚至因为对特殊教育法律还很陌生而抱着"事不关己,高高挂起"的冷漠态度,不仅缺乏遵守特殊教育法律和监督特殊教育法律实施的自觉性,而且对如何运用法律手段保护自己合法权益也所知甚少。要从根本上改变这些状况,就必须在师生员工中培育法制观念,增强依法治校的紧迫意识。习近平同志在2014年10月党的十八届四中全会第二次全体会议上,深刻阐明党的十八届四中全会决定有一条贯穿全篇的红线,这就是坚持和拓展中国特色社会主义法治道路,并提出在这个根本问题上,我们要树立自信、保持定力,基本的东西必须长期坚持。这就是:必须坚持中国共产党的领导,必须坚持人民主体地位,必须坚持法律面前人人平等,必须坚持依法治国和以德治国相结合,必须坚持从中国实际出发。

其次,制定规章制度,加大检查监督力度,强化依法治校意识。孟德斯鸠说:"一切有权力的人容易滥用权力,这是万古不易的一条经验。"特殊学校管理机构要防止滥用权力,就要加强监督与制约。在加强舆论监督的基础上,更要加强法律监督,对于保证依法治校,实现特殊学校管理工作法制化至关重要。依法治校是一场深刻的观念更新和制度变革,涉及各个领域,各个方面。要搞好依法治校必须强化法律意识,加强依法治校的理论研究和实践探索,不断总结经验,切实推动特殊教育法制建设,不断提高依法治校的水平。依法治校要求在特殊教育法律规定的范围内决策,依照特殊教育法律规定行使权力,以保证特殊学校管理工作符合社会和人民的要求,避免不公、错误和违法,减少纠纷和矛盾。同时,特殊学校管理者要按特殊教育法律规定的程序办事,遵守法定的程序办事,遵守法定的操作规则,都将大大提高特殊学校管理效率。

再次,争取社会支持,依法保护特殊学校和师生的权益。依法保护特殊学校和师生的权益,就是要做到使特殊学校依法治校,教师依法从教,学生依法受教。教师依法从教就是教师要根据法律中的有关规定来规范自己的教学行为,特别是要根据特殊教育法律法规中对教师的相关要求来从事特殊教育教学工作。因此教师必须提高自身的法律素质,增强法律意识,树立法制观念。对此,特殊学校应该组织法律知识讲座来提高教师的法律素质,教师自身也应通过各种途径来学习法律知识,从而规范自己的特殊教育教学行为,实现依法从教。学生依法受教就是学生要根据法律、法规的要求来自觉接受特殊教育,运用法律的武器来维护自身的受特殊教育权以及其他各项权益。要使学生真正在特殊教育领域中实现依法受教,除了完善对学生的权利、义务、责任的规定之外,还必须提高学生自身的法律素质。有的学生知道法律知识,就会运用法律手段来保护自身的合法权益。

最后,特殊学校管理者要以身作则,遵纪守法,与违法行为作斗争。有法必依,执法必严,违法必究,规范特殊学校管理行为。特殊学校管理者权力行使的过程,也是贯彻执行特殊教育法规的过程。特殊学校管理人员必须做到执法必严,违法必究。特殊学校管理机构及其工作人员率先垂范,严格依法治校,在管理活动中执行法律规定,贯彻法律原则,体现法律精神,不仅能使特殊教育法律、法规得到全面实施,同时也能在全社会起到很好的尊重法律、执行法律和遵守法律的示范作用,有助于公民法律意识的普遍提高,有助于树立起法律至高无上的权威,从而推动依法治国,建立社会主义法治国家的进程。

五、咨询参与方法

咨询参与方法是随着现代科学技术的发展而逐渐发展和完善起来的一种方法。它强调被管理者的主动地位以及重视民主、平等的氛围。咨询参与方法是指特殊学校管理者依靠专业行家出谋划策,提供较好的方案和意见,以供领导决策,有效推进管理工作的方法。一般通过专家座谈访问、建立咨询机构、委托研究项目、征集计划方案等形式来达到管理特殊学校的目的。

咨询参与方法具有针对性、综合性、时效性等特点。其优点主要体现在:① 能有效地沟通领导和教职工的意见;② 提高领导水平,博采众家之长,能充分发挥专业行家的作用;③ 应用性较广;④ 能激发创造性思维。缺点主要体现在:① 不易于集中统一,这在领导不力的情况下表现尤其明显;② 容易造成"各行其是"的局面。

因此,特殊学校管理者在运用咨询参与方法时要注意以下问题:首先,更新管理观念,用现代管理方法作指导。特殊学校管理者应该树立正确的管理观念,特别是要更新管理本质观。过去,很多特殊学校领导认为,管理的本质就是领导,就是行政,从而形成了官僚作风,不能虚心听取下属、专家的意见,导致特殊学校管理工作的很多失误。这些教训应该引以为戒。其次,发扬民主管理作风,广开言路。特殊学校管理者要充分调动师生员工的积极性,就必须广开言路,充分听取师生员工的意见,切实做到"从群众中来,到群众中去"。此外,特殊学校管理者还要重视教职工代表大会作为民主管理机构的特性,充分发挥这一机构的职能,使它在特殊学校的发展、决策中发挥应有的作用。最后,建立咨询机构,确定专职、兼职人员。特殊学校管理者应该根据特殊学校组织机构设置的要求,建立咨询机构,配备咨询人员。但是,需要注意的是,咨询机构的人员不是狭义上的特殊学校管理人员,即不是"官"。长期以来,由于官僚体制的影响,很多特殊学校管理者认为,特殊学校只要设置了机构,就会增加"官",形成多头领导。现在应该避免这种错误的认识。特殊学校中的咨询机构只是特殊学校中的一个广义上的管理机构,而不是领导机构,其人员的任用应该以兼职人员为主。

六、数理统计方法

数理统计本身不是目的,而是一种工具和手段。在特殊学校管理中应用数理统计方法的目的在于更加精确地表述事物的特征。

数理统计方法是指以数理学科知识为工具,对特殊学校管理问题进行测定并进行定量分析与测定,来推进特殊学校管理工作的方法。一般运用数据、表格、统计图等来客观地反映实际情况,为特殊学校管理工作提供可靠的依据。

数理统计方法具有抽象性、精确性、普遍性等特点。其优点主要体现在:数理统计方法以数字为依据,易于准确地反映实际,说明问题,为管理工作提供可靠的依据。缺点主要体现在:数据本身很难进行价值判断;容易造成"数字出官、官出数字"的现象。

因此,特殊学校管理者在运用数理统计方法时要注意以下问题:首先,数据全面、真实、准确。在运用数理统计方法收集数据的过程中,特殊学校管理者一定要保证收集的数据要全面、真实、准确。全面就是涉及内容要广、涉及的人员要多;真实就是要在全面的基础上提高数据的可靠性、有效性；准确就是要使收集的数据有事实根据。其次，定量分析与定性分析相结合。特殊学校管理者在运用数据进行分析时，要注意将定量分析和定性分析结合起来。因为定量分析有其局限性，不能对事物进行准确的价值判断。例如，两个学生同样考了95分，我们不能简单地认为他们就具有同样的智商，或者在学习方法、学习态度等方面的表现是一样的，而要借助定性分析，发现学生的优势和不足，从而做到因材施教。

本章小结

特殊教育管理方法是为达到一定的管理目标所采取的措施、途径和手段。它是实现特殊教育管理任务的必然要求，也是特殊教育管理思想、原则的运用和体现。特殊教育管理方法具有目的的明确性、种类的多样性和选择的灵活性等特点。一般来说，它的方法论基础主要有马克思主义唯物辩证法、"旧三论"（系统论、信息论、控制论）和"新三论"（耗散结构论、协同论、突变论）。

特殊教育行政方法是国家为完成特殊教育任务，实现特殊教育行政职能，依据一定的管理理论和手段所采取的措施和手段。它主要包括法治方法、组织调度方法、经济方法和激励方法等。每种方法都有其优缺点。

特殊学校管理者要切实扮演好自身的角色，就必须学会管理，学会运用各种管理方法。一个灵活掌握了管理方法的特殊学校管理者，必然能使特殊学校的各项工作有条不紊地进行，能运用多种管理方法来解决特殊学校管理工作中的具体问题。这些方法包括行政管理方法、思想教育方法、经济管理方法、法治方法、咨询参与方法、数理统计方法等。每种方法都有其优缺点。

思考与练习

1. 什么是特殊教育管理方法，并简述它有哪些特点。
2. 特殊教育行政方法有哪些？这些方法各有什么优缺点？
3. 特殊学校管理方法有哪些？这些方法各有什么优缺点？

第5编 特殊教育目标论

第13章 特殊教育目标

 学习目标

1. 掌握特殊教育的教育目的、培养目标和课程目标。
2. 熟悉特殊教育目标与普通教育目标的相通之处,能正确地表述特殊教育的一般目标。
3. 正确认识和把握特殊教育特有的目标,掌握不同障碍类型特殊儿童特有的目标。

教育是培养人的活动,特殊教育是培养有特殊需要的人的活动。从终极价值来看,人类所有活动的根本目标就是追求生活幸福。教育的基本目标都是最大限度地发挥受教育者的潜能,使他们的个性充分发展,最终解放自我进而实现自我,成为社会化的人。然而,具体到某一类教育来说,教育目标必须根据特定教育对象的固有活动和需求作为出发点,对其进行适性化的培养。特殊教育正是因为教育对象自身的独特性,才形成了适合于自身的特殊教育目标体系。

第1节 特殊教育目标体系

特殊教育目标体系就是由特殊教育各级各类目标所组成的横向系统和纵向系统。从横向上来看,有多少类特殊教育需要儿童,就有多少种特殊教育目标,它们彼此之间构成了特殊教育的横向目标体系;从纵向上来看,它主要反映了特殊教育目标的层次性,特殊教育目标根据从高到低的层次来看,包括特殊教育的教育目的、培养目标和课程目标(或教学目标)。

一、教育目的

教育目的是指把受教育者培养成为一定社会需要的人的总要求,是社会对教育所要造就的社会个体质量规格的总的设想或规定。

国务院于2014年1月转发教育部、发展改革委、民政部、财政部、人力资源社会保障部、卫生计生委、中国残联《特殊教育提升计划(2014—2016年)》,文中提出"必须加快推进特殊教育发展,提升特殊教育水平,进一步保障残疾人受教育权利,帮助残疾人全面发展和更好融入社会,使广大残疾人共享改革发展成果,在全面建成小康社会、实现'两个百年'目标和中国梦的进程中实现幸福人生"。

国务院于1994年8月颁布的《残疾人教育条例》明确规定："实施残疾人教育,应当贯彻国家的教育方针,并根据残疾人的身心特性和需要,全面提高其素质,为残疾人平等地参与社会生活创造条件。"

教育部于1998年颁布《特殊教育学校暂行规程》中明确规定："特殊教育学校要贯彻国家教育方针,根据学生身心特点和需要实施教育,为其平等参与社会生活,继续接受教育,成为社会主义事业的建设者和接班人奠定基础。"

中共中央、国务院于2010年7月正式印发的《国家中长期教育改革和发展规划纲要(2010—2020年)》提出,各级各类学校要认真贯彻"教育必须为社会主义现代化建设服务,为人民服务,必须与生产劳动和社会实践相结合,培养德、智、体、美全面发展的社会主义建设者和接班人"。

结合这些中央文件以及特殊教育的实际,我们可以把特殊教育的教育目的确立为:必须为社会主义现代化建设服务,结合特殊教育对象的身心特点和需要,在与生产劳动和社会实践相结合的过程中注重劳动技能的培养,促进特殊教育对象德、智、体、美等多方面能力的发展,使他们能更好地融入社会,成为合格的社会主义现代化建设者和接班人。

二、培养目标

培养目标是各级各类学校对受教育者身心发展所提出的具体标准和要求。它是不同级别、不同类型、不同层次和不同专业教育的具体目标,在教育目的的基础上制定出来,是教育目的的具体化。

培养目标是由特定的社会领域和社会层次的需要所决定的,不同级别的学校的培养目标也不同。培养目标是针对特定的对象提出的,各级各类学校的教育对象各有不同,因此培养目标也各有自己的特点。

特殊教育的培养目标在各类特殊学校的培养目标中得到了很好的体现。教育部于1998年颁布《特殊教育学校暂行规程》中明确规定："特殊教育学校的培养目标是:培养学生初步具有爱祖国、爱人民、爱劳动、爱科学、爱社会主义的情感,具有良好的品德,养成文明、礼貌、遵纪守法的行为习惯;掌握基础的科学文化知识和基本技能,初步具有运用所学知识分析问题、解决问题的能力;掌握锻炼身体的基本方法,具有较好的个人卫生习惯,身体素质和健康水平得到提高;具有健康的审美情趣;掌握一定的日常生活、劳动、生产的知识和技能;初步掌握补偿自身缺陷的基本方法,身心缺陷得到一定程度的康复;初步树立自尊、自信、自强、自立的精神和维护自身合法权益的意识,形成适应社会的基本能力。"

2007年,根据基础教育课程改革和特殊教育事业发展的需要,教育部修订了《全日制盲校课程计划(试行)》《全日制聋校课程计划(试行)》《全日制弱智学校(班)课程计划(征求意见稿)》,并更名为《盲校义务教育课程设置实验方案》《聋校义务教育课程设置实验方案》和《培智学校义务教育课程设置实验方案》。三个实验方案分别对盲、聋、培智学校三类学校在培养三类学生中的培养目标提出了具体的要求。

从人才的培养规格看,这些培养目标大致可以归纳为以下几个方面:① 积极的情感、审美情趣和文明的行为习惯;② 卫生、健康和身体素质;③ 基本的文化知识和技能;④ 生活、劳动和生产技能;⑤ 缺陷补偿、功能康复;⑥ 自决的精神和法律意识;⑦ 社会适应能力。

三、课程目标

课程目标是教育者在教育教学的过程中,在完成某一阶段工作时,希望受教育者达到的要求或产生的变化结果。课程目标是教育目的和培养目标在教学活动中的具体化。教学是学校教育最基本的活动类型,是实现教育目的最基本的途径。

课程目标既可以是一门课程的目标,也可以是一个教学单元或一节课的目标。课程目标越明确具体,就越容易操作,越便于评估和改进,即用可观察和可测量的方法来陈述课程目标。

特殊教育课程目标和普通教育课程目标的确立原则是一样的,但结合特殊儿童自身的身心特点和受教育内容,则必须确定自身独特的课程目标。

不同障碍类型特殊儿童的课程目标也不相同,课程目标的确立要坚持以生为本,符合特殊儿童的身心发展特点,同时还要综合考虑社会对于特殊儿童的要求以及课程本身的逻辑体系。

特殊教育课程目标的陈述应尽可能地满足下列要求。

(1) 课程目标陈述的是学生的学习结果,反映的是学生在认知、情感、动作机能等方面的行为变化,而不是教师应该做什么。

(2) 课程目标的陈述应力求明确、具体,可以观察和测量,尽量避免用含糊的不切实际的语言陈述目标。也就是说,它应当用特定的术语描述在教学后学生应能做以前所不能做的事情。

(3) 课程目标的陈述应反映学习结果的层次性。

如果从行为表现的角度来看,课程目标应该包含以下一些成分。

(1) "谁"要完成这些行为(例如"学生"或"学习者")。

(2) 用来证实能够达成目标的"实际行为"(例如"写出"或"说出")。

(3) 用来判定目标是否达成的行为"结果"(例如"一个句子"或"一篇文章")。

(4) 完成行为的"相关条件"(例如"在一小时的平时测验中"或"在看到图画时")。

(5) 用来判定达成预期行为的"标准"(如"写对所有生字"或"答对 80%")。

下例以培智教材的课程目标对这些成分作具体说明。

 案例 13-1

在一小时的考试时间里,学生能拼对 50 个字当中的 45 个,这些字从课本第 1 单元及第 2 单元随机选出。学生随着老师口诵并写出这些字,每字的拼写必须符合课本的要求。

如果学生没有达成课程目标,原因大概是:学生在学习之前,没有具备所需的基础知识;学生在学习之前或学习过程中,动机没有得到适当激发;教学活动设计不当,不符合学生或教学内容的要求;所定目标过高,超出了学生的能力范围等。教师要仔细分析各种原因,甄别出课程目标无法达成的具体原因,若有必要,可灵活调整课程目标,尽量使所有学生都能达到预期的基本目标。

第2节 特殊教育的一般目标

特殊教育的一般目标是指特殊教育和普通教育共同追求的目标，是特殊教育与普通教育的共同诉求。特殊教育的一般目标可以分为宏观目标和微观目标，具体体现在教育目的、培养目标和课程目标上又有所不同。

一、教育目的中的一般目标

在教育目的上，特殊教育必须为社会主义现代化建设服务，结合特殊教育对象的身心特点和需要，在与生产劳动和社会实践相结合的过程中注重劳动技能的培养，提高特殊教育对象德、智、体等方面的能力，使他们能平等参与社会生活，成为合格的社会主义现代化建设者和接班人。

由此可见，特殊教育的一般目标在教育目的上主要表现为一种宏观目标。具体的讲，这种宏观目标可以分为特殊教育的政治、经济、社会文化、精神信仰和全民教育目标。

（一）政治目标

特殊教育的政治目标体现在实现教育平等，发扬人道主义，强化公民责任意识，维护社会稳定、安全，提升社会文明程度，培养全面发展的人才，提高全民素质，等等。

（二）经济目标

特殊教育的经济目标也很明确。特别是超常儿童的教育，通过发掘他们的天赋才能，为现代化建设服务，促进经济发展。以举办少年班为例，这些超常少年，接受基础教育快，高等教育年限也相应缩短，国家投入少，他们还能更早地为国家创造财富。对残疾儿童的教育可以帮助他们由消费者变成生产者，从而为国解忧，为民解愁，建立和谐社会。

（三）社会文化目标

特殊教育是社会主义精神文明建设的重要内容，残而有为、身残志坚的优秀人物事迹往往给人以精神洗礼。特殊教育应该传播社会优秀文化，增加就业，使特殊人群特别是弱势群体摆脱贫困，努力提高他们的社会生活条件和生活质量。

（四）精神信仰目标

特殊教育要尊重特殊儿童生命价值的合理性和绝对性，关注特殊儿童外在价值的精神性和感悟性，实现人类尊重、包容、平等和关爱弱势群体的精神价值和信仰。

（五）全民教育目标

特殊教育的全纳教育理念就是要实现普通教育和特殊教育的完全融合，使残疾儿童和正常儿童在同一片蓝天下学习、生活和成长。它注重每一个有特殊需要的儿童在教育中的参与、合作以及潜能与个性的充分发展。这一目标的实现离不开政府、社会各方面的支持，单靠特殊教育自身的努力是实现不了的。

二、培养目标中的一般目标

特殊教育培养目标的一般目标分为宏观目标和微观目标。

宏观上，要培养学生爱祖国、爱人民、爱劳动、爱科学、爱社会主义的积极情感，成为能适应社会的、有自决精神和法律意识，德、智、体、美全面发展的现代劳动者。

微观上，要让学生养成良好的行为习惯、掌握基础文化知识和技能、注重增强自身体质、具有审美情趣、掌握基本劳动和生产知识、身心缺陷得到一定补偿和康复等等。

由于特殊教育在教学形式、教学过程、基本教学方法上都有其一般性，在教育内容上也具有极大的相似性。所以就一般目标来看，国家提出的教育目标，特别是义务教育阶段的培养目标应当是特殊教育培养目标的重要依据。

我国2015年新修订的《中华人民共和国义务教育法》第三条规定，义务教育要"使适龄儿童、少年在品德、智力、体质等方面全面发展，为培养有理想、有道德、有文化、有纪律的社会主义建设者和接班人奠定基础"。

就基础教育来讲，普通教育中德、智、体、美、劳的五育教育目标，对于特殊儿童来讲同样不可缺少，而且特殊教育也必须做到"两全"，即全面发展和面向全体学生。全纳教育在一定程度上解决了面向全体学生这一目标，而全面发展对特殊儿童来说，指的是在潜能挖掘、缺陷补偿的基础上发展适合其自身特点的知识、技能和个性。

特殊教育中的职业培养目标、高等培养目标、成人培养目标等和普通教育没有本质区别，只是结合特殊教育对象自身的特点和活动特性，做了适合于残障人士的调整而已。但是残疾人职业教育、高等教育仍是我国特殊教育发展的薄弱环节，政府、职业学校和高等院校还应加大力度完善培养目标，加大人才培养力度。

三、课程目标中的一般目标

课程目标是某一课程门类或科目学习完以后所要达到的学生发展状态和水平的描述性指标，是课程设计的基础环节和重要因素，直接影响和制约着课程内容、课程组织、教学实施等后续课程因素的设计和操作。课程目标是教育理想、教育目的的体现，是培养目标在特定课程门类或科目中的具体化、操作化表述，它更多地表现为一种针对受教育者个体的微观目标。

特殊教育课程的一般目标和普通教育一样，既要满足社会需要，也要满足人的个性全面发展的需要。它既要遵循社会进步对公民素质不断发展的要求，也要遵循特殊儿童身心发展的特点。

聋校实验教材语文课第六册规定本课程的教学要求是：

（1）巩固提高认读汉语拼音的能力。提高复韵母、鼻韵母的拼读技能。能借助汉语拼音朗读课文。会打手指语，能看懂学过的手指语。

（2）识字167个。会听（看）、会读、会默写、理解词义。能把字写得端正，结构匀称。能用常用的词语说、写句子。积累词语。

（3）能听（看）懂学过的句子。会说、写正确的句子。学习把句子写具体，会仿照课文中练习过的句式说、写句子。积累句子。

（4）能理解句子意思，理解课文内容。逐步懂得课文是由一个个句子按顺序组成的。结合课文内容，向学生进行思想品德教育。

（5）能正确、流畅、有表情地朗读课文。能背诵和默写课文。积累课文。

（6）能正确地、有顺序地观察图片或简单事物，说、写意思连贯、语句通顺的几句话。学习使用感叹号。

由以上聋校语文课的教学要求可以看出，其课程目标和普通学校基本相同，核心都是提高学生的听（看）、说、读、写的基本技能，提高学生对词汇、句子、篇章的识记、理解和运用等能力。聋校只是根据聋生的身心特点，对课程的难度和体裁等做了相应调整。

第3节 特殊教育的特殊目标

特殊教育是一项独立的培养特殊儿童的社会活动，它有自身的规律和质的特性。因此也必然有其独特的价值目标和追求。

新的特殊教育观认为特殊教育是所有有特殊需要的人的教育。在操作上，也逐渐模糊对特殊儿童的分类，统一把有特殊教育需要的儿童作为特殊教育的对象。概念上采用异常和个体差异来代替这种特殊性，也反对把各类特殊儿童贴标签进行分类。但从教育实际来看，我们无法回避特殊教育对象自身的特殊性。

特殊教育的特殊目标根源在于其教育对象的特殊性。正是这一对象的特殊性，决定了特殊教育的目标不是培养社会所需的出类拔萃人才，而是尽可能培养特殊儿童的健全人格。它不是一种精英教育，而是一种普及教育。

一、教育目的中的特殊目标

从特殊教育自身的特性和内在要求出发，我们会发现，特殊教育的教育目的有其特有的教育方针和指导思想。特殊教育在发展过程中形成的教育理念会影响特殊教育目标的制定，特殊教育实践过程中的积极经验也会被吸纳到目标体系当中。

（一）零拒绝的教育理想

零拒绝是特殊教育的教育理想，也是全纳教育的目标，零拒绝强调特殊教育在量的方面的完全融合。它是在教育公平和人道主义指导下，实施全纳教育的结果，也是一个国家教育发展水平、社会文明程度的标志。

（二）人性化的融合教育

人性化的融合教育强调的是，在实施融合教育时，要坚持以人为本的准则，从特殊儿童自身的生理、心理需要出发，选择适合的安置方式，安排契合儿童需求的教育内容，充分发展他们自身的个性，使他们健康快乐成长。

（三）无障碍的教育环境

无障碍的教育环境也称为最少受限制的环境，这也是全纳教育所提倡的目标。它主要针对传统的将特殊儿童隔离于正常社会生活和教育环境的做法而提出的，在实践上注重给特殊儿童提供无障碍设施和支持性服务。

（四）适性化的潜能发展

适性化的潜能发展就是要求人们要更多关注特殊儿童的优势特质，忽略那些很难改变的身体缺陷，挖掘特殊儿童自身的潜能，全面分析他们的生理、心理优势和弱势，为他们提供最适合的个别化教育。

（五）关键性的早期介入

关键性的早期介入源自于心理学对儿童能力发展关键期的理论。它要求我们尽可能早地对特殊儿童进行早期诊断、早期教育和早期干预与训练。而且从实践来看，越早介入特殊儿童的教育和干预，效果就越明显。

（六）家长的积极参与

特殊教育的特殊性要求特殊儿童家长的积极参与，包括参与制订个别化教育方案、康复计划，坚持实施家庭教育计划，同时要参与对特殊儿童的评估、训练等。

（七）协同式的团队运作

特殊教育是一项系统工程，需要家庭、学校和社会共同努力，将医疗养护、教育训练、职业培训等结合起来，挖掘家庭教育、成人教育等方面的潜力，与学校教育形成最大合力。因此，它需要协同式的团队运作，需要将各学科的专门人才整合起来，如物理治疗师、言语治疗师、心理治疗师、特教教师、法律专家、社工等，只有这样，才能取得良好的教育训练效果。

（八）弹性化的多元安置

特殊儿童的安置主要包括教育安置、生活安置和职业安置，而且每一种安置都要有灵活多变的弹性空间，以适应特殊儿童的个性化需要。以教育安置为例，可以有资源教室模式、特殊教育班模式、特殊学校模式和一体化、全纳教育的随班就读模式。

（九）无缝隙的转衔服务

无缝隙的转衔服务目的在于完善特殊教育体系，并使特殊儿童在学前教育、义务教育、高中阶段教育、高等教育整个教育体系中能够顺利地、无障碍地升学和发展。1994年颁布的《中华人民共和国残疾人教育条例》第二十九条中明确规定："普通高级中等学校、高等院校、成人教育机构必须招收符合国家规定的录取标准的残疾考生入学，不得因其残疾而拒绝招收。"

当然我们更应该从服务的角度来理解和执行这一目标，不仅在升学上给他们无微不至的服务，而且在生活安置的转接中、劳动就业岗位的转接中提供周到的服务，这是以人为本的应有含义。

（十）能自决的生活品质

能自决的生活品质指的是要提高特殊人群的生活质量，解放他们的身心，从而达到自我实现。教育的终极意义就在于实现人类自身的彻底解放和全面发展，能够自主地决定自己的生活，不再束缚于外在客观世界，达到整个人类的自我实现。这同样也是特殊教育质的目标和终极意义。

自我决策能力逐渐成为融合教育努力的目标。以前融合教育强调每一位学生都应该融入教育主流，如有特殊需要则必须将相关服务或支持系统带入教室内。而现在的融合注重的是参与、合作和发挥每个孩子的独立个性。

自我决策对于特殊儿童具有重要意义：首先，自我决策维护了特殊儿童的自主与尊严。在自我决策的过程中，特殊儿童的选择与愿望获得尊重，这是对他们的一种肯定。第二，自我决策为特殊儿童发展提供了动力来源。自我决策不只是能力，也是一种需求，它可以转变为一种内在的驱动力，引导特殊儿童从事那些他认为有趣的活动。第三，自我决策的学习，提高了特殊儿童在教育计划中的参与和决定力度。

有自我决策能力的特殊儿童会对自己的生活、发展有掌控感和自信心。有研究显示，自我决策能力高的人其生活也更独立，被雇佣的比例和工资都较高，在其他医疗、福利上也比低自我决策的学生有更好的待遇。

二、培养目标中的特殊目标

受教育对象的特殊性决定了特殊教育必须有自己特殊的培养目标。另外，大部分特殊儿童继续深造的机会都远远少于普通儿童,因此在培养目标上必须有所区别。

各类特殊学校从特殊教育受教育对象自身的特殊性出发,经过长期的特殊教育实践,逐步确立了各自所要培养人才的规格和具体要求。

2007年2月教育部出台的《培智学校义务教育课程设置实验方案》的培养目标:全面贯彻党的教育方针,体现社会文明进步要求,使智力残疾学生具有初步的爱国主义、集体主义精神;具有初步的社会公德意识和法制观念;具有乐观向上的生活态度;具有基本的科学文化知识和适应生活、社会以及自我服务的技能;养成健康的行为习惯和生活方式,成为适应社会发展的公民。

《聋校义务教育课程设置实验方案》的培养目标:全面贯彻党的教育方针,体现时代要求,使聋生热爱祖国,热爱人民,热爱中国共产党;具有社会主义民主法制意识,遵守国家法律和社会公德;具有社会责任感,逐步形成正确的世界观、人生观、价值观,努力为人民服务;具有创新精神、实践能力、科学和人文素养以及环境意识;具有适应终身学习的基础知识、基本技能和方法;具有生活自理能力、社会适应能力和就业能力;具有健壮的体魄、良好的心理素质,养成健康的审美情趣和生活方式,培养自尊、自信、自强、自立的精神,成为有理想、有道德、有文化、有纪律的一代新人。

《盲校义务教育课程设置实验方案》的培养目标:全面贯彻党的教育方针,促进视力残疾学生全面发展,尊重个性发展,开发各种潜能,补偿视觉缺陷,克服残疾带来的种种困难,适应现代生活需要。使学生具有爱国主义、集体主义精神和民族精神,热爱社会主义,继承和发扬中华民族的优秀传统和革命传统;具有社会主义民主法制意识,遵守国家法律和社会公德,依法维权;逐步形成正确的世界观、人生观、价值观,正确地认识和对待残疾,具有乐观进取、自尊、自信、自强、自立、立志成才的精神、顽强的意志以及平等参与的公民意识;具有社会责任感,努力为人民服务;具有初步的创新精神、实践能力、科学和人文素养以及环境意识;具有适应终身学习的基础知识、基本技能和方法;身体健康,具有良好的心理素质,养成健康的审美情趣和生活方式,学会交流与合作,初步具有独立生活能力、社会适应能力和人生规划意识,成为有理想、有道德、有文化、有纪律的一代新人。

这三类特殊学校的培养目标虽然有很强的一致性,但每类特殊儿童培养目标的侧重点不同。特别是培智学校的培养目标更多地定位在基本的社会意识、法制观念、生活态度、习惯、知识和技能等适应性能力的培养上,这与聋校、盲校的培养目标有着显著差异。

三、课程目标中的特殊目标

课程的特殊目标同样根源于课程对象的特殊性,特殊教育课程的内容、结构、教学方式、课程功能、课程评价、课程管理等方面都有其不同于普通教育的地方。总体来看,各类特殊学校的课程存在着一些共同的目标和教学方式,这些目标和教学方式很明显地区别于普通教育的课程要求。具体可归纳如下。

(一)缺陷补偿

缺陷补偿是指在特殊教育过程中,针对特殊儿童不同的身心特点,尽量用健全器官功能来代替受损器官的功能,使他们不致因为部分生理或心理缺陷而功能尽失,不能适应社会生活。

生理缺陷的机体补偿和弹性恢复,无论是在理论上还是在实践中都得到了证明。理论上,大脑加工信息的跨通道效应说明正常加工通道阻断时,大脑皮层可以调动临近的良好区域来代偿加工。现实生活中,我们都知道聋人可以通过看话(唇读)来补偿听觉功能的丧失,盲人通过触摸觉和听觉来补偿视觉功能的损失,等等。

缺陷补偿是特殊教育课程最传统、最基本的功能,特别是针对低年级特殊儿童的课程教学来说更是如此。

(二) 潜能开发

潜能开发也可以称为人力开发,一般包括智力、心力和体力。对特殊儿童来说潜能开发必须结合其自身的身心特点,而个别化教育则为达成这一目标提供了针对性的解决方案。

个别化教育也称适性化教育,它是量力性原则在特殊教育过程中的具体化。要求我们根据特殊儿童身心发展的具体情况,从现实出发,制订个别化的教育和训练方案,进行有针对性的教育。

个别化教育要满足特殊儿童适性化的潜能发展。首先,它要求我们深入评估、分析特殊儿童个体自身各种能力的最近发展区,确定他们的教育训练目标和方法;其次,充分考虑到他们之间的种种差异,根据他们不同的接受能力、知识水平因材施教。

特殊儿童的潜能发展涉及特殊儿童自身发展的可能性问题。只要特殊儿童的生命存在,他发展的可能性就是确定的。没有潜能开发这一功能的发挥,没有个别化教育目标的保障,特殊教育的质的培养目标就无从实现。

(三) 早期诊断、早期教育、早期训练

在婴幼儿保育原则的指导下,对特殊学前儿童进行早期诊断、早期教育和早期干预与训练,防止婴幼儿障碍的进一步恶化,是特殊教育整个体系中要解决的首要目标。

它的指导思想就是从婴幼儿的障碍类型和程度出发,对其进行疾病、卫生防护,健康养育,补偿教育和功能康复训练,使他们尽可能地健康成长。

(四) 培养职业技能

特殊教育要使残障人士成为自食其力的社会主义劳动者,职业劳动教育是其必然要求。对残障人士来讲,职业教育更具其现实意义,这是他们实现自尊、自信、自强、自立的根本渠道。对社会来讲,也是每个有残障人士的家庭的最大愿望。我国中等以上特殊教育都把职业技能作为特殊学生的核心教育目标来抓,课程计划也是围绕着职业技能的培养目标而构建的。

(五) 支持性教育

新特殊教育观认为,障碍的确定不能仅以个体的身心机能状态为根据,因为它可以因设施、设备等环境因素和环境中的人的因素而变,因此提高障碍者的生活质量,不仅要改善其身心机能,而且还要改良和完善相应的环境因素。同时,融合教育也要求我们为残障人士提供无障碍设施、创建无障碍环境、提供人性化的无障碍服务。要实现这些目标,就必须给每一个有特殊需要的学生提供支持性的教育。

2002年美国智力障碍协会的技术核心组对1992年智力障碍的概念系统做了新的修订和调整。这一新系统从五个方面对智力障碍进行了表述:智力;适应能力(概念的、实践的、社会的技能);参与、互动和社会角色;身体健康、心理健康和病因学;相关背景(环境、文化和机会)。其理论结构可以用图13-1表示。

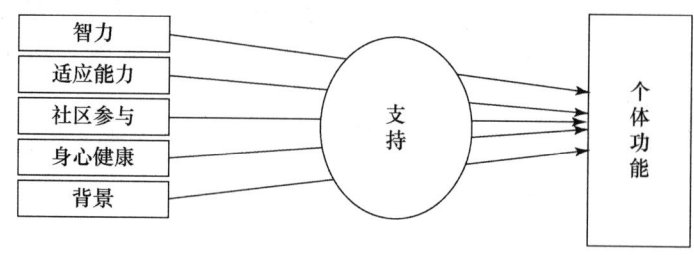

图 13-1　智力障碍的理论模式

从图 13-1 可以看出，支持性教育既是智障教育的途径，也是智障教育的目标。通过对智障儿童提供支持，按支持程度对智障儿童进行分类，并通过支持程度量表将支持程度具体化，具备了可操作性。并把支持放在了核心位置，强调通过支持性教育来改善智力障碍者的独立性、人际关系、社区参与等。

从支持模式我们可以看到人类生存的终极价值——个体的生活质量问题。提高残障人士的生活质量必须通过支持性生活、支持性教育和支持性就业，围绕能力——适应技能，社区参与和满意度等方面的改善来实现。

（六）融合教育

融合教育是一种持续的教育过程，即在正常环境中接纳所有学生，反对歧视和排斥，强调每一个学生的积极参与，注重集体合作，满足不同需要。它的实质是把教育看作个人和社会发展的基本要素，是人类实现和平、自由和正义理想不可或缺的途径。

分析特殊教育目标体系可以帮我们理清思路，有的放矢地实施特殊教育。但这些目标体系的实现不能仅成为空中楼阁，它的最终实现还是要从课程教学出发。教育部 2007 年出台的特殊学校《义务教育课程设置实验方案》就是为实现特殊教育的理想目标而设置的最新课程规范。此次新的课程目标的实现以课程设置的结构、内容、功能、课程实施、课程评价和课程管理等方面的革新和切实执行作为保障。具体体现为以下几方面。

1. 课程结构的改变

改变课程结构过于注重学科本位的倾向和缺乏整合的现状，整体设置课程门类和课时比例，设置综合课程，增设沟通与交往、生活指导、综合实践活动等课程，开设选修课程。体现课程结构的均衡性、综合性和选择性。积极开发校本课程。

2. 课程内容的改变

改变课程内容偏重书本知识的现状，加强课程内容与学生生活以及现代社会和科技发展的联系；关注学生的学习兴趣和经验，精选适合学生适应社会生活和学生终身学习的基础知识和技能。

3. 课程功能的转变

改变课程过于注重知识传授和缺陷补偿的倾向，强调形成积极主动的学习态度，加强潜能开发，注重语言发展，使获得基础知识和基本技能的过程同时成为学会生存、学会学习、学会关心、学会合作和形成正确价值观的过程。

4. 课程实施的改变

改变课程实施中长期存在的语言沟通障碍和过于强调接受学习、死记硬背、机械训练的现状，加强实践性学习，加强个别化教学，关注个体差异，提倡教学手段的多元化和教学方法的多样性,引导学生主动参与、乐于探究、勤于动手,培养学生搜集和处理信息的能力、获取新知识的能力、分析和解决问题的能力以及沟通、交往与合作的能力。

5. 课程评价的改变

改变课程评价重知识技能、轻态度方法,重学习结果、轻学习过程的现状,充分发挥评价促进学生发展、教师提高和改进教学实践的功能。

6. 课程管理的改变

为保障和促进课程对不同学校、学生的要求,并考虑到学校教育体制的特殊性,实行国家、学校两级课程管理。教育部总体规划特殊教育课程,确定国家课程门类和课时。制定国家课程标准,试行新的课程评价制度。

本章小结

特殊教育的目标是建立在其教育对象的特殊性基础上的,并随着时代和社会的进步,我们对特殊儿童认识的深化,特殊教育实践的发展,得到了不断发展和完善。

特殊教育的教育目标必须与教育对象的身心特点和活动相结合,建构一个可以挖掘其自身潜能,解放其身心的目标体系,并在实践中检验、校正和完善这个目标体系。

特殊需要教育理念的普及和深入,逐渐让人们从本质上认识残障儿童,思考特殊教育的核心价值。人道主义的价值尺度要求我们发自内心地尊重和关爱残障群体,不仅要重视特殊儿童内在生命价值的独立性和绝对性,也要注重其外在价值的精神性和感悟性,把为特殊儿童提供支持性教育、支持性生活、支持性就业,提高他们的生活质量,实现人的自身解放和自我实现作为特殊教育的精神信仰和终极价值目标。

思考与练习

1. 你认为应该怎样构建特殊教育的目标体系?
2. 试说明特殊教育的一般目标和特殊目标的区别。

第 14 章　个别化计划

1. 了解个别化教育计划的含义。
2. 掌握个别化教育计划的制订过程。
3. 了解个别化家庭服务计划的含义。
4. 掌握个别化转衔服务计划的含义。

随着经济的快速发展,我国的特殊教育事业也取得了长足的进步。融合教育的理念逐渐深入人心,越来越多的特殊儿童走进了普通教室,普特合一的教育模式被家长和教育工作者所肯定。但是,由于生理缺陷的限制,普特学生之间的个别差异问题成了融合班最突出的教育问题。本章介绍的个别化计划是为解决特殊儿童的个别差异而提出的,是满足特殊儿童特殊教育需要的一种教育管理形式。它主要包括个别化教育计划、个别化家庭服务计划和个别化转衔服务计划。

第 1 节　个别化教育计划

一、个别化教育计划的提出和发展

20 世纪 50 年代以来,美国一些有组织的残障儿童家长团体,如"全国弱智公民协会"(The National Association of Retarded Citizens)、"学习障碍儿童协会"(The Association of Children with Learning Disabilities)等呼吁社会、政府和学校为特殊儿童提供更好的服务。它们甚至通过法律途径、经过诉讼而争取有关权利。再加上"回归主流"和"正常化"思潮的推动、美国公众民主、平等的思想、家长的压力和一些专业团体的鼓吹等①因素的综合作用下,1975 年,美国联邦政府颁布了 94-142 公法,即《全体残障儿童教育法案》(*The Education for All Handicapped Children Act of* 1975),要求为每个残障儿童制订个别化教育计划(Individualized Educational Plan,即 IEP),为他们提供免费的适当的教育。IEP 是由施测人员(以及按规定其他应该参加的人员)在对 3 至 21 岁的残障儿童进行评估的基础上制定的书面文件,并且要求考虑儿童发展的结果,它保证儿童将从特殊教育中获益,而且真正享有平等的教育机会,使他们做到生活独立、经济自主,并能充分参与社会生活。② IEP 在美国得到了广泛的发展应用。法案公布后的第三年,即 1978 年全美已有 80% 的儿童接受了各种

---

① 刘全礼.个别教育计划的理论与实践[M].北京:中国妇女出版社,2006:31.
② 方俊明.今日学校中的特殊教育[M].上海:华东师范大学出版社,2004:78.

形式的特殊教育,其中95%的特殊儿童都有自己的IEP,至此IEP已发展为美国一个重要的特殊教育管理工具。① 但同时,它也随着相关法律的修订不断得到发展完善。

1986年,美国通过了《残疾人教育修正法》(*Education of the Handicapped Act Amendments*,即99-457公法),它将94-142公法规定的6~21岁的个别化教育计划对象年龄向下延伸,要求对从出生至3岁的婴幼儿实施"个别化家庭服务计划"(Individualized Family Service Plan,IFSP)。② 1990年,美国通过了101-476公法,即《残疾人教育法案》(*Individuals with Disabilities Education Act*,简称IDEA),规定在制订"个别化教育计划"时,要增加对残疾儿童的"转衔服务"(transition services)的安排。当残疾学生年满16岁时,必须考虑该生离校后的衔接发展方向。对于一些16岁以上的特殊学生,如果他们在高中阶段就可以完全在职业机构工作,那么"个别化转衔服务计划"(Individualized Transition Program,ITP)就可以取代"个别化教育计划"。1997年和2004年,美国再次对IDEA进行修订,对个别化教育计划中的某些具体方面做出新的规定,使之更具有实用性。如,由于家长了解孩子的需要、喜好、医疗史和日常活动情况,所以他们被认为是IEP小组的重要成员,2004年的IDEA也特别强调家长的作用。20世纪70年代末以后,为残障儿童制订个别化教育计划逐渐在世界各国推广,成千上万的特殊儿童从中获益。③

二、个别化教育计划的制订过程

制订有意义的个别化教育计划是特殊教育教师所面临的挑战之一。个别化教育计划在于为满足特殊学生独特的教育需求而服务。这也意味着,IEP小组必须制订这样的教育计划:① 建立在相关的评估基础之上;② 制定有意义的教育目标;③ 提供建立在学术研究基础之上的特殊教育服务。④

(一)步骤

个别化教育计划的运作过程从对特殊儿童的转介(referral)开始,要对儿童可能存在的障碍进行评估,然后再进行审核和修订个别化教育计划(见图14-1)。

1. 转介和评估

当教师、家长或其他的专业人员怀疑学生可能存在某种障碍时,他们就会求助于学校的多学科小组(multidisciplinary team,简称MDT)。多学科小组成员一般包括一位学校的管理者,一名特殊教育教师,一名普通学校教师和一位学校的心理专家。他们了解学生的基本信息后,必须首先评估这个学生是否有《残疾人教育法案》里所说的障碍;然后判断学生是否需要特殊教育和相关的服务;最后,判断学生的教育需要。《残疾人教育法案》对学生的评估过程都有程序性的要求,这是由多学科小组引导的。评估提供了一个基准线,这样IEP小组就以此评估学生的进步水平,如果没有这条基准线,那么IEP小组就不能了解学生是否能从教育中获益。

---

① 刘全礼.个别教育计划的理论与实践[M].北京:中国妇女出版社,2006:32.
② 〔美〕William L. Heward.特殊需要儿童教育导论[M].第八版.肖非,等译.北京:中国轻工业出版社,2007:60.
③ 肖非.关于个别化教育计划几个问题的思考[J].中国特殊教育,2005(5):9.
④ Yell,M.,et al. Ensure compliance with the individuals with disabilities education improvement act of 2004[J]. Intervention in School & Clinic,2008(1):46.

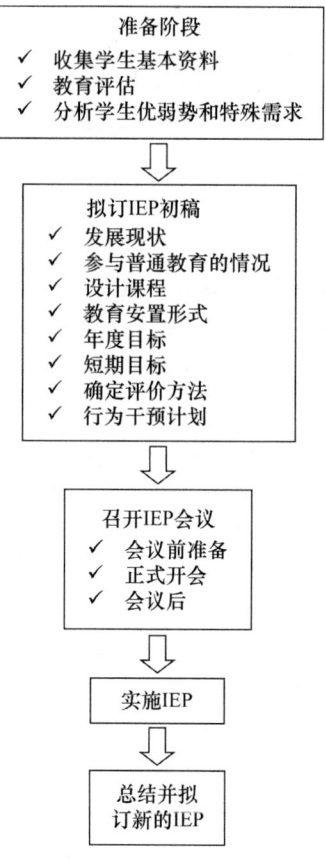

图 14-1　个别化教育计划的制订过程

2. 组织会议

当确定了学生需要接受特殊教育服务后，IEP 小组就会召开会议（IEP 会议议程样本见表 14-1），计划学生需要的特殊教育计划和相关的服务。个别化教育计划是一份书面文件，它描述了学生的教育需要和为满足他们的需要而提供给他们的特殊教育与相关的服务。IEP 会议有两个目标：在满足学生需要的基础上拟订个别化教育计划书面文件，并基于该文件决定学生的安置形式。

表 14-1　IEP 会议议程样本[①]

⇨ 欢迎 IEP 小组成员，并感谢他们来参加 IEP 会议
⇨ 介绍所有的 IEP 小组成员，并简单介绍每人职责
⇨ 说明会议目的
说明为什么要举行这次会议
简述会议上将要讨论的内容
重点关注学生

---

① Menlove, R. R., et al. A field of IEP dreams: increasing general education teacher participation in the IEP development process[J]. Teaching Exceptional Children, 2001(5): 32.

续表

如果需要,详细说明此次会议的关注重点(如,转衔)
⇨ 强调积极的一面:回顾在现有 IEP 目标引导下取得的成就和进步
⇨ 讨论儿童的需要或提高的优势和领域,回顾评估结果
⇨ 撰写现有的教育水平
列出儿童的优势和能力水平
列出儿童的弱势和需要拉开的领域
⇨ 撰写教育目标和要儿童达到的标准(参考普通教育课程)
如何满足儿童的教育目标和标准?
如何评估儿童的教育目标和标准?
谁来管理儿童的教育目标和标准?
谁来说明儿童在教育目标和标准上取得的进步?如何说明?频率?
⇨ 儿童为达到年度目标在普通课程中需要的服务:
需要什么特殊教育服务?
儿童为从特殊教育中受益,需要哪些相关的服务?
在普通教育计划中需要哪些改变、支持或辅助性服务?
⇨ 讨论在普通课程、课外活动和非学术活动中需要哪些人员参与进来?
⇨ 在州和区的评估中需要哪些人员参与进来?
⇨ 考虑一些合适的特殊因素:行为策略、辅助性技术、布莱尔文指导、延长学年、语言需要(针对那些英语不熟练的学生)、交流和语言需要
⇨ 回顾儿童的教育安置
⇨ 优先为家长提供免费的合适的公立教育
⇨ 总结会议的讨论结果和做出的决策
⇨ 签署 IEP
⇨ 如果合适,提供 IEP 文件的复印件给 IEP 小组的成员
⇨ 感谢 IEP 小组成员的到来

注意:这份会议议程是专为 IEP 会议设计的。它随时可以更改以满足特定的 IEP 会议讨论的需要。

3. 拟订 IEP

(1) 发展现状

这部分内容主要来自三方面:一是通过特殊儿童个别化成就测验分数、教师等级评定以及专业人员、家长、教师、医生教育评估等各方面的评定结果;二是学生的障碍对他产生的影响,特别是参与普通教育课程的影响;三是优先要考虑的教育需求,说明在未来 1 年的时间里学生将主要习得的技能。我们需要综合以上三方面的信息来对学生的发展现状进行客观描述。它主要提供有关学生发展优弱势、学业表现、社会技能、行为表现、沟通技巧等方面的信息,而这些信息被看作是学生发展的基准,以此为参照来进一步评定学生将来的进步情况。在撰写这部分内容时,要求内容的表述最好是可测量的、要有明确的目标、具备功能性(在日常生活中有用)的特点,内容涉及学生学业发展和非学业发展,并能客观反映所有评估的结果。

(2) 参与普通教育的情况

为了与融合教育的实践相一致,IEP 里需要说明特殊儿童参与普通教育的情况,是全天都在普通班级里学习还是只有部分时间。即使是课外活动或其他非学术性的活动,如果特殊儿童被排除在外,没有参与,那么 IEP 里则必须说明原因。

如果是特殊学校为特殊儿童制订的 IEP,此部分内容则可省略掉。

(3) 设计课程

普通学校里,特殊儿童和正常儿童一样,也需要学习学科课程,掌握基本的学业知识技能。从发展意义上看,这能提升家长、教师及社会大众对其发展的期望值,但特殊儿童的发展是多样性的,与正常学生相比差异大。从未来就业和独立自主生活的角度考虑,学习一般的学科课程满足不了他们的需求,所以针对 IEP 里学生个别化的需求和教育目标,我们要在融合的环境下设计他们的课程。

课程设计首先要考虑儿童的发展需要和发展目标,在此基础上选择合适的课程内容,确定了课程内容后,选择课程类型。课程类型包括:一般学业课程、功能性课程、补救性课程、环境生态课程等。在普通班级里,特殊儿童的课程肯定是以一般学业课程为主,考虑到特殊儿童的身心特点,我们需要对一般学业课程进行调整,除降低学业难度、提供支持服务外,还可以在其中渗透特殊儿童所需知识技能的教学,如功能性课程、环境生态课程、补救性课程的内容,像美国就出现了"功能性学科"的概念,将学业知识与功能性技能相结合。

特殊学校的教学同样也要处理好一般学业课程和其他课程之间的关系。教师在课程和教学设计中渗透 IEP 目标。

(4) 教育安置形式

在确定了特殊儿童所需的课程内容和课程类型后,可以选择合适的教育安置形式。对于轻度障碍程度的学生或肢体残疾的学生来说,他们可能大部分或全部的时间都在普通班级里学习,而对于重度障碍程度的学生来说,他们可能部分时间在普通班,其他时间则进入资源教室或特殊教育班学习,或是直接在特殊学校就读。学生教育安置形式及对应的课程范例见表 14-2。

表 14-2 学生教育安置形式[①]

场所	普通班+资源班			资源班教学时数		每周 180 分(五节课)
节次	星期一	星期二	星期三	星期四	星期五	说明:
早自习		(国语)		(数学)		1. 每周有两节外加式课程(早自习)与三节抽离式课程(生活两节、体育一节)共五节课,至资源班接受特教服务。 2. 每周上课时数:180 分钟 3. 资源班各领域分配时间: 国语—50 分钟 数学—50 分钟 生活自理—20 分钟 独立行动训练—60 分钟
1	语文	数学	语文	生活(自理)	健体(独立行动训练)	
2	数学	音乐	语文	语文	语文	
3	生活(自理)	英语	生活	生活	数学	
4	生活	生活	数学	弹性	弹性	
5		综合				
6		综合				
7		健体				

---

① 黄瑞珍,杨孟珠,徐淑芬,等.优质 IEP:以特教学生需求为本位的设计与目标管理[M].台北:心理出版社,2007:135.

（5）年度目标

年度目标是学生在一年的时间内需要达成的目标。根据每个特殊儿童发展需要的不同，其年度目标的侧重点是不一样的，如有的学生可能偏向于学业发展，包括阅读、数学和其他学科课程领域；有的侧重于教室行为问题的处理、社会技能或适应性技能的发展。如梅梅是一个聪明活泼的孩子，天生有严重的手部畸形，婴儿时期她就显示出对音乐和韵律的热爱，并表现出了一定的天赋。因此，梅梅的长期目标除了要有学习使用双手义体外，还应包括在音乐方面的发展目标，她的IEP里至少应有一个与音乐有关的目标。[①] 每个学生的IEP里年度目标的数目也不一样，有的学生可能有2—3个，而也有的学生可能有8—10个，但针对一个学生的目标不应该过于复杂或繁多，这样会使学生或家庭不知所措。

撰写年度目标时以学生的全面发展为根本点，依据发展现状来撰写，只有清晰、合理、表述详尽的发展现状的描述，才能写出可观察、可测量的年度目标。年度目标主要包括以下四个要点：① 主语，即"谁"将完成这个目标，主语在IEP里有时也可省略；② 内容，即要教学的技能或行为是什么；③ 条件，即在什么情境或何种条件下完成；④ 标准，即目标最后的通过标准。标准可以以学生的年级水平或年龄水平为参照，依时间、次数、百分比，如4次中有3次通过，80%的时间内，5分钟能完成10次，75%的成功率等。同时，我们也可以通过定义学生在达成目标时所需的协助或条件来评量学生的行为，如独立完成、在他人支持和帮助下、在少量口头提示下等。

（6）短期目标

短期目标是为完成年度目标而服务的，它着眼于学生能在数周或数月时间内习得的可测量的技能或行为。虽然美国在2004年的《所有障碍儿童教育法案》不再硬性要求必须为每个特殊儿童制定短期目标，但考虑到短期目标是长期目标的细目或具体表现，因此短期目标在实践中仍有指导意义，特别是短期目标可以成为班级教学的基础，提供给学生每天所要达成的学习目标，用于评量其进步表现。一个年度目标下面短期目标的数目与学生的残疾类型和程度、目标对学生学习的影响以及目标的教学难度有关。

根据年度目标，我们可以采取一些方法来制定短期目标。

① 任务分析法。任务分析法主要是把年度目标里的教学内容分成若干个步骤完成，如"会洗手"可分为以下五步完成：会开关水龙头；会用清水洗手；会用肥皂洗手；洗手后会用毛巾擦干手；会在固定时间（必要时）洗手。然后每个步骤加上完成该动作行为的情境与标准，就可以构成学生的短期目标。如"会开关水龙头"这个动作，如果是在"洗手间"的情境下及"五次中有四次通过"的标准，就可以变为短期目标"会在洗手间开关水龙头，五次中有四次能完成"。[②]

② 改变行为。以年度目标"学生参与普通班级的集体活动时，能主动与他人交流并回应他人，10次中有8次能做到"为例，目标要求学生达成的行为是"能主动与他人交流并回应他人"，那么在制定短期目标时我们要对行为进行分析，学生首先要能区分有效交流和无效交流。这样第一个短期目标的内容可以是"学生能判断或识别班级集体活动中有效交流或无效交流的行为"。接下来第二个短期目标可以是"学生在资源教室里能使用有效的交流形

---

① K. E. 艾伦，I. S. 施瓦兹. 特殊儿童的早期融合教育[M]. 周念丽，苏雪云，张旭，李伟亚，译. 上海：华东师范大学出版社，2005：174.

② 李翠玲. 个别化教育计划理念与实施[M]. 台北：心理出版社，2007：75.

式"。第三个短期目标要求"学生在普通教室里参与集体活动时,能独立有效交流至少一次"。接下来其他的短期目标可以增加额外的情境或环境,在不同的条件下要求学生能进行有效交流,最终达成年度目标。

③ 改变情境。仍然以年度目标"学生参与普通班级的集体活动时,能主动与他人交流并回应他人,10次中有8次能做到"为例,目标中的情境是"普通班级的集体活动",那么我们第一个短期目标可以要求学生在某一门课程的学习小组中使用有效交流。第二个短期目标可把这种有效交流延伸至第二门课程,依次类推,第三门课程,第四门课程……直到学生能在所有课程里掌握目标为止。[①]

④ 改变标准。以年度目标"小华每分钟阅读流畅速度能增加到三年级水平的100/100字"为例(学生发展现状是二年级水平的95/100字和三年级水平的40/100字),目标中的标准是"每分钟……三年级水平100/100字"。那么我们的短期目标可以是先要求学生达到二年级水平的100/100字,然后依次是三年级水平的60/100字,80/100字,100/100字。[②]

拟定短期目标的方法有很多,我们在做出选择时必须考虑学生的年度目标,现有的发展水平,以及我们所有的能够发展学生短期目标的资源,综合考虑,最后采取最适当的划分年度目标的方法来拟定短期目标。

短期目标在撰写时,需注意以下几点:目标达成的时间;达成目标所需的教学策略和教学材料;完成教学的负责人员;目标达成的标准;目标完成的条件(如在协助下还是独立完成)。短期目标和长期目标一样,在撰写时都要符合可观察、可测量的要求。如果是中重度障碍学生,目标尽可能偏功能性取向。所有的目标在制定时始终以学生为导向而不是以教师为导向,目标内容的选择还是要根据评估结果考虑学生的需求。

(7)确定评价方法

通过评价我们能更好地了解学生在年度目标和短期目标上的进步情况,并与前面的评估结果进行对比。可以采用的评价方法有很多,包括观察、访谈、操作、档案袋评价、课程评价等。

(8)行为干预计划

行为干预计划包含以下要素:① 描述学生的问题行为,包括行为发生的频率,持续的时间和强度;② 目标行为,说明希望学生达成的行为的频率、时间和强度;③ 干预策略,要求不仅能避免或减少不良行为的发生,还要增加目标行为的发生;④ 提供干预服务的时间、频率及主要负责人;⑤ 评估方法。

(二)小组构成

1. 小组成员

个别化教育计划的制订有着很强的规范性和系统性,因此要成立一个专门的IEP小组,小组成员共同分析学生的情况,进行讨论,监控和评估计划的实施,制订学生的IEP。一般来说,IEP小组要包括以下成员。

(1)学生的父母

IEP小组要提前通知学生的父母以确保他们有机会参与会议;安排好会议的时间和地

[①] Beech, M. Developing quality IEP: a guide for instructional personnel and families [EB/OL]. (2012-03-24). http://www.fldoe.org/ese/pdf/QualityIEPs.pdf.

[②] 李翠玲. 个别化教育计划理念与实施[M]. 台北:心理出版社,2007:58.

点;给出确切的会议目的、时间和地点;如果父母中有一方不能参加会议,那么学校要用其他可行的方法(如电话会议)确保父母双方的参与。在IEP的制订过程中,父母的作用是不可替代的,他们必须参与IEP的制订和决策,其职责包括提供孩子在家庭和社区的表现情况,协助IEP的评估工作;配合学校的教学活动及相关训练;表达对孩子发展的期望,并能把合理的期望写入IEP里去。

(2) 普通教育教师

在融合环境下,普通教育教师必须参与IEP的制订,其职责主要是提供学生在学校的表现情况;负责课程教学;根据特殊儿童的需要调整课程,并能改进学业的评价方式;配合其他课程教学及相关训练。

(3) 特殊教育教师

特殊教育教师可能是特殊学校教授学生的教师,也可能是融合环境中特殊教育服务的提供者。他们的职责在于提供学生在学校的表现情况;参与学生的诊断评估,分析学生发展的优弱势;协助课程教学及相关训练;提供家庭咨询指导。

(4) 地方教育机构代表

提供或监督特殊教育计划的实行,确保IEP质量,并能提供学生所需资源。

(5) 学校行政人员

管理学生的基本资料;协助IEP小组各成员间的活动;监督管理IEP的制订和实施;提供学生需要的资源。

(6) 相关专业人员

相关专业人员包括学校心理咨询师、语言治疗师、物理治疗师、作业治疗师等各领域的专业人员,其职责在于根据学生需要提供专业的服务与训练,参与相关领域的评估工作并能解释评估结果。

(7) 可以解释评估结果的专业人员

其职责在于解释评估结果,帮助学生建立评估结果与教育目标之间的联系。

(8) 家长或机构邀请的其他参与个体

一些家长反映他们边参加会议边做笔记时会感到紧张,所以要求带一位朋友为他们记笔记;另一些家长则是出于情感支持的需要而带朋友来。

(9) 学生

家长和教师要讨论决定学生什么时候参与进来是合适的,但如果制订学生的转衔服务时,学生则必须参与IEP的制订。如果学生没有参与进来,相应的机构必须采取措施确保最后的决策是学生所喜欢和感兴趣的。[①]

2. 小组文化

所有参与个别化教育计划制订的成员组成一个工作小组,他们的目的在于为学生建立适当的个别化教育计划,因此也就形成相应的小组文化,它常用来描述会议进行的过程(从文化上来看,是对某一小组评估的态度和信念的描述)。小组一般从以下方面来论证他们的文化:人们共享信息的形式;谁会在会议上发言;做决策时小组文化如何影响人们的观点;人们做出的特定的建议;表达出对指导性策略及其有效性的信念。如,一次IEP会议可能有

---

① Johns, B. H., et al. Planning the IEP for students with emotional and behavioral disorders[J]. Focus on Exceptional Children, 2002(9): 4-5.

一位会议的倡导者,主持整场会议,但在其他的 IEP 会议上也许没有这样的倡导者,所有成员都积极参与讨论。一些小组也许可以很快地做出决策,而其他小组也许迟迟未做出适当的决策。① 这都是不同的小组文化的表现。

3. 明确小组成员的角色

有效的 IEP 小组必须是每个成员为了共同的目标和儿童的教育需要而相互依靠、相互支持的,一个和谐、有效的 IEP 小组应该明确定义每个成员的角色。为了更好地满足儿童的教育需要,每个小组成员都要发挥自己的作用,如果每个人的作用模糊不清,那反倒会阻止 IEP 小组为儿童建立一个支持性的、积极的学习环境来达到教育目的。每个人所起的作用都是通过一系列的行为表现出来的。这些作用可分为正式和非正式的。②

任何一个参与 IEP 会议的人都会被认为是一位专业人员,他们就学生的情况提出自己的建议。非正式作用是指那些原先并不期望其参与,但最后却实际参加了 IEP 会议的人所起的作用。他们也许只是在会议期间开个玩笑,或是当有矛盾时起调停作用。③

三、个别化教育计划面临的挑战

(一) 无意义的书面文件

大家常把个别化教育计划看作是无意义的书面文件。虽然有些教师对个别化教育计划有着正面的评价,但还是有一些人认为它是一个浪费时间的过程。许多教师指出如果他们可以有效地进行教学,学生也可以从他们的教学中受益,根本就不需要个别化教育计划的帮助。他们并不认为个别化教育计划可以提高教学质量,把个别化教育计划的发展看作是一种行政工具,而不是指导教学的工具。④ 迪克森(Dickson)和穆尔(Moore)对 13 位小学校长进行调查,他们认为个别化教育计划带给教师的作用很有限。⑤ 林奇(Lynch)和比尔(Beare)也得出了类似的结论,他们分析了 48 位小学生和中学生(7 至 19 岁),发现他们的学习和个别化教育计划间并没有什么联系。⑥

(二) 浪费教师的时间

达德利·马林(Dudley-Marling,1985)研究表明,个别化教育计划浪费了教师们太多的时间,他们在平时的教学中很少会使用到个别化教育计划。她因此建议除非一个教师认为个别化教育计划可以改变一个学生的教育结果,否则就最好不要浪费精力来使用个别化教育计划。⑦ 并且,个别化教育计划的设计和撰写本来就是一个费时的过程。普赖斯(Price)和古德曼

---

① Dabkowski, D. M. Encouraging active parent participation in IEP team meetings[J]. Teaching Exceptional Children, 2004(3): 34.

② Brehm, S., et al. Social Psychology[M]. Boston: Houghton Mifflin, 1996: 408.

③ Lytle, R. K., et al. Enhancing the IEP team: strategies for parents and professionals[J]. Teaching Exceptional Children, 2001(5): 40-41.

④ Morgan, D., et al. Teachers' attitudes toward IEPs: a two-year follow-up[J]. Exceptional Children, 1983(50): 64-67.

⑤ Dickson, R., et al. IEP development and implementation: the role of the elementary principal[R]. providence: Rhode Island College, IEP Implementation Project, 1980: 1-13.

⑥ Lynch, E., et al. The quality of IEP objectives and their relevance to instruction for students with mental retardation and behavioral disorders[J]. Remedial and Special Education, 1990(12): 48-55.

⑦ Dudley-Marling, C. Perceptions of the usefulness of the IEP by teachers of learning disabilities and emotionally disturbed children[J]. Psychology in the Schools, 1985(22): 65-67.

(Goodman)研究表明,教师需要花费大量的课外私人时间来制订个别化教育计划,[1]并且它对学生所接受的教育并没有多大的影响。教师们如果严格按照个别化教育计划的目标来做,那么这会限制他们的教学和课程内容。如果太坚持客观性的东西,反而会限制课程目标的本质。古德曼和邦德(Bond)认为由于个别化教育计划事先假设好一个学生需要和能够学习的内容,以及他的学习速度,所以个别化教育计划使得教师难以灵活地进行教学。[2]

(三) 缺乏其他人员的参与

个别化教育计划还缺乏其他人员的参与。特殊教育教师经常抱怨他们没有从其他教师、管理人员和家长那里得到足够的支持。学校的官员代表,甚至是特殊教育教师都经常缺席个别化教育计划会议,[3]而且指定需要参加的教师和学校相关专家也很少参加,许多教师认为个别化教育计划没有为教学和课程提供足够的信息。[4] 当有来自家长和普通教师的支持时,特殊教育教师对待个别化教育计划的态度会更积极些;当被问到在执行个别化教育计划的过程中他们最希望获得什么帮助时,大多数教师说希望获得来自其他人员的帮助。

(四) 家长很少参与

个别化教育计划从制订之初,就要求家长、特殊教育教师和学校管理人员一起参加个别化教育计划会议,实施他们的个别化教育计划。在公立学校的教育史中,这是第一次把特殊儿童家长的地位看得和教师、学校管理者一样重要,他们共同参与学生的教育计划制订。[5] 由于家长是特殊儿童最亲密的人,他们的参与可以保证个别化教育计划的制订、执行和评估更加顺利,为特殊儿童提供合适的教育。但事实上,一些家长会主动限制自己参加个别化计划的权利,另一些家长则因为在决策过程中遇到的种种障碍而影响了他们参与的信心,这些障碍主要包括家长态度、文化背景、父母责任等。[6] 另外,教师和其他专业人员指出家长不参与是因为"没有时间",而且也很难邀请家长频繁到学校来讨论。很多教师就提到每隔六周(在大部分学校里,个别化教育计划每隔六周就审核一次)就邀请家长到学校里来几乎是不可能的,甚至认为个别化教育计划只需要在学校里施行就可以了,没有必要在家里进行。除此之外,大部分家长认为即使他们家里有一份个别化教育计划的复印件,他们在家里也不会按照上面的目标计划来执行。只有当目标要在家里落实时,他们才会采取主动。[7]

(五) 缺乏训练和知识

一份规划不好的个别化教育计划的成效是有限的。教师在建立合适有效的个别化教育计划的过程中需要持续的教育训练与评估。内容包括如何清晰地定义每个学生现有的教育

---

[1] Price, M., et al. Individualized education programs: a cost study[J]. Exceptional Children, 1980(46): 446-454.

[2] Goodman, J., et al. The individualized education program: a retrospective critique[J]. The Journal of Special Education, 1993(26): 408-422.

[3] Smith, S., et al. An analysis of individualized education programs(IEPs) for students with behavioral disorders[J]. Behavioral Disorders, 1989(14): 107-116.

[4] Andersen, L., et al. Evaluation of written individualized education programs[J]. Exceptional Children, 1978(45): 207-208.

[5] Martin, J. E., et al. A 3-year study of middle, junior high, and high school IEP meetings[J]. Exceptional Children, 2004(3): 285.

[6] Dabkowski, D. M. Encouraging active parent participation in IEP team meetings[J]. Teaching Exceptional Children, 2004(3): 36.

[7] Stroggilos, V. Collaborative IEPs for the education of pupils with profound and multiple learning difficulties[J]. European Journal of Special Needs Education, 2006(3): 344.

水平、如何决定每个残障学生的教育需要、如何制定可测量的教育目标、如何判断学生是否能够参加州和当地的评估(如果可以的话,有哪些特殊的建议)。全面满足每个学生所有的需要是每一个参与制订个别化教育计划的小组成员要考虑的。① 制订个别化教育计划需要教师有一定的特殊教育专业能力。但实践中,一些特殊教育教师甚至也不能对特殊儿童进行全面教育评估并在此基础上制定适合学生发展的目标。参与融合教育的普通教师由于缺少特殊教育的专业训练,缺乏特殊教育专业能力,普遍对教育特殊儿童缺乏信心。②

尽管个别化教育计划面临着诸多挑战,但 IEP 所承担的功能对特殊教育是至关重要的,而且没有其他形式可以替代或完全替代。提高特殊教育质量依然需要个别化教育,应当通过改革使 IEP 更加科学有效,减轻制定个别化教育的负担,提高实际效率,转变管理者的评价取向,提高教师、家长等制定与实施个别化教育的水平。③

第 2 节　个别化家庭服务计划

一、个别化家庭服务计划概述

长期以来,我们对特殊儿童都提供早期干预服务,但随着时间的推移,早期干预面临的挑战已经从过去的能否确保每个特殊儿童家庭接受相关服务,到现在的能否确保服务的质量和公平。因此,个别化家庭服务计划便应运而生,确保对从出生到 3 岁的特殊儿童的家庭实施早期干预服务,它需要经常审核并更新。④

个别化家庭服务计划的建立表明了对特殊儿童在教育评估和服务传递上教育范式的变化。这种新的范式不仅需要对儿童和家庭的能力、需要进行评估,而且还要对他们的发展目标进行评估。除了对儿童进行评估和干预外,个别化家庭服务计划还要对家庭资源、优势条件、家庭所关心的和期待的家庭结果等进行说明。美国联邦政府的法规包括了个别化家庭服务计划各方面的内容,并特别要求在每个个别化家庭服务计划里要对家庭进行的评估数据和结果陈述,因为个别化家庭服务计划的评估和目标的设定要先于对学生的安置决策,所以根据计划要求,个别化家庭服务计划的书面文件的内容是一样的。除此之外,个别化家庭服务计划还要对儿童提供基于社区的鉴定,对可能为儿童及其家庭提供服务的机构也要进行相应的评估。⑤

二、个别化家庭服务计划的实施

(一) 主要内容

个别化家庭服务计划是由父母签订的具有法律效力的书面文件,它同意儿童接受早

---

① Johns, B. H. Planning the IEP for students with emotional and behavioral disorders[J]. Focus on Exceptional Children, 2002(9): 5.
② 于素红. 个别化教育计划的现实困境与发展趋势[J]. 中国特殊教育, 2012(3): 5.
③ 于素红. 个别化教育计划的现实困境与发展趋势[J]. 中国特殊教育, 2012(3): 5.
④ Perry, D. F., et al. Fulfilling the promise of early intervention: rates of delivered IFSP services[J]. Journal of Early Intervention, 2001(2): 90.
⑤ Sabatino, C. A.. Family-centered sections of the IFSP and school social work participation[J]. Children & School, 2001(4): 241-242.

干预服务,不需要详细说明和过于冗长。根据《残疾人教育法案》,它包括的主要内容见表 14-3。

表 14-3　个别化家庭服务计划书面文件包括的主要内容

1. 儿童现有的生理发展水平、认知能力、交流能力、社会或情感发展水平及适应性能力的发展;
2. 有利于特殊儿童发展的家庭资源、优势条件和家庭关注的重点;
3. 期望儿童和家庭达到的教育结果;判断儿童进步程度所必需的程序和期限;判断对儿童的教育结果或提供的服务进行修订是否是必须的;
4. 为满足儿童和家庭独特的需要所提供的干预服务,其中包括频率、强度和提供服务的方法;
5. 提供给儿童哪些服务和不提供哪些服务,并说明理由;
6. 服务开始的日期和持续的时间;
7. 为儿童执行个别化家庭服务计划、提供专业服务的人员的名字,并与其他机构、人员合作;
8. 支持儿童接受学前教育或其他合适的教育服务的转衔步骤。

(二)发展和审核过程

1. 召开会议建立个别化家庭服务计划

如果初次对一个儿童进行评估,发现他适合接受个别化家庭服务计划的相关服务,那么在 45 天的时间内必须为这个儿童召开个别化家庭服务计划会议。

2. 定期审核

(1) 如果理由合理正当,或如果家庭要求审核,那么必须每隔六个月对儿童和家庭的个别化家庭服务计划实施情况进行审核,也可以适当地提高审核的频率。

(2) 审核必须在个别化家庭服务计划拟订的会议上进行,被家长和其他的参与者所接受、认同。

3. 召开年度会议评估个别化家庭服务计划

为评估儿童及其家庭的个别化家庭服务计划执行情况,至少得召开一次年度会议,审核提供的服务。每一次评估得到的结果和其他信息必须用来决定儿童需要什么服务,而且即将为他们提供该服务。

4. 会议的可达性和方便性

(1) 会议的进行必须注意在便于家庭成员参与的地点和时间段里进行。

(2) 会议开始前,会议安排和书面通知必须事先就发给家庭和其他的参与者,确保他们都能参加。

5. 父母许可

个别化家庭服务计划的内容必须在提供早期干预服务计划之前,需要向父母解释清楚,并得到他们的书面同意。如果家长反对提供给儿童某一特定的服务或在计划刚开始实施时就不同意继续执行下去,那么就必须尊重家长意见,不再对儿童提供相关服务,对家长同意的服务则必须提供,尽可能地满足家长的要求。

(三)评估

个别化家庭服务计划里涉及的评估有以下几点。

(1) 对每个儿童的个性潜能和需要提供综合性评估,鉴定他们需要的服务以满足个别需要。

(2) 基于家庭的评估,包括家庭的资源、财产和他们所关心的问题,并鉴定家庭所需要的支持和服务以提高家庭的能力来满足儿童发展需要。

(3) 由团队成员(包括父母)建立书面的个别化家庭服务计划文件,包括为儿童提供合适的转衔服务。

图 14-2 是美国内布拉斯加州(Nebraska)个别化家庭服务计划的实施过程。

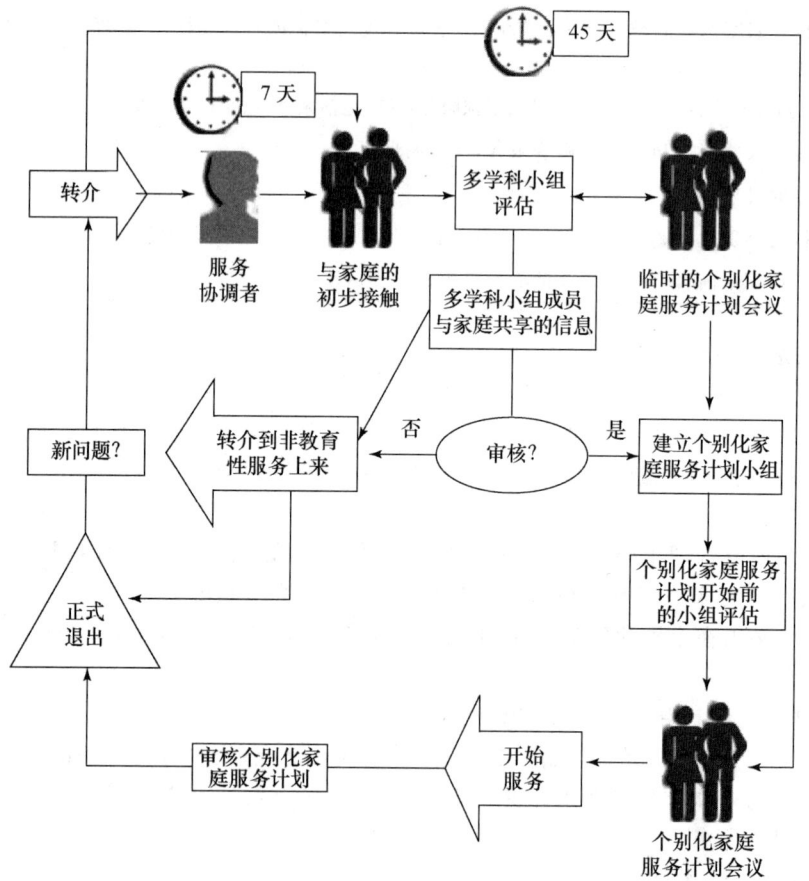

图 14-2　美国内布拉斯加州个别化家庭服务计划的建立过程①

小华是一名 2 岁的自闭症小男孩,目前除了周一至周五上午在机构上专门课程外,小华的活动场所仍以家庭为中心。为使家长在家中可持续地对小华进行训练,专业人员及家庭成员为小华拟订了个别化家庭服务计划,其过程如下。

---

① http://www.ifspweb.org/process.html.

(1) 讨论家庭日常生活的行程

为了订出一个最适合幼童的计划,专业人员必须进入家庭中与家长讨论家庭的生活作息,并从中了解父母对孩子的优先期待及兴趣。了解小华一天的作息时间以及活动表现。依据这些资料,专业人员与家庭成员才得以讨论出家人对孩子期待的优先级及训练重点。

(2) 找出最适合的活动

了解小华的一天作息之后,专业人员开始与家长讨论如何能在一天的例行活动中,找出小华感兴趣且有意义、而家长执行起来很便捷的活动。选择例行性活动作为训练的目的,除了可以帮助家长更容易执行,不易遗忘外,更重要的是可以让小华有经常练习的机会。

(3) 告诉家长如何将活动融入日常生活中

专业人员在这个阶段中的工作重点,是告诉家庭成员如何变化执行个别化家庭服务计划的技巧,让家庭成员在训练一个目标时可从不同的活动中进行。小华在"精细动作领域"里,其中的一个长期目标是"当拿取手掌大小的物品或玩具时,能用任一手之前三指的末端握住",在训练的技巧里,专业人员协助家长设计了不同情境可进行的方式,来促进这项目标的达成。

(4) 召开训练会议,拟订个别化家庭服务计划

会议是由各专业人员与家长一起参与的。与 IEP 不同,个别化家庭服务计划是以家长的考虑为优先,由家长提出对孩子及家庭的需求后,再与专业人员讨论而拟订。也就是说,个别化家庭服务计划是以家庭为中心的模式,而 IEP 则是以个案为中心的模式。因此,在设计个别化家庭服务计划时,必须特别注重整个计划的拟订是否能够符合家庭成员的需求;是否多元化地包括孩子各方面的能力需要;是否具备弹性,可以依据孩子或家庭需要的变化作适时的调整;而更重要的是,家庭成员必须真的了解并认同这项计划,才能真正落实个别化家庭服务计划的内容。

(5) 开始实行个别化家庭服务计划

计划拟订之后,就要开始实行。这个时候专业人员所要做的是与家长共同创设适合孩子学习的环境,并鼓励孩子做主动探索;专业人员也要为家长示范技巧,并且经由讨论与引导,培养家长举一反三的能力。在这个阶段中,专业人员必须做定期的追踪及访视,以了解家长对此计划的实行是否有困难,同时观察孩子与家长间的互动情况,并将观察后的意见反馈给家长参考。值得注意的是,计划的执行应由孩子主动,家长以指引方式来给孩子提供探索的机会;因此在计划中,应尽可能提供孩子感兴趣的活动;若孩子对活动没有兴趣,家长也不必强迫孩子完成。

三、个别化家庭服务计划面临的挑战

(一) 多元文化的冲击

近年来,家庭系统理论(family systems theory)不断地影响着研究残障儿童身心发展的专业人员。家庭系统理论的基本观念在于家庭包括一系列独立的子系统,影响其中一个子系统的事件都可能影响到全局。影响一个核心家庭(nuclear family)的外在因素包括大家庭

(extended family)、社区和统筹资源的政策。① 除此之外,还有一系列的文化准则也会影响到家庭的价值观、期望和决策。

虽然人们逐渐重视家庭系统理论的影响,但在建立个别化家庭服务计划时却极少给予它足够的关注,这也影响了早期干预计划的有效性。如,史密斯和瑞安(Smith & Ryan, 1987)就曾对我国残障儿童提供过相关的个别化家庭服务计划服务,结果发现从开始到最后,语言障碍始终存在,影响着服务的方方面面。② 所以,如果最初没有考虑文化的多元性,那么就可能使得家长对儿童的认识不正确,导致个别化家庭服务计划达不到预期的效果。因此,观念、期望和需要的不同可能会影响到个别化家庭服务计划的各个方面,包括对儿童的鉴定、评估,个别化家庭服务计划的发展及其执行。计划的实施必须从一开始就全面考虑文化的多元性:意识到自己的专业知识在多大程度上会受到文化价值观念的挑战;了解他们服务的家庭的价值观和文化准则;为家庭提供有多元文化的小组成员;从多元的角度论证个别化家庭服务计划的发展实施。③

(二)家庭评估的缺失

首先,我们应认清这样一个事实,即家庭一般很少参与到早期计划中来。儿童虽然存在一定的障碍,家长是个别化家庭服务计划的执行主体,但没有授权早期干预专家让家长也参与进来并参与相关的评估工作。其次,人们普遍认为同家庭成员进行非正式的谈话更有利于鉴定家庭的能力和需要,优于结构性的访谈。④ 第三,一些专门性的测量(如,家庭压力的测量)并不适合用在个别化家庭服务计划里测量家庭的能力和需要。这类测验大多数都很长,涉及很多有关家长的个人问题,因此真正与家庭能力、需要相关的问题就比较少,达不到评估的要求。⑤

(三)概念理解的困扰

个别化家庭服务计划一直都存在概念上的理解问题,即它的实施宗旨应该是"基于家庭的干预服务"(family-focus intervention)还是"基于儿童的干预服务"(child-focused intervention)。⑥ 实际上,它应该是基于家庭的,原因主要在于以下几个方面。

首先,如果家庭了解提供给儿童的早期干预服务的文件,并感觉自己有足够的能力来做决策,那么个别化家庭服务计划就更容易实施。其次,由于个别化家庭服务计划理论上引导为儿童提供各种服务,所以它优先考虑家庭的需要。家庭需要的服务和干预措施都必须反映在个别化家庭服务计划里,这样就只需要提供文件里提到的服务即可。第三,如果个别化家庭服务计划与现实的干预行为服务相符,那么个别化家庭服务计划就可以建议施行推荐

---

① Bronfenbrenner, U. Toward an experimental ecology of human development[J]. American Psychologist, 1977 (32): 513-531.

② Smith, M. J., et al. Chinese-American families of children with developmental disabilities: an exploratory study of reactions to service providers[J]. Mental Retardation, 1987(25): 345-351.

③ Beckman, P. J., et al. Issues in developing the IFSP: a framework for establishing family outcomes[J]. Topics in Early Childhood Special Education, 1991(11): 19-31.

④ Winton, P. J., et al. The family-focused interview: a collaborative mechanism for family assessment and goal setting[J]. Journal of the Division for Early Childhood, 1988(12): 195-207.

⑤ Beckman, P. J., et al. Issues in developing the IFSP: a framework for establishing family outcomes[J]. Topics in Early Childhood Special Education, 1991(11): 19-31.

⑥ Sexton, D., et al. Developing IFSPs: practices and issues[C]. Paper presented at the 10th Annual Super Conference on Special Education, Baton Rouge, LA.

性服务行为(recommended practices)。一份详尽的个别化家庭服务计划可以说明是否需要包括推荐性服务行为。第四,如果个别化家庭服务计划与现实的干预服务行为不符,那么我们需要更新个别化家庭服务计划。一份个别化家庭服务计划文件需要遵守相应的程序以保证家庭可以随时了解计划实施进程;所有的服务提供者都了解计划实施进程;干预是系统的,不是飘忽不定的、随意的和有危害的。[1]

(四)家庭参与的不持续

虽然个别化家庭服务计划是为有特殊需要的儿童服务的,但它涉及的不仅仅是儿童本人,而是整个家庭,家庭才是早期干预服务计划的接受者,所以要重视家庭的参与。如在召开个别化家庭服务计划会议时,治疗师就很希望家长也可以提出相应的发展目标,但当家长最初参与进来时,他们却认为自己不是专业人员,让他们对儿童提出发展目标是不切实际的,也就不需要和专家一起坐下来讨论和开会;并且治疗师也承认家长只参加一两次会议是很难提出有建设性的目标。但到了第三次会议,家长会逐渐融入个别化家庭服务计划中去,对儿童有所期待和提出相应的发展目标。因此,更好地了解个别化家庭服务计划是需要一段时间的,而且鉴于家长在个别化家庭服务计划中的重要作用,专业人员也需要时间来引导家长参与计划。[2]

第3节 个别化转衔服务计划

一、转衔的定义及演变历程

20世纪80年代初期,马德林·威尔(Madeline Will,1984)首次将转衔(transition)定义为:一段涵盖中学、毕业、学校之后的教育成人的服务,及刚就业前几年的时期,是一座衔接学校及成人生活的桥梁。[3] 哈尔彭(Halpern,1995)则认为:转衔服务的首要任务是让一个人在其生活的社区里取得成功,同时还提出了两个值得转衔注意的问题:① 个人居住环境的质量;② 个人的社会支持系统及人际网络。布罗林(Brolin,1992)进一步拓展了转衔的范畴,将转衔看作是一个以过程为中心的教育计划,它旨在组织学校、家庭和社区的经验来帮助学生形成成年后生活所必需的技能,正确的行为和态度,有效地与人交往和共事。

美国《残疾人教育法案》对转衔做了法律上的界定,认为转衔服务是服务于学生的一系列协同活动,以结果为导向的过程设计,这样的过程有助于将运作的范围从学校之内扩大到学校之外,包括:大专教育、融合就业(包括支持性就业)、继续及成人教育、成人服务、独立生活或社区参与等学校之后进入社会生活的各项活动。另外从1975年《残疾人教育法案》颁布以来,几经修改,逐步完善了对特殊儿童服务的具体实施原则。

1975年94-142公法中谈到儿童有接受适当的免费公共教育的权利,零拒绝原则以及个别化教育原则等。

---

[1] Mc William, R. A., et al. The family-centeredness of individualized family service plans[J]. Topics in Early Childhood Special Education,1998(2):70.

[2] Brorson,K. The culture of a home visit in early intervention[J]. Journal of Early Childhood Research,2005(1):65.

[3] 李秀,等.学前特殊儿童转衔教育研究综述[J].中国特殊教育,2005(1):38-42.

1986 年 99-457 公法提出为 0～5 岁残障儿童服务，在个别化家庭服务计划中包括从早期介入到学前教育方案的转衔程序，拓展学前特殊儿童的适当的免费公立教育。

1990 年 101-476 公法提出为婴幼儿服务，具体是为 0～3 岁残障儿童或发展迟缓儿童建立广泛的、多学科的、跨机构的服务系统和 3～5 岁学龄前儿童提供服务，还提出增加转衔服务。

1997 年 105-17 公法规定有关教育机构对未满 14 周岁的学生在其个别化教育计划中说明并提供转衔服务，以帮助学生顺利地由学校生活过渡到社会生活。

总之，个别化转衔服务计划是一个未来的、以结果为导向的服务计划，它的目标设计充分强调以学生的未来需要为基准。西特林顿、克拉克和科尔顿（Sitlington, Clark & Kolston, 2000）将转衔计划视作一个贯穿生命始终的活动，它满足学生生命历程中不断变化的需要。[①] 希曼斯基（Szymanski, 1994）也认为：转衔不是一个孤立的时间点，不是仅仅只在一个人的某一个时间段起作用，而是一个长期的过程。[②]

二、个别化转衔服务计划的组成框架

客观地来讲，个别化转衔服务计划的格式并不是千篇一律的，它的功能模块会随着学生需要的改变而改变。通常来讲转衔计划应该包含儿童未来成年生活的几个主要领域。麦克唐奈和哈德曼（McDonnell & Hardman, 2003）将就业、生活安排、休闲活动、医疗及经济支持、交通和长期的支持与照顾作为构成个别化转衔服务计划的主要内容，特别是对于那些中重度的残障人士，个别化转衔服务计划的制订尤为重要。

在人员构成方面，个别化转衔服务计划强调通过团队合作来制订，主要人员有特殊教育专家、相关服务人员、社区服务机构代表、学生本人及家长或学生监护人。同时，学生及其家长的参与可以为转衔服务计划的制订提供最有效的信息，因此可以说他们是个别化转衔服务计划制订过程中最重要的参与人员。然而，正如克罗宁和巴顿（Cronin & Patton, 1993）与迈纳和贝茨（Miner & Bates, 1997）所指出的那样，在实际的实行过程中，教育人员常常忽视了学生自身可以提供的信息及学生参与整个个别化转衔服务计划。然而学生的参与又是极其重要的，因为一份有效的可执行的个别化转衔服务计划离不开学生自己对社区生活的认识，而这样的认识是基于学生个人的需求、能力、兴趣以及社区所提供给他们的机会。[③] 威曼（Wehman, 1992）认为一份个别化转衔服务计划的重点应该是学生及其家庭的需求，而不是教师或是学校系统的需求。作为教育工作者，我们的目标是帮助学生确立他们的目标。换句话说，个别化转衔服务计划是一项需要家长参与的活动而不是为了家长的活动。

三、个别化转衔服务计划的实施步骤

一般来讲，一份个别化转衔服务计划的制订包括以下几个阶段：准备阶段、讨论完善阶

---

① Sitlington L. P. Neubert D. A. Preparing youths with emotional or behavioral disorders for transition to adult life: can it be done within the standards-based reform movement? [J]. Behavioral Disorders, 2004(3): 279-288.

② Szymanski, E.. Transition: life-span and life-space considerations for empowerment[J]. Exceptional Children, 1994(60): 402-410.

③ McDonnell, J., et al. Introduction to persons with moderate and severe disabilities (2nd ed.)[M]. Needham Heights, MA: Allyn and Bacon, 2003: 259.

段和具体的文件及实施阶段。

（一）准备阶段

1. 转衔小组负责人的任命

鉴于转衔计划需要多人的参与与协同工作，因此有必要任命一名负责人来统筹领导整个转衔计划的实施。

个别化转衔服务计划是个别化教育计划的组成部分，教师是个别化教育计划的负责人，因此从逻辑上来讲，教师同样也是个别化转衔服务计划的负责人。但是在特殊的情况下或是学生有特殊的需要，校长也可以承担起这个责任；或者经由校委会研究同意，特殊教育咨询人员、心理学家或是社会工作者也同样可以作为小组领导人来领导整个个别化转衔服务计划的实施。

另外，如果学生面临毕业离校，个别化转衔服务计划应该更多地考虑学生离校后的需求，那么任命一名在学生毕业后可能给予其更多支持的人员为领导者可能更适当。然而，学生在校期间，校长或教师仍需对计划的全部内容负责。

2. 转衔计划小组人员的选择

校长领导下的小组负责人可在与学生及其家长的协商下来共同决定学生个别化转衔服务计划小组的其他人员。小组成员的选择需确保如下目标可以顺利实现：① 在计划的有效实施下，学生的需求得到最大限度满足，能力得到了最大限度发挥。② 学生在得到适当支持的情况下，目标得以实现。③ 计划中的实施方案要根据学生的目标和能力来制订。④ 学生可以掌握足够的资源以使他们来完成既定的目标和步骤。

通常情况下，如果我们认定某个人可能会在个别化转衔服务计划的实施中承担一定的责任，那么我们就应该将他纳入计划小组中来。同时，我们也有必要将学校系统以外的专家吸收到小组中来，这样他们就可以为小组提供其所需要的帮助。另外，我们还必须注意，专家的参与并不意味着学生、家庭、朋友无需在此过程中承担责任。相反，我们认为学生与家庭、朋友之间的关系才是长久的。

3. 引导小组成员

小组责任人可以组织小组成员参加学校的引导说明会，以确保小组里的每位成员都可以对个别化转衔服务计划的理念和实施步骤有一个清晰的认识。如果转衔小组所在的学校没有专门的引导说明会，那么小组负责人有必要为需要引导的小组成员召开一次专门的说明会。

小组责任人需要注意的是如果学生或其家庭成员对于参加引导说明会还有一定的顾虑，那么负责人就要考虑单独与学生或其家庭成员商谈。引导说明会的具体目标有如下几点：① 确保小组负责人、学生及其父母和其他的服务提供者要相互认识。② 让学生、家长及其他支持提供者对个别化转衔服务计划的程序及他们各自在其中所扮演的角色有一个清晰的认识。③ 研究讨论是否还有其他的支持提供者需要被纳入小组中来以及在会议中是否有其他的特殊需要。

4. 学生背景信息资料的收集

在制订个别化转衔服务计划的时候，小组责任人要注意收集学生的相关信息。具体有以下几个方面：① 前一年制订的个别化转衔服务计划及进度报告。② 根据评估描述学生的能力及需求。③ 学生的年度教育报告。④ 学生最近的个别化教育计划。⑤ 学生最近的成绩单。⑥ 教育评估报告。⑦ 职业评估报告。⑧ 相关的药物、心理或其他评估(如语言和言语评估、行为评估或物理评估)。

小组负责人还需要从学生的个别化教育计划及年度教育报告中找到以下信息：① 学生所接受的职业教育、继续教育及业余兴趣。② 学生目前参加的课外活动。③ 学生支持系统(家庭、朋友、护理人员、专家及其他支持人员)。④ 学生目前所接受的医疗及其他支持服务。

5. 过程设计

小组责任人首先应该决定个别化转衔服务计划是作为其他过程的一个组成部分(如个别化教育计划)还是作为一个单独的个别化转衔服务计划会议来进行。小组责任人因此需要进一步决定以下的描述与学生的实际需要相符。

(1) 学生的个别化转衔服务计划可以在学生及其家长的参与下，作为个别化教育计划或是年度教育报告的一部分来实现。

(2) 学生可能需要一系列的专门支持以确保顺利有效地实现转衔。在这种情况下，就有必要召开专门的个别化转衔服务计划会议或是在个别化教育计划会议的基础上特别增加转衔服务计划的内容。

(3) 如果学生有较为复杂的需求，如正在接受医学康复或是社区服务，那么要想顺利有效地实现转衔，就必须给予更为多样及广泛的支持。在这种情况下，很有必要制订一个更为细致的个别化转衔服务计划，它可以以个别化教育计划中一个独立的部分呈现，也可以以个别化教育计划的附加部分呈现。

6. 个别化转衔服务计划会议的组织

一旦我们决定组织召开专门的个别化转衔服务计划会议，那么就十分有必要确定一个大家都可以参加的时间来进行。

为了确保学生、家长和其他人员都能够准时参加，会议的地点最好选在一个大家都方便到达的地方，并提供必要的设备(如调频广播、录音设备等)或服务。

(二) 讨论完善阶段

个别化转衔服务计划的完善要经历以下步骤。

1. 确定学生的转衔目标

学生的转衔目标应该与其年度教育报告相协调并涵盖就业、继续教育及社区生活等方面。具体来讲，学生的转衔目标应在以下几个方面力图达到平衡：① 学生对未来生活的憧憬。② 阻碍学生实现理想生活的因素。③ 哪些阻碍因素可以在以下支持中得以消除：适当的医疗护理，社会服务，来自家庭、朋友及继续教育机构的帮助与学生自身的努力。

另外，每个学生的个别化转衔服务计划中所制定的目标都应该考虑目标的完成是否有利于学生自我技能的发展，这对学生未来的继续教育、工作及独立生活起着重要的作用。

2. 完成目标的具体步骤和行动

在确定什么样的行动才是合适的行动之前，我们有必要先分析一下阻碍学生完成既定目标的障碍有哪些以及实现目标的步骤有哪些。在明确了这些问题之后，我们才有可能确定每一步的具体行动。对行动的语言描述要清晰、避免歧义，便于判断是否应该或什么时候可以行动。明确学生、相关机构及小组成员各自的责任范围并明确制订出进度表或完成的最后期限。

3. 将个别化转衔服务计划与个别化教育计划或其他计划整合

美国1997年的《残疾人教育法案》,规定教育机构应在学生未满14岁以前(中学毕业前),在其个别化教育计划中提供转衔服务,帮助学生成功地由学校生活过渡到更高阶段的学校生活或工作中。

4. 明确责任人及进度表

对于转衔计划中所确定的具体行动都要明确具体的责任人及规定完成的最后期限。并力图使各个行动的负责人明确:① 理解其责任的本质。② 相信其有能力在规定的时间内完成任务。③ 当条件发生改变,责任人怀疑其是否能完成行动时,要及时向小组负责人咨询。

5. 解决争端

当教师与学生家长在个别化转衔服务计划上产生分歧时,家长要与以下人员进行沟通交流:① 如果可能的话,与特殊教育部门的负责人谈话。② 校长。③ 校委会的特殊教育协调专员或者其他相关人员。

(三)具体的文件及实施阶段

1. 形成文件

一个完整的个别化转衔服务计划至少应该包括以下四个方面:目标、行动、责任人和进度表。

2. 文件的归档及转衔计划书的分发

学生年满16周岁后,个别化教育计划的副本(包括个别化转衔服务计划)必须要发放到学生本人及其父母手中(如果个别化转衔服务计划独立于个别化教育计划,则有必要将单独的个别化转衔服务计划发放到父母手中)。

3. 计划执行的追踪和监控

计划的执行结果必须符合预定的标准,并要以追踪、监控及评价的方式来呈现,可以测量,切合实际。

一份规范的个别化转衔服务计划在遵循了集体决策、系统分析现有资源及服务的情况下是一种有效的服务形式。同时一份有效的个别化转衔服务计划也意味着:早期鉴别与评价;个别化服务计划;家庭、学校与社区之间的紧密协作;以社区为基础的服务计划;对种族、宗教、少数民族等问题的充分尊重;准确的记录;明确各自的职责所在;将转衔视为贯穿生命始终的过程;等等。

四、个别化转衔服务计划的实施现状

尽管个别化转衔服务计划在国外多有法律作为保证,为其实施提供各种资源,但是有研究表明其在实施过程中仍然遇到了许多障碍,具体有:缺乏相应资源;缺乏相关人员的积极参与;系统及政策方面的不完善;教师的信息获取不通畅等。[①]

目前我国的个别化转衔服务计划还处于起步阶段,缺乏相应的法律支持,相关资源还无

---

① Lubbers, J. H., et al. Perceptions of transition barriers, practices, and solutions in Florida[J]. Remedial and Special Education, 2008(29): 280-292.

法提供,但是这并不妨碍我们借鉴国外的先进经验,在结合我国国情的基础上建立起切实可行的个别化转衔服务计划。为儿童从一个环境到另一个新环境的转折时期提供相应的转衔服务,使他能够更快更好地适应新环境,如儿童从家庭走向幼儿园时,从幼儿园走向学校时,从家庭走向特殊教育学校时,等等。我们可以根据儿童前后两个不同的环境要求,评估儿童现有能力、新环境对儿童能力的要求、家庭的需求等,然后和家长、教师共同拟出一个儿童转衔的目标并制订转衔计划,根据这个目标和计划去实施教育介入,从而帮助儿童顺利转衔以适应新环境。①

本章小结

个别化计划是为解决特殊儿童的个别差异而提出的,是满足特殊儿童特殊教育需要的一种教育管理形式。它主要包括个别化教育计划(IEP)、个别化家庭服务计划(IFSP)和个别化转衔服务计划(ITP)。

个别化教育计划是由施测人员(以及按规定其他应该参加的人员)在对 3 至 21 岁的残障儿童进行评估的基础上制定的书面文件,并且要求考虑儿童发展的结果,它保证儿童将从特殊教育中获益,而且真正享有平等的教育机会,使他们做到生活独立、经济自主,并能充分参与社会生活。制订个别化教育计划的步骤包括转介和评估、组织会议、拟订 IEP 等过程。个别化教育计划在执行发展过程中也面临着一些挑战,主要表现为无意义的书面文件、浪费教师的时间、缺乏其他人员的参与、家长很少参与及缺乏训练和知识。

个别化家庭服务计划是为从出生到 3 岁的特殊儿童的家庭实施早期干预服务,它需要经常审核并更新。个别化家庭服务计划在发展过程中也面临一些挑战,包括多元文化的冲击、家庭评估的缺失、概念理解的困扰以及家庭参与的不持续。

个别化转衔服务计划是一个未来的、以结果为导向的服务计划,它的目标设计充分强调以学生的未来需要为基准。一份个别化转衔服务计划的制订包括以下几个阶段:准备阶段、讨论完善阶段、具体的文件及实施阶段。它在实施过程中也存在一些困难,具体包括:缺乏相应资源、缺乏相关人员的积极参与、系统及政策方面的不完善、教师的信息获取不通畅等。

思考与练习

1. 什么是个别化教育计划,并简述个别化教育计划的实施过程。
2. 个别化家庭服务计划面临哪些挑战?你认为应如何解决?
3. 谈谈我国个别化转衔服务计划的未来发展前景。

---

① 李秀,等.学前特殊儿童转衔教育研究综述[J].中国特殊教育,2005(1):41.

参 考 文 献

中文文献

[1] 〔美〕艾里克·J.马施,大卫·A.沃尔夫.儿童异常心理学[M].孟宪章,等译.广州:暨南大学出版社,2004.
[2] 〔美〕B.乔伊斯,等.教学模式[M].荆建华,等译.北京:中国轻工业出版社,2002.
[3] 北京师范大学教育系课题组.北京市盲聋智力落后学生生理和心理特点的调查报告[R].内部资料,1998.
[4] 北京特殊教育研究中心.跨世纪的中国特殊教育[EB/OL]. http://www.edubnu.net/institutions/tejiaoxi.html.
[5] 〔美〕布鲁姆,等.教育评价[M].上海:华东师范大学出版社,1987.
[6] 蔡文标.直接教学法的理论及其在身心障碍学生教学上的运用[J].人文及社会科学教学通讯(台湾),2001(5).
[7] 陈桂生."教育学"辨——"元教育学"的探索[M].福州:福建教育出版社,1998.
[8] 陈桂生.略谈学校管理的沿革[J].河北师范大学学报:教育科学版,2000(7).
[9] 陈军.新一轮课改背景下的聋校数学课程改革[J].现代特殊教育,2003(6).
[10] 陈丽如.特殊儿童鉴定与评量[M].台北:心理出版社,2001.
[11] 陈云英.随班就读的课堂教学[M].北京:中国国际广播出版社,1996.
[12] 陈云英.建构特殊教育理论[J].中国特殊教育,2003(1).
[13] 陈云英,杨希洁.全纳教育共享手册[M].赫尔实,译.北京:华夏出版社,2004.
[14] 陈昭仪.生态评估在教育上的应用[J].教育研究资讯(台湾),1997(3).
[15] Curtis H. Krishef.单一受试者设计与分析[M].蔡美华,李伟俊,等译.台北:五南图书出版公司,1999.
[16] 〔美〕David A. Sousa.有特殊需要的脑与学习[M]."认知神经科学与学习"国家重点实验室,脑与教育应用研究中心,译.北京:中国轻工业出版社,2005.
[17] 杜晓新,王和平.学习困难儿童学习策略训练模式的比较与研究[J].外国中小学教育,2002(1).
[18] 杜晓新.单一被试实验研究中的效度问题[J].中国特殊教育,2002(3).
[19] 杜晓新.学习困难儿童学习策略训练模式的构建与实践[D].上海:华东师范大学博士学位论文,2005.
[20] 范兆兰.动态评估理论与应用研究:智力测验的新进展[D].南京:南京师范大学博士学位论文,2006.
[21] 方俊明.我国特殊教育研究的回顾与展望[J].中国特殊教育,2000(1).
[22] 方俊明.视障教育理论初探[J].中国特殊教育,2001(1).
[23] 方俊明.特殊教育学[M].北京:人民教育出版社,2005.

[24] 冯维. 现代教育心理学[M]. 重庆：西南师范大学出版社, 2005.

[25] 葛金国. 学校管理学[M]. 合肥：中国科学技术大学出版社, 1996.

[26] 顾定倩. 中国特殊师范教育的过去、现在和未来[J]. 湖南特殊教育, 2002(4).

[27] 郭虎. 循证路径医学模式在儿童慢性疾病中的应用[J]. 医学与哲学：临床决策论坛版, 2006(6).

[28] 何华国. 特殊幼儿早期疗育[M]. 台北：五南图书出版股份有限公司, 2006.

[29] 侯祯塘. 特殊儿童行为问题处理之个案研究：以自闭症儿童的攻击行为为例[J]. 台湾屏东师院学报, 2003(18).

[30] 胡永崇. 特殊儿童教育评量的难题与因应[J]. 特教园丁（台湾）, 1995(11).

[31] 华国栋. 差异教学论[M]. 北京：教育科学出版社, 2001.

[32] 华国栋. 特殊教育师资培养问题研究[M]. 北京：华夏出版社, 2001.

[33] 华国栋. 特殊需要儿童的心理与教育[M]. 北京：高等教育出版社, 2004.

[34] 黄昭鸣, 杜晓新. 言语障碍的评估与矫治[M]. 上海：华东师范大学出版社, 2006.

[35] 简明建, 邱金满. 特殊班的班级经营[M]// 林宝贵. 特殊教育理论与实务. 台北：心理出版社, 2000.

[36] 〔苏联〕凯洛夫. 教育学（上册）[M]. 沈颖, 南致善, 等译. 北京：人民教育出版社, 1950.

[37] 〔美〕L. 克罗克, J. 阿尔吉纳. 经典和现代测验理论导论[M]. 金瑜, 等译. 上海：华东师范大学出版社, 2004.

[38] 雷江华. 学会管理[M]. 武汉：华中理工大学出版社, 1999.

[39] 雷江华. 学前特殊儿童教育[M]. 武汉：华中师范大学出版社, 2008.

[40] 黎梅娇. 我国三个时期聋校教学计划的比较研究[J]. 中国特殊教育, 2003(3).

[41] 李长吉. 教学主客体关系问题三论[J]. 上海教育科研, 2000(4).

[42] 李翠玲. 生态评量在多重障碍儿童教育之意义与应用[J]. 云嘉特教（台湾）, 1997(7).

[43] 李翠玲. 特殊教育教学设计[M]. 台北：心理出版社, 2001.

[44] 李冠颖. 直接教学法在资源班教学补救教学的实例运用[J]. 特教通讯（台湾）, 2008(7).

[45] 李继刚. 美国特殊教育立法及对我国的启示[J]. 中国特殊教育, 2008(8).

[46] 李江源. 教育规范的基础[J]. 复旦教育论坛, 2004(3).

[47] 李江源. 教育规范的基础和自由发展的中介[J]. 教育理论与实践, 2004(10).

[48] 李天顺. 落实十七大精神 关心特殊教育 进一步推进特教学校职业教育的发展——在全国特殊教育学校职业技术教育工作现场经验交流会上的报告[J]. 现代特殊教育, 2008(1).

[49] 〔美〕理查德·I. 阿兰兹. 学会教学[M]. 丛立新, 等译. 上海：华东师范大学出版社, 2007.

[50] 联合国教科文组织国际教育发展委员会. 学会生存——教育世界的今天和明天[M]. 华东师范大学比较教育研究所, 译. 北京：教育科学出版社, 1996.

[51] 林宝贵. 语言障碍与矫治[M]. 台北：五南图书出版公司, 1994.

[52] 林崇德. 教育与发展[M]. 北京：北京师范大学出版社, 2002.

[53] 林千惠, 赖美智. 工作分析教学法[G]// 内地与香港学术交流：弱智教育培训资料汇编. 香港：匡智会, 1998.

[54] 刘春玲, 江琴娣. 特殊教育概论[M]. 上海：华东师范大学出版社, 2008.

[55] 刘电芝,黄希庭.简单策略教学提高小学四年级儿童的计算水平及延迟效应[J].心理学报,2008(1).

[56] 刘颂,等.中国的学前特殊教育[J].教师博览,2007(12).

[57] 刘文君.普通逻辑学[M].武汉:华中师范大学出版社,1992.

[58] 刘熙瑞.现代管理学基础[M].北京:高等教育出版社,1991.

[59] 刘新科.班级管理概论[M].西安:陕西师范大学出版社,1996.

[60] 刘英杰.中国教育大事典(1949—1990)(上)[M].杭州:浙江教育出版社,1993.

[61] 卢子洲.特殊教育培养目标的理论基础[J].教育研究与实验,1999(4).

[62] 卢台华.直接教学法在智能不足数学课程实施之探讨[J].教与学(台湾),1985(4).

[63] 〔美〕路得·特恩布尔,等.今日学校中的特殊教育[M].方俊明,汪海萍,等译.上海:华东师范大学出版社,2004.

[64] 陆立忠,吴春丽.聋校班级心理环境建设的评估研究[J].中国特殊教育,2006(10).

[65] 〔美〕罗伯特·斯莱文.教育心理学:理论与实践[M].姚梅林,等译.北京:人民邮电出版社,2004.

[66] 罗竹风.汉语大词典:第12卷[M].北京:汉语大词典出版社,1993.

[67] 毛连塭.特殊儿童教学法[M].台北:心理出版社,1999.

[68] 〔美〕Mary Lou Fuller,Glenn Olsen.家庭与学校的联系——如何成功地与家长合作[M].谭军华,等译.北京:中国轻工业出版社,2003.

[69] 牟映雪.中国特殊教育演进历程及启示[J].中国特殊教育,2006(5).

[70] 钮文英.拥抱个别差异的新典型:融合教育[M].台北:心理出版社,2008.

[71] 庞文,等.我国特殊教育经费投入的数据分析与讨论[J].中国特殊教育,2008(12).

[72] 朴永馨.特殊教育学[M].福州:福建教育出版社,1995.

[73] 朴永馨.二十世纪中国特殊教育研究回顾[J].特殊教育研究,2000(2).

[74] 钱志亮.谈盲校课程设置的理论基础——兼探索我国特殊教育学科的理论基础[J].中国特殊教育,1999(1).

[75] 覃海琪.大差异班级教育的基本理论与模式研究[J].中国特殊教育,2001(4).

[76] 邱上真.特殊教育导论[M].台北:心理出版社,2002.

[77] 曲学利,等.中国的残疾人高等教育[J].教师博览,2007(12).

[78] 〔苏联〕申比廖夫,奥戈罗德尼柯夫.教育学[M].陈侠,熊承涤,等译.北京:人民教育出版社,1955.

[79] 沈德立.发展与教育心理学[M].沈阳:辽宁大学出版社,2007.

[80] 施良方.课程理论[M].北京:教育科学出版社,1996.

[81] 孙绵涛,康翠萍.论教育管理学的研究对象[J].中小学管理,1997(11).

[82] 孙绵涛.论教育管理学的学科体系[J].高等教育研究,1999(1).

[83] 孙绵涛.教育政策论——具有中国特色的社会主义教育政策研究[M].武汉:华中师范大学出版社,2002.

[84] 孙绵涛.教育行政学[M].武汉:华中师范大学出版社,2002.

[85] 田友谊.多元智能理论视野中的特殊教育[J].中国特殊教育,2004(1).

[86] 王道俊,王汉澜.教育学[M].北京:人民教育出版社,1999.

[87] 王海芳.学生发展性评价的操作与案例[M].北京:中国轻工业出版社,2006.

[88] 王辉.试论特师的专业课程设置问题——非弱智教育专业也应开设"行为矫正"课程[J].中国特殊教育,2000(3).

[89] 王辉,方长春.我国特殊教育师资职前培养模式研究的现状[J].中国特殊教育,2006(4).

[90] 王辉.特殊儿童教育诊断与评估[M].南京:南京大学出版社,2007.

[91] 王季云.香港学前教育机构和行政管理[J].教育导刊:幼儿教育版,1999(2).

[92] 王世忠,雷江华,曹晓宁,欧阳琼.学校管理概论[M].武汉:中国地质大学出版社,2004.

[93] 王伟忠.聋校班级心理辅导课的沟通艺术[J].中国听力语言康复科学,2004(4).

[94] 王雁,顾定倩,陈亚秋.对高等特殊师范教育师资培养问题的探讨[J].教师教育研究,2004(4).

[95] 王玉琼,等.我国特殊教育管理模式:现状、成因及对策分析[J].中国特殊教育,2003(6).

[96] 韦小满.特殊儿童心理评估[M].北京:华夏出版社,2006.

[97] 〔美〕William L. Heward.特殊需要儿童教育导论[M].第八版.肖非,等译.北京:中国轻工业出版社,2007.

[98] 肖非,刘全礼.智力落后教育的理论与实践[M].北京:华夏出版社,1996.

[99] 辛自强,俞国良.问题解决中策略的变化:一项微观发生研究[J].心理学报,2003(6).

[100] 徐朝辉.激励理论在聋校班级管理中的应用[J].中国特殊教育,2005(3).

[101] 许家成.残疾人职业教育的准备式和支持式模式[J].中国特殊教育,1998(2).

[102] 许天威,徐亨良,张胜成.新特殊教育通论[M].台北:五南出版社,2004.

[103] 杨坤堂,林美玉,等.学习障碍儿童[M].台北:五南图书出版公司,1995.

[104] 杨颖秀.教育管理学[M].长春:东北师范大学出版社,2001.

[105] 叶靖云.学习困难学生之辅导[J].教育实习辅导季刊(台湾),1995(5).

[106] 尹毅夫.管理学[M].北京:企业管理出版社,1992.

[107] 余慧云,等.我国高等特殊教育研究综述[J].中国特殊教育,2006(4).

[108] 曾凡林,刘春玲,于素红.上海市特殊教育师资的需求及其对策[J].中国特殊教育,2003(1).

[109] 张福娟,等.特殊教育史[M].上海:华东师范大学出版社,2000.

[110] 张济正.学校管理学导论[M].上海:华东师范大学出版社,1990.

[111] 张家玲.工序分析法[G]// 内地与香港学术交流:弱智教育培训资料汇编.香港:匡智会,1998.

[112] 张丽芬.工作分析及其在教导上的应用[J].教育心理与研究(台湾),1990(13).

[113] 张宁生.残疾人高等教育研究[M].沈阳:辽宁人民出版社,2000.

[114] 张世慧,蓝玮琛.特殊教育学生鉴定与评量[M].台北:心理出版社,2005.

[115] 张韦韦.关爱特殊人群:残疾人接受职业教育[J].教育与职业,2007(3).

[116] 张正芬.自闭症儿童的问题行为辅导:功能性评量的应用[J].特殊教育季刊(台湾),1998(65).

[117] 章士嵘,卢婉清,等.认识论辞典[M].长春:吉林人民出版社,1984.

[118] 赵斌.教师专业化背景下特殊教育一线教师的培训现状及思考[J].中国特殊教育,2007(4).

[119] 赵斌,邵燕楠.澳大利亚特殊教育师资与中国特殊教育师资的比较研究[J].中国特殊教育,2000(1).

[120] 郑金洲,瞿葆奎.中国教育学百年[M].北京:教育科学出版社,2002.

[121] 郑金洲.教学方法应用指导[M].上海:华东师范大学出版社,2006.

[122] 中华人民共和国教育部发展规划司.中国教育统计年鉴(2013)[M].北京:人民教育出版社,2014.

[123] 中华人民共和国民政部.中国残疾人抽样调查系列数据:残疾儿童资料[M].北京:中国社会出版社,1991.

[124] 周文彬,王静.关于我国特殊学校职能转变的思考[J].中国特殊教育,1997(4).

[125] 周在人,等.教育行政学[M].南京:南京师范大学出版社,1997.

[126] 〔美〕朱迪斯·班杜拉-乌兹.特殊需要婴幼儿评估的实践指导[M].钱文,刘明,译.上海:华东师范大学出版社,2005.

英文文献

[1] Billingsley F., Gallucci C., Peck C. A., Schwartz I. S., Staub D. "But those kids can't even do math": An alternative conceptualization outcome for inclusive education [J]. Special Education Leadership Review,1996(1).

[2] Buysee, V. & Bailey, D. B. Behavioral and Developmental Outcomes in Young Children with Disabilities in Integrated and Specialized Settings: A Review of Comparative Studies [J]. The Journal of Special Education,1993.

[3] Marilyn Friend. Special Education, Contemporary Perspective for School Professionals [M]. New Jersey: Prentice Hall-Pearson Education (US),2005.

[4] Richard M. Gargiulo. Special Education in Contemporary Society: an Introduction to Exceptionality [M]. second edition. Wadsworth: Cengage Learning, 2005.

[5] Sharpe, M., York, J. & Knight,J. Effects of inclusion on the academic performance of students in general education classrooms: A preliminary study [J]. Remedial and Special Education,1994(5).

[6] Susan Peters. Inclusion As a Strategy for Achieving Education for All [M]. Lani Florian. The Sage Handbook of Special Education, section 2, chapter 9. London: SAGE Publications,2007.

北京大学出版社 教育出版中心 精品图书

21世纪特殊教育创新教材·理论与基础系列

特殊教育的哲学基础	方俊明 主编	29元
特殊教育的医学基础	张 婷 主编	32元
融合教育导论	雷江华 主编	28元
特殊教育学（第二版）	雷江华 方俊明 主编	43元
特殊儿童心理学（第二版）	方俊明 雷江华 主编	39元
特殊教育史	朱宗顺 主编	36元
特殊教育研究方法（第二版）	杜晓新 宋永宁 等 主编	39元
特殊教育发展模式	任颂羔 主编	33元
特殊儿童心理与教育	张巧明 杨广学 主编	36元

21世纪特殊教育创新教材·发展与教育系列

书名	作者	价格
视觉障碍儿童的发展与教育	邓 猛 编著	33元
听觉障碍儿童的发展与教育	贺荟中 编著	29元
智力障碍儿童的发展与教育	刘春玲 马红英 编著	32元
学习困难儿童的发展与教育	赵 微 编著	32元
自闭症谱系障碍儿童的发展与教育	周念丽 编著	32元
情绪与行为障碍儿童的发展与教育	李闻戈 编著	32元
超常儿童的发展与教育（第二版）	苏雪云 张 旭 编著	39元

21世纪特殊教育创新教材·康复与训练系列

特殊儿童应用行为分析	李 芳 李 丹 编著	29元
特殊儿童的游戏治疗	周念丽 编著	30元
特殊儿童的美术治疗	孙 霞 编著	38元
特殊儿童的音乐治疗	胡世红 编著	32元
特殊儿童的心理治疗	杨广学 编著	32元
特殊教育的辅具与康复	蒋建荣 编著	29元
特殊儿童的感觉统合训练	王和平 编著	45元
孤独症儿童课程与教学设计	王 梅 著	37元

自闭谱系障碍儿童早期干预丛书

书名	作者	价格
如何发展自闭谱系障碍儿童的沟通能力	朱晓晨 苏雪云	29元
如何理解自闭谱系障碍和早期干预	苏雪云	32元
如何发展自闭谱系障碍儿童的社会交往能力	吕 梦 杨广学	33元
如何发展自闭谱系障碍儿童的自我照料能力	倪萍萍 周 波	32元
如何在游戏中干预自闭谱系障碍儿童	朱 瑞 周念丽	32元
如何发展自闭谱系障碍儿童的感知和运动能力	韩文娟 徐芳 王和平	32元
如何发展自闭谱系障碍儿童的认知能力	潘前前 杨福义	39元
自闭症谱系障碍儿童的发展与教育	周念丽	32元
如何通过音乐干预自闭谱系障碍儿童	张正琴	36元
如何通过画画干预自闭谱系障碍儿童	张正琴	36元
如何运用ACC促进自闭谱系障碍儿童的发展	苏雪云	36元
孤独症儿童的关键性技能训练法	李 丹	45元
自闭症儿童家长辅导手册	雷江华	35元
孤独症儿童课程与教学设计	王 梅	37元
融合教育理论反思与本土化探索	邓 猛	58元
自闭症谱系障碍儿童家庭支持系统	孙玉梅	36元

特殊学校教育·康复·职业训练丛书（黄建行 雷江华 主编）

信息技术在特殊教育中的应用	55元
智障学生职业教育模式	36元
特殊教育学校学生康复与训练	59元
特殊教育学校校本课程开发	45元
特殊教育学校特奥运动项目建设	49元

21世纪学前教育规划教材

学前教育管理学	王 雯	45元
幼儿园歌曲钢琴伴奏教程	果旭伟	39元
幼儿园舞蹈教学活动设计与指导	董 丽	36元
实用乐理与视唱	代 苗	35元
学前儿童美术教育	冯婉贞	45元
学前儿童科学教育	洪秀敏	36元
学前儿童游戏	范明丽	36元

学前教育研究方法	郑福明 39元	学术部落及其领地——知识探索与学科文化		
外国学前教育史	郭法奇 36元		[英] 托尼·比彻 保罗·特罗勒尔 著	33元
学前教育政策与法规	魏 真 36元	德国古典大学观及其对中国大学的影响	陈洪捷 著	22元
学前心理学	涂艳国、蔡 艳 36元	大学校长遴选：理念与实务	黄俊杰 主编	28元
学前现代教育技术	吴忠良 36元	转变中的大学：传统、议题与前景	郭为藩 著	23元
学前教育理论与实践教程	王 维 王维娅 孙 岩 39元	学术资本主义：政治、政策和创业型大学		
学前儿童数学教育	赵振国 39元		[美] 希拉·斯劳特 拉里·莱斯利 著	36元
		什么是世界一流大学	丁学良 著	23元
大学之道丛书		21世纪的大学	[美] 詹姆斯·杜德斯达 著	38元
哈佛：谁说了算	[美] 理查德·布瑞德利 著 48元	公司文化中的大学	[美] 埃里克·古尔德 著	23元
麻省理工学院如何追求卓越	[美] 查尔斯·维斯特 著 35元	美国公立大学的未来		
大学与市场的悖论	[美] 罗杰·盖格 著 48元		[美] 詹姆斯·杜德斯达 弗瑞斯·沃马克 著	30元
现代大学及其图新	[美] 谢尔顿·罗斯布莱特 著 60元	高等教育公司：营利性大学的崛起	[美] 理查德·鲁克 著	24元
美国文理学院的兴衰——凯尼恩学院纪实		东西象牙塔	孔宪铎 著	32元
	[美] P.F.克鲁格 著 42元	理性捍卫大学	眭依凡 著	49元
教育的终结：大学何以放弃了对人生意义的追求				
	[美] 安东尼·T.克龙曼 著 35元	**学术规范与研究方法系列**		
大学的逻辑（第三版）	张维迎 著 38元	社会科学研究方法100问	[美] 萨子金德 著	38元
我的科大十年（续集）	孔宪铎 著 35元	如何利用互联网做研究	[爱尔兰] 杜恰泰 著	38元
高等教育理念	[英] 罗纳德·巴尼特 著 45元	如何为学术刊物撰稿：写作技能与规范（英文影印版）		
美国现代大学的崛起	[美] 劳伦斯·维赛 著 66元		[英] 罗薇娜·莫 编著	26元
美国大学时代的学术自由	[美] 沃特·梅兹格 著 39元	如何撰写和发表科技论文（英文影印版）		
美国高等教育通史	[美] 亚瑟·科恩 著 59元		[美] 罗伯特·戴 等著	39元
美国高等教育史	[美] 约翰·塞林 著 69元	如何撰写与发表社会科学论文：国际刊物指南		
哈佛通识教育红皮书	哈佛委员会撰 38元		蔡今忠 著	35元
高等教育何以为"高"——牛津导师制教学反思		如何查找文献	[英] 萨莉拉·姆齐 著	35元
	[英] 大卫·帕尔菲曼 著 39元	给研究生的学术建议	[英] 戈登·鲁格 等著	26元
印度理工学院的精英们	[印度] 桑迪潘·德布 著 39元	科技论文写作快速入门	[瑞典] 比约·古斯塔维 著	19元
知识社会中的大学	[英] 杰勒德·德兰迪 著 32元	社会科学研究的基本规则（第四版）		
高等教育的未来：浮言、现实与市场风险			[英] 朱迪斯·贝尔 著	32元
	[美] 弗兰克·纽曼 等著 39元	做好社会研究的10个关键	[英] 马丁·丹斯考姆 著	20元
后现代大学来临？	[英] 安东尼·史密斯 等 主编 32元	如何写好科研项目申请书		
美国大学之魂	[美] 乔治·M.马斯登 著 58元		[美] 安德鲁·弗里德兰德 等著	28元
大学理念重审：与纽曼对话		教育研究方法（第六版）	[美] 乔伊斯·高尔 等著	88元
	[美] 雅罗斯拉夫·帕利坎 著 35元	高等教育研究：进展与方法	[英] 马尔科姆·泰特 著	25元

如何成为论文写作高手	华莱士 著 32元	心理与教育测量	顾海根 主编 28元
参加国际学术会议必须要做的那些事	华莱士 著 32元	高等教育的社会经济学	金子元久著 32元
如何成为卓越的博士生	布卢姆 著 32元	信息技术在学科教学中的应用	陈 勇 等编著 33元
		网络调查研究方法概论（第二版）	赵国栋 45元

21世纪高校职业发展读本

如何成为卓越的大学教师	肯·贝恩 著 32元	**教师资格认定及师范类毕业生上岗考试辅导教材**	
给大学新教员的建议	罗伯特·博伊斯 著 35元	教育学	余文森 王 晞 主编 26元
如何提高学生学习质量	[英]迈克尔·普洛瑟 等著 35元	教育心理学概论	连 榕 罗丽芳 主编 42元
学术界的生存智慧	[美]约翰·达利 等主编 35元		
给研究生导师的建议（第2版）		**21世纪教师教育系列教材·学科教学论系列**	
	[英]萨拉·德拉蒙特 等著 30元	新理念化学教学论（第二版）	王后雄 主编 45元
		新理念科学教学论（第二版）	崔 鸿 张海珠 主编 36元

21世纪教师教育系列教材·物理教育系列

		新理念生物教学论（第二版）	崔 鸿 郑晓慧 主编 45元
中学物理微格教学教程（第二版）	张军朋 詹伟琴 王 恬 编著 32元	新理念地理教学论（第二版）	李家清 主编 45元
中学物理科学探究学习评价与案例	张军朋 许桂清 编著 32元	新理念历史教学论（第二版）	杜 芳 主编 33元
		新理念思想政治（品德）教学论（第二版）	
			胡田庚 主编 36元

21世纪教育科学系列教材·学科学习心理学系列

数学学习心理学	孔凡哲 曾 峥 编著 29元	新理念信息技术教学论（第二版）	吴军其 主编 32元
语文学习心理学	李 广 主编 29元	新理念数学教学论	冯 虹 主编 36元
化学学习心理学	王后雄 主编 29元		
		21教师教育系列教材.学科教学技能训练系列	

21世纪教育科学系列教材

		新理念生物教学技能训练（第二版）	崔 鸿 33元
现代教育技术——信息技术走进新课堂	冯玲玉 主编 39元	新理念思想政治（品德）教学技能训练（第二版）	
教育学学程——模块化理念的教师行动与体验	闫 祯 主编 45元		胡田庚 赵海山 29元
教师教育技术——从理论到实践	王以宁 主编 36元	新理念地理教学技能训练	李家清 32元
教师教育概论	李 进 主编 75元	新理念化学教学技能训练	王后雄 28元
基础教育哲学	陈建华 35元	新理念数学教学技能训练	王光明 36元
当代教育行政原理	龚怡祖 编著 37元		
教育心理学	李晓东 主编 34元	**王后雄教师教育系列教材**	
教育计量学	岳昌君 著 26元	教育考试的理论与方法	王后雄 主编 35元
教育经济学	刘志民 著 39元	化学教育测量与评价	王后雄 主编 45元
现代教学论基础	徐继存 赵昌木 主编 35元	中学化学实验教学研究	王后雄 主编 32元
现代教育评价教程	吴 钢 著 32元	新理念化学教学诊断学	王后雄 王世存 48元